MEGHAN EN HARRY

Omid Scobie en Carolyn Durand

MEGHAN & HARRY

Vertaling: Sander Buesink, Marian van der Ster
en Joost Zwart

HarperCollins

Voor het papieren boek is papier gebruikt dat onafhankelijk is gecertificeerd door FSC®
om verantwoord bosbeheer te waarborgen.
Kijk voor meer informatie op www.harpercollins.co.uk/green.

HarperCollins is een imprint van Uitgeverij HarperCollins Holland, Amsterdam.

Oorspronkelijke titel: *Finding Freedom*

Vertaling: Sander Buesink, Marian van der Ster en Joost Zwart
Omslagontwerp: Ploy Siripant
Bewerking: Pinta Grafische Producties
Omslagbeeld: © Max Mumby / Indigo / Getty Images (voorplat); Yui Mok / Getty Images, Chris Jackson / Getty Images en Gareth Cattermole / Getty Images (achterplat)
Foto p.2: WPA / Getty Images
Boekverzorging: Asterisk*, Amsterdam
Druk: CPI Books GmbH, Germany

ISBN 978 94 027 0688 8
ISBN 978 94 027 6112 2 (e-book)
NUR 698
Eerste druk augustus 2020
Tweede druk augustus 2020

Originele uitgave verschenen bij HarperCollins Publishers LLC, New York, U.S.A.
Deze uitgave is uitgegeven in samenwerking met HarperCollins Publishers LLC.
HarperCollins Holland is een divisie van Harlequin Enterprises ULC.

www.harpercollins.nl

Ga niet daar waar het pad naartoe leidt,
ga liever waar geen pad is en laat een spoor achter.

Ralph Waldo Emerson

INHOUD

PROLOOG

Als je even met je ogen had geknipperd had je het gemist. We zagen Meghan de ceintuur gladstrijken van haar frisse witte jas van LINE the Label en een losse lok haar uit haar ogen vegen, en terwijl ze naar de nerveuze Harry keek legde ze haar hand op zijn rug en wreef enkele keren over dezelfde plek. Hij was gewend om tegenover de pers te staan, maar dit keer was het anders. Hij wilde niet een van zijn goede doelen promoten of leiders aansporen om klimaatverandering serieus te nemen; hij wilde iets persoonlijks delen: het nieuws van zijn verloving met Meghan. Hand in hand liepen ze naar de menigte fotografen die vlakbij stond te wachten.

'Je kunt het,' fluisterde ze tegen de prins toen ze door een poortje aan de zijkant van Kensington Palace stapten en door de lange laan naar de verzonken tuin liepen, die met zijn met waterlelies bedekte vijvers en kleurige viooltjes, tulpen en begonia's een van de favoriete plekken was van prinses Diana op het landgoed dat zij thuis noemde.

Dit was het grote fotomoment ter ere van de verloving van het paar; ik kwam er nog maar net op tijd aan na een hectische rit over de drukke snelweg na een lang weekend in Oxfordshire. Carolyn was er al en had haar plaats ingenomen in het groepje royaltycorrespondenten, dat op dagelijkse basis contact heeft met het koninklijk huishouden. Wij beiden horen al langere tijd tot deze groep en krijgen daardoor extra informatie die ons helpt bij het volgen van de belangrijkste leden van de Britse koninklijke familie, zowel thuis als in het buitenland.

Door de koninklijke familie van zo nabij te volgen heb je het privilege dat je de belangrijke momenten in hun leven meemaakt. We stonden op de trap van de Lindo Wing toen George, Charlotte en Louis geboren werden. Je neemt deze momenten maar al te makkelijk voor vanzelfsprekend aan, terwijl ze ooit onderdeel van de geschiedenisboeken zullen zijn. Toen Harry naar Meghan grijnsde, die zijn hand met haar beide handen vasthield, en de verzamelde menigte in Kensington Garden in een 'hiep, hiep, hoera!' uitbarstte, glimlachten zelfs de geroutineerdste verslaggevers. Op dat moment was het gevoel van magie onmiskenbaar.

Carolyn en ik volgen het werk van de koninklijke familie al lange tijd van dichtbij, lang voordat Meghan deel ging uitmaken van wat de *Firm* wordt genoemd. Jarenlang zijn we met William, Kate en Harry de wereld rond gereisd. Van Singapore tot de Solomoneilanden, van Lesotho tot India, van de Verenigde Staten tot Nieuw-Zeeland, steeds deelden we het vliegtuig en de duizelingwekkende reisschema's van deze jonge royals. De koninklijke tournees waren in mijn ogen te vergelijken met schoolreisjes of zomerkamp, want je zat op elkaar in grote bussen en probeerde snel de beste kamers van de hotels in beslag te nemen. Er heerst ook een gevoel van kameraadschap, niet alleen tussen de verslaggevers, staf en beveiligers, maar ook met de koninklijke familie zelf.

Neem nu die keer toen ik mijn paspoort was kwijtgeraakt in São Paulo, Brazilië. Ik doorzocht koortsachtig mijn tas op de luchthaven tot ik een telefoontje kreeg van een van de paleismedewerkers. Ik hoorde Harry's karakteristieke lach op de achtergrond. Ze hadden mijn paspoort op de vloer gevonden. De prins wilde me niet in Brazilië achterlaten en had een van zijn beveiligers gestuurd, en die kwam met mijn paspoort in zijn hand naar de terminal zodat ik op tijd was voor het vliegtuig naar Chili. Toen ik

Harry weer zag, gebruikte hij niet mijn naam, maar noemde me 'paspoort'. Hij houdt wel van een geintje.

Ver van de pottenkijkers en de druk van thuis was er ook gelegenheid voor ontboezemingen. Tijdens diezelfde trip bekende Harry toen we samen in een klein groepje in het hotel wat dronken dat hij graag 'gewoon een normale jongen' was geweest, die zijn koffer kon pakken om een jaar lang in Brazilië zijn eigen interesses na te jagen. Hij vond het vreselijk dat er voortdurend mobieltjes in zijn gezicht werden geduwd en het geklik van professionele camera's maakte hem soms letterlijk ziek.

Carolyn en ik wisten al langer dat Harry van een leven buiten de paleismuren droomde. Als we samen met de prins in plattelandsgebieden reisden, viel het ons op dat zijn verlangen om verbonden te zijn met het gewone landelijke leven vaak hand in hand ging met een gevoel van droevigheid. Hij wilde graag contact hebben met de lokale mensen zonder het gedoe dat onvermijdelijk met zijn komst gepaard ging, maar hij wist dat het onmogelijk was.

Harry verlangde toen, net als nu, naar een normaal bestaan, het soort leven dat zijn moeder Diana hem probeerde te geven met bezoekjes aan pretparken en McDonald's. (Grappig om te bedenken dat het favoriete onderdeel van een Happy Meal voor dit kind geboren in onvoorstelbare rijkdom en privilege, het goedkope plastic speeltje erin was.)

Harry is anders dan zijn broer William, die op hun ordelijke en pragmatische grootmoeder lijkt, de koningin. Harry is emotioneel en houdt op zijn eigen en bewonderenswaardige wijze vast aan utopische idealen. Zijn verlangen om buiten de paleisbubbel te leven – dat we in allerlei dingen zagen, zoals mensen omhelzen bij officiële gelegenheden en de vurige wens om als militair in de frontlinie te dienen – is een positieve eigenschap, al brengt hij de rest van de koninklijke familie er soms mee in verlegenheid.

Door zijn warmte en oprechtheid schreef hij een nieuw hoofdstuk in de koninklijke geschiedenis toen hij verliefd werd op Meghan Markle.

Ik ben een Brit van gemengde etnische afkomst en dat was een van de redenen waarom ik het zo fascinerend vond dat een Amerikaanse actrice in het huis Windsor trouwde. Dat gold voor wel meer mensen van de jongere en diversere generatie, die door Harry en Meghan royaltywatchers waren geworden. Grappig genoeg leerde ik Meghan kennen nog voor Harry haar ontmoette. In 2015 maakte ik een praatje met haar tijdens een mode-evenement in Toronto nadat ze interviews aan de pers had gegeven. Niemand was verbaasder dan ik toen Meg (zoals haar goede vrienden en haar echtgenoot haar noemen) slechts een jaar later het hart veroverde van de meest begeerde vrijgezel aan deze zijde van de oceaan.

Al in de prille dagen van hun relatie werd duidelijk dat Harry een vrouw had gevonden die zijn belangstelling voor humanitaire zaken aanwakkerde en die net als hij ernaar verlangde om mensen in de marge van de samenleving te helpen. De wereld keek verbaasd toe hoe de relatie tussen de twee zich snel ontwikkelde. En Carolyn en ik keken ook toe hoe een aantal tabloids Meghan afschilderde als een pretentieuze, veeleisende vrouw die vooral hogerop wilde. Een deel van de Britse pers gebruikte een raciale ondertoon in stekelige commentaren en koppen.

Het beeld dat van haar werd geschetst was een verrassing voor Meghan, die haar inzet voor goede doelen en officiële optredens als het nieuwste lid van de koninklijke familie combineerde met doortastendheid, een eigenschap die ze al tentoonspreidde toen ze elf jaar oud was en protestbrieven schreef aan nationale leiders, waaronder Hillary Clinton, over een seksistische afwasmiddelreclame die ze had gezien. Soms bleef ze tot diep in de nacht op voor een evenement om haar eigen onderzoek te doen en aantekeningen te maken, ook al beschikte ze over een staf voor dat soort werk.

'Dit is de enige manier waarop ik het kan doen,' bekende ze aan mij. Het is ook een van de redenen waarom de prins had gezegd dat hij de 'teamgenoot' had gevonden waar hij altijd naar op zoek was geweest.

Het was daarom een surrealistisch moment om Meghan in maart 2020 een grote afscheidsknuffel te geven in een van de staatsievertrekken van Buckingham Palace, waar ze haar laatste individuele koninklijke verplichting afrondde. Zij en Harry hadden in een poging om hun gezin te beschermen het moeilijke besluit genomen om terug te treden als actieve leden van het koninklijk huis. Eerder waren we alleen voor gelukkige gebeurtenissen in de weelderige zaal 1844 bijeengekomen, zoals voor ontmoetingen met de koningin en mediarecepties. Nu wierpen zelfs de malachieten kandelaars die op de portretschilderijen schenen een somber licht op de leden van het koninklijk huis die afscheid namen, niet alleen van hun staf, maar van een hele manier van leven.

Carolyn en ik waren bij de laatste verplichtingen van Meghan aanwezig geweest, maar het was nog altijd moeilijk te geloven dat het hier zou eindigen. Stafleden die vanaf de eerste dag bij het paar waren geweest, treurden om het einde van wat een gelukkig verhaal had moeten zijn: twee mensen waren verliefd geworden, trouwden, kregen een kind, dienden de koningin, einde. Maar in plaats daarvan verlieten ze het land. Toen Meghan me een laatste keer omhelsde zei ze: 'Het had niet zo hoeven zijn.'

Ja, Carolyn en ik waren getuigen geweest van de vele worstelingen, privé en publiek, van Harry en Meghan in de eerste twee jaar van hun huwelijk. Niettemin was dit niet het einde van het boek dat we gedacht hadden te zullen schrijven – of dat het paar had verwacht.

In de regel mogen leden van de Britse koninklijke familie geen officiële toestemming geven voor een biografie. Maar Carolyn en ik kregen uitgebreid toegang tot degenen die het dichtst bij het paar stonden: vrienden, vertrouwde assistenten, hoge hovelingen en vele mensen in de directe omgeving van de hertog en hertogin van Sussex, zoals hun officiële titel luidt. We vergezelden Harry en Meghan ook op honderden van hun verplichtingen, werkbezoeken en reizen, van Ierland tot Tonga. Ons doel was om een intiem en accuraat portret te schetsen van een echt modern koninklijk echtpaar dat, of hun beslissingen nu lof of kritiek oogsten, altijd trouw is gebleven aan de eigen opvattingen.

Omid Scobie en Carolyn Durand, Londen, 2020

INLEIDING

Toen het laatste deel van hun bagage aankwam op het anderhalve hectare metende landgoed Mille Fleurs in Victoria, Canada, waar Harry en Meghan de volgende zes weken zouden verblijven, slaakten ze een gezamenlijke zucht van verlichting. Het grootste deel van hun spullen was voor hun aankomst al opgeborgen in de grote, gedeelde inloopkasten in het 1061 vierkante meter metende landhuis dat ze van een kennis hadden gehuurd. Ze zaten nu in een heel andere wereld dan die van Frogmore Cottage, hun huis in Windsor – maar dat was bepaald geen slechte zaak.

Tijdens hun laatste openbare optredens voor hun vertrek hadden ze steeds een glimlach getoond, maar ze waren bepaald niet vrolijk in de weken voor ze half november met een vlucht van Air Canada vanaf Heathrow Airport uit Londen vertrokken. Ze hadden kort daarvoor rechtszaken aangespannen tegen drie Britse tabloids met de aanklacht van inbreuk op hun privacy en het hacken van telefoons, en de hertog en hertogin van Sussex leken meer dan ooit een doelwit van de pers.

Vooral Harry werd het te veel. 'Verdient de koningin niet beter?' schreeuwde een kop in de *Daily Mail*, die de prins online las. Hij begreep niet waarom de pers er zo op gebeten was hen neer te halen. 'Die mensen zijn niets meer dan betaalde trollen,' zei hij later tegen een vriend. 'Niets dan trollen... Het is walgelijk.'

Scrollend op zijn iPhone kon hij het soms niet laten om de commentaren onder het artikel te lezen.

Ik walg van H&M.
Ze zijn een schande voor de koninklijke familie.
De wereld zou een betere plek zijn zonder Harry en Meghan.

Die laatste opmerking had 3500 likes.

Harry had er meteen spijt van dat hij de link had geopend. Hij voelde een knoop in zijn maag, zoals hij elke keer kreeg als hij dit soort commentaren las. 'Het is een ziek deel van de samenleving waarin we tegenwoordig leven, en niemand doet er iets aan,' ging hij door. 'Waar is de positiviteit? Waarom is iedereen zo ellendig en boos?'

Niet alleen de pers en de trollen online zaten Harry dwars. Hij had ook moeite met het instituut monarchie. Er ging bijna geen week voorbij zonder dat er iets van hun aangelegenheden of privégesprekken verdraaid naar de pers werd gelekt. Ze kregen het idee dat ze maar weinig mensen van de paleisstaf konden vertrouwen. Harry's relatie met zijn broer William, die al een tijdje onder druk stond, werd er niet beter op.

Als er een goede kant aan zat, dan was het de bevestiging dat hun besluit om een tijdje afstand te nemen van het publieke oog en het 'lawaai', zoals Meghan het noemde, precies was wat ze nodig hadden. Het buitenleven en de relatieve afgelegenheid van het landgoed in de wijk North Saanich op Vancouver Island zouden hen goed doen – vooral na de stormachtige zes maanden sinds de komst van hun eerste kind in mei. Harry en Meghan hadden non-stop gewerkt terwijl ze genadeloos in de spotlights bleven staan die een onvermijdelijk onderdeel zijn voor degenen die deel uitmaken van de Britse koninklijke familie.

Hier in Canada waren ze omringd door ongerepte natuur, maar ze voelden zich allesbehalve sereen. 'De "pauze" was zelfs verre van dat,' zei een bron dicht bij het paar. Wat voor de buitenwereld een idyllische afzondering leek, was in werkelijkheid een periode vol stress, waarbij Harry en Meghan diverse scenario's onderzochten voor hun toekomst. De prins had een kookpunt bereikt na alle voortslepende ruzies, geruchten en de irritante discussies met het paleis.

Het jaar had het stel enkele hoogtepunten gebracht. Het belangrijkste daarvan was de geboorte van hun zoon Archie. Het septembernummer van de Britse *Vogue*, waarvoor Meghan gasthoofdredactrice was geweest, bleek het snelst verkopende nummer ooit, en de *capsule clothing collection* die ze samenstelde voor Smart Works om geld bijeen te brengen om vrouwen met een achterstand op de arbeidsmarkt te helpen, was binnen de kortste keren uitverkocht bij Marks & Spencer en andere winkels. Harry lanceerde intussen Travalyst, een nieuw wereldwijd duurzaam reisinitiatief dat naar hij hoopte de toerisme-industrie voorgoed zou veranderen.

Harry en Meghan waren van plan tijdens hun verblijf in Canada hun werk voort te zetten. Ze hadden een lange lijst met dingen die ze wilden doen, waaronder de laatste details regelen voor het opzetten van hun non-profitorganisatie, en ze bleven zich inzetten voor de goede doelen waar ze thuis hun koninklijke naam al aan verbonden hadden. Het leek allemaal makkelijker te gaan vanuit de met hout betimmerde studeerkamer van het Canadese landgoed, met uitzicht over de vlekkeloos onderhouden tuinen met sparren en berken (al werkten ze uiteindelijk voornamelijk in de keuken, waar ze af en toe achter hun MacBooks vandaan kwamen om thee of koffie te zetten).

Hun besluit om naar het buitenland te gaan – en om tijdens de kerst in het buitenland te blijven en dus niet de traditionele kerstviering samen met de andere hoge leden van de koninklijke familie bij te wonen op Sandringham, het buitenverblijf van de koningin in Norfolk – inspireerde in het Verenigd Koninkrijk nog meer negatieve verhalen over het paar. De kranten hadden het over een 'aanzienlijk affront' ten aanzien van de koningin, ook al had Harry in werkelijkheid de toestemming van zijn grootmoeder – en bazin – gekregen voordat hij het land uit ging. De koningin, die Harry en Meghan regelmatig zag sinds ze allemaal op het landgoed van Windsor woonden, had hem zelfs aangemoedigd om op reis te gaan. De twee vorige kerstvieringen hadden Harry en Meghan immers wel op Sandringham meegemaakt en andere leden van de familie – waaronder prins William en zijn vrouw – hadden ook weleens een viering overgeslagen.

Het was nu echter nog geen tijd om de kerstversieringen aan te brengen. Eerst stond Thanksgiving op het programma en Meghans moeder Doria stond op het punt om vanuit haar woonplaats Los Angeles naar het landgoed in Victoria te komen. Meghan en haar moeder, die niet kon wachten om de kleine Archie weer te zien, hadden voor Doria's komst opgewonden berichtjes uitgewisseld. Haar kleinzoon groeide als kool en was al heel wat groter sinds ze hem in de zomer voor het laatst had gezien. 'Hij zit in het negentigste percentiel voor lengte,' schepte Meghan op tegen vrienden, waarna ze gretig haar telefoon tevoorschijn haalde om de vele foto's te laten zien die ze van haar jochie had gemaakt.

Al was hun Canadese huis slechts tijdelijk, toch deden Harry en Meghan hun best om het zo babyvriendelijk mogelijk te maken. Scherpe hoeken werden discreet afgeplakt met stukken rubber en sommige meubelstukken werden weggehaald. Nu de zes maanden oude baby het kruipstadium begon te verlaten en ging staan en langs de meubels schuifelde, wilden ze geen enkel risico nemen. Ze probeerden ook het landgoed paparazzivrij te houden. Er waren extra hekken rond het terrein opgetrokken om telelenzen, waarvan ze wisten dat die zouden opduiken, het zicht te ontnemen op hun dagelijkse wandelingen met Archie door het beboste terrein en langs het zandstrand.

Archie beschermen en zijn privacy waarborgen waren topprioriteiten voor het paar. Dat begon al toen ze besloten hun zoon geen koninklijke titel te geven. Harry leerde al op jonge leeftijd de duistere zijde kennen van het opgroeien in de koninklijke vissenkom, want hij had gezien hoe de paparazzi zijn moeder genadeloos opjaagden en Meghan leerde al snel dezelfde les. De twee wilden dat hun zoon zijn eigen lot kon kiezen en niet ergens in gedwongen werd vanwege de familie waarin hij geboren was.

Die eerste dagen in het huis aan zee boden de stilte waar Harry en Meghan naar verlangd hadden. Het was voor het eerst in maanden dat het paar – dat de dag begon met yoga en gezamenlijk ontbijt maken – zich voelde kalmeren. Maar ondanks de rust die hen omringde konden Harry en Meghan zich niet echt ontspannen. Ze moesten een zware beslissing nemen. Na bijna drie jaar van regelmatige aanvallen door de Britse pers en het gevoel dat de familie niet genoeg had gedaan om hen te steunen, was het tijd voor verandering. Hoe en wat moesten ze nog uitzoeken, maar ze wisten dat ze hun hart moesten volgen.

1

Londen

In juni 2016 landde Meghan in Londen en nog dezelfde ochtend ging ze als eerste naar Selfridges. De jonge Amerikaanse actrice was op een missie: schoenen kopen.

In het warenhuis in Oxford Street struinde ze over de 3500 vierkante meter grote schoenenafdeling – de grootste ter wereld – op zoek naar haar favoriete ontwerpers, waaronder Stella McCartney, Chloé en Marc Jacobs, in de hoop een paar te vinden dat de obscene prijskaartjes waard was. Al was de serie *Suits* waarin ze speelde een hit en inmiddels bezig aan het zesde seizoen, toch was Meghan nog altijd een voorzichtige shopper. Ze had een deel van haar jeugd doorgebracht in een krap appartement in een omgebouwde garage in hartje Los Angeles en ze was het enige kind van gescheiden ouders die met geldproblemen worstelden, en daarom wilde ze geen geld verspillen aan trends die snel weer uit de mode zouden raken. Als ze ergens in investeerde, moest het van haar langer meegaan, zoals haar schoenen van Sergio Rossi. Als kind was Meghan zorgelijk geweest en nog altijd had ze soms het idee dat als haar iets goeds overkwam, het zomaar weer kon verdwijnen.

Als Meghan die ochtend laat in juni stond te aarzelen tussen al die peperdure naaldhakken, was dat goed te begrijpen.

Ze was net terug van een luxueus meidenweekendje op het Griekse eiland Hydra – ze had het tripje georganiseerd ter viering van de aanstaande bruiloft van Lindsay Roth, een van haar beste vriendinnen van de universiteit. Als bruidsmeisje nam Meghan haar taak serieus en ze had een programma opgesteld met wandelingen, zwempartijen, siësta's en genieten van de lokale keuken van het eiland, dat op twee uur varen van Athene lag en waar fietsen en ezels de enige vervoermiddelen waren.

Het weekend was heel anders dan het gebruikelijke vrijgezellenfeest in Las Vegasstijl met limousines en dronken worden in clubs, met op het hoofd wat Meghan 'hoofdtooien van het fallische soort' noemde. Het groepje vrouwen gaf de voorkeur aan hoogstaander vermaak met de mediterrane zon en zee, verse Griekse salades en vis, veel wijn, en elkaars gezelschap.

Het hele weekend was echt Meghan: eenvoudig en toch gul, fijn op een rustige en intieme manier – en alles was zorgvuldig gepland. Meghan had altijd een plan, al sinds ze was gaan studeren en colleges met baantjes moest combineren, waarna de jaren van audities voor kleine rolletjes volgden, ze vervolgens uitgroeide tot een succesvolle tv-ster, die meteen de grenzen van haar carrière verlegde door een populaire lifestylewebsite op te zetten. Ze werkte niet alleen hard aan het maken van de plannen, maar ook aan het verwezenlijken ervan.

Haar trip naar Londen was daar geen uitzondering op. Schoenen waren pas het begin van de route die ze voordat ze in Londen aankwam had uitgestippeld. Meghan had een lijst met restaurants waar ze wilde eten, bars die ze wilde bezoeken en mensen die ze wilde ontmoeten.

Het was een opwindende tijd voor de vierendertigjarige. Haar succes in de competitieve wereld van de showbusiness, waardoor er deuren opengingen voor nieuwe mogelijkheden, was het resultaat van vertrouwen, volharding en de bereidheid om harder te werken dan haar leeftijdgenoten. Het waren eigenschappen die ze als klein meisje al had getoond.

Meghans zelfverzekerdheid was deels te danken aan de toewijding van haar ouders. Haar moeder Doria Ragland en haar vader Thomas – die elkaar hadden leren kennen op de set van *General Hospital*, waar hij verantwoordelijk was voor de belichting en zij een tijdelijk baantje had bij de make-upafdeling – gingen na twee jaar huwelijk uit elkaar. Maar ze bleven verbonden in dat ene kind dat ze hadden – ze waren co-ouders voor Meghan zonder veel ruzie te maken, ze deelden het ouderlijk gezag en vierden feestdagen samen.

Maar de toewijding van Thomas en Doria bleek waarschijnlijk nog het duidelijkst uit de manier waarop ze zich inspanden voor Meghans opleiding. Geen van beiden had een universiteit bezocht, al hoorde Doria op de Fairfax High School in Los Angeles tot een groepje begaafde leerlingen. Na haar eindexamen ging ze helpen in de antiekwinkel van haar vader, Alvin Ragland, en werkte ze als reisagente. Dat was het begin van wat een lange reeks baantjes zou worden. Haar familie had het niet breed, waardoor Doria pas veel later in haar leven een vervolgopleiding deed. Ze wist dus uit eigen ervaring dat je het financieel niet makkelijk kon hebben zonder goede opleiding en wees Meghan daarom altijd nadrukkelijk op het belang van studeren.

Voor de opleiding van Meghan wilden zowel Thomas als Doria alleen het beste van het beste – te beginnen met Little Red Schoolhouse, een kleine, prestigieuze privébasisschool waar de Hollywoodelite sinds de jaren veertig van de vorige eeuw zijn kinderen heen stuurde (onder wie Johnny Depp en Scarlett Johansson). Vervolgens ging Meghan naar Immaculate Heart, een katholieke middelbare meisjesschool in Los Feliz.

Meghan besefte heel goed hoeveel haar ouders opofferden om haar naar dergelijke scholen te laten gaan en voelde daarom grote verantwoordelijkheid bij het privilege. 'Mijn ouders hadden weinig en maakten de keuze om veel te geven… kleine dingen die veel zeiden – een knuffel, een glimlach of een schouderklopje om wie het nodig had te laten zien dat het goed zou komen,' schreef ze in 2016 op haar lifestyleblog *The Tig*. 'Dat zag ik toen ik opgroeide en dus groeide ik op om zo te zijn.'

Meghan was gedreven. Ze stak altijd als eerste haar vinger op als de leraar een vraag stelde of om een vrijwilliger vroeg, ze haalde schitterende cijfers en was er altijd bij. Haar gevoel voor verantwoordelijkheid strekte zich tot buiten school uit. Toen ze als jong meisje oog in oog stond met een dakloze man op straat, smeekte ze haar moeder: 'Kunnen we hem helpen?' Het komt natuurlijk vaker voor dat kinderen willen helpen als ze mensen in nood zien, maar het verschil met Meghan was dat ze het niet vergat als ze eenmaal waren doorgelopen. De rest van de dag, en nog lang daarna, bleef ze met die ene vraag zitten: 'Wat kan ik doen?'

Op haar tiende ging Meghan voor het eerst naar het buitenland, naar Jamaica met haar moeder, die haar niet naar de resorts meenam waar de meeste toeristen verbleven, maar naar de sloppenwijken om haar te leren hoe de mensen die minder geluk hadden leefden. Op haar dertiende meldde Meghan zich als vrijwilliger aan bij een gaarkeuken in de wijk Skid Row in LA. 'De eerste dag was ik heel bang,' zei Meghan. 'Ik was jong en het ging er ruw aan toe, en al was ik er met een grote groep vrijwilligers, toch voelde ik me overweldigd.'

Worstelend met de vraag of ze door moest gaan met de gaarkeuken wendde ze zich tot haar godsdienstlerares aan Immaculate Heart, Maria Pollia. Maria had als katholieke vrijwilligster veel ervaring met werken met mensen aan de onderkant van de samenleving – en ze wilde de jonge, ernstige leerlinge inspireren om hetzelfde te doen.

'In het leven gaat het erom de behoeften van anderen boven je eigen angsten te stellen,' vertelde Maria tegen Meghan. De jonge scholiere ging terug naar de gaarkeuken.

'Dat is me altijd bijgebleven,' zei Meghan.

Door Meghans bereidheid om anderen te helpen en haar drive om uit te blinken kreeg ze bij haar klasgenoten op school vaak de naam een 'streber' te zijn, want die konden niet geloven dat iemand zo 'perfect' was. Maar Meghan zag zichzelf nooit als perfect. Integendeel, ze had vaak het gevoel dat ze zich nog meer moest bewijzen. Omdat ze biraciaal was en niet altijd wist waar ze bij hoorde, wilde een deel van haar dat mensen zagen hoe goed ze was in wat ze ook deed. Ze vond het idee om als een underdog gezien te worden maar niets.

Op de middelbare school zette Meghan zich onverminderd in. Ze meldde zich bij alle clubs aan, van de jaarboekcommissie tot de toneelgroep Genesian Players. Ze werd gekozen tot *homecoming queen*. Ze was een geboren performer en iemand die graag lof wilde. Meghan begon haar draai te vinden.

Gigi Perreau, die Meghan enkele jaren acteerles gaf, zei: 'Ze werkte ongelofelijk hard. Ik was onder de indruk van het sterke arbeidsethos dat ze op een zo jonge leeftijd al bezat.' Meghan wierp zich met ziel en zaligheid op de kleinste rolletjes, bijvoorbeeld toen ze een secretaresse speelde in een opvoering van *Annie*.

Thomas hielp vaak met de decorontwerpen voor Meghans schooltoneel en 'kwam zo vaak mogelijk naar de opvoeringen', zei Perreau. 'Je zag altijd zijn gezicht in het publiek, stralend van trots om zijn kleine meid.'

Hij speelde ook een belangrijke rol in de ontwikkeling van Meghan tot feministe en, zoals ze het zelf noemde, een 'pleitbezorger voor vrouwen'. Toen ze elf jaar was, keek ze met haar klas naar een tv-programma, dat onderbroken werd door een reclame voor een afwasmiddel met de slogan: 'Vrouwen in heel Amerika vechten tegen vette potten en pannen.' Een jongetje schreeuwde: 'Ja, daar horen vrouwen thuis, in de keuken!'

Thomas moedigde Meghan, die van slag was door het incident, aan om protestbrieven over de reclame te schrijven. Ze stuurde brieven naar 'de machtigste mensen die ik kon bedenken', onder anderen first lady Hillary Clinton, Nickelodeons nieuwspresentatrice Linda Ellerbee en de afwasmiddelfabrikant – en ze stuurden allemaal een antwoord. Ze kreeg een brief van het Witte Huis; Nickelodeon zond een interview met Meghan uit; en de afwasmiddelfabrikant veranderde de slogan van de reclame in 'Mensen in heel Amerika vechten tegen vette potten en pannen!'

Meghans belangstelling voor acteren groeide op de middelbare school uit tot een carrièredoel, maar haar moeder – die altijd hamerde op het belang van een goede opleiding – adviseerde haar eerst te gaan studeren. Ze wilde dat haar dochter een carrièremogelijkheid had voor het geval het met acteren niet zou lukken. Voor Meghan was dat geen probleem, ze koos ervoor om niet naar professionele audities te gaan tot ze klaar was met de middelbare school en toegelaten was tot de Northwestern University.

Nog voor ze naar deze privé-universiteit in een buitenwijk van Chicago ging, een van de beste van het land, kreeg ze een eerste rolletje in een videoclip van Tori Amos voor het liedje *1000 Oceans*. Wie met zijn ogen knipperde had Meghans optreden zomaar kunnen missen: ze speelde een voorbijganger die een glazen doos bekijkt waarin de zangeres zit. Ze verdiende er zeshonderd dollar mee. Enkele weken later deed ze auditie voor een videoclip van Shakira. (Ze kreeg de rol niet – ze kreeg geen enkele rol meer tot ze in haar laatste jaar op de universiteit in *General Hospital* speelde.)

Op Northwestern University was Meghan weer omringd door studenten afkomstig uit welgestelde families. Als werkstudente moest ze een balans zien te vinden tussen een druk studierooster en de deeltijdbaantjes die ze nodig had om het collegegeld en haar kamer te betalen. Daarnaast was ze nog babysitter om extra kosten te dekken, deed ze mee met het studententheater én deed ze vrijwilligerswerk.

'Ik snap niet hoe je dat allemaal in een dag kunt persen,' zei een goede vriendin die met Meghan meeliep om haar laatste studieopdrachten bij de universiteitsbalie te halen. Ze was vol bewondering voor het vermogen van haar vriendin om studiediscipline te combineren met alle andere dingen die ze deed.

'Waar haal je de tijd vandaan om dat allemaal te doen?' vroeg ze.

Door niet te feesten zoals de meeste andere studenten deden. Haar vrienden kwamen Meg, zoals ze haar noemden, doordeweeks nooit tegen in de kroeg. Op vrijdagavond, als de andere meiden van haar studentenhuis naar feestjes gingen, was Meg op weg naar het huis van een van haar docenten om te babysitten. Ze werd toegelaten tot Kappa Kappa Gamma en woonde in het studentenhuis daarvan, waar ze enkele van haar beste vriendinnen maakte, waaronder Genevieve Hillis en Lindsay. Meghans leven in Kappa Kappa Gamma leek eerder op dat van het personage Elle Woods in *Legally Blonde* dan op de ongein van de film *Animal House*. Ze werd voorzitter van de ballotagecommissie van Kappa Kappa Gamma en moest in die hoedanigheid nieuwe studentes binnenhalen en zich welkom laten voelen. Ze zamelde ook geld in voor goede doelen met evenementen, waaronder een dansmarathon waar ze met haar studentenhuis aan meedeed. De vrouwen dansten dertig uur ten bate van Team Joseph, een non-profitorganisatie die zich inspande voor een middel tegen Duchenne spierdystrofie. 'Het werd wel erg vermoeiend,' gaf Meghan toe.

In haar eerste jaar verzamelde ze voldoende studiepunten en met hulp van haar vaders oudste broer Mick wist ze een stageplek te krijgen op de Amerikaanse ambassade in Buenos Aires. Niemand in de familie wist wat oom Mick precies deed en of zijn communicatiebaan in Buenos Aires niet eigenlijk een dekmantel van de CIA was. Hoe dan ook, door zijn contacten kon de twintigjarige Meghan haar horizon tot buiten het toneel verbreden.

'Ik was altijd de toneelnerd van Northwestern University. Ik wist dat ik wilde acteren, maar ik haatte het idee om een cliché te zijn – het meisje uit LA dat besloot actrice te worden,' vertelde Meghan tegen *Marie Claire*. 'Ik wilde meer dan dat en ik had altijd al belangstelling voor politiek, en uiteindelijk ging ik naast mijn hoofdvak theater ook nog een hoofdvak internationale betrekkingen doen.'

Meghan deed de Foreign Service Officer Test, een examen dat nodig was om bij het ministerie van Buitenlandse Zaken in diplomatieke dienst te kunnen komen. Toen ze het zware examen niet haalde, was ze buitengewoon teleurgesteld. Ze was het niet gewend om te falen. Het was een zware slag voor haar zelfvertrouwen, dat ze altijd zorgvuldig beschermd had.

En daarom keerde Meg in 2003, na afgestudeerd te zijn aan Northwestern University, naar Los Angeles terug. Ze was een beginnende actrice die zich tussen audities door in leven hield met allerlei baantjes, waaronder een blauwe maandag als kalligraaf. In 2004 werd ze aangenomen bij Paper Source, een chique kantoorboekhandel in Beverly Hills, waar ze een twee uur durende cursus schoonschrijven kreeg, naast lessen in inpakken en boekbinden. Toen ze daar werkte deed ze de uitnodigingen voor het huwelijk in 2005 van de actrice Paula Patton met de singer-songwriter Robin Thicke.

De eerste paar jaar van 'hosselen' voor audities, zoals ze het later omschreef, werd gekenmerkt door lange periodes zonder werk. En als ze een rol kreeg – bijvoorbeeld als 'hete meid' in de romantische komedie *A Lot Like Love* uit 2005 met Ashton Kutcher in de hoofdrol – ging het bepaald niet om Oscarwaardige rollen.

In 2006 was ze koffermodel in het programma *Deal or No Deal*, wat inhield dat ze een van de 26 vrouwen in identieke outfit was die een koffertje vasthielden met daarin een bedrag tussen de één cent en één miljoen dollar. De show van NBC betekende niet alleen een vast inkomen, maar deed het ook erg goed. Het programma begon in december 2005 en in het eerste seizoen keken er maar liefst tussen de tien en zestien miljoen mensen per aflevering. De kijkcijfers daalden de volgende seizoenen weliswaar aanzienlijk, maar de naam bleef uitstraling houden met talloze spin-off-producten als video- en bordspellen.

'Hallo dames!' zei presentator Howie Mandel tegen de perfecte rijen koffermodellen op de set.

'Hi, Howie,' antwoordden ze in unisono.

Zo begon elk van de 34 afleveringen in 2006 en 2007 waarin Meghan optrad. Als koffermodel 24 opende ze, net als de andere modellen, haar koffertje als een kandidaat haar nummer noemde in de hoop een miljoen dollar te winnen.

Meghan en de andere vrouwen deden tot zeven afleveringen op een dag. Zo veel shows in een strak schema opnemen betekende lange dagen. Na afloop gingen de andere modellen graag samen stappen, soms namen ze niet eens de moeite om zich af te schminken voor ze op het happy hour doken. Zo niet Meghan. Ze ging vriendschappelijk om met de meiden, maar ze ging niet met ze mee uit. 'Ze was populair bij de andere meisjes,' zei Leyla Milani, een van de koffermodellen. 'Maar zodra we klaar waren, was ze weg om iets anders te gaan doen.' Net als op de universiteit was Meghan aan het werk terwijl de anderen stoom afbliezen. Ze was zelfs druk bezig tijdens de pauzes op de set van *Deal or No Deal*. 'Terwijl de andere meiden aan het roddelen en kletsen waren,' zei Leyla, 'zat ze in haar eentje en las scripts en bereidde zich voor op audities.'

Na twee seizoenen van de show te hebben gedaan was Meghan klaar om haar zilveren koffertje achter zich te laten. In de drie jaar die volgden bleef ze audities doen, ze deed een reclame voor Tostitos en kreeg kleine rolletjes in films en tv-series, waaronder *Horrible Bosses*, *CSI:NY*, *Knight Rider*, *Without a Trace* en *'Till Death*. In een twee afleveringen durende episode in 2008 van de spin-off *90210* op de zender CW speelde ze Wendy, die voor ophef zorgt door betrapt te worden tijdens het oraal bevredigen van de playboy en student Ethan Ward op de parkeerplaats van een school. Meghan had aarzelingen over de scène, maar een beginnende actrice kan niet kieskeurig zijn.

Ze bleef doorzetten, ook toen ze dacht de auditie te hebben verknald voor de vaste rol van de bloedmooie en zelfverzekerde juridisch medewerker Rachel Zane in *Suits*, een nieuwe serie van de zender USA Network.

Meghan huilde niet en ging niet naar huis om een bak ijs naar binnen te werken. In plaats daarvan belde ze haar agent.

'Ik geloof niet dat ik het er goed vanaf heb gebracht,' vertelde ze hem. 'Ik moet er nog een keer heen.'

'Je kunt er niets meer aan doen,' zei hij. 'Richt je maar op de volgende auditie.'

2

When Harry met Meghan

Toen Meghan in Londen landde, was het vijf jaar sinds ze naar Toronto was verhuisd om in *Suits* te spelen, en haar leven leek inmiddels lichtjaren verwijderd van de tijd waarin ze worstelde als beginnende actrice en in een afgeragde Ford Explorer reed zonder dat ze het geld had om de automatische deurvergrendeling te laten repareren toen die stukging (waarna ze vijf maanden via de achterklep naar binnen kroop).

Haar rol in de door USA Network uitgezonden serie betekende nog lang niet dat ze bovenaan de verlanglijstjes stond in steden als Los Angeles en New York, maar in Canada werd ze al snel een beroemdheid. Ook toen haar ster rees bleef Meghan hard werken om haar vleugels uit te slaan. Ze huurde de Londense pr-firma Kruger Cowne in om haar belangen te behartigen en ze begon geld te verdienen – tot tienduizend dollar per optreden – door op de rode loper te verschijnen, bijvoorbeeld voor de presentatie van de ShopStyle-collectie van Marchesa Voyage in september 2014 in New York, of als spreker, zoals in 2015 voor het 'Dove Self-Esteem Project' in Toronto en de 'Women in Cable Telecommunications Signature Luncheon' in Chicago in hetzelfde jaar.

Toen ze bij Kruger Cowne tekende, kwam Meghan ook bij APA, een van de grootste talentenbureaus ter wereld, om haar carrière als lifestyle influencer te ontwikkelen, gebaseerd op *The Tig*, het blog waarmee ze in 2014 was begonnen. Het was een plek waar al haar passies samenkwamen (eten, mode en reizen – naast sociale kwesties als gendergelijkheid) met 'de vibe van het ambitieuze buurmeisje'. Het blog was vernoemd naar Tignanello – de volle rode wijn waar ze na de eerste slok voor was gevallen.

'Voor het eerst begreep ik het – ik snapte eindelijk wat mensen bedoelden met body, structuur, afdronk, bouquet,' schreef ze. '*The Tig* is mijn code voor het snappen. Niet alleen wijn, maar alles.'

The Tig was niet de eerste keer dat Meghan het internet was opgegaan om haar ideeën te delen en anderen de hand te reiken. Van 2010 tot 2012 schreef ze *The Working Actress*, een anonieme blog waarin ze vertelde over de valkuilen en triomfen die onderdeel waren van de worsteling om het in Hollywood te maken. Op school schreef ze al graag en ze had toen overwogen om journalist te worden omdat ze zo de kans zou krijgen haar creativiteit en frustraties te kanaliseren. De blog beschreef de diepgevoelde momenten van vreugde als ze een rol binnensleepte en de wanhoop die acteurs overspoelt als ze een rol niet krijgen in een industrie waar het meer om uiterlijk dan talent gaat. Hoewel ze publiekelijk nooit heeft toegegeven dat zij de populaire blog schreef, was het een van de slechtst bewaarde geheimen van het wereldje dat zij het gezicht erachter was – en ze kreeg snel erkenning voor de slimme adviezen en eerlijke anekdotes.

Terwijl *The Working Actress* rauw en openhartig was, was *The Tig* gepolijst en optimistisch. Of het nu om een wandeling van Meghan langs de ruige kustlijn in een perfect gesneden kameelharen jas ging, of een 'Tig Talk' met beroemde vriendinnen als de actrice Priyanka Chopra, of een recept voor 'pittige stoofpot van broccoli en hennepzaad', de site was altijd een plaatje, maar naar ze hoopte ook 'de broedplaats voor ideeën en spanning – voor een geïnspireerde lifestyle'.

Het nieuwste gezicht in haar carrièrewereld was Violet von Westenholz, een pr-directeur van Ralph Lauren die enkele evenementen tijdens

Meghans zomertrip naar Londen op stapel had staan. De actrice was een van de vele beroemheden die ze had ingehuurd om het merk te promoten. Violet was niet alleen een naam in de modewereld, maar ook een bekende in de Engelse society. Haar vader, Fredrick Patrick Piers baron von Westenholz, een voormalig olympisch skiër, was een van de oudste en beste vrienden van prins Charles, zodat Violet met haar familie regelmatig in Zwitserland ging skiën met prins William en prins Harry.

Een van de evenementen op Meghans agenda was Wimbledon. Ralph Lauren was de modesponsor die over de officiële merchandise ging en Violet regelde de kaartjes en toegangspassen. Op de tweede dag van het toernooi zat Meghan op de tribune als supporter van haar vriendin Serena Williams. Meghan had de tenniskampioene in 2010 ontmoet tijdens een Super Bowl-feest in Miami. Tussen alle aanwezige sterren en atleten 'klikte het meteen' tussen Meghan en Serena, zoals Meghan later zei. Ze vonden elkaar bij 'goeie ouderwetse meidendingen', en de twee vrouwen maakten foto's van elkaar met hun mobieltje.

Op Wimbledon keek Meghan gespannen toe hoe Serena een duel uitvocht met Amra Sadikovic. Ze stak als eerste haar vuist in de lucht als haar vriendin een punt scoorde en juichte hartstochtelijk als de tenniskampioene een set won. Voor ze Serena leerde kennen wist ze weinig van tennis, maar nu was ze een fan.

Meghan wist haar ogen lang genoeg van de wedstrijd te scheuren om de Britse acteur Dominic Cooper bij de vipbar te spotten, waarna ze grapte dat ze wel een beetje op de ster van *Preacher* viel, en ze vroeg zich af of ze hem zou aanspreken. Ze besloot niet op deze aardige Engelse gentleman af te stappen. Ze had te veel lol met haar vriendinnen.

Violet was niet de enige die in Londen ontmoetingen voor Meghan regelde. Enkele maanden voor ze naar de stad kwam had Jonathan Shalit – die een belangrijke rol had gespeeld in de televisiecarrières van Simon Cowell, Mel B en andere bekende Britse namen – Meghan onder contract genomen voor zijn talentenbureau Roar. Ze hoopten dat Meghan een nieuwe weg in kon slaan, bijvoorbeeld als presentatrice van een culinaire tv-show.

Jonathans idee om de Amerikaanse actrice te gebruiken voor een of ander om eten, reizen en cultuur draaiend programma kwam voort uit *The Tig*, en het was precies het soort toekomst waar Meghan op gehoopt had toen ze de blog begon.

'Er is een visie, en die is groot,' zei Meghan over *The Tig*. Ze droomde dat er een kookboek of een lifestylemerk uit voort zou komen. 'De mogelijkheden zijn eindeloos.'

De tot lifestylegoeroe uitgegroeide actrice Gwyneth Paltrow, die haar website *Goop* wist uit te bouwen tot een imperium met een waarde van 250 miljoen dollar, was duidelijk een inspiratiebron voor het zichzelf in de markt zetten, maar Meghan had nog een ander voorbeeld, veel dichterbij, in Jessica Mulroney – Canada's belangrijkste lifestyle influencer en een goede vriendin.

Jessica en haar echtgenoot Ben – de oudste zoon van de voormalige Canadese premier Brian Mulroney en de presentator van *eTalk*, een tv-show over de entertainmentindustrie – waren het meest bewonderde jonge societykoppel van de stad. Jessica wist met de beroemde naam van de familie waarin ze getrouwd was en haar gevoel voor stijl een carrière als influencer, styliste en huwelijksplanner op te zetten. Haar Instagramaccount stond vol foto's van huiselijke perfectie – bijvoorbeeld Jessica die met haar lange, nonchalant verwaaide bruine haar en haar blauwe ogen tussen zwarte wimpers op de grond zat, een boek lezend met haar schattige tweelingzoontjes Brian en John, haar slanke benen in kleermakerszit en aan haar voeten een paar duizelingwekkend hoge naaldhakken.

Nadat de twee vrouwen aan elkaar waren voorgesteld door een lokale modejournalist moedigde Jessica Meghan aan om hetzelfde pad in te slaan, en daarnaast introduceerde ze haar in een opwindend, bruisend wereldje vol charitatieve evenementen met tal van beroemdheden, openingen van nieuwe hippe zaken, fabuleuze restaurants en interessante vrienden als Michael Bublé. Jessica en Ben waren goed bevriend met de Canadese singer-songwriter en diens vrouw, de in Argentinië geboren actrice Luisana Lopilato, die intieme feestjes in hun huis in Vancouver gaven waarvoor uitnodigingen felbegeerd waren. Toen Meghan in november 2015 aan tafel met hem zat, leverde dat stof op voor een blogpost over de favoriete vakantiesongs van de zanger onder de titel 'Tig Tunes with Michael Bublé'.

In 2016 hadden *The Tig* en haar Instagramaccount inmiddels zo veel volgers dat ze aan carrièremogelijkheden buiten *Suits* begon te denken. Gespitst op verandering had ze een contract gesloten bij een literair agentschap in de Verenigde Staten en voerde besprekingen om een rond eten draaiend boek uit te brengen om haar nieuwe platform te kapitaliseren. Terwijl Meghan in Londen was, pitchte Jonathan in zijn uniform van zwart vest, wit overhemd, gestreepte das en felgekleurde sokken een show waarbij ze over de wereld zou reizen om nieuwe gerechten te ontdekken, met de nadruk op duurzaamheid. Een soort kruising tussen de programma's van Padma Lakshmi en Anthony Bourdain.

Jonathan was niet de enige bekende persoon uit het wereldje waarmee Meghan netwerkte toen ze in de Britse hoofdstad was. Ze ontmoette ook Piers Morgan, presentator van *Good Morning Britain*, in zijn lokale pub in Kensington, de Scarsdale Tavern. 'Ik ben in Londen voor een week van ontmoetingen en Wimbledon,' zo had Meghan hem discreet via Twitter laten weten toen ze in Londen was aangekomen. 'Ik zou graag even gedag komen zeggen!' Ze hadden elkaar nooit ontmoet, maar ze was benieuwd naar de controversiële en uitgesproken persoonlijkheid achter de buitensporige tweets over Donald Trump, met wie hij een haat-liefdeverhouding had sinds ze samen in de realityserie *Celebrity Apprentice* op NBC hadden gezeten.

Meghan betrad de knusse, donkere pub 'als een echte Hollywoodsuperster', zoals Piers het beschreef in de *Daily Mail*, 'heel slank, heel elegant en onmogelijk glamoureus. Ze droeg zelfs de verplichte grote zwarte zonnebril die zo geliefd is bij Amerikaanse acteurs.'

Tijdens hun twee uur durend onderonsje dronk Meghan droge martini's en spraken de twee over wapenwetgeving, haar carrière, haar droom als kind om president van de vs of een tv-journalist te worden, en het opgroeien als biraciaal kind. Piers was gecharmeerd.

Iets voor acht uur nam Meghan afscheid van Piers en haastte zich naar haar dinerafspraak met Misan Harriman, wiens vader, Chief Hope Harriman, een van de stichters van het moderne Nigeria was. Misan was oprichter van de website whatwesee.com en voorzitter van British Polo Day, een netwerk dat wereldwijd polowedstrijden organiseert – hij was vaak naast prins William en Kate Middleton bij polowedstrijden te vinden.

Misan had Meghan uitgenodigd in het alleen voor leden toegankelijke restaurant van de club 5 Hertford Street in Mayfair, een van de meest prestigieuze clubs ter wereld. Tot de leden die door de ongemarkeerde kastanjebruine deur in Hertford Street binnen zijn gestapt om bij kaarslicht in privékamers te dineren hoorden George en Amal Clooney, Mick Jagger en Harry's nicht, prinses Eugenie. Meghan genoot ongetwijfeld van haar gin fizz in de gedempte verlichting van de club, maar waar ze echt naar uitkeek was een blind date die ze voor de volgende avond had gepland.

Het was zomer en ze was net weer single. Haar vorige, twee jaar durende relatie (de eerste serieuze sinds haar scheiding drie jaar eerder) was nog maar net afgelopen, maar Meghan geloofde nog steeds dat ze blijvende liefde zou vinden. Tijdens haar trip naar Londen grapte ze echter tegen een vriendin dat ze genoegen zou nemen met 'een aardige Engelse gentleman om mee te flirten'.

Maar bij deze date ging het niet om een gewone vent. Tijdens een lunch op 1 juli onthulde Meghan de identiteit van de mysterieuze man aan haar in Londen gevestigde agente Gina Nelthorpe-Cowne. Gina en Meghan, die elkaar in 2014 tijdens de One Young World Summit hadden ontmoet, waren samen naar talrijke overzeese klussen gereisd en namen een keer een korte vakantie tijdens een werktrip op Malta in maart 2015. De actrice vond dan ook dat ze de agente als vriendin kon vertrouwen.

'Ik heb vanavond een blind date,' zei Meghan bedeesd nadat ze haar salade had opgegeten in restaurant Delauny, vlak bij Covent Garden in Londen.

'Wie is het?' vroeg Gina. 'Ken ik hem?'

Meghan leunde opgewonden naar voren en fluisterde: 'Ik weet zeker dat je hem kent. Het is prins Harry.'

Overdonderd door het nieuws vroeg Gina haar vriendin op fluistertoon: 'Heb je enig idee wat je je op de hals haalt?'

'Nou ja, het is een ervaring,' zei Meghan, 'en ik ga in ieder geval een leuke avond hebben.'

'Dit kan waanzin zijn,' zei Gina en probeerde de Amerikaanse de krankzinnige en unieke cultuur van de tabloids uit te leggen, vooral als ze over dates van iemand van het koninklijk huis schreven. 'Je wordt de meest gezochte vrouw.'

Meghan dacht niet zo ver vooruit, vooral niet omdat de vrouw die de date met de prins had geregeld gezegd had: 'Laten we jullie gewoon samen in een ruimte zetten en kijken wat er gebeurt.'

Er wordt gezegd dat Violet von Westenholz de date had bedacht, maar het waren vooral Meghans vrienden Misha Nonoo en Markus Anderson die bij de eerste ontmoeting betrokken waren. (Het stel zelf houdt het verhaal van hoe ze gekoppeld werden liever vaag, zelfs voor goede vrienden. Het enige wat Meghan losliet tegen vrienden over die eerste ontmoeting met Harry was dat het 'een toevalstreffer' was.)

Markus, een Canadees en internationaal directeur lidmaatschappen van Soho House, zorgde altijd dat Meghan zich thuis voelde in de vestiging in Toronto van de exclusieve club, die locaties over de hele wereld heeft.

Achter de met fluwelen koorden afgezette ingang van het chique negentiende-eeuwse pand dat de club voor acht miljoen dollar in een exclusieve oase had omgetoverd, bracht Meghan menig middag door, ze nestelde zich er in een van de leren clubfauteuils van de bibliotheek om op haar MacBook aan haar blog te werken, of ging naar de tweede verdieping om in een van de privézitjes wat te drinken en te kletsen met de andere acteurs van *Suits*.

Markus introduceerde Meghan bij tal van bekende mensen uit de zakenwereld en culturele elite – zowel in Canada als daarbuiten. Bij een lunch in Miami in het Soho House zette hij de actrice naast Misha, een opkomende modeontwerpster met een levendige persoonlijkheid en vlekkeloze afkomst. De reden voor de trip naar Miami in december 2014 was Art Basel, een decadente kunstbeurs die de *rich and famous* trekt voor een week van feesten en evenementen in alle soorten en maten. Markus nodigde de kunstliefhebster Meghan uit naar het Soho Beach House, de plek waar het allemaal gebeurde, om van de zon te genieten, kunst te zien en wat lol te hebben.

Het evenement in Soho House was perfect om nieuwe vrienden te maken en contacten te leggen, en Misha en Meghan konden het meteen goed met elkaar vinden. De in Bahrein geboren maar in Engeland opgegroeide blonde ontwerpster, die haar tijd tussen New York en Londen verdeelde, had in Parijs bedrijfseconomie gestudeerd voordat ze de mode inging. Haar knappe echtgenoot Alexander Gilkes, die tal van contacten had, hoorde volgens *Art + Auction* tot de honderd machtigste mensen in de kunstwereld nadat hij Paddle8 had opgericht, een online veilinghuis. De oud-leerling van Eton, die op die school met prins William en prins Harry bevriend was geraakt, ontmoette Misha toen ze zeventien was, en zeven jaar later trouwden ze in Venetië, waarbij niemand minder dan Lana del Rey optrad tijdens de bruiloft.

Meghan was direct onder de indruk van de glamour die Misha als vanzelfsprekend uitstraalde, en Misha ervoer de ongekunstelde belangstelling van de actrice als prettig. 'Ze is een indrukwekkende persoonlijkheid en erg leuk om mee om te gaan,' zei Misha.

Nog voor de lunch was afgelopen wisselden de vrouwen informatie uit en tagden ze elkaar op foto's op Instagram.

De slimme en knappe modeontwerpster sprak over nieuwe zakelijke mogelijkheden met Meghan, die haar sociale en professionele horizon wilde verbreden. Meghan was graag bij Misha, die door een vriend werd omschreven als 'een van die geheimzinnige, coole, rijke, aristocratische meisjes'. Als ze naar New York ging, logeerde ze in Misha's woning in de West Village, waar de ontwerpster en haar echtgenoot een stroom interessante mensen ontvingen.

De vriendschap kwam niet van één kant. Toen Misha in november 2015 tijdens de New York Fashion Week finaliste was voor de prestigieuze CFDA/*Vogue* Fashion Fund Awards, maakte Meghan op de rode loper op weg naar het prijsuitreikingsdiner grote indruk in een van de creaties van haar vriendin. De foto van Meghan, poserend in het korte, glanzend zilveren en diep uitgesneden jurkje, was de volgende dag overal te zien – uitstekende reclame voor Misha's nieuwe modelijn.

Toen de twee vrouwen elkaar voor het eerst ontmoetten, had Meghan een serieuze relatie, ook al was ze pas anderhalf jaar daarvoor gescheiden.

Meghan was drieëntwintig toen ze voor haar eerste man viel, Trevor Engelson, een zelfverzekerde jonge producer in opkomst, die door *The Hollywood Reporter* in de top 35 onder de 35 van 2009 was gezet. Het paar had al zeven jaar een relatie toen de dertigjarige Meghan en de vierendertigjarige Trevor op 10 september 2011 in het huwelijk traden met een romantische ceremonie op een strand op Jamaica.

Toen ze elkaar nog niet zo lang kenden, vroeg Meghan zich tegenover haar beste vrienden weleens hardop af waarom Trevor haar acteercarrière niet altijd van harte leek te steunen. Hij had tenslotte een hoop contacten in de industrie. Ze had het idee dat hij het prettig vond dat ze afhankelijk van hem was. Dat was de dynamiek van hun relatie: Trevor was de dominante partij. 'Hij was eraan gewend de kostwinner te zijn, degene die Meghan nodig had om bij mensen in de industrie geïntroduceerd te worden,' zei een vriendin over de begindagen van hun relatie. Maar tijdens hun huwelijk kreeg ze een grote rol in een populaire televisieserie. Enkele maanden nadat Trevor Meghan in 2010 een huwelijksaanzoek had gedaan tijdens een vakantie in Belize kreeg ze de rol in *Suits*. 'De dynamiek veranderde opeens,' ging de vriendin verder, 'en hij vond het maar niets.'

Het feit dat Meghan een flink deel van het jaar in Toronto woonde versnelde de achteruitgang van hun relatie. Met het verstrijken van de maanden werden de bezoeken steeds minder frequent. Toen Trevor werd uitgenodigd voor de Oscarceremonie in februari 2013 nam hij Meghan niet mee naar de uitreiking. Hij vertelde dat hij maar één kaartje had, maar Meghan vroeg zich af of hij niet gewoon de spotlights niet wilde delen. Zes maanden later ging het paar, dat nog maar 23 maanden eerder waanzinnig verliefd leek op het Jamaicaanse strand, scheiden. Maar Meghan bleef vertrouwen houden dat ze die ene zou vinden – ook al had ze zich vergist toen ze hem de eerste keer gevonden meende te hebben.

Toen de actrice besloot de liefde een nieuwe kans te geven, kwam die in de vorm van Toronto's meest begeerde vrijgezel, Cory Vitiello, die in het blad *Toronto Life* als volgt beschreven werd: 'Even bekend om zijn talent in de keuken als om zijn toppositie op de lijst van begeerde mannen.' De uit Brantford in Ontario afkomstige Cory met zijn gebeeldhouwde gelaatstrekken had altijd weer een andere mooie vrouw aan zijn arm hangen. Op zijn vijftiende was hij vanuit zijn ouderlijk huis zijn eigen cateringbedrijfje begonnen en later werd hij eigenaar van Meghans favoriete restaurant, de Harbord Room, waar de twee elkaar in juni 2014 ontmoetten. Kort daarop schreef Meghan in *The Tig* over zijn zaak – en over hem. Hij bezat 'de charme en het moreel kompas van iemand afkomstig uit een klein stadje, maar is ook iemand die grote dromen heeft en ze weet te verwezenlijken', schreef ze, 'en dat maakt zijn gerechten zo benaderbaar, en toch geïnspireerd.'

Eerst voelde ze zich vooral aangetrokken tot Cory's knappe uiterlijk, maar al snel waardeerde ze hem om zijn gevoeligheid, vriendelijkheid en ondernemingslust. En natuurlijk verbond eten de twee. Meghan was voor hun ontmoeting al een gretige kok en een gepassioneerde culi, maar Cory 'opende haar ogen voor eten op een heel ander niveau', volgens een vriend. Aan het einde van de zomer waren zij en Cory een vast stel en binnen een maand na hun eerste date vertelde Meghan vriendinnen dat ze verliefd aan het worden was. 'Ze is voorzichtig, maar valt snel als ze iemand mag,' zei een vriendin. 'Het is de oude romantica in haar.'

Al voor haar studietijd en ook na haar scheiding was Meghan nooit geïnteresseerd in losse dates. Ze zocht altijd betrokkenheid. Met Cory was het niet anders; ze wilde een gezonde relatie, trouwen en uiteindelijk kinderen krijgen. Cory's familie, bij wie ze kerst 2015 doorbracht, was er erg gelukkig mee. De hele clan was dol op haar, inclusief Cory's moeder Joanne, en allemaal dachten ze dat het stel zich snel zou verloven.

Maar in werkelijkheid was haar relatie met Cory alweer aan het afbrokkelen. Begin 2016 bekende Meghan aan vrienden dat ze spijt had van de snelheid waarmee het tussen hen was gegaan. Sommige van de mensen die het dichtst bij haar stonden zagen het al aan het feit dat Meghan weliswaar bij de kok was ingetrokken, maar nog wel haar huurappartement had aangehouden. Maar pas begin mei maakten ze een officieel einde aan hun twee jaar durende romance. Het probleem lag volgens een bron dicht bij het stel bij Cory: hij wilde zich niet binden. Meghan verbrak hun relatie zonder specifieke beschuldigingen te uiten en hij verzette zich niet. 'Het was geen gelukkige tijd voor haar,' zei de bron.

Verdriet veranderde echter al snel in opluchting bij de jonge actrice. Tegen de tijd dat het zomer was keek ze alweer uit naar haar reisplannen en was klaar om plezier te hebben. En haar nieuwe vriendin Misha vond de zomer de perfecte tijd om een paar dates voor haar te regelen.

Prins Harry leek iemand met wie je lol kon hebben, ook al was hij lid van een koninklijke familie waar alles om een protocol draaide dat volkomen vreemd was voor een Amerikaanse als Meghan. Harry stond bekend als het brutale jongetje sinds hij als driejarige gefotografeerd werd terwijl hij zijn tong uitstak. Hij zat toen op de armen van zijn moeder, prinses Diana, die naast de koningin op het balkon van Buckingham Palace stond bij de militaire parade ter ere van de verjaardag van de koningin. Zijn tong naar de fotografen uitsteken, wat hij als kind wel vaker deed, was een daad van rebellie, want vóór William en Harry werden koninklijke kinderen als perfect, rustig en op de achtergrond afgebeeld.

Zijn moeder deed weinig om zijn vrolijkheid in toom te houden. Toen de jongens op kostschool zaten op de Ludgrove School in Berkshire – eerst William en vervolgens Harry – smokkelde Diana snoepjes in hun sokken naar binnen als ze op bezoek kwam om naar hun voetbalwedstrijden te kijken. Ze schreef ook graag brieven en stuurde de jongens grappige kaarten. 'Je mag best stout zijn,' vertelde Diana ooit aan Harry. 'Als je maar niet betrapt wordt.'

Harry nam de boodschap ter harte. Hij was meer geïnteresseerd in paardrijden en sport dan in school en deelde zijn moeders gevoel voor humor en neiging tot ondeugendheid. Een keer haalde hij een grap uit met Diana's persoonlijke beveiliger, Ken Wharfe, en sloop langs de beveiliging het paleis uit, waarna hij Ken op de walkietalkie opriep.

'Waar ben je?' vroeg Ken toen hij noch de paleiswachten Harry konden vinden.

'Ik sta voor Tower Records,' liet Harry Ken weten, die als de bliksem naar Kensington High Street rende, bijna een kilometer verderop, waar hij de kleine prins in zijn camouflage-uniformpje aantrof.

Diana zal Harry's onverschilligheid voor regels deels vergeven hebben omdat hij volgens het protocol van de koninklijke opvolging een minder belangrijke positie had dan zijn broer William. Rond zijn vierde begreep hij hun lot als 'opvolger en reserve'. Vanuit die wetenschap benadrukte hun moeder regelmatig dat ze van haar beide zoons even veel hield. Gelijkheid was een belangrijk onderwerp binnen het gezin omdat het daarbuiten niet het geval was.

Toen de jongens ouder werden, werd het verschil in hun positie duidelijker. William kwam regelmatig bij de koningin om te leren over zijn toekomstige rol, en Harry niet. Diana probeerde haar jongste zoon ervan te doordringen dat hij zich door niemand moest laten wijsmaken dat hij niet bijzonder was, alleen maar omdat hij nooit koning zou worden. Hij had zelfs geluk, redeneerde ze, want Harry kreeg de kans om uit te zoeken wat hij echt wilde. Een titel is zowel een lust als een last.

Het is niet verwonderlijk dat hij opgroeide tot een jonge man die zich het meest op zijn gemak voelde bij zijn beste vrienden en de mensen die niet erg onder de indruk waren van zijn koninklijke status. Hij hield niet van pracht en praal en had weinig op met de 'saaie' verplichtingen als staatsbanketten op Buckingham Palace en de erg formele kleding die daar soms bij hoorde. Tot op de dag van vandaag draagt Harry niet graag een stropdas. Ooit bekende hij aan de auteurs van dit boek: 'We moeten die dingen wat levendiger maken, ze zouden leuker en interessanter moeten zijn.'

Een van de redenen waarom hij als een blok viel voor zijn eerste serieuze vriendin, Chelsy Davy, die net als hij van avontuur hield, was dat ze weinig onder de indruk was van zijn koninklijke stamboom. Tijdens zijn tussenjaar in 2004, na het voltooien van de middelbare school, ontmoette Harry de slimme, levendige blondine, die in Zimbabwe was geboren als kind van Charles Davy, een rijke landeigenaar en safari-organisator, en Beverly Donald Davy, een voormalige Miss Rhodesië. Chelsy voelde zich even goed op haar gemak op een ongezadeld paard op de Afrikaanse vlakten als op evenementen van de high society in Londen. Zeven jaar lang hadden zij en Harry een gecompliceerde maar ongetwijfeld gepassioneerde relatie. Haar oprechte liefde voor haar vriendje, ongeacht zijn afkomst, was een van de eigenschappen die Chelsy innam voor zowel Harry als de rest van de koninklijke familie. Ze was discreet en loyaal en stond aan Harry's zijde bij alle belangrijke momenten in zijn jonge leven, zoals in 2006 toen hij afstudeerde aan de prestigieuze koninklijke militaire academie Sandhurst, het concert voor Diana in 2007 en het huwelijk van zijn broer met Kate Middleton in 2011. Maar uiteindelijk bleek de voortdurende publieke belangstelling voor haar privéleven te veel voor Chelsy.

Paparazzi die op onverwachte plekken rondhingen en weinig flatteuze artikelen in de tabloids waren uiteindelijk ook het struikelblok voor Harry's volgende serieuze relatie, met de actrice Cressida Bonas, die door zijn nicht prinses Eugenie in het voorjaar van 2012 aan hem was voorgesteld. De lange en slanke blondine bewoog zich in dezelfde aristocratische kringen als Harry; haar moeder, Lady Mary-Gaye Curzon, was een van de erfgenamen van het bankiersfortuin van Curzon, en haar vader Jeffrey was ondernemer.

In de zomer van 2016 voelde Harry zich klaar voor een relatie. Chelsy en hij kwamen zelfs kort weer bij elkaar voordat hij Meghan ontmoette – die volgens sommige tabloids nog een relatie met Cory had toen ze met Harry kennismaakte. Cory sprak nooit met de pers over zijn ex, hij ontkende alleen de bewering dat Meghan overlappende relaties had. 'Ik heb te veel respect voor haar en haar privacy. Ze is een geweldige persoon.'

Misha meende dat Meghan bij Harry zou passen. Haar toenmalige echtgenoot Alexander kende het sociale kringetje van jonge mannen en vrouwen uit de elite dat met de koninklijke broers in verbinding stond en dat door de tabloids de 'Glosse Posse' werd genoemd. Tot deze vriendenkring hoorde ook Alexanders broer Charlie, die in 2008 een relatie met Kate Middletons zuster Pippa had gehad toen ze beiden aan de universiteit van

Edinburgh studeerden. Alexander was een van de genodigden op Williams huwelijk met Kate in 2011. Harry was aanwezig bij Charlies bruiloft in 2011 in Italië, hij trouwde met Anneke von Trotha Taylor (Kates moeder en James en Pippa Middleton waren er ook, maar de hertogin van Cambridge zelf was zwanger en voelde zich te misselijk om te komen).

Hoe zou Meghan, een Californische meid, in dat kringetje passen? 'Ze hebben beiden een onschuldige blik in de ogen,' beschreef een wederzijdse vriend van Harry en Meghan. Bovendien leek het vrienden gewoon goed voor beiden om uit te gaan en te daten.

Uiteraard deden beide deelnemers aan de blind date hun huiswerk met een uitgebreide zoektocht op Google. Harry had op sociale media naar Meghan gezocht en hij was geïnteresseerd. Een vriend had hem een foto op Instagram getoond van Meghan in het zilveren jurkje bij de CFDA/*Vogue* Fashion Fund Awards. Wat hij zag beviel hem, maar hij beschouwde iets gaan drinken met haar als niet meer dan een kans kennis te maken met een vrouw die hij aantrekkelijk vond. Hij had zeker niet voorzien dat zij de vrouw was met wie hij uiteindelijk zou trouwen.

Wat Meghan online vond had haar makkelijk het idee kunnen geven dat ze het afspraakje maar beter kon afblazen.

Toen hij begin twintig was ging Harry vaak uit in de Londense clubscene. Hij bracht menige wilde avond door in trendy tenten als Jak's, Funky Buddha en de Wellington Club. Maar zijn reputatie als de 'feestprins' begon al toen hij nog een tiener was die bekend stond om zijn dronken gedrag. De tabloids schreven er gretig over (soms waar, soms minder waar). Het ene verhaal over een losgeslagen Harry volgde op het andere. Hij werd een keer vanwege zijn gedrag uit een pub getrapt waar hij vaak kwam, een paar kilometer van Highgrove. Hij leek het eerste deel van zijn moeders boodschap over in moeilijkheden komen ter harte te hebben genomen, maar hij wist niet goed hoe hij het tweede deel kon uitvoeren, het niet betrapt worden.

Harry's dieptepunt kwam toen hij in 2005 op de voorpagina van *The Sun* stond met een glas drank en een sigaret in de hand – en een band met een swastika om zijn bovenarm. De kop van de Britse tabloid was duidelijk: 'Harry de nazi'. Harry was een van 250 genodigden voor een kostuumfeest dat Richard Meade, een van de succesvolste Britse ruiters, voor de verjaardag van zijn zoon gaf. De kostuumkeuze van de prins, waar hij zijn excuses voor aanbood, getuigde sowieso al van slechte smaak, maar dat het feest vlak voor de zestigste verjaardag van de bevrijding van Auschwitz viel verergerde de zaak.

Het andere grote schandaal dat in alle online zoektochten naar de prins opdook was Harry's trip naar Las Vegas in 2012 met zijn oude vrienden Tom 'Skippy' Inskip en Arthur Landon. De paar met alcohol overgoten dagen (waarin Harry Ryan Lochte, winnaar van twaalf olympische zwemmedailles, uitdaagde voor een wedstrijdje tijdens een zwembadfeestje) eindigde abrupt toen TMZ korrelige foto's publiceerde van een naakte Harry terwijl hij zijn handen rond zijn 'kroonjuwelen', zoals de tabloid het omschreef, hield bij een spelletje 'stripbiljart' in zijn hotelsuite. De foto's, die onmiddellijk viraal gingen, dwongen het paleis uit te zoeken hoe dit kon gebeuren en bij wie de schuld lag. 'Het was een moeilijk moment,' zei een voormalige koninklijke beveiliger. 'Iedereen zat flink in de problemen.'

Maar de verhalen op internet over de 'Wilde Windsor' schrokken Meghan niet af voor de date. Het incident in Las Vegas was niet alleen al vier jaar geleden, maar de actrice had zo haar eigen ervaring met belangstelling van de tabloids, opgedaan tijdens haar scheiding en haar relatie met Cory. Ze besefte beter dan de meeste mensen dat de media het niet altijd bij het rechte eind hadden.

'Ze wist niet veel meer van hem dat wat er over hem geschreven was,' vertelde een vriendin. 'Maar ze begreep hoe verkeerd het beeld dat de tabloids schetsten kon zijn en ze wilde weten hoe de echte Harry was en ging niet af op wat bladen als TMZ schreven.'

Op de avond van haar eerste date met Harry was Meghan meer bezig met wat ze zou aantrekken dan met zijn online reputatie. Ze koos uiteindelijk een outfit en begon zich vervolgens op te maken in haar suite in Dean Street in een pand van Soho House. Meghan had van het vijfsterrenhotel Dorchester een flinke korting aangeboden gekregen, maar ze gaf de voorkeur aan de luxueuze kamer die Markus voor haar regelde.

Als beroemdheid en influencer kreeg Meghan regelmatig gratis vakanties, reiskortingen en dergelijke aangeboden. Maar ze sloeg het aanbod van het Dorchester af na een oproep tot boycot door Hollywood nadat de eigenaar van de hotelketen, de sultan van Brunei, de sharia in zijn land had ingevoerd, waaronder ook steniging viel voor wie schuldig werd bevonden aan homoseks.

Behalve voor de suite zorgde Markus ook voor een deel van de logistiek van de avond. Daartoe behoorde de aanwezigheid van nog enkele vrienden bij de informele bijeenkomst, 'zodat er geen pijnlijke stiltes zouden vallen', vertelde een bron dicht bij Meghan. 'Als die eerste ontmoeting goed verliep, konden ze een echte date met zijn tweetjes plannen.'

Het zeventiende-eeuwse pand van Soho House was de perfecte locatie voor de ontmoeting. Voordat de ledenclub het gebouw in 2008 kocht had het al een lange geschiedenis als ontmoetingsplaats voor kunstenaars en intellectuelen achter de rug – het ging terug tot in de zeventiende eeuw, toen de actrice en minnares van koning Karel II, Nel Gwynn, hier kwam. In de jaren twintig van de vorige eeuw zat er de Gargoyle Club, die bezoekers trok als de toneelschrijver Noël Coward, de danser Fred Astaire en de filmlegende Tallulah Bankhead. In de jaren vijftig werd er een bar gevestigd die beroemdheden als Lucian Freud en andere kunstenaars tot de clientèle kon rekenen.

In zijn huidige gedaante bood de club de privacy die de prins nodig had om zich te kunnen ontspannen. De vele vertrekken verdeeld over vier verdiepingen en twee aangrenzende gebouwen boden Harry de mogelijkheid uit het zicht te blijven van nieuwsgierige gasten. Markus koos een privézitje afgeschermd met fluwelen gordijnen die van plafond tot vloer hingen.

Het huis waar Meghan tijdens deze trip verbleef telde 39 slaapkamers (vele met een hemelbed en een badkuip op leeuwenpoten) en op haar kamer koos ze voor haar date een marineblauwe zomerjurk en pumps.

Beneden aangekomen betrad Meghan de warm verlichte ruimte met gezellige zitjes en bekende gezichten. Ze ging even zitten tot Harry – zoals altijd gekleed in een wit shirt en chino – binnenstapte en zich onmiddellijk voorstelde. *Daar gaan we.*

Een vriendin van Meghan gaf toe dat de actrice aanvankelijk zenuwachtig was voor de kennismaking. Maar Misha, zo zei de bron, vertelde Meghan dat ze zich geen zorgen hoefde te maken – ze hadden beiden een 'reusachtig hart'. En als het verder helemaal misging was Markus altijd nog in de buurt om de avond op te vrolijken.

Harry is niet iemand die snel onder de indruk is, maar toen hij het vertrek betrad en Meghan zag bevroor hij bijna. Hij wist dat ze mooi was – hij had haar foto's op Instagram en online gezien – maar in het echt was ze nog adembenemender. 'Wauw,' bekende hij later tegen een vriend. 'De mooiste vrouw die ik ooit gezien heb.'

Meghan was niet alleen mooi, ze was ook anders dan de vrouwen die hij normaal tegenkwam, en Harry voelde zich niet snel op zijn gemak in nieuwe situaties. Omdat hij in de koninklijke familie was geboren, kon hij veel van de alledaagse dingen die andere mensen deden niet doen, zoals met de metro gaan of rondlopen zonder beveiliging. Harry leefde in een soort bubbel.

En daartoe hoorden ook de vrouwen met wie hij gewoonlijk omging. Ze kwamen meestal uit zijn kleine wereldje. De meisjes in Jak's of Funky Buddha zagen dat hij prins Harry was en waren meteen onder de indruk. Hij hoefde zijn mond niet eens open te doen.

Meghan daarentegen bracht hem onmiddellijk van zijn stuk.

Dat kwam niet alleen door haar charmante sproeten, perfecte glimlach en Amerikaanse accent. Meghan is iemand met uitstraling. Bij sociale gelegenheden gaan alle ogen naar haar. Ze lacht iets harder, straalt een beetje meer. Ze is zelfverzekerd op een manier die de aandacht trekt.

Harry begreep al snel dat als hij indruk op Meghan wilde maken hij meer moest doen dan alleen breed glimlachen. 'Ik moet echt mijn uiterste best doen,' zei hij tegen zichzelf bij deze eerste date. 'Ga zitten en zorg dat we een goed gesprek hebben!'

Misschien voelde ze zijn nervositeit aan, want de twee waren in het begin wat verlegen. Maar het duurde niet lang of ze voerden een geanimeerd gesprek. Heel geanimeerd. Allebei in een fluwelen clubfauteuil gezeten verdween het paar 'in hun eigen kleine wereldje', vertelde een bron.

Onder het genot van een drankje (bier voor hem, martini voor haar) vroegen ze elkaar naar hun werk. Misschien stonden er wat knabbeltjes op het lage tafeltje voor hun grote stoelen, maar geen van beiden raakten ze die aan. Ze waren ook te diep in hun conversatie verwikkeld om het nogal grove behang op de muren op te merken met foto's van vrouwelijke geslachtsdelen.

Harry vertelde over zijn liefdadigheidswerk en zat vol verhalen over zijn uitgebreide trips naar Afrika. Hun 'passie om veranderingen voor het goede teweeg te brengen', zoals Harry het omschreef, was volgens Meghan, 'een van de eerste dingen waar we elkaar vonden'. Meghan werd helemaal enthousiast toen ze over de twee straathonden vertelde die ze gered had. Al snel pakte ze haar mobieltje om foto's te laten zien, als een trotse moeder.

Aan het einde van de avond, die bijna drie uur had geduurd, gingen Harry en Meghan elk hun eigen weg. Ondanks de voelbare aantrekkingskracht tussen hen, was er geen afscheidskus, geen verwachting, alleen een hint dat er iets was en dat ze hoopten elkaar weer snel te zien.

Harry was snel met het sturen van een berichtje aan Meghan, die net terug in haar hotelkamer was.

Zijn appjes waren vaak kort en vol emoji's, vooral het spookje, dat hij vaak gebruikte in plaats van een smiley. Waarom? Niemand die het wist. Maar Meghan vond zijn berichten grappig en schattig, net als de prins.

'Hij verborg zeker niet dat hij enthousiast was,' zei een vriendin van Meghan. 'Hij wilde haar laten weten dat hij erg geïnteresseerd was.'

3

Nader tot elkaar

Terwijl 'iedereen hoopte' dat Harry en Meghan samen een leuke avond zouden hebben, verwachtte niemand wat er gebeurde.

'Ze waren bijna onmiddellijk geobsedeerd door elkaar,' zei een vriend. 'Harry leek wel in trance.'

Zelfs Misha vertelde vrienden dat ze verbaasd was over de intensiteit van de aantrekkingskracht.

De dag na haar date met de prins belde Meghan een van haar vriendinnen. 'Klinkt het heel gek als ik zeg dat dit echt iets kan worden?' vroeg ze.

Die avond maakten Harry en Meghan plannen voor een volgende ontmoeting. Deze keer zonder vrienden, zonder afleiding – alleen zij tweeën. De volgende avond keerden ze terug naar Dean Street Townhouse voor een romantisch diner, georganiseerd door Markus, die door de staf daar gekscherend 'Lady A' werd genoemd omdat hij zo obsessief bezig was met elk detail.

Ze zouden niet via de hoofdingang naar binnen gaan, ze kregen aanwijzingen hoe ze via een discrete zijdeur naar binnen konden, buiten het zicht van nieuwsgierige ogen – de zijingang was bedoeld voor het personeel en de leveranciers die groenten en verse vis van Billingsgate Market kwamen brengen. Niet echt een glamoureus begin van de avond.

Het personeel deed er alles aan om de details van het dinertje privé te houden, slechts één betrouwbare ober mocht hen de hele avond bedienen. Zoals de leden van de club graag zeggen: 'Wat er in Soho House gebeurt blijft in Soho House.'

Volgens een vriend 'kletsten' Harry en Meghan heel wat af die avond, die kuis eindigde toen Harry naar het paleis terugkeerde. Niettemin sloegen de vonken tijdens de maaltijd over en beiden flirtten. Een aanraking van een arm hier, direct oogcontact daar.

'Harry wist op dat moment dat het wat zou worden,' vertelde een vriend. 'Ze scoorde direct op alle punten die hij belangrijk vond.'

Meghan deelde veel van haar activiteiten in Londen op sociale media, maar ze besefte heel goed dat ze haar dates met de vijfde persoon in de troonopvolging geheim moest houden. Maar er waren aanwijzingen. Rond de tijd van hun eerste ontmoeting begon ze een geheimzinnig ogend Instagramaccount te volgen met de naam @SpikeyMau5. Er was geen gezicht te zien op de profielfoto, enkel een helm met muizenoren. Het zei de meeste mensen niets. Maar het ging om Harry's privéaccount. Als groot liefhebber van housemuziek bedacht hij het pseudoniem door een deel van de naam van zijn favoriete dj, DeadMau5, te nemen. Spikey kwam van een Facebookaccount dat hij onder de naam Spike Wells had. 'Spike' was een bijnaam die soms voor de prins werd gebruikt, vooral door mensen van Scotland Yard. Harry's Facebookaccount (voordat hij het sloot na het schandaal in Las Vegas) had een profielfoto van drie jongens met een panamahoed die op de rug te zien waren in een hotelsuite van het MGM Grand Las Vegas. Volgens het account was hij afkomstig uit Maun in Botswana. Eerder had Harry een afbeelding van koning Julien voor het account gebruikt, de excentrieke ringstaartmaki uit de film *Madagascar* van Dreamworks.

De post die Meghan op de avond van hun eerste date met z'n tweetjes op haar Instagramaccount zette was heel wat openlijker: een foto van snoephartjes met de inscriptie 'Kus me' en het onderschrift 'Snoephartjes in #Londen'.

Of anderen er nu iets van begrepen of niet, voor Harry was de boodschap duidelijk.

De volgende avond, 3 juli, verliet Meghan haar hotel en nam een taxi, als elke gewone burger. Maar de taxi die door de kronkelende straten van Londen reed had geen gewone bestemming: Kensington Palace.

De auto verliet de hoofdweg en reed de niet-openbare Palace Avenue op en bracht Meghan naar een industrieel ogende veiligheidspoort met bewakers; het was heel wat anders dan de vergulde paleishekken die ze zich had voorgesteld. Maar de prozaïsche ingang, gewoonlijk gebruikt door personeel en bezoekers die voor vergaderingen kwamen, was de discreetste manier om binnen te komen. Meghan gaf de taxichauffeur een fooi, zoals ze altijd doet, en stapte het kantoor binnen, waar een beveiligingsagent haar opwachtte.

Meghan werd snel door een met keien geplaveid straatje geleid, langs stallen met dienstwoningen erboven, die, zo zei ze later, zo klein en perfect verzorgd waren met bloembakken en bloempotten dat ze bijna niet echt leken. Ze had geen idee gehad dat er zo veel mensen op het terrein van Kensington Palace huisden, maar als werkpaleis woont er een tiental leden van de koninklijke familie, naast een aantal hovelingen dat inmiddels met pensioen is.

'Schattig!' vertelde Meghan later tegen een vriend over Harry's huis, Nottingham Cottage.

Het knusse Engelse huis leek in niets op het imposante stenen paleis dat ze in haar hoofd voor zich had gezien, gebaseerd op plaatjes in de sprookjesboeken uit haar jeugd. Toen Harry de deur opende was er geen grootse trap of dik rood tapijt, nergens hingen kristallen kroonluchters of waren kamers die over twee verdiepingen liepen, en ook schilderijen in zware vergulde lijsten ontbraken, net als een butler. De prins stond in een kleine hal met een kapstok vol jassen en zijn schoenen bij de deur, net als in een gewoon huis.

Eenmaal binnen in Harry's gezellige huis verdween direct alle nervositeit die Meghan vooraf had gevoeld. Nottingham Cottage, door regelmatige bezoekers Nott Cott genoemd, is naar ieders maatstaven een heel aardig huis, maar het is beslist nederig voor iemand die een potentiële troonopvolger is. Harry was duidelijk niet materialistisch ingesteld. En bovendien had hij een grote, lieve glimlach.

Meghan had vaak genoeg gedatet om te weten wanneer ze een charmeur voor zich had, en Harry was dat duidelijk niet. Hij was zichzelf. Hij wilde vooral indruk op haar maken met verhalen over zijn werk en praatte zonder er al te veel bij na te denken – en hij noemde geen enkele keer het feit dat hij een prins was en tot de koninklijke familie behoorde. Het enige wat in de buurt kwam was zijn erkenning dat zijn leven 'soms wat gek' was.

Harry was ongewoon openhartig voor iemand met zijn titel, maar hij gedroeg zich ook als een echte heer. Waar ze ook heen gaan, hij laat Meghan tot op de dag van vandaag altijd voor. De korte wandeling naar de woonkamer zal niet anders zijn geweest.

Met haar bezoek aan Nott Cott naderde Meghans trip naar Londen helaas het einde. De laatste paar dagen in de Britse hoofdstad was ze in Wimbledon om haar vriendin Serena Williams aan te moedigen vanuit de Players' Box (de fotografen hadden weinig aandacht voor haar, ze letten meer op Anna Wintour, hoofdredactrice van *Vogue*, en Pippa Middleton, die op dezelfde tribune zaten). Daarna vloog ze terug naar Toronto en plaatste slechts enkele woorden op Instagram: 'Bedroefd om Londen te verlaten.' Slechts enkele mensen hadden enig idee wat die woorden in werkelijkheid betekenden.

Een van de personen in dat selecte groepje was Doria. Meghan vertelde het nieuws over haar ontluikende romance vrijwel meteen aan haar moeder. Waarschijnlijk was er niemand invloedrijker in Meghans leven dan haar moeder. 'Zij stimuleerde Meghan om een sterke, wilskrachtige, onafhankelijke vrouw te worden,' zei Doria's halfbroer Joseph over zijn zuster. Hun band werd tijdens Meghans jeugd gesmeed. Ze deden samen aan yoga, jogden in hun buurt, fietsten na school naar La Brea Tar Pits, kookten thuis maaltijden met verse, gezonde ingrediënten en gingen op vakantie – Meghan ontwikkelde een voorkeur voor dezelfde dingen als haar moeder. Moeder en dochter waren altijd erg open tegenover elkaar, en dat veranderde niet toen Meghan eenmaal volwassen was.

In de weken die volgden had Meghan het druk. Ze vloog naar New York en Boston ter promotie van het nieuwe seizoen van *Suits*. Vervolgens ging ze naar Madrid voor een korte vakantie met Misha en Markus, waarbij ze veel wijn dronken in de Taberna Carmencita, het museum het Prado bezochten en in bars dansten. En al die tijd was het niet ongewoon om Meghan op haar telefoon te zien typen terwijl ze glimlachte of in zichzelf giechelde. Ze wisselde berichtjes uit met haar nieuwe liefde. Harry en Meghan stuurden elkaar selfies – niets onfatsoenlijks, gewoon lieve foto's tijdens hun dagelijkse bezigheden. Meghan stuurde ook foto's van maaltijden die ze maakte of als haar haar en make-up waren gedaan voor de opnames.

Harry en Meghan vielen snel voor elkaar, ondanks het feit dat vertrouwen een belangrijk probleem voor hen was – al was het om heel verschillende redenen. Meghan wilde zichzelf beschermen. Ze speelde het liever koel, ze wilde een man eerst goed leren kennen voordat ze zich zou binden. Maar als ze zeker van iemand was, dan stortte ze zich volledig in de relatie. Meghan droomde er altijd van om eerst vrienden te zijn en dan pas verliefd te worden.

Harry was altijd open over zijn gevoelens tegenover de mensen die hem nabij stonden. Daarom beschermde hij zich tegen de mogelijkheid gekwetst te worden door afstand te houden. Het duurde behoorlijk lang voordat hij iemand zijn vertrouwen schonk, want hij was nooit zeker over de motieven van mensen die bevriend met hem wilden zijn. Die zorg gold nog eens dubbel als het op vrouwen aankwam. Waren ze in hem geïnteresseerd omdat ze hogerop hoopten te komen? Wilden ze alleen kunnen opscheppen dat ze een date met een prins hadden? Of waren ze van plan een verhaal aan de pers te verkopen? Zijn radar stond altijd aan en mat hoeveel vragen een potentiële liefde stelde over het paleis en de koningin. Als het aan Harry lag, stortte hij zich er meteen in – met elke dag berichtjes en telefoontjes – als hij een vrouw had ontmoet met wie het klikte. Maar als prins was hij opgevoed om op te passen voor de bedoelingen van anderen.

De berichtjes tussen de twee gingen begin augustus door, toen Meghan naar New York vloog voor de bruiloft van haar studievriendin Lindsay met de Britse zakenman Gavin Jordan. Van New York ging Meghan naar de Amalfikust voor een al langer geplande vakantie met Jessica. Ze logeerden in Le Sirenuse, een vijfsterrenhotel in Positano, waar Meghan en Jessica voornamelijk bij het zwembad zaten en in de zon negroni's, bellini's en champagne dronken. Ze noemden het 'cocktails elk uur' en de twee vriendinnen vertelden over hun leven in de afgelopen maanden. Met het azuurblauwe, kristalheldere water van de Tyrreense Zee beneden en Capri in de verte zichtbaar sprak Meghan over alles, ook over de prins. Meghan documenteerde elk moment van de vakantie op sociale media onder de naam 'Eten, bidden, beminnen'-tour van de Amalfikust. Met een knipoog naar haar nieuwe liefde postte Meghan een foto van een in rood leer gebonden boek met de titel *Amore Eterno*.

Jessica was een van de weinige mensen ter wereld die Meghans geheim kende: ze zou Harry binnenkort weer zien in Londen. Slechts zes weken na hun eerste date nam de prins haar mee voor een reis. Harry plande alles voor het vijfdaagse avontuur. Hij had haar gevraagd gewoon naar Londen te komen, hij zou de rest doen.

Hun bestemming was Afrika – een werelddeel met een grote persoonlijke betekenis voor hem.

Enkele weken eerder had Harry Meghan verteld dat hij binnenkort naar Afrika zou gaan – zoals hij elke zomer deed – en vroeg haar of ze zin had om mee te gaan. Hij zei dat hij haar graag mee wilde nemen want het was de perfecte kans om elkaar te leren kennen op een plek waar hij er zeker van was dat ze niet gevolgd zouden worden.

Toen Meghan naar de plannen vroeg, zoals waar ze zouden overnachten, zei de prins: 'Laat het maar aan mij over.'

Dit was niet Meghans eerste reis naar Afrika. In januari 2015 was ze met VN-vertegenwoordigers naar Rwanda gegaan voor een bezoek aan het vluchtelingenkamp Gihembe, waarna ze in Kigali ontmoetingen had met vrouwelijke parlementariërs.

Die trip kwam voort uit een post op *The Tig* op 4 juli 2014, waar Meghan de Amerikaanse Onafhankelijkheidsdag verbond met individuele onafhankelijkheid: 'Breng vandaag een toost op jezelf uit – op het recht op vrijheid, op de empowerment van vrouwen (en mannen) die worstelen om die te bereiken, en op het kennen, omhelzen, eren, opvoeden en houden van jezelf.'

Haar post op *The Tig* trok de aandacht van iemand van HeForShe – de wereldwijde campagne van de Verenigde Naties voor gendergelijkheid – die Meghan vroeg om zich voor hun doel in te zetten. Haar toenemende bekendheid als actrice betekende voor Meghan meer dan uitnodigingen voor chique evenementen of gratis kleding. Ze wilde intellectueel en moreel haar vleugels uitslaan. Ze had gezien hoe actrices als Angelina Jolie goede doelen hadden gesteund en ook zij wilde 'dat wat ik aan status als actrice heb gebruiken om iets tastbaars te betekenen'. En dus stemde ze toe – ze bood zelfs aan een week stage te lopen bij de organisatie, want nu er even geen opnames voor *Suits* waren had ze tijd. Het paste helemaal bij Meghans karakter, die altijd goed voorbereid wilde zijn voor ze zich ergens aan verbond.

Rwanda is het enige land ter wereld waarin vrouwen met 64 procent de meerderheid in het parlement hebben. Deze vrouwelijke empowerment rees op uit de as van de Rwandese genocide van 1994, waarbij tussen de achthonderdduizend en een miljoen mensen omkwamen, waarna de bevolking voor zestig tot zeventig procent uit vrouwen bestond. Volgens de nieuwe grondwet van 2003 moest het parlement voor ten minste dertig procent uit vrouwen bestaan. Maar tijdens de verkiezingen werd dat quotum ruim overtroffen met 48 procent vrouwen. In de verkiezingen daarna steeg het verder en was 64 procent van de parlementariërs vrouw.

Bijna een jaar na haar eerste trip keerde Meghan in februari 2016 naar Rwanda terug, dit keer met World Vision, een christelijke humanitaire organisatie die met kinderen werkt. Het doel was om uit de eerste hand te ervaren hoe belangrijk schoon water is. Tijdens een bezoek aan een school in Rwanda leerde Meghan de scholieren om met waterverf te schilderen, waarbij ze water gebruikten van de pas aangelegde waterleiding in hun gemeenschap. De leerlingen maakten tekeningen gebaseerd op hun hoop voor de toekomst. 'Het was een bijzondere ervaring, we namen water van een van de waterbronnen van het dorp en gebruikten het om de kinderen hun droom voor als ze groot zijn te laten schilderen,' zei Meghan. 'Ik zag dat water niet alleen een bron van leven is voor een gemeenschap, maar dat het ook een echte bron voor creatieve verbeelding kan zijn.'

Het was een ervaring waar Meghan Harry over vertelde tijdens hun eerste date. Hij antwoordde met zijn eigen gevoelens voor Afrika – een plek waar hij zich naar eigen zeggen vaak 'meer mezelf voel dan overal elders in de wereld'.

Harry's liefde voor Afrika ontstond na de tragische dood van zijn moeder, prinses Diana, in 1997. In de loop der jaren werd het al snel zijn thuis weg van thuis, maar zijn eerste bezoek zou hem altijd helder voor ogen blijven staan. Enkele dagen nadat de vijftienjarige William en de twaalfjarige Harry hun moeders grafkist volgden van St. James's Palace naar Westminster Abbey, nam prins Charles, die zijn eerste bezoek aan Zuid-

Afrika zou brengen, zijn zoons mee om ze weg te halen uit de publieke rouw die hen omringde.

Diana's dood was een keerpunt in Charles' relatie met zijn zoons. De prins van Wales probeerde altijd een zo goed mogelijke vader te zijn, maar hij was met een strikt gevoel voor formaliteit opgevoed. Vergeleken met wat hij had ervaren als troonopvolger toonde hij redelijk wat affectie voor zijn zoons, maar Charles was ongelofelijk stijf en totaal niet gewend aan het soort wereld dat Diana voor de jongens had geschapen.

Getekend door de scheiding van haar ouders en haar moeilijke jeugd was Diana vastbesloten een normaal gezin te vormen met een huis vol liefde en gelach in Kensington Palace. Diana, een van de eerste royals voor wie de keuken een plek voor het gezin was en niet alleen voor het personeel, vond het heerlijk als hun kokkin, Carolyn Robb, met de jongens kookte. Carolyn had een recept voor taart waarbij biscuitjes verkruimeld moesten worden en daartoe schakelde ze William en Harry in, die de koekjes in plastic zakjes kapotsloegen.

Charles kon de rol van hun moeder niet overnemen, maar na haar dood besefte hij dat hij de taak om de jongens op te voeden moest voltooien. Dat kwam vóór alles, zelfs voor zijn relatie met zijn grote liefde Camilla Parker-Bowles. Twee weken voordat de twee voor het eerst samen in het openbaar zouden verschijnen bij de Osteoporosis Society kwam Diana tragisch om het leven. Het duurde vervolgens nog twee jaar voordat Charles en Camilla samen een publiek evenement zouden bijwonen, want Charles had zijn prioriteiten verschoven en richtte zich op zijn kinderen.

Op die trip met zijn vader na de dood van zijn moeder ging Harry op safari en ontmoette hij Nelson Mandela (maar ook de Spice Girls). Op een moment in zijn leven waarop hij erg kwetsbaar was, bracht hij zijn eerste bezoek aan Lesotho en Botswana. De schoonheid van de dieren en hun natuurlijke habitat was iets wat de dertienjarige nooit zou vergeten.

Zodra Harry oud genoeg was om alleen te reizen ging hij elk jaar in de zomer minstens twee tot drie weken naar Afrika. Een deel van zijn liefdadigheidswerk was gericht op het beschermen van de wilde dieren en hun habitat die Afrika zo bijzonder maken. 'We moeten voor ze zorgen,' zei hij, 'anders zullen onze kinderen niet de kans hebben te zien wat wij hebben gezien. En het is een test. Als we niet wat dieren in een natuurgebied kunnen beschermen, wat kunnen we dan wel?'

Dankzij zijn vader was Harry allang voordat natuurbescherming in de publieke belangstelling kwam in het milieu geïnteresseerd. Prins Charles praatte al over klimaatverandering en het gebruik van plastic sinds de jaren zeventig en merkte dat hij als 'nogal halfzacht' werd beschouwd als hij die onderwerpen aansneed. Als pleitbezorger voor duurzame landbouw beheerde hij zijn landgoed in Highgrove volgens 'strikt duurzame principes'. Zo liet hij een rioolwaterzuivering met rietvelden aanleggen en werd regenwater opgevangen voor irrigatie en het doorspoelen van sommige wc's.

Toen Harry en William opgroeiden, vroeg de prins van Wales hun voortdurend om de lichten achter zich uit te doen en op vakantie raapten ze samen afval op. 'Op school werd er vaak de spot met me gedreven omdat ik rommel opruimde,' zei Harry in een documentaire die voor de zeventigste verjaardag van zijn vader werd gemaakt. Ondanks het geplaag traden de twee broers beiden in de voetsporen van hun vaders milieuactivisme en kwamen met hun eigen initiatieven op dat gebied.

Natuurbescherming was niet het enige waarvoor Harry zich in Afrika inspande. Hij zette ook zijn moeders werk in de bestrijding van de aidsepidemie voort. Vijf maanden voor haar dood maakte prinses Diana een privéreis naar Zuid-Afrika om haar broer Charles Spencer te bezoeken, die daar in die tijd woonde. Toen ze in het land was, vervulde ze ook een langgekoesterde wens door Nelson Mandela in Kaapstad op te zoeken en met hem over het gevaar van aids te praten. 'Ze richtte zich op goede doelen en organisaties waar anderen liever uit de buurt bleven, zoals landmijnen in de Derde Wereld,' zei Harry over zijn moeder. 'Ze raakte betrokken bij dingen die niemand anders wilde aanraken, zoals aids. Ze was moediger dan alle anderen.'

'Ik wil verder met de dingen die ze niet heeft kunnen afmaken,' zei Harry, die een deel van zijn tussenjaar in 2004 in Lesotho doorbracht, dat het op een na hoogste percentage hiv-besmettingen en aids in de wereld had.

Harry's mentor, kapitein Mark Dyer – die eerder als adjudant prins Charles had gediend en die na de dood van Diana een tweede vaderfiguur werd – had voorgesteld dat hij het verarmde Afrikaanse land zou bezoeken toen de prins vertelde meer over het werk van zijn moeder te willen weten.

Lesotho's statistieken waren vreselijk. De werkeloosheid bedroeg er een duizelingwekkende vijftig procent, en de levensverwachting voor bijna zeventig procent van de bevolking was minder dan veertig jaar. Bijna een kwart van de bevolking was met hiv geïnfecteerd – een cijfer dat op 35 procent lag voor zwangere vrouwen. Armoede, genderongelijkheid en het stigma dat aan de ziekte kleefde waren allemaal hinderpalen voor de preventie en behandeling van hiv en aids.

Harry – die twee maanden met de weeskinderen van Lesotho werkte en zo uit de eerste hand de grote gevolgen van de aidscrisis ervoer – legde contact met prins Seeiso, die onlangs zijn moeder, koningin Mamohato, had verloren. Samen bedachten ze het concept van Sentebale, een organisatie die ze in 2006 officieel oprichtten. Doel was de bevordering van 'de geestelijke gezondheid en het welzijn van kinderen en jongeren die getroffen zijn door hiv in Lesotho en Botswana'. De twee prinsen zagen Sentebale, wat 'vergeet me niet' betekent in de lokale taal Sesotho, als een manier om hun overleden moeders te eren. Vergeet-me-nietjes waren Diana's favoriete bloemen.

Harry en Meghan hadden die eerste avond in Soho House over van alles gepraat, waarbij Afrika het onderwerp was waar ze elkaar onmiddellijk vonden. Meghan zei dat ze dolgraag terug zou gaan en meer van het werelddeel wilde zien – en Harry had duidelijk geluisterd.

Na uit Toronto te zijn overgekomen logeerde Meghan een nacht bij Harry in Kensington Palace. De volgende ochtend stapten ze op het vliegtuig voor de elf uur durende vlucht van Londen naar Johannesburg. Daar namen ze een klein privévliegtuigje dat hen in twee uur naar Maun International Airport bracht. Vervolgens ging het verder in een SUV met vierwielaandrijving voor de 120 kilometer lange rit over de A3 naar een gebied dat door velen als Afrika's laatste paradijs wordt beschouwd.

Voor Harry ging er van alle natuurgebieden in Afrika niets boven de Okavangadelta – het overweldigende, vijftienduizend vierkante kilometer metende wetland in het hart van Botswana's safariland, een van de laatste ongerepte wildgebieden. Dit was de bestemming waar hij Meghan heimelijk mee naartoe nam. Hij had dit deel van Afrika al eerder bezocht. In 2005 had hij er met Chelsy in het schip de *Kubu Queen* over de rivier gevaren en in 2009 brachten de twee er drie nachten door in het vijfsterrenresort Shakawe River Lodge. Voor zijn romantische tripje met Meghan koos hij Meno A Kwena ('tanden van de krokodil'), een safarikamp aan de rand van het Makgadikgadi Pans National Park.

Op tien kilometer van andere safarikampen (zeldzaam voor dat gebied) gaf Meno A Kwena het paar maximale privacy, niet alleen voor de pers, maar ook voor andere toeristen. Aan een van de muren van het resort hing een ingelijste foto van Harry's grootouders, de koningin en prins Philip, uit de tijd van hun staatsbezoek aan Botswana in 1979. Een andere foto aan de muur toonde Sir Seretse Khama, de eerste president van Botswana, en zijn blanke Engelse vrouw Ruth Williams. Het paar zorgde in 1948 voor flinke ophef door te trouwen. (Hun verhaal werd in 2016 verfilmd als *A United Kingdom*, met in de hoofdrollen David Oyelowo en Rosamund Pike.)

Harry en Meghan verbleven tijdens een groot deel van hun trip in een van de tenten van $1957 per nacht. Het woord 'tent' lijkt niet helemaal het goede woord voor de luxueuze accommodaties van Meno A Kwena. De kingsize bedden van teakhout waren bedekt met handgeweven gewatteerde dekens voor als de temperatuur 's nachts daalde, en al met al ging het meer om comfortabele huisjes dan echte tenten. Elke tent had een eigen terras en een badkamer met alles erop en eraan, waaronder warm water van een zonneboiler, een regendouche, en handdoeken van Egyptisch katoen. Het ging dus om een nogal weelderige kampeerplaats. De comfortabele ruimte was steeds een genot om in terug te keren na een dag op safari.

De dagen begonnen gewoonlijk met een ontbijt vroeg in de ochtend op het terras voor hun tent – meestal bacon en eieren voor Harry en fruit en yoghurt voor Meghan. Dan verzamelden ze hun spullen voor de dag, waaronder lunchpakketten die de kampkeuken had bereid. Meghan zorgde voor zonnebrand voor beiden (vooral belangrijk voor Harry, die snel verbrandde en vaak vergat om zich in te smeren).

Het paar maakte ook een meerdaagse, speciaal voor hen georganiseerde safari naar de Makgadikgadi Pans. Hoewel Meghan een bereisde en avontuurlijke vrouw was, moest ze volgens een vriendin erg wennen aan het slapen in een tent. De kreten van vogels of het gegrom van een nijlpaard of ander dier midden in de nacht hielpen niet om een goede nachtrust te krijgen. Harry was gewend aan de geluiden van de bush en was daarom de perfecte persoon om bij zich te hebben.

Harry vond het niet erg dat Meghan moeite had om te slapen midden in de wildernis van een afgelegen deel van Afrika, want ze reisde graag en alleen dat vond Harry al geweldig. Ze had zelfs maar één rugzak meegenomen op de reis (al was het wel een grote). De buitengewoon efficiënte Meghan maakte indruk op Harry met haar inpakkunsten. Ze was er trots op dat ze goed koffers kon inpakken – ze legde zelfs droogvellen tussen haar kleren zodat ze fris bleven ruiken, en waar ze ook heen ging, ze nam altijd theeboomolie mee voor insectenbeten en puistjes – de prins kon haar vaardigheden erg waarderen.

'Het feit dat Meghan nooit moeite had om luxe op te geven en zich prettig voelde in de natuur, was iets wat Harry altijd fijn aan haar heeft gevonden,' onthulde een vriend van het stel. 'Ik herinner me dat Meghan een keer grapte dat het haar lukt minder mee te nemen dan hij als ze op reis gaan!'

Als hij bang was geweest dat hij een veeleisende Hollywoodactrice op safari had meegenomen, werd Harry aangenaam verrast door Meghans aardse houding. Als ze kampeerden maakte ze haar gezicht schoon met babydoekjes en als ze moest plassen liep ze zonder morren het bos in. De vijf dagen die ze ononderbroken met elkaar doorbrachten gaf het nieuwe paar de kans elkaar te leren kennen en te ontdekken dat ze nieuwsgierigheid naar de wereld en een ontspannen karakter gemeen hadden.

'Het is die liefde voor avontuur en het delen van spannende ervaringen die hen in het begin samenbracht,' zei een goede vriend van het stel. 'Het feit dat ze volkomen gelukkig zijn als ze een rugzak om doen om eropuit te trekken... Ik denk echt dat ze dit soort ervaringen blijven zoeken.'

Na het bezoek van Harry en Meghan aan Botswana ging Meghan naar huis, terwijl Harry doorreisde naar Malawi om drie weken te werken met de organisatie African Parks, die een ecologisch diverse portfolio aan nationale parken in Afrika beheert.

In Malawi begon Harry samen met vrijwilligers, dierenartsen en experts aan een van de grootste en belangrijkste verplaatsingen van olifantenpopulaties in de geschiedenis. In totaal ging het om vijfhonderd dieren.

Harry hielp om olifantenkuddes veilig van Majete en Liwonde over te brengen naar het Nkhotakota Wildlife Reserve om daar de populatie op peil te krijgen. 'Olifanten kunnen niet meer zomaar rondzwerven, zoals ze gewend waren, want ze raken in conflict met dorpen en worden bedreigd door stropers,' zei Harry. 'Om zowel mensen als dieren te beschermen moeten er steeds meer hekken worden gebouwd om de twee te scheiden en de vrede te bewaren.'

De natuurbeschermer en dierenarts Andre Uys vloog met Harry in een helikopter waarmee ze olifantenfamilies uit het bos de vlakte op joegen. Andre verdoofde ze vervolgens zodat ze over driehonderd kilometer naar een veiligere plek konden worden gebracht. Harry merkte de olifanten met een niet-toxische verf die na enige tijd wegsleet. 'Harry's toewijding aan natuurbehoud is bewonderenswaardig. Zijn inzet voor het behoud van wilde dieren komt duidelijk uit het hart,' zei Andre. Harry 'was net zo betrokken als de anderen. Hij hoorde bij het team.'

Toen Meghan terugkeerde uit Afrika zei een vriendin: 'Bij haar terugkeer had ze een glimlach en was ze volkomen betoverd.' Haar mobieltje stond vol foto's – de natuur die ze hadden gezien, openhartige foto's van zichzelf en selfies met Harry. Volgens deze vriendin waren ze het liefst de hele zomer in Afrika gebleven, maar Meghan moest naar Canada voor haar werk en Harry had verplichtingen in Londen. Niet alleen de schoonheid van het werelddeel had de trip zo idyllisch gemaakt. Volgens Meghan hadden zij en Harry heel veel gepraat, vaak over dingen die ze zelden met anderen deelden.

'Ik heb me nooit zo veilig gevoeld,' vertelde Meghan haar vriendin, 'zo dicht bij iemand in een zo korte tijd.'

4

De wereld krijgt er lucht van

Harry voelde de vertrouwde opwinding toen zijn vlucht uit Londen op 28 oktober landde op Pearson International Airport bij Toronto. Na weer een smartelijke scheiding van een maand zou hij eindelijk zijn vriendin weer zien.

Ze hadden al de nodige stiekeme ontmoetingen achter de rug en waren geroutineerd geraakt in het undercover daten. De prins nam een lijnvlucht, zoals hij altijd deed. (Al ging hij gewoonlijk als laatste aan boord en stapte hij als eerste uit.) Maar in een poging zo min mogelijk op te vallen vloog hij met slechts één, in burger geklede beveiliger in plaats van twee, zoals gebruikelijk. Hij had ook geregeld dat er een onopvallende auto voor de terminal zou staan te wachten om hem de achttien kilometer te vervoeren naar Meghans twee verdiepingen tellende wijnrode huis in de wijk Seaton Village, hun toevluchtsoord.

Sinds hun trip naar Afrika had hun romance zich snel ontwikkeld. 'Technisch gezien was die vakantie pas hun derde date,' zei een vriend over Botswana, 'maar daar begonnen ze allebei al te wennen aan het idee dat dit misschien wel voor altijd was.'

Meghan stortte zich er helemaal in. Niets kon haar gas doen terugnemen, zelfs niet een vriendin die haar waarschuwde tegen een relatie met Harry. Deze Britse vriendin zei dat ze moest oppassen met de prins vanwege de tabloids. 'Ze haten de echtgenotes en vriendinnen van de royals. Ze zullen zich op je storten,' zei ze. 'Kijk maar naar Diana.' Maar sinds de tijd van Diana was er veel veranderd, redeneerde Meghan: 'Hoe erg kan het zijn?'

Ook een andere vriendin waarschuwde haar vanwege de tabloids, maar om een heel andere reden: Harry's wilde reputatie die de pers hem had bezorgd. De Britse pers, die hem bijna elke maand aan een ander meisje koppelde, schetste het beeld van iemand die zich niet snel zou settelen. Voor die vriendin was dat reden genoeg om Meghan op het hart te drukken 'voorzichtig te zijn'. Maar Meghan kon de persoon uit de tabloids niet verbinden met de serieuze man waar ze zich zo verbonden mee voelde. 'Hij is een echt aardige jongen,' zei ze. 'Erg lief, erg oprecht.'

Ook al was Harry een prins, hij was niet anders dan andere jongvolwassenen die naar ervaringen zoeken en daardoor volwassen worden. Toen hij Meghan ontmoette had Harry al een enorme ontwikkeling doorgemaakt, vooral door zijn ervaringen in het leger.

Militaire dienst is een rite de passage voor de mannelijke leden van de Britse koninklijke familie. Prins Charles diende in de Royal Navy, net als zijn vader, prins Philip. Prins William diende meer dan zeven jaar. (Hij was actief als piloot van de reddingsbrigade van de Royal Air Force toen hij met Kate trouwde.) Maar voor Harry was het leger veel meer dan een rite de passage – het was een kans voor hem om de wereld als een gewoon iemand te zien en het gaf hem het gevoel een doel te hebben.

Sinds hij als klein jongetje op een tank had meegereden tijdens een officiële parade waar hij met zijn ouders naar toe was had Harry zijn land willen dienen. Na zijn opleiding op Sandhurst te hebben voltooid werd er zowel publiek als privé een debat gevoerd of Harry in de oorlog in Irak kon dienen, die toen al enige jaren bezig was. Er was behoefte aan *forward air controllers*, officieren die vanaf de grond zorgen dat luchtaanvallen op de juiste doelen zijn gericht. Harry was daartoe opgeleid, maar zijn status riep een hoop problemen op. Harry was echter beslist, hij wilde niet 'thuisblijven en met de duimen draaien'. In februari 2007 leek het erop dat hij naar de frontlinie zou gaan toen het ministerie van Defensie en Buckingham Palace een gezamenlijke verklaring uitbrachten met de mededeling dat Harry naar Irak zou gaan en daar zou dienen als een 'gewone commandant met bevel over een groep van twaalf man in vier Scimitars, gepantserde verkenningsvoertuigen met elk drie man erin'. Maar Iraakse opstandelingen kwamen al snel met een eigen verklaring die vrijwel direct een einde maakte aan Harry's uitzending.

'We wachten met ingehouden adem op de komst van de jonge, knappe, verwende prins en we verwachten dat hij openlijk op het slagveld zal komen,' zei Abu Zaid, de commandant van de Malik Ibn Al Ashtar-brigade. 'We zullen grootmoedig met hem zijn. We zullen hem namelijk terugsturen naar zijn grootmoeder – maar zonder oren.'

In het openbaar hield Harry zich groot. Maar hij had het gevoel dat zijn droom was vernietigd. Alles waar hij voor gewerkt had was tenietgedaan door zijn koninklijke geboorte. Harry was er kapot van. Zijn commandanten beseften dat er iets moest gebeuren.

De patriottische prins zou dat jaar niet als militair naar het Midden-Oosten worden gestuurd. Maar achter de schermen werd aan een mediastilte gewerkt zodat de Taliban geen idee zou hebben van de verblijfplaats van Harry. Vervolgens was het niemand minder dan zijn grootmoeder, de koningin en de opperbevelhebber van het Britse leger, die hem het nieuws bracht. 'Ze vertelde dat ik naar Afghanistan zou gaan,' zei Harry. Op 14 december 2007 ging hij in Oxfordshire aan boord van een militaire C-17 met bestemming Kandahar, Afghanistan.

Twee dagen later zat hij in een helikopter, een Chinook, met speciale eenheden op weg naar de vooruitgeschoven basis Dwyer in de provincie Helmand. Dit gebied vlak bij de Pakistaanse grens was een van de gevaarlijkste plekken op aarde. In het leger was Harry tweede luitenant Wales. Eenmaal in Afghanistan werd hij 'Widow Six Seven'.

Net als de andere soldaten kon Harry elk moment voor een operatie ingezet worden. Soms moest hij midden in de nacht uit de canvastent kruipen, waar de Britse vlag slap aan een stok hing. 'Het ene moment lig je in bed te slapen,' zei hij, 'zeseneenhalve minuut later praat je met iemand op de grond op wie geschoten wordt.'

Kerstmis naderde en de mediastilte bleef, de rest van de wereld had geen idee dat Harry zich bij de Gurkha's zou voegen op de vooruitgeschoven basis Delhi, een militaire uitvalsbasis in Garmsir, waar Amerikaanse mariniers waren gelegerd.

Harry voerde er patrouilles uit in het stoffige, gebombardeerde landschap van Helmand. Het kamp was niet echt een veilige plek, want sinds de Britten de basis hadden overgenomen was het diverse keren door de Taliban aangevallen met raketwerpers, mortieren en machinegeweren. In haar jaarlijkse kersttoespraak prees de koningin de Britse troepen in Afghanistan. 'Ik wil de aandacht vestigen op een andere groep mensen die onze gedachten deze kerst verdienen,' zei ze tijdens de televisieopname. 'We zijn ons allemaal bewust van degenen die hun leven hebben gegeven of die ernstig gewond zijn geraakt terwijl ze in het leger in Irak en Afghanistan dienden.' Het was geen veilige plek voor een Britse prins, en zeker niet voor een die derde in de lijn van troonopvolging was.

Tien weken na de uitzending van Harry, die veertien weken zou duren, brak een Australische tabloid het nieuwsembargo door te onthullen dat Harry in het geheim in Afghanistan diende. Harry werd binnen een uur uit het oorlogsgebied teruggetrokken en de teleurgestelde prins werd door zijn vader en broer opgewacht toen hij op de RAF-basis Brize Norton in het Verenigd Koninkrijk landde.

Harry vertelde dat hij er 'kapot' van was dat hij zijn soldaten tegen zijn eigen wil in had moeten achterlaten en hij begon meteen aan een poging om weer terug te keren naar de frontlinie – dit keer als helikopterpiloot van een Apache.

Begin 2009 nam Harry dienst bij het Army Air Corps en begon op de RAF-basis Middle Wallop in Hampshire aan zijn opleiding tot helikopterpiloot. De prins stortte zich vol overgave op de loodzware trainingen en examens die nodig waren om een brevet te halen. Halverwege 2009 had Harry de eerste fase van de opleiding voltooid, die hij omschreef als de 'makkelijkste manier om weer aan het front te komen, misschien veiliger, misschien minder veilig, wie weet'. In de zomer van 2010 begon hij aan de tweede fase. De prins had een behoorlijke indruk op zijn commandanten gemaakt en kreeg de mogelijkheid om in een Apache te trainen, iets waar slechts twee procent van de Britse piloten in slaagt. De aanvalshelikopter, uitgerust met antitankraketten, luchtdoelraketten en een machinekanon, werd vanwege zijn dodelijke capaciteiten in duizenden gevechten en reddingsoperaties in Afghanistan ingezet.

In oktober 2011 vloog hij naar de Verenigde Staten om de laatste fase van zijn opleiding te voltooien. De laatste dagen trainde hij op de marinebasis in El Centro, iets ten noorden van San Diego (vaak de Top Gunschool genoemd) en op de Gila Bend Auxiliary Air Force Base in het zuiden van Arizona, vlak bij de Mexicaanse grens. Bij de woestijntraining – waar de piloten leren gronddoelen te bombarderen, raketten af te vuren en mobiele doelen op het land te raken – komen de militairen zo dicht bij echte gevechten als maar mogelijk is. De marinebasis El Centro kent de zwaarste opleiding van de wereld en leidt mariniers, de groene baretten van het leger, en piloten van geallieerde landen als Groot-Brittannië, Frankrijk, Duitsland en Italië op. Na afloop kreeg Harry groen licht om naar Afghanistan terug te keren.

Harry kwam in september 2012 in het islamitische land aan als copiloot en schutter bij het 662 Squadron, 3 Regiment Army Air Corps. Dit keer was het publiek op de hoogte van zijn missie en binnen een week na zijn aankomst bestormden negentien Taliban bewapend met raketwerpers, mortieren en automatische wapens het versterkte basiskamp waar hij zat. In het kamp vuurden de strijders met hun raketwerpers en kalasjnikovs en er ontstond een vuurgevecht dat ruim vijf uur duurde.

Enkele dagen eerder had de Taliban 'Operatie Harry' aangekondigd, wat precies was wat je je bij die naam voorstelt. Het doel was om de prins te doden of te verwonden. In de donkere nacht waren de opstandelingen, gekleed als boeren van een nabijgelegen maïsboerderij, langs de schijnwerpers en de wachten die vanaf torens toezicht hielden gekomen en braken door het tien meter hoge hek met prikkeldraad erbovenop. 'We vielen die basis aan omdat prins Harry er ook was,' zei een woordvoerder van de Taliban.

Algemeen werd aangenomen dat er een noodplan was waarbij Harry snel naar een 'paniekkamer' zou worden overgebracht, maar volgens een bron dicht bij de prins waren er op de basis of elders in de oorlogszone geen speciale voorzieningen voor Harry getroffen. Als hij werd aangevallen, moest hij net als de andere militairen reageren. Hij was immers niet voor niets opgeleid om te kunnen schieten. 'Harry besefte de gevaren die hij liep heel goed, met de afspraken met de pers had men willen voorkomen dat de vijand wist waar hij zat en hem als specifiek doelwit zou aanmerken,' zei de bron.

Ondanks het gevaar was Harry dankbaar dat hij toestemming had gekregen om de 22 weken van uitzending te voltooien. Het leger zorgde voor de structuur, kameraadschap en anonimiteit die Harry zo nodig had. In Afghanistan leefde Harry als alle andere soldaten in Camp Bastion, waar hij gelegerd was. In de krappe ruimte van een VHR-tent (Very High Readiness, Zeer Hoge Gereedheid) maakte de prins zijn eigen bed op en bracht hij de tijd door met Uckers, een bordspel dat populair was bij de militairen, en met FIFA 07 op een Xbox. Harry probeerde zo min mogelijk op te vallen. Hij ging zelfs laat naar de mess van de basis zodat er minder mensen waren om hem aan te gapen als hij zat te eten.

'Mijn vader probeert me er altijd van te doordringen wie ik ben en zo,' zei Harry toen hij in januari 2013 naar huis terugkeerde, 'maar in het leger is het erg makkelijk om te vergeten wie ik ben.' Harry, die in het leger beter bekend stond als kapitein Wales, was nooit erg dol op de stoffige kanten van de koninklijke verplichtingen, hij voelde zich thuis in de franjeloze, directe en praktische wereld van een soldaat.

Het is dan ook niet verbazingwekkend dat toen hij in 2015 het 'zware besluit' nam om zijn tienjarige carrière in het Britse leger te beëindigen, Harry even richtingloos was. Boosheid en angsten kwamen naar de oppervlakte en beide emoties pasten niet bij de officiële persoonlijkheid van een prins. Tijdens koninklijke verplichtingen kreeg hij last van paniekaanvallen. Bij zeer formele en officiële gelegenheden, zoals een receptie van MapAction ter ere van Harry's aanvaarding van het beschermheerschap voor deze organisatie voor noodhulp, sloeg de vecht-of-vluchtreactie van de gevechtshelikopterpiloot toe. Een bron herinnerde zich dat toen Harry het evenement in de Royal Society in Londen verliet 'hij steeds diep moest ademhalen'.

'De mensen, de camera's, de aandacht,' zo vertelde de bron, 'het vloog hem allemaal aan. Hij zat op het randje.'

Harry beschreef het fenomeen ook zelf. 'In mijn geval begon ik steeds als ik in een ruimte met veel mensen was, en dat is tamelijk vaak, enorm te zweten,' vertelde hij tegen het televisiekanaal van het Britse leger, 'mijn hart bonsde – boem, boem, boem, boem – letterlijk, als een wasmachine.'

Tijdens beide uitzendingen naar Afghanistan had Harry gevechten gezien die een militair nog lang bijblijven nadat hij of zij weer naar huis is gegaan. Zijn eerste periode in Afghanistan was hij een *joint terminal attack controller*: op een vooruitgeschoven positie op de grond coördineerde hij de luchtsteun in een medische noodsituatie waarbij het Afghaanse leger onder vuur van de Taliban lag en veel verliezen leed.

Een Chinook was bezig zwaargewonden terug te vliegen naar het kamp toen Harry's positie werd aangevallen door de Taliban. Harry kreeg bevel zich in te graven en dekking te zoeken terwijl de raketten overal insloegen. Eén explodeerde met een verwoestende kracht op slechts vijftig meter van waar de prins lag.

De fotograaf John Stillwell, die onderdeel was van het team van Press Association dat Harry in Afghanistan volgde, dacht eerst dat Harry wel uit de buurt van de gevaarlijkere missies zou worden gehouden. Maar dat idee liet hij varen nadat hij en alle anderen in de tank van de prins onder vuur van een sluipschutter kwamen te liggen en hulpeloos in een rivierbedding op hulp moesten wachten.

Stillwell, die meereed in Harry's tank, herinnerde zich dat ze een stad uitreden en een riviertje wilden oversteken toen het voorste voertuig van het konvooi een geïmproviseerd explosief in de weg zag.

'Voordat ik naar Afghanistan ging dacht ik: 'O, Harry blijft in Camp Bastion, tien meter onder de grond, kilometers van het gevaar,' maar ik had het volkomen mis,' zei hij. 'Hij was vaak in echt gevaar, maar hij bleef recht overeind.'

'Als je weet dat hij een prins is, de kleinzoon van de koningin, dan weet je dat hij een comfortabel kantoorbaantje had kunnen hebben,' ging Stillwell verder. 'Maar hij koos voor het moeilijke werk, om naar het front te gaan.'

De dapperheid van de prins leverde hem lof op van het publiek en zijn medemilitairen, maar hij betaalde er ook een prijs voor. Nadat hij uit dienst was gegaan, kreeg Harry niet alleen te maken met aanvallen van angst, maar ook van woede. 'Ik ging boksen omdat iedereen zei dat boksen goed voor je is en een goede manier is om je agressie te uiten,' zei hij. 'Dat heeft me echt gered want ik stond op het punt om iemand te slaan, dus iemand slaan die stootkussens had omgegespt was een stuk beter.'

Boksen was echter niet voldoende om het innerlijke conflict dat in hem woedde op te lossen. Harry stond, zoals hij het formuleerde, 'diverse keren op het punt volledig in te storten, waarbij allerlei soorten verdriet en leugens en misverstanden vanuit alle hoeken op me afkwamen.'

Zijn ervaringen aan het front speelden een rol in zijn emotionele toestand, maar ze waren niet de enige oorzaak van zijn problemen. En het ergste was nog dat hij geen idee had wat er precies gebeurde. 'Ik kon mijn vinger er niet op leggen,' zei Harry. 'Ik wist gewoon niet wat er mis met me was.'

Degene die naast Harry het meeste onder diens worsteling leed was William. De broers waren niet alleen door hun bloed en koninklijke titels met elkaar verbonden, maar ook door de tragedie van het verlies van hun moeder op jonge leeftijd, en dat ook nog eens voor de ogen van het publiek. 'Elk jaar worden we hechter,' vertelde Harry in 2005 tegen journalisten. 'Sinds de dood van onze moeder stonden we uiteraard dicht bij elkaar. Maar hij is de enige persoon op aarde die ik echt... we kunnen overal over praten. We begrijpen elkaar en we steunen elkaar.'

Die wederzijdse steun tussen de broers nam vele vormen aan – van samen een cottage huren toen ze beiden in 2009 in Shropshire op een vliegschool zaten om tot helikopterpiloot te worden opgeleid, tot samen in datzelfde jaar de Royal Foundation opzetten, de parapluorganisatie voor al hun filantropische werk. Ook toen William trouwde en kinderen kreeg vonden de twee nog tijd om samen plezier te maken. Volgens een bron glipten ze graag weg om samen te gaan eten en drinken in een restaurant met de naam Mari Vanna op zo'n anderhalve kilometer van het paleis. Dit Russische restaurant is een favoriet van enkele van de rijkste oligarchen ter wereld, maar het is vooral ook een plek die veel privacy biedt. 'Mensen die gezien willen worden gaan aan de overkant van de straat naar Mr. Chow,' zei een van de personeelsleden. In het Russische restaurant, bont gedecoreerd met glazen kroonluchters, Russische poppen, boekenkasten vol oude boeken en loungestoelen, kregen de broers de kans om ongestoord met elkaar te kletsen. Op een avond begin 2016 werden ze volgens de bron 'flink dronken'. Maar pas toen Harry naar buiten ging om te roken ontstond er een probleem. 'Hij viel in een struik. Iemand probeerde met een mobieltje een foto van hem te nemen en Harry's lijfwacht sprong letterlijk naar voren om te voorkomen dat Harry in beeld kwam,' zei de bron. 'Harry merkte het nauwelijks. Hij ging gewoon naar binnen om verder te drinken met William.'

De twee broers wilden dat de ander echt gelukkig was. En juist daarom confronteerde William zijn broer in 2015 met zijn geestelijke problemen. Harry vertelde later in een podcastinterview met de columniste Bryony Gordon, die zelf een obsessief-compulsieve stoornis heeft, dat zijn broer zei: 'Je moet hier echt aan werken. Het is niet normaal om te denken dat niets jou raakt.'

Die woorden drongen tot Harry door en haalden hem over om het beangstigende proces van zelfonderzoek te beginnen, inclusief therapie, iets wat geen kleine zaak is voor een lid van het huis Windsor.

Op zijn open, eerlijke manier onthulde de prins dat hij zich volledig overweldigd had gevoeld door de eisen van het publieke leven, tot hij leerde omgaan met zijn eigen pijn. Twee jaar lang, zei Harry, was hij in 'totale chaos'.

Er waren niet veel gesprekken over zijn gevoelens nodig voordat Harry besefte dat hij nog heel wat onverwerkt verdriet over de dood van zijn moeder had. Hij had nooit de kans of het inzicht gehad om met het trauma om te gaan. Toen hij op zijn twaalfde zijn moeder verloor, was zijn verdriet onmiddellijk overspoeld door de rouw van een heel land, die omsloeg in samenzweringstheorieën en een nationale obsessie. Intussen moesten Harry en William een dapper gezicht opzetten voor Engeland en de hele wereld. De eerste en enige keer dat hij zichzelf toestond te huilen om zijn moeder was tijdens haar begrafenis op 6 september 1997, op het eilandje in een meer op het landgoed van haar familie, Althorp Park.

Volgens Harry zelf had hij alle gedachten en gevoelens over de dood van zijn moeder bijna twintig jaar lang 'uitgeschakeld'. 'Ik meende dat het me alleen maar verdrietig zou maken als ik aan haar dacht, terwijl het haar niet terugbracht,' zei hij, en redeneerde: 'Zorg dat je emoties er altijd buiten blijven.'

Maar praten over zijn gevoelens bleek het beste medicijn te zijn – en het zou een van de inspiratiebronnen worden voor het grootste project dat de prinsen ooit samen zouden opzetten.

In april 2016 lanceerden William, Kate en Harry Heads Together, een campagne om het stigma rond psychische problemen te verminderen. Het doel was om de kijk op geestelijke gezondheid te veranderen zodat miljoenen mensen de moed zouden vatten om de hulp te zoeken die ze nodig hadden. William, Kate en Harry hoopten dat als zij over hun eigen psychische problemen zouden praten, anderen in het Verenigd Koninkrijk, waar de norm is geen emoties te tonen, het idee kregen dat het oké was om het zelf ook te doen.

William en Harry wezen Kate aan als degene die de aanzet had gegeven en dat ze het originele concept op een avond op de achterkant van een pakje sigaretten hadden gekrabbeld. Kate richtte haar filantropische werk op jonge kinderen en op verslavingszorg. Ze sprak regelmatig over de noodzaak het bewustzijn over psychische problemen te vergroten. Volgens haar waren veel problemen van jongvolwassenen terug te voeren op psychische issues die indien niet behandeld later in het leven tot grotere problemen voor de maatschappij konden leiden.

Heads Together, het kroonjuweel van de Royal Foundation, was dan misschien Kates idee, maar het was Harry's radicale openhartigheid over zijn persoonlijke worstelingen tijdens een van de donkerste periodes van zijn leven die het initiatief voor geestelijke gezondheid echt op de kaart zette. Een jaar nadat de campagne begon verbaasde Harry de wereld door tijdens Bryony's podcast zonder aarzeling te vertellen over de vele jaren waarin hij het verdriet over zijn moeders dood had onderdrukt, de boosheid en angsten waar hij onder leed, en de verwarring die hij voelde over de oorzaak van zijn problemen. Het zorgde voor veel publiciteit voor hun initiatief, maar vormde ook een breuk met de gewoonten van het land.

William en Harry hadden nooit eerder zo openlijk over hun moeder gesproken en ze hadden de pers zeker nooit over de enorme pijn verteld die op haar dood volgde. Het was een keerpunt waarin afgerekend werd met het stereotype van de koninklijke familie.

Het was dapper en doortastend van Harry om zo open te zijn over de kwellingen waar hij in de loop der jaren onder geleden had. Hij hielp talloze miljoenen met zijn openhartige bekentenis. Maar achter de schermen vroegen sommige hovelingen in het paleis zich af of het 'ontbloten van de ziel' niet een stap te ver was gegaan. Mogelijk was er een precedent geschapen en waren William en Harry in de toekomst kwetsbaar. Tenslotte onthulde de koninklijke familie gewoonlijk erg weinig en er werd zeker niet over dergelijke intieme zaken gesproken.

In die tijd zei prins Charles niets over de bekentenissen van zijn zoon, maar in 2019 vertelde hij 'trots' te zijn op Harry's inspanningen om het stigma rond psychische problemen weg te halen. De koningin uitte zich niet in het openbaar over zijn verhaal, maar het feit dat Harry met zijn broer en schoonzus een publiekscampagne rond geestelijke gezondheidszorg lanceerde impliceerde dat hij de stilzwijgende goedkeuring had van zijn grootmoeder. Harry's persoonlijke onthullingen vormden geen breuk met het protocol; ze waren een stap voorwaarts voor de monarchie binnen de grenzen van de regels.

Maar er was een verschil tussen Harry en William. Alleen Harry kon wegkomen met een dergelijke bekentenis. Dat had niets te maken met voortrekken. Er waren nu eenmaal striktere grenzen voor zijn broer, die een directe erfgenaam voor de troon was. Dezelfde dynamiek gold voor prins Andrew, die steeds weer nieuwe kansen kreeg nadat hij aanzienlijke misstappen had begaan of inschattingsfouten had gemaakt. Vóór zijn vriendschap met de Amerikaanse financier en veroordeelde zedendelinquent Jeffrey Epstein bekend werd, bleef Andrew zijn taken als lid van de koninklijke familie uitvoeren, ook al had hij dingen gedaan die van Charles nooit geaccepteerd zouden worden. Voor de directe troonopvolgers is er een protocol van een ander niveau.

Harry was trots op de tweeëneenhalf jaar waarin hij de prioriteiten in zijn koninklijke verplichtingen op een rijtje had gezet en ook nog eens 'in staat was om mijn privéleven serieus te nemen'. Drie maanden later, toen hij met zijn broer een privédienst bijwoonde op Althorpe House om Diana's graf opnieuw te wijden op wat haar zesenvijftigste verjaardag zou zijn geweest, kon Harry eerlijk zeggen dat hij een andere man was geworden. Zoals hij het zelf zei had hij 'bloed, zweet en tranen in dingen gestopt die het verschil maken', zowel voor hemzelf als voor anderen.

Maar terwijl hij zijn rol als publieke figuur vond, worstelde Harry nog altijd met het feit dat hij zijn zielsverwant niet was tegengekomen. Zijn broer William had het geluk te trouwen met een vrouw die hij op zijn negentiende had ontmoet, terwijl Harry twee mislukte langdurige relaties en een reeks negatieve krantenkoppen achter de rug had. William en Kates succesvolle verkering en huwelijk waren echter meer dan gewoon geluk. William was naar de universiteit gegaan waardoor hij in een beschermde omgeving nieuwe vrienden kon maken. Op St. Andrews, in Fife in Schotland, ontwikkelde hij zijn sociale vaardigheden zonder door de pers belaagd te worden vanwege een afspraak met de Britse media, inclusief de tabloids, dat ze hem met rust zouden laten zolang hij op de universiteit zat. In die veilige omgeving ontmoette hij Kate, op wie hij, afgezien van een drie maanden durende breuk in 2007, altijd kon steunen en die hij kon vertrouwen.

Vanwege zijn stabiele relatie begreep William Harry's liefde voor het Londense nachtleven niet altijd. Hij ging wel eens stappen met Kate, maar als stel zorgde dat voor heel andere ervaringen.

Tijdens zijn uitzending naar Afghanistan in 2013 bekende Harry 'erg jaloers op mijn broer te zijn… hij is thuis en gaat elke dag terug naar zijn vrouw en hond.' Harry leidde een relatief eenzaam bestaan; dat was zo toen hij tijdens actieve dienst 'in een tent vol mannen zat, spelend op de PlayStation' en dat was zo terug in zijn bescheiden appartement in Kensington Palace, waar hij *Call of Duty* speelde en pizza at, besteld bij PizzaExpress (een favoriet van de prinsen). Het verlangen naar een eigen gezin werd alleen maar groter toen op 2 mei 2015 prinses Charlotte als tweede kind van William en Kate werd geboren.

Alles bij elkaar was Harry veranderd van de impulsieve prins waar Meghans vriendin haar voor had gewaarschuwd in de man die voor haar stond, klaar om liefde te vinden.

Het feit dat hij Meghan had meegenomen naar Botswana, een van de heiligste en bijzonderste plekken in zijn leven, stond symbool voor wat hij voor haar voelde. Ze was slim, onafhankelijk, avontuurlijk, optimistisch en mooi. Maar misschien wel het belangrijkst voor Harry was dat Meghan authentiek overkwam. Hij wist dat Meghan geen indruk op hem probeerde te maken. Hij had het gevoel dat hij vanaf de eerste dag de echte Meghan zag.

Toen hun relatie nog maar drie maanden duurde, zo vertelde een vriendin van Meghan, begonnen ze al de woorden 'ik hou van je' tegen elkaar te gebruiken. Harry zei de vier korte, maar zeer beladen woorden als eerste, maar Meghan antwoordde meteen: 'Ik hou ook van jou.' Vanaf dat moment duurde het niet lang meer of ze begonnen in ondubbelzinnige bewoordingen over hun toekomst te praten.

Meghan toonde haar gevoelens ook door met verwijzingen en grapjes tussen hun tweeën op haar Instagramaccount te strooien. In juli had ze het over een 'date voor één' op de avond waarop ze alleen in haar hotelkamer zat tijdens een van de eerste trips waarop ze Harry ontmoette. Op 17 juli postte ze een foto van twee kussende lucifers met het onderschrift 'een soort zondagse liefde'. Vervolgens kwamen de fraaie boeketten pioenrozen die naar verluidt een geschenk waren van ene kapitein Wales. 'Zwijmelen geblazen,' schreef ze op 1 juli. Twee weken later kwamen er meer bloemen. 'Omdat ik vreselijk verwend word,' schreef ze bij de hashtag #theynevergetold.

Harry toonde zijn gevoelens ook door tussen augustus en oktober drie keer naar Toronto te komen. Uit angst dat zijn beroemde rode haar makkelijk te spotten was, vermeden ze zo veel mogelijk haar favoriete uitgaansgelegenheden, zoals Bar Isabel en Terroni. Ze gaven de voorkeur aan haar vierkamerhuis, dat ze vanaf 2013 was gaan huren, rond de tijd van haar echtscheiding.

Toen Meghan er introk, was het de grootste woning die ze ooit voor zichzelf had gehad – en ingericht. Meghan benaderde het huis op dezelfde manier als haar kleding. Ze vond het geweldig om chique, dure spullen te combineren met goedkope massaproducten. Ze bezat enkele aardige kunstwerken om aan de muur te hangen (als ze haar salaris binnen had trakteerde ze zichzelf soms op een klein kunstwerk voor haar groeiende collectie), terwijl ze voor het meubilair en de woonaccessoires vaak naar betaalbare zaken als HomeSense, IKEA en zelfs Home Depot ging. 'Geld op de bank wil nog niet zeggen geld uitgeven,' luidde het advies van haar vader toen ze een tiener was, en daar hield ze zich nog altijd aan.

Ze trakteerde zichzelf wel op een keramische kamadobarbecue van het merk Big Green Egg, die ze op haar computer al een jaar eerder bij haar favorieten had gezet; haar grote patio was de perfecte plek om gasten te ontvangen. Met het houten dek, stranddecor en grote open ramen aan de achterkant deed de ruimte haar een beetje aan Californië denken. Het buurtje met zijn vriendelijke mensen, voornamelijk gezinnen, bestond uit dicht bij elkaar gegroepeerde huizen rond een goede openbare school en een hondenuitlaatveld, waar Meghans hond Bogart kon rennen.

Meghan had als kind geen huisdieren gehad, maar ze was volledig toegewijd aan Bogs, zoals ze hem noemde, en hij kwam vaak voor op haar

Instagram. Ze gaf Ellen DeGeneres de eer dat ze de hond van gemengd ras had geadopteerd.

Meghan was naar een asiel in Los Angeles gegaan en aaide daar Bogart, die samen met zijn broer was gered, toen de talkshowpresentatrice binnenkwam met haar vrouw, de actrice Portia de Rossi.

'Is dat jouw hond?' vroeg Ellen aan Meghan.

'Nee,' antwoordde Meghan.

De twee vrouwen hadden elkaar niet eerder ontmoet. Meghan wist natuurlijk wie Ellen was, maar Ellen had geen idee wie Meghan was. Niettemin zei de beroemde comédienne tegen haar: 'Je moet die hond nemen.'

'Ik ben er nog over aan het nadenken...'

'Red die hond!' commandeerde Ellen.

Ellen verliet het asiel, maar zodra ze buiten was tikte ze tegen het raam en schreeuwde tegen Meghan: 'Neem die hond!'

Hoe kon ze weigeren? 'Het is zoiets als Oprah die je vertelt iets te doen,' zei Meghan. 'Ik nam hem mee naar huis. Omdat Ellen zei dat ik het moest doen.'

Ze had geen spijt van de beslissing. Twee jaar later adopteerde ze nog een asielhond – een beagle die ze Guy noemde en die ze gezien had bij een adoptie-evenement georganiseerd door de in Ontario zetelende organisatie A Dog's Dream Rescue.

Nu liepen haar lieve honden haar voor de voeten terwijl ze haar befaamde gebraden kip maakte voor de prins, die in haar strakke, volledig witte keuken zat.

Terwijl Harry en Meghan onder de radar probeerden te blijven, kon de aanwezigheid van de prins de buurt niet ontgaan. Het duurde niet lang of Harry's bezoeken waren een open geheim onder de inwoners van Seaton Village. Zoals een van Meghans buren zei: 'Als er een zwarte SUV stond geparkeerd met erin een stel kerels met een headset op en burrito's in hun hand, zeiden we, "Hé, Harry is in de stad!"' Maar het nieuws kwam nooit verder dan de Facebookpagina van de gemeenschap van Seaton Village, die voornamelijk was gewijd aan zaken als sneeuwruimen en hondenpoep. Toronto kent niet het soort paparazzi dat New York, Los Angeles en Londen onveilig maakt, want er is in Canada geen grote industrie rond de plaatselijke beroemdheden.

Maar Harry en Meghan brachten niet alleen in Londen en Canada tijd met elkaar door. Ze hadden het belangrijk gevonden om hun beste vrienden in hun geheim te betrekken. Ze waren niet bang dat een van die vertrouwelingen het nieuws naar buiten zou brengen en ze hadden nu een heel stel medeplichtigen dat hen hielp om hun romance verborgen te houden.

Een van Harry's oudste vrienden, Arthur Landon, bood het paar zijn huis in Los Angeles voor een week aan. Arthur is een van de rijkste jonge mannen van Groot-Brittannië en de zoon van brigadier Tim Landon – ook bekend als de White Sultan en Landon of Arabia vanwege de vreedzame coup die hij in Oman hielp organiseren en het fortuin dat hij daar vergaarde. Harry was op Eton College met Arthur bevriend geraakt. Later werd Arthur model en vervolgens filmmaker, maar wat hij ook deed, hij paste altijd op Harry. Hij noemde de vrouw die de naaktfoto's van de prins had verkocht tijdens hun trip samen naar Las Vegas 'verwerpelijk'.

Arthur wist uit eigen ervaring hoe ver mensen konden gaan om een foto van Harry in de privésfeer te nemen en daarom vertelde hij de prins dat zijn huis de beste plek was om te logeren als hij in Los Angeles was om Meghan te bezoeken. De artistiek ingerichte villa in West Hollywood van Arthur lag in het lage deel van de Hills en had een zwembad en uitzicht op Sunset Boulevard. Het was een fabuleuze locatie met veel privacy die Harry de mogelijkheid bood om Meghans geboortestad te bezoeken. Ze brachten vrijwel al hun tijd uit het zicht in het huis door en het was hier dat Harry kennismaakte met Doria.

Omdat het niet mogelijk was Doria op te zoeken in haar driekamerappartement in de wijk Windsor Hills nodigden Harry en Meghan haar uit om naar Arthurs huis te komen. (Het paar bleef weliswaar zo veel mogelijk thuis, maar dat weerhield Meghan er niet van maaltijden te laten bezorgen om Harry gerechten van haar favoriete lokale restaurants te laten proeven, waaronder Sushi Park, dat volgens haar 'de heerlijkste sashimi' had.) Meghan was mogelijk wat nerveus toen ze haar moeder aan Harry voorstelde, maar Doria was zoals gewoonlijk kalm. Er was heel wat voor nodig om de yogalerares uit haar doen te brengen, al vertelde ze later tegen een collega in de psychiatrische kliniek waar ze werkte dat de ervaring om een prins te ontmoeten die ook nog eens een relatie met haar dochter had 'een beetje surrealistisch' aanvoelde.

Meghan vertelde Doria altijd over de mannen met wie ze uitging, maar ze stelde hen gewoonlijk pas aan haar voor als de relatie zich al wat dieper had ontwikkeld. Maar ze wilde Doria geruststellen en haar laten zien dat Harry weliswaar wereldwijd in de spotlights stond, maar dat hij ook een goed mens was. 'Meghan wilde niet dat ze zich ergens zorgen over maakte,' zei een bron. 'Ze wilde haar moeder de echte Harry laten zien. De man op wie ze verliefd aan het worden was.'

Harry wilde ook graag een goede indruk maken op Meghans moeder bij hun eerste kennismaking. Niet met cadeautjes, maar met woorden en daden. Hij maakte zich wel vaker zorgen over wat anderen van hem dachten en wilde laten zien dat hij anders was dan de royalty zoals die in de tabloids werd afgeschilderd. En het werkte. Doria was onder de indruk van zijn empathie en de manier waarop hij begaan was en zich inzette. 'Ze zag dat hij oprecht was,' zo zei een vriend.

Tijdens die eerste maanden van hun relatie, toen die nog een geheim was, vloog Meghan zeker drie keer naar Engeland. Als ze dan op de luchthaven aankwam, stond er een chauffeur voor haar klaar die Harry geregeld had – geen chique Rolls-Royce of een chauffeur in uniform, gewoon iemand van een plaatselijke taxidienst die hij en andere leden van het koninklijk huis af en toe gebruikten.

Ze konden altijd op Markus rekenen om een knus, luxueus en afgeschermd huis voor het paar te vinden. Zo bracht hij ze een keer onder in een fraaie cottage met veel privacy op het terrein van Soho Farmhouse. Het complex ligt in Oxfordshire op anderhalf uur buiten Londen en was de perfecte plek om de stad te ontvluchten. Het stenen huis stond op veertig hectare idyllisch Engels platteland, maar ze konden niettemin genieten van sashimi en andere Japanse gerechten die bij hun cottage werden bezorgd door Pen Yen, een van de restaurants van Soho Farmhouse.

Tijdens een bezoek in de herfst regelde Markus een weekend in Babington House voor het stel. Dit achttiende-eeuwse landhuis in Somerset was door Soho House verbouwd tot een van hun vakantiecomplexen. Harry en Meghans appartement beschikte onder andere over een open haard en een butler – het was een van die verstopplekken waar de pers nooit lucht van kreeg.

Het duurde niet lang of Meghan voelde zich zo zeker over hun relatie en was ze zo overtuigd van hun vermogen onopgemerkt te blijven dat ze Harry zelfs mee vroeg toen ze haar honden ging uitlaten langs haar favoriete pad door het Trinity Bellwoods Park in Toronto. Een hoodie en een baseballpetje waren voldoende om Harry's beroemde gezicht aan het oog te onttrekken tijdens zijn bezoeken aan de stad. De meeste Canadezen letten sowieso niet op het jonge stel met de blauwe kralenarmbandjes om die ze in Botswana hadden gekocht. (Armbandjes zijn kenmerkend voor de prins, en elk heeft zijn eigen betekenis en belang. Sinds 2001 draagt hij devoot een zilveren armband met inscriptie die hij kreeg tijdens zijn reis naar Afrika in 1997 na de dood van zijn moeder. Er zijn foto's waarop William een vergelijkbare armband draagt.)

Het weekend van Halloween wilden ze niet verstopt doorbrengen want er was zo veel te vieren. Hun relatie duurde nu vier maanden en ze waren waanzinnig verliefd en wilden plezier maken tijdens hun favoriete feest. Op de avond van 29 oktober was Harry in Toronto en ze besloten naar een groot gekostumeerd feest te gaan dat gehouden werd in het plaatselijke Soho House. Harry en Meghan droegen beiden een Venetiaans masker zodat hun identiteit verborgen bleef voor de andere feestgangers.

Omringd door de exclusieve clientèle van de club en gesterkt door de regel die bezoekers ontmoedigde om foto's met hun telefoon te maken voelden Harry en Meghan zich op hun gemak. Het was niet hun eerste bezoek aan de club. Bij een eerdere keer waren ze samen in de fotoautomaat gaan zitten en hadden ze de strip met foto's als souvenir bewaard.

Ze waren niet alleen naar het Halloweenfeest gegaan, want ze waren in het gezelschap van Harry's nicht prinses Eugenie en haar vriend Jack Brooksbank, die in Toronto was als merkambassadeur voor George Clooney en Rande Gerbers tequilamerk Casamigos. Harry en Meghan waren al twee keer eerder met hen op een dubbeldate geweest.

Eugenie was altijd al meer dan alleen een nicht van Harry. Ze waren ook hele goede vrienden. Van alle kleinkinderen van de koningin zijn Harry en Eugenie de twee die het dichtst bij elkaar staan. Net als Harry is Eugenie loyaal en eerlijk en kun je veel lol met haar hebben. De twee gingen vaak samen uit in Londen, ze slopen via de achteringang naar binnen bij clubs als Mahiki, waar Jack ooit manager was, of Tonteria, waar ze in een van de vipruimtes shots naar binnen sloegen uit Mexicaanse glazen in de vorm van een schedel of een reusachtige margarita vol ijs deelden (met elk een eigen rietje). Harry had het zo naar zijn zin in de club, waar zijn jeugdvriend Guy Pelly mede-eigenaar van was, dat hij er in juli 2014 een keer vier nachten achter elkaar feestvierde.

Ze groeiden weliswaar op verschillende plaatsen op (zij in de Royal Lodge in Windsor Great Park, hij in Kensington Palace in Londen), maar door de hechte band tussen hun moeders zagen ze elkaar regelmatig. Sarah Ferguson kwam vaak met haar dochters op de thee bij Diana, William en

Harry in Kensington Palace. Toen beide vrouwen gescheiden waren van hun echtgenoten in 1996, gingen de twee alleenstaande moeders met hun kinderen op vakantie naar Zuid-Frankrijk. (Harry zou er later voor zorgen dat zijn tante Sarah uitgenodigd werd voor de huwelijksceremonie en de eerste receptie – een hele prestatie aangezien prins Philip naar verluidt ooit gezegd had dat hij nooit meer met haar in hetzelfde vertrek wilde zijn.) Net als Harry had Eugenie toen ze opgroeide moeite om haar identiteit te vinden. Omdat ze niet tot de hoofdlijn van de koninklijke familie hoorde, moest ze haar eigen weg in de wereld zoeken, en dat had ze gedaan door in 2013 naar New York te verhuizen, waar ze ging werken bij Paddle8, het veilinghuis dat geleid werd door Misha's echtgenoot en Harry's vriend Alexander.

Harry had zijn nicht altijd in vertrouwen genomen over de vrouwen in zijn leven. Hij vertrouwde haar niet alleen, maar volgens vrienden gaf ze ook goede adviezen en was 'meer dan verstandig' voor haar leeftijd. Het is dan ook niet verrassend dat Eugenie een van de eersten in de familie was die van zijn relatie met Meghan wist. Zijn nicht had hem ook voorgesteld aan haar goede vriendin Cressida (ze gingen ook met haar op dubbeldate), maar toen hij over Meghan vertelde steunde ze hem volledig in zijn nieuwe relatie. Eugenie, die graag wilde dat haar neef zich settelde en gelukkig was, vertelde vrienden dat ze dol was op Meghan en dat ze 'het juiste medicijn' voor hem was.

Op die avond eind oktober in Toronto was Harry gelukkig, net als Meghan.

Na een cocktail voelden ze zich beiden ontspannen en kwamen ze helemaal in de Halloweensfeer.

Het was misschien wel de perfecte avond uit – tot ze een telefoontje kregen van een van Harry's assistenten in Kensington Palace. Het was geen goed nieuws.

The Sunday Express ging een verhaal over hun relatie publiceren – en de tabloid zou getipt zijn door een werknemer van niemand anders dan Eugenie en haar vader, prins Andrew.

Nu het nieuws dat ieders favoriete vrijgezel uit de markt was over het hele internet zou worden rondgebazuind, dreigde Harry en Meghans vrolijke avondje uit met een domper te eindigen.

Harry en Meghan verlieten het feest en gingen naar haar huis. Hun grootste zorg was dat de woning binnen de kortste keren belegerd zou worden door fotografen. Ze hadden een beetje tijd om na te denken, want Toronto telt maar een paar paparazzi. (Een van hen had al een berichtje naar Meghan gestuurd met de vraag of het nieuws waar was; ze antwoordde niet.) Maar het zou niet lang duren voor er fotografen uit New York en Los Angeles zouden komen, allemaal in de hoop de eerste foto van het gelukkige paar te kunnen schieten. Het blad *Us Weekly* wist intussen al dat ze een stel vormden en dat ze samen in Toronto waren, maar de redactie had met het paleis afgesproken dat ze het nieuws pas zouden publiceren als Harry weer thuis was.

Harry's mobiel bleef maar volstromen met berichten van het paleis. Assistenten meenden dat Harry het beste zijn trip kon afbreken en stilletjes naar Londen moest terugkeren omdat de minimale beveiliging nu een probleem was. Maar de prins wilde er niets van weten. Hij gaf niet toe. Als de situatie lastig zou worden, was er geen plek waar hij liever was dan aan de zijde van Meghan.

5

Een prins staat pal

Toen Harry en Meghan op de ochtend van 30 oktober aankwamen bij het huis van Jessica en Ben Mulroney, hadden ze in ieder geval door de gekte van het uitgelekte nieuws heen geslapen.

De avond ervoor hadden ze besloten om naar de Mulroneys in Upper Canada te gaan na het advies van een van Harry's medewerkers om ergens op een discrete plek te gaan zitten, ergens waar de media hem niet zouden zoeken. Meghan had de hele avond al berichtjes uitgewisseld met Jessica (of Jess, zoals vrienden haar noemden), omdat ze morele steun nodig had. Haar vriendin had direct laten weten dat ze bij haar thuis konden onderduiken. Harry en Meghan vonden het een perfect plan en vertrokken de volgende ochtend met gepakte koffers uit Seaton Village.

Ze kwamen niet voor het eerst bij de Mulroneys thuis. Voordat de wereld van hun relatie wist waren ze al meerdere keren uitgenodigd in het huis in een rustige, chique buurt, waar Harry's beveiliging minder opviel.

Bij de Mulroneys kreeg Meghan een eerste glimp van hoe Harry als vader zou zijn en ze zwijmelde toen ze zag hoe hij de harten veroverde van de zes jaar oude tweeling Brian en John en het driejarige dochtertje Ivy. Hij had ervaring met het charmeren van kleintjes en hij kwam nooit met lege handen: bij elk bezoek had hij een klein cadeautje bij zich. Maar de kinderen waren niet alleen vanwege zijn gulheid dol op hem. Harry ging ook bij hen op de vloer zitten om met hen te spelen of hij drukte zijn gezicht tegen een raam en trok gekke bekken, waar de kleintjes altijd om moesten lachen.

Nu de wereld het geheim van Harry en Meghan kende, gingen ze rond het kookeiland zitten in de open keuken zodat Jess en Ben alles konden horen.

Meghan had gemengde gevoelens over de situatie. Enerzijds was ze teleurgesteld dat hun geheim was uitgekomen. Nu was het niet langer alleen zij tweetjes. Voordat Meghan Harry ontmoette had ze weleens meegewerkt aan paparazzifoto's en wat informatie toegespeeld aan de pers, maar ze had er steeds alles aan gedaan om haar relatie met de prins af te schermen en hun privacy te bewaren. Door hun relatie stil te houden hadden ze de kans om elkaar te leren kennen zonder de druk die het onvermijdelijk gevolg was van de verhalen en commentaren van verslaggevers.

Maar een ander deel van haar was opgelucht. Ze had het moeilijk gevonden om het geheim tegenover vrienden en collega's te bewaren (slechts een handjevol acteurs en productiemedewerkers van *Suits* wist ervan) en vond het vervelend om te liegen over de reden van haar tripjes naar Londen.

Harry wist dat deze dag 'onvermijdelijk' was en dat had hij Meghan al aan het begin verteld, zodat ze, zoals hij het formuleerde, 'het beste moeten maken van de tijd die we hebben'. Natuurlijk kon Meghan niet echt begrijpen wat het betekende om zo beroemd te zijn als Harry al zijn hele leven was. 'We konden zes maanden stilletjes daten voordat het nieuws werd,' zei Meghan later in *Vanity Fair*. 'En het was verbazingwekkend hoe snel alles opeens veranderde.'

Toen hun relatie in de pers stond, kreeg Meghan in vierentwintig uur tijd bijna honderd berichtjes van mensen die ze in geen maanden en soms jaren had gesproken. Iedereen wilde hetzelfde weten: Is het waar?

Meghans moeder en vader wisten het natuurlijk van haar en Harry lang voordat het bekend werd. Ze had het Doria al verteld toen ze naar Toronto terugkeerde na hun eerste date en ze had haar moeder aan de prins voorgesteld toen ze in Los Angeles waren. Meghans vader hoorde pas later in de zomer over haar nieuwe vriendje, na haar vakantie in Botswana. In een interview op *Good Morning Britain* vertelde Thomas later: 'Ze zei, we moeten hem "H" noemen zodat niemand het weet.' Ik werd later aan hem voorgesteld en hij was een erg aardige jongen, een echte heer, erg sympathiek.' Een bron bevestigde dat Harry telefonisch enkele keren met haar vader sprak in het eerste jaar van hun relatie.

Maar voor de rest van de wereld was het groot nieuws. Meghan kreeg niet alleen berichten van vrienden en kennissen, maar ook van enkele journalisten met wie ze in de loop der jaren contact had gehad. Ze antwoordde niemand.

De volgende drie dagen – waarin vrienden, buren en vooral acteurs van *Suits* Meghan berichten stuurden om haar te waarschuwen voor journalisten en fotografen die overal opdoken – bleef het paar bij de Mulroneys. Harry vloog vervolgens terug naar Londen voor verplichtingen en moest Meghan in Toronto achterlaten, waar ze aan het begin stond van een nieuw leven waarin alles wat ze deed nieuws was.

Elke stap die ze zette kwam op de voorpagina's, zelfs als ze naar yogales ging bij Moksha Yoga of ging winkelen met Jessica in hun favoriete warenhuis, Hudson's Bay, waar ze vroeger uren ongestoord hadden kunnen shoppen.

Universal Cable, de productiemaatschappij van *Suits*, zorgde voor beveiliging om Meghan heen en weer te brengen naar de grote studio in North York, vlak bij het centrum van Toronto. Maar de paparazzi waren al snel op de hoogte van haar dagelijkse routine. Voor haar ontmoeting met Harry had Meghan alleen ervaring met camera's op de set en bij evenementen. Bij de weinige plaatjes die paparazzi van haar schoten voordat ze met Harry ging, had ze meestal gewillig meegewerkt.

De beveiliging was noodzakelijk. Kort nadat het nieuws naar buiten kwam klom een fotograaf van een agentschap uit Los Angeles over het hek van haar achtertuin en wachtte bij Meghans auto in de hoop een foto te kunnen maken als ze weg wilde rijden om boodschappen te doen. Meghan was bang en belde onmiddellijk de politie. 'Zo zal het voortaan altijd gaan, ben ik bang,' zei ze in die tijd tegen een vriendin.

Nog geen week nadat haar romance breed was uitgemeten in talloze tijdschriften, kranten en websites over de hele wereld, zat Meghan weer in de viplounge van Toronto Pearson International Airport op weg naar Londen en naar Harry. Nu ze wist dat fotografen op haar joegen voelde ze zich niet op haar gemak. Afgezien van een enkele fan van *Suits* die om een selfie met haar vroeg had Meghan altijd ongestoord kunnen reizen. Deze keer besloot ze zich te vermommen. Niet iets dramatisch, alleen een baseballpetje van de New York Yankees tot diep over haar ogen getrokken. Het leek te werken.

Nadat Meghan had verteld hoe zenuwslopend het was om te reizen nu ze officieel de vriendin van de prins was, regelde Jessica dat ze gebruik mocht maken van de privéjet van Krystal Koo en Michael Cooper, Canadese onroerendgoedmagnaten. Het echtpaar was al lange tijd bevriend met Jessica en had in het verleden al eens wat voor Harry en Meghan gedaan en het wilde maar al te graag helpen. Zelf hadden Krystal en Michael ook wel zin in een tripje naar Londen en ze grapten dat ze Meghan wel konden verstoppen in een van de nieuwe koffers die Meghan had gekocht toen duidelijk werd dat ze in de toekomst wel vaker trans-Atlantische vluchten zou maken.

Door met bekenden te reizen voelde Meghan zich wat minder ongemakkelijk en toen ze eenmaal in Londen aankwam, waar ze bij Harry in Kensington Palace logeerde, kalmeerde ze weer snel. Ze begon Groot-Brittannië als haar mogelijke toekomstige thuis te beschouwen en wilde er een eigen leven opbouwen.

Ze was iemand die regelmatig ging hardlopen en daarom begon ze te joggen in de Kensington Gardens, waarna ze even naar de Whole Foods wipte om spullen te halen om te koken. Intussen begon Meghan Nottingham Cottage wat gezelliger te maken door kaarsen van Diptyque en kamerplanten neer te zetten. (Zijn tuin met een kleine hangmat was minimalistisch, aangezien 'geen van beiden groene vingers heeft'.)

Als ze terugkwam met volle boodschappentassen hoefde ze nooit naar haar paspoort te zoeken. De doorsneebezoeker van Kensington Palace moet twee vormen van wettelijke identificatie laten zien om door de poort te komen, maar Meghan kon inmiddels zonder problemen langs de bewaking lopen. Ze had zichzelf al snel populair gemaakt door iedereen beleefd een hand te geven en erop te staan dat ze haar gewoon Meghan noemden. Al dat 'Mevrouw Markle'-gedoe vond ze maar niets. (Harry noemde Meghan 'Meg' en zij duidde hem altijd aan als 'H'.)

Iedereen die haar kende zag duidelijk hoe gelukkig Meghan was – ook de man die haar haar verft. Toen ze nog in Toronto woonde ging de actrice elke maand naar Luis Pacheco om wat gouden highlights of chocoladebruine lowlights aan te brengen waardoor Meghans haar 'rijk, gezond en glanzend' straalde voor en buiten de camera's. Toen Luis in november 2016 Meghan zag, viel het hem op: 'Er was iets anders aan haar. Ze zag er zo lief en zacht uit – ze leek te gloeien.' Hij wist niet dat Harry de reden was, noch dat ze op het punt stond het vliegtuig te nemen om hem in Londen op te zoeken.

Harry vertelde Meghan dat ze zich niet achter de paleismuren verborgen hoefde te houden en ze ging dan ook regelmatig op pad, bijvoorbeeld lunchen in haar favoriete restaurants, zoals Kurobuta in Kings Road, waar Japanse gerechtjes in tapasstijl werden geserveerd, of snuffelen naar antiek en woonaccessoires op de Portobello Market, of gewoon boodschappen doen. Wat ze niet wist, was dat de Whole Foods vlak bij het paleis een lunchstek was voor journalisten van de *Daily Mail* omdat de winkel naast het kantoor van de tabloid zat. Toen ze daar een keer boodschappen aan het doen was, zag een verslaggever haar en hij volgde haar tot aan de paleispoort, terwijl hij ondertussen met zijn mobieltje foto's van haar nam. De volgende dag was het voorpaginanieuws: 'Harry's liefje is in Londen!'

Voor de Britse tabloidpers was Harry's nieuwe vriendin een feest. De meeste bladen hadden al weinig scrupules om achter iemand aan te gaan, maar Meghan schenen ze als een bijzonder smakelijke buit te zien. Een groot deel van haar volwassen leven had zich voor het publieke oog afgespeeld, dus de foto's van Meghan in de sexy pakjes die ze soms droeg, bijvoorbeeld toen ze bij *Deal or No Deal* werkte, waren snel gevonden door de pers. Maar de hints die ze op haar sociale media had achtergelaten – zoals de foto van twee bananen die lepeltje-lepeltje tegen elkaar aan lagen, gepost op de dag nadat haar relatie met Harry openbaar werd – gaf sommige delen van de media het idee dat ze opzettelijk met hen speelde.

In koninklijke kringen bestond een impliciete code van zwijgen: van koninklijke vriendinnen werd verwacht dat ze zich net zo discreet gedroegen als de koninklijke familie zelf. Journalisten volgden de sociale media van Meghan nauwlettend en vonden een hoop materiaal dat naar hun mening in strijd was met die code. Zo waren er de identieke armbanden, foto's van tochtjes naar de Cotswolds en meer. Harry, die bekendstaat om zijn brutale gevoel voor humor, genoot van Meghans speelse posts. Maar de pers kwam met een heel andere boodschap: je kunt niet voor privacy pleiten én met de media spelen.

Hoe Meghan zich online ook gedroeg, er was geen enkele rechtvaardiging voor het racisme dat al snel opdook in de verhalen over haar. In de eerste week van november verwees de *Daily Mail* naar Meghans jeugd met de kop 'Straight Outta Compton', de titel van een album van een 'gangsta rap'-groep, en de krant beschreef haar moeders buurt als 'door bendes geplaagd'. Drie dagen later schreef de Britse tabloid dat Meghan niet het juiste materiaal voor de prins was. In het artikel werd ademloos verhaald hoe 'de

Windsors hun waterige dunne blauwe bloed en de bleke huid en het rode haar van de Spencers zouden verstevigen met wat rijk en exotisch DNA'. Meghans moeder werd vervolgens beschreven als een 'Afro-Amerikaanse dame met dreadlocks afkomstig uit de verkeerde buurt'. Deze bladen daalden naar een nieuw dieptepunt. Suggestie begon in openlijk racisme om te slaan toen bepaalde tabloids elke dag een stapje verder gingen. Een krant schreef dat Meghan 'niet het type societyblondje zoals de vorige vriendinnen' was.

Racisme heeft in het Verenigd Koninkrijk een andere vorm dan in de Verenigde Staten, maar het bestaan ervan is overduidelijk en diep ingesleten. Een belangrijk thema in het racisme van het VK draait rond de vraag wie authentiek 'Brits' is. Het kan de vorm van subtiele vooroordelen hebben, zoals de microagressie van de paleismedewerker die tegen de biraciale medeauteur van dit boek zei: 'Ik had nooit verwacht dat je zou spreken zoals je doet,' of deze kop van de *Daily Mail*: 'Memo aan Meghan: Wij Britten geven de voorkeur aan echte koninginnen boven modekoninginnen'. Toen hun columnist Meghan kritiseerde om haar hoofdcommentaar in de *Vogue* kon je tussen de regels door iets anders lezen, en wel dat Brits zijn betekende dat je geboren en getogen was in het VK – en dat je blank was.

Met stijgende anti-immigratiesentimenten die opkwamen in een klimaat van angst dat de Britse identiteit verloren zou gaan door de diversiteit van de bevolking, streek het idee van een niet-blanke in het huis Windsor sommige mensen tegen de haren in. Op Meghans Twitter- en Instagramaccount gaven diverse personen op een weinig subtiele manier uiting aan racistische gevoelens, zo werd ze met het N-woord aangeduid en zelfs een 'bastaard' genoemd. Leden van het koninklijk huis hadden eerder relaties gehad met gewone burgers en waren soms met hen getrouwd, maar geen enkel vooraanstaand lid van de koninklijke familie had ooit publiekelijk een romance gehad met een niet-blanke. Dit was een echte primeur.

Harry was witheet van woede. Voor de prins was Meghan zijn persoonlijke kennismaking met het lelijke gezicht van racisme. Het mocht dan onontgonnen gebied voor Harry zijn, maar voor Meghan waren vooroordelen – zowel onbewust als bewust – altijd al een onderdeel van haar leven.

Gedoe rond huidskleur begon voor Meghan al voor haar geboorte met het huwelijk van haar ouders. Hun romance was tegelijkertijd gewoon en radicaal omdat Thomas, de jongste uit een gezin met drie zonen uit Newport, Pennsylvania, blank was en Doria, geboren en getogen in LA, zwart. 'Mijn vader groeide op in een homogene gemeenschap in Pennsylvania en het idee een Afro-Amerikaanse vrouw te trouwen kwam daar bij niemand op,' schreef Meghan. 'Maar hij keek verder dan wat vanzelfsprekend was in die kleine (en misschien kleingeestige) stad.'

De grotendeels blanke gemeenschap van Woodland Hills, waar Meghan als kleuter woonde, stelde zich niet altijd vriendelijk op tegenover Doria. Meghan beschreef de pijn die haar moeder voelde als ze voor de zoveelste keer voor het kindermeisje werd aangezien omdat haar huid donkerder was dan die van haar dochter.

Meghans ouders leerden haar beide kanten van zichzelf te omarmen. Toen ze zeven was kreeg Meghan met Kerstmis een grote doos verpakt in cadeaupapier met glitters. Ze scheurde het geschenk open. 'Ik vond mijn gezin: een zwarte moederpop, een blanke vaderpop en van elke kleur een kind.' Haar vader had een aantal Barbiesets gekocht en een gezin samengesteld dat de werkelijkheid van zijn dochter weergaf. Haar ouders, zoals Meghan het formuleerde, 'schiepen de wereld om me heen op een manier waardoor ik het gevoel had dat ik niet anders maar bijzonder was.'

Maar ze konden niet voorkomen dat de lelijke realiteit soms in Meghans jeugd doorsijpelde. Een van haar herinneringen is aan de rellen in 1992 in de wijk South-Central, die uitbraken na de vrijspraak van de politieagenten die betrokken waren bij het bruut in elkaar slaan van Rodney King een jaar eerder. De elfjarige Meghan, die vroeg uit school was vanwege de rellen, zag de as van branden op straat op de gazons van de buitenwijk neerdwarrelen.

'O mijn god, mamma,' zei ze. 'Het sneeuwt!'

Het feit dat ze biraciaal was zorgde voor een hele reeks obstakels. In groep zeven kreeg Meghan een vragenlijst tijdens Engelse les en moest ze aankruisen welke etniciteit ze had, blank of zwart. Ze wist niet wat ze moest antwoorden. 'Je moest of het een of het ander kiezen, maar dat betekende de ene ouder boven de andere stellen – en de ene helft van mezelf boven de andere,' schreef Meghan. Ze vulde niets in. Haar vader zei: 'Als het nog eens gebeurt, maak je je eigen vakje.'

De laatste plek waar ze gedacht had onwetendheid te vinden was op de universiteit, maar toch kwam ze die al in haar eerste week op Northwestern tegen. Een van de vrouwen in haar studentenhuis stelde suggestieve vragen over haar zwarte moeder en blanke vader en hun scheiding, waar ze het onderliggende oordeel van de studente doorheen voelde. Op haar niet-confronterende manier onttrok ze zich aan het gesprek. Maar ze bleef zitten met het vreselijke gevoel dat ze gedwongen werd haar bestaan te rechtvaardigen.

Maar na de universiteit kreeg Meghan haar schokkendste ervaring met haat. Ze was weer terug in LA toen ze hoorde hoe het N-woord tegen haar moeder werd geroepen toen ze uit hun parkeervak reden.

'Mijn huid voelde gloeiend heet aan toen ik naar mijn moeder keek,' schreef ze. 'Haar ogen vulden zich met tranen van boosheid, ik kon met moeite enkele woorden fluisteren, zo zacht dat ze nauwelijks hoorbaar waren: "Het is oké, mam." Ik probeerde de van woede doortrokken lucht in de kleine, zilverkleurige Volvo op te laten trekken.'

De emoties raasden door haar heen. Ze maakte zich zorgen om haar moeder en om hun veiligheid.

'We reden in een oorverdovende stilte naar huis, haar chocoladebruine knokkels zagen wit, zo hard kneep ze in het stuur.'

Het waren niet alleen dergelijke grote momenten die Meghans karakter vormden; het ging ook om de talloze kleine incidenten. Ze kreeg een hekel aan de vraag: 'Waar kom je vandaan?' Omdat ze niet makkelijk te plaatsen was, wist ze dat mensen echt nieuwsgierig waren naar haar huidskleur. Maar Meghan wilde zich er niet door laten definiëren.

'Mijn gemengde afkomst heeft misschien wel een grijs gebied gevormd rond mijn zelfidentificatie, waardoor ik aan beide zijden van het hek een voet heb staan, maar ik heb dat leren te omarmen,' schreef ze in ELLE. 'Ik zeg wie ik ben, waar ik vandaan kom, en ik ben er trots op een sterke vrouw vol zelfvertrouwen van gemengde afkomst te zijn.'

Meghan accepteerde haar unieke identiteit volledig en ze was absoluut niet van plan aanvallen op haar afkomst en specifieker op haar moeder te pikken. Fotografen hingen rond het huis van Doria en sommige tabloids bleven onjuiste verhalen publiceren, die gebaseerd waren op racistische stereotypes van de worstelende Afro-Amerikaanse vrouw, waarbij ze negeerden dat ze in 2015 haar masterdiploma in maatschappelijk werk had gehaald en een baan had als senior counselor in de geriatrische gemeenschap.

Ook Harry weigerde de vooroordelen te aanvaarden. De pers was niet het enige slagveld waar Harry Meghans gemengde etniciteit moest verdedigen. Toen hij net met haar begon te daten, kreeg Harry, die erg gevoelig is voor de geringste hint van vooroordelen, het aan de stok met mensen in het kringetje om hem heen. Toen sommigen vraagtekens bij zijn nieuwe relatie plaatsten en zich afvroegen of ze wel geschikt was, vroeg hij zich direct af: 'Gaat dit om ras? Is het snobisme?'

Een oude vriend van Harry roddelde een keer een middag lang over Meghan en maakte neerbuigende opmerkingen over haar achtergrond in Hollywood. Harry kreeg het te horen en brak onmiddellijk met hem.

Hij was bereid om de confrontatie met degenen dicht bij hem aan te gaan, maar wat de media betreft ging Harry een stap verder, hij was klaar voor oorlog.

De internationale mediahype rond Meghan, die tot hoge bezoekersaantallen van websites leidde en miljoenen kranten hielp verkopen, opende oude wonden uit zijn jeugd. 'Omdat ze zo openlijk werd aangevallen, moest hij onvermijdelijk terugdenken aan wat de tabloids zijn moeder hadden aangedaan,' vertelde een voormalige hoge hoveling.

De pijn over de rol van de paparazzi in de dood van hun moeder was voor geen van beide prinsen in de loop der jaren minder geworden.

'Een van de moeilijkste dingen om te verwerken was het feit dat de mensen die haar de tunnel injoegen dezelfde mensen waren die foto's van haar namen terwijl ze op de achterbank van de auto lag dood te gaan,' zei Harry in een documentaire die vlak voor de twintigste verjaardag van Diana's overlijden uitkwam. 'Ze had een behoorlijk zware hoofdwond, maar ze leefde nog toen ze op de achterbank zat. En de mensen die het ongeluk hadden veroorzaakt maakten foto's terwijl ze stierf in plaats van haar te helpen, en die foto's gingen mogelijk naar de nieuwsredacties in dit land.'

Zowel Harry als zijn broer werden constant herinnerd aan wat hun moeder moest doormaken met de pers, die dagelijks inbreuk op hun leven maakte. Zoals een voormalige hoge hoveling het formuleerde: 'Ze zien het steeds weer gebeuren.'

Harry, vertelde de bron, deed er alles aan om Meghans reputatie te verdedigen en haar privacy te beschermen, maar hij raakte 'gefrustreerd over de beperkingen van wat hij kon doen'.

Hij was niet in staat geweest zijn eerdere vriendinnen tegen de media te beschermen en hij meende dat die deels verantwoordelijk waren voor het mislukken van de relaties. Harry was vastbesloten te voorkomen dat het met Meghan op dezelfde manier zou gaan.

Harry wist niet goed wat hij moest doen en sprak er daarom over met de enige persoon van wie hij wist dat die de complexiteit van zijn situatie begreep – zijn broer.

Meghan ontmoette William voor het eerst in begin november 2016 in

Kensington Palace. Toen ze met Harry de zeven, net schoongespoten betonnen treden beklom naar Appartement 1A, dacht ze niet aan de toekomstige koning van Engeland, maar aan de oudere broer van haar vriendje. William stond bekend om zijn beschermende houding tegenover zijn jongere broer, die meer emotionele wonden had opgelopen dan de meeste mensen. Meghan ging ervan uit dat William alles over haar wilde weten – en wat haar intenties waren. Ze begreep heel goed dat de broers op hun hoede waren voor vrouwen die meer geïnteresseerd waren in hun titel dan in hun geluk. En ze kwam uit een totaal andere wereld dan William, diens vrouw en de meesten van hun vrienden. Om die redenen had ze vooraf goed nagedacht over de hele ontmoeting, vertelde ze een vriendin. 'Ze bereidde zich voor op een derdegraadsverhoor,' vertelde een vertrouweling.

Ze had zich geen zorgen hoeven maken. Zodra William de dubbele zwarte deuren opende om Meghan in zijn huis te verwelkomen, zei hij: 'Ik heb uitgekeken naar de ontmoeting met het meisje dat die domme grijns op mijn broers gezicht heeft getoverd.'

Op de wandtafels in de hal keek Meghan naar de ingelijste foto's van de broers met hun moeder en met de koningin en schattige kiekjes van George en Charlotte. Ze had de mensen op de foto's nog nooit ontmoet, maar Harry had al veel over hen verteld. De drie liepen langs de woonkamer met zijn neutrale tinten, kostbare antiek en fraaie kunstwerken, en gingen meteen naar de achterkant, naar het centrum van het gezinsleven van de hertog en hertogin van Cambridge: de keuken. Geen gedoe, geen bedienden, alleen zij drieën en de thee die ze gingen drinken.

Meghan vond het jammer dat Kate er niet was, die zat met de kinderen in Anmer Hall, het landgoed van de Cambridges in Norfolk, niet ver van Sandringham. Maar omdat ze goed met Harry's broer bleek te kunnen opschieten, dacht ze daar verder niet aan. William maakte Harry zijn gevoelens duidelijk door te zeggen hoe blij hij was om zijn broer vrolijk te zien.

Nu William zag hoeveel pijn zijn broer had, was ook hij van mening dat de pers te ver was gegaan. Harry twijfelde er niet aan dat hij iets moest doen, maar hij had geen idee hoe het aangepakt moest worden.

De pers was niet van plan los te laten, want nieuws over Meghan leverde een hoop kliks online op en zorgde gegarandeerd voor een hogere verkoop van kranten.

Op de voorpagina van de best verkopende tabloid van het land, *The Sun*, stond weer eens een schreeuwende kop: 'Harry's meisje op Pornhub'. Een schokkende bewering die uitsluitend gebaseerd was op het feit dat iemand een liefdesscène uit *Suits* had geüpload op de pornosite, samen met clips uit films en tv-series van andere Hollywoodsterren, waaronder Nicole Kidman en Jessica Biel. 'Meghans maag draaide om toen ze dat zag,' zei een vriendin. 'Ze wilde huilen. Ze wilde schreeuwen… Ze was boos en verdrietig.'

Doria werd intussen in haar eigen huis belegerd. Een tabloid publiceerde een serie onflatteuze foto's, genomen toen ze op weg was naar een wasserette, en zo werd weer het verhaal gepusht van het zware leven van een Afro-Amerikaanse vrouw in een ruig deel van Los Angeles. Meghan zweeg er in het openbaar over. Binnen de muren van Nottingham Cottage probeerde Harry haar te troosten. Bezorgd dat hij Meghan kon kwijtraken wilde hij haar zo graag beschermen.

Op maandag 7 november stapte Harry uit de cottage in de kille lucht van vier graden, maar dat kon hem niet koelen, hij was boos en beende het korte stuk naar zijn moeders oude appartement in Kensington Palace, de plek waar nu de paleiskantoren zaten. Hij was er in het verleden van beschuldigd impulsief te zijn en onmiddellijk te reageren. Maar dit ging te ver.

Hij beklom de ornamentele witte houten trap, met aan de muren oude meesters onder de decoratieve kroonlijst, op weg naar het voormalige appartement van zijn moeder. Boven op de overloop was rechts Diana's oude werkkamer, waar haar beroemde bureau voor de twee grote ramen stond, die uitzicht boden op de kersenbloesem in de richting van Harry's Nottingham Cottage.

Recht voor hem was haar woonkamer, die uitkeek over een geplaveide binnenplaats. Een antieke mahoniehouten tafel uit de rijke koninklijke collectie van het paleis stond in de kamer naast de keuken, waar het personeel thee dronk. Achter deze twee vertrekken, die als ontvangstkamers werden gebruikt, lagen de perskantoren van Kensington Palace, waar verklaringen over William, Kate en Harry werden opgesteld.

De prinsen hadden in 2008 een eigen kantoor gekregen. Met hun groeiende publieke profiel, zowel door hun militaire carrière als hun liefdadigheidswerk, vonden zowel de koningin als prins Charles dat het tijd werd. Tot die tijd waren de zaken van de jongens vanuit St. James's Palace geregeld door Charles' vertrouwde communicatiesecretaris Paddy Harverson, die ruim tien jaar lang William en Harry had begeleid.

Miguel Head – de slimme dertigjarige perswoordvoerder van het ministerie van Defensie die samen met generaal Richard Dannatt de mediastrategie had uitgewerkt tijdens Harry's uitzending naar Afghanistan – werd bij Defensie weggehaald en kreeg de functie van eerste persvoorlichter van de broers. Op het kantoor werkten verder ook de voormalige SAS-majoor Jamie Lowther-Pinkerton, hun voormalige eerste privésecretaris die had ingestemd om beschikbaar te blijven als klankbord voor de broers, en Helen Asprey, officemanager en persoonlijk assistente, die ervoor zorgde dat elk detail in hun leven op rolletjes liep. De koningin benoemde ook een van haar meest vertrouwde diplomaten, Sir David Manning, die de Britse ambassadeur in de Verenigde Staten was geweest, als adviseur met de opdracht indien nodig in te grijpen nu de jonge prinsen een steeds zichtbaardere rol begonnen te spelen, zowel thuis als in het buitenland.

Enkele jaren later besloten William en Harry om hun kantoren te verplaatsen naar het appartement waar ze met hun moeder hadden gewoond. Het was een moeilijke keuze geweest en de broers hadden er lang over nagedacht. De plek riep natuurlijk veel herinneringen op, maar inspireerde hen tegelijkertijd om het charitatieve werk van hun moeder voort te zetten.

Het kantoor van de prinsen was een gemeenschappelijke ruimte en Harry kwam er vaak, soms om alleen even een praatje te maken met Jason Knauf, zijn kundige persvoorlichter. Op die dag vroeg in november ging het er echter heel wat serieuzer aan toe.

Jason – die de inspanningen van William en Kate om privacy voor hun gezin te garanderen had gecoördineerd en een belangrijk rol speelde in het opzetten van de buitengewoon succesvolle campagne van Heads Together in mei 2016 – had Harry vaak goede adviezen gegeven. Het kon ook geen kwaad dat hij een Amerikaan was en daarmee kennis had van de pers aan beide zijden van de Atlantische Oceaan. Het in Texas geboren hoofd communicatie was open, werd door de royaltypers sympathiek gevonden, en wist hoe je sociale media kon gebruiken.

Harry vroeg ook raad aan Paddy Harverson, die van 2004 tot 2013 hoofd communicatie voor de prins van Wales was, in de periode van Charles' huwelijk met Camilla Parker Bowles, waardoor hij gezien werd als de man achter haar groeiende populariteit. Hij won ook het vertrouwen van William en Harry. Paddy vertrok uit Clarence House, de residentie van prins Charles, om zijn eigen crisismanagementbedrijf op te zetten, Milltown Partners, maar hij bleef in nauw contact met William en Harry en hij was hun beste adviseur als de media weer eens voor ophef zorgden. En dit was een van die momenten.

Harry ging zitten in zijn moeders oude appartement en zei: 'Ik ben geen twintiger meer. Ik ben tweeëndertig en dit is een vrouw met wie ik heel goed zou kunnen trouwen.'

De prins wilde de media rechtsreeks aanspreken op het racisme en seksisme dat ze etaleerden ten aanzien van Meghan. Over het algemeen hebben hovelingen echter een hekel aan agressieve en in harde bewoordingen gestelde verklaringen aan de pers. Ze gaven ook zelden commentaar op het persoonlijke leven van de koninklijke familie, gingen nooit in op beveiligingszaken en waren spaarzaam met het geven van citaten van welke soort dan ook.

Gewoonlijk bestaan verklaringen van Buckingham Palace of Clarence House uit enkele zinnen – en bij controversiële onderwerpen geeft het koninklijk huis helemaal geen reactie.

Maar al was het niet de norm, de agressieve opstelling die Harry wilde had wel een precedent.

Een jaar eerder kregen William en Kate te maken met ronduit schandalige tactieken van de paparazzi die prins George volgden. Een van de fotografen was zelfs zo ver gegaan om zich in de kofferbak van een auto te verbergen toen het jongetje in het park speelde. Dit bedreigende gedrag deed alarmbellen afgaan en er werden al snel advocaten ingeschakeld. William en Harry zagen een verontrustende ontwikkeling in de pers, die zich een tijdje rustig had gehouden na Diana's dood, maar zich inmiddels weer van zijn oude brutale kant liet zien. Op aangeven van William en Kate gaf Jason in augustus 2015 een in felle bewoordingen gestelde verklaring uit met een duidelijke veroordeling van de paparazzi die zich op prins George richtten.

'De afgelopen maanden is er een toenemend aantal incidenten geweest waarin paparazzi prins George hebben lastiggevallen,' luidde de verklaring. 'En de gebruikte tactieken worden steeds gevaarlijker.'

Het document dat aan persbureaus over de hele wereld werd gestuurd, somde de methodes op die gebruikt waren om foto's van George te nemen, waaronder het stalken van het tweejarige prinsje, het in de gaten houden van andere leden van de koninklijke familie en het achtervolgen van auto's.

In sommige opzichten paste deze modernere, krachtigere strategie van Kensington Palace beter bij het veranderende medialandschap, dat rond de klok gedreven werd door honger naar digitale content. Maar hovelingen van zowel Clarence House als Buckingham Palace waren het er niet allemaal over eens dat deze directere strategie de effectiefste weg voorwaarts was.

Voor William en Kate telde alleen het welzijn van hun kinderen. Hetzelfde gold voor Harry, die uit zorgen om Meghan handelde toen hij, samen met zijn assistenten en broer, besloot een al even duidelijke verklaring uit te brengen.

Het enige struikelblok was prins Charles. De prins van Wales was samen met Camilla op een belangrijk diplomatiek bezoek aan drie landen in het Midden-Oosten. Ze waren net in Bahrein aangekomen voor een ontmoeting met de leider van het land, koning Hamad bin Isa al-Khalifa. Er was maanden aan gewerkt. Een verklaring van Kensington Palace waarin de pers werd veroordeeld en meteen ook Harry's nieuwe vriendin werd erkend, zou de mediaverslagen over prins Charles' bezoek aan de Golf in de schaduw stellen.

Ze besloten niettemin om toch door te gaan met de verklaring, die voor een aanzienlijk deel door Harry zelf was opgesteld. Charles hoorde pas twintig minuten voordat ze werd uitgegeven over de verklaring. Zodra Harry het communiqué naar buiten bracht domineerde het inderdaad het nieuws. Het team in Clarence House, dat maanden aan alle details van de reis van Charles had gewerkt in de hoop dat de media er ruimschoots aandacht aan zouden besteden, was onthutst. Charles zelf was teleurgesteld dat zijn zoon niet had gewacht tot hij terug was, maar hij begreep ook heel goed dat de situatie met Meghan zo niet verder kon. Harry had het noodzakelijk gevonden om de vrouw van wie hij hield boven de plichten aan de koninklijke familie te stellen. Het persoonlijke en beroepsmatige botsten wel vaker voor leden van de monarchie. In dit geval erkende Charles dat Harry degene van wie hij hield wilde beschermen. Zijn zoon had al eens degene van wie hij het meest hield verloren – zijn moeder.

In Harry's verklaring werden delen van de pers verweten de Amerikaanse actrice te hebben 'beledigd en lastiggevallen', waarbij met nadruk werd gewezen op de 'raciale ondertonen' van sommige berichten. 'Prins Harry maakt zich zorgen over de veiligheid van mevrouw Markle en is buitengewoon teleurgesteld dat hij niet in staat is geweest haar te beschermen,' stond er in de verklaring. 'Het is niet juist dat mevrouw Markle het slachtoffer is van een dergelijke storm na een paar maanden in een relatie met hem te zijn.'

Meghan was bang dat de doos van Pandora open zou gaan als ze de pers zouden confronteren. 'Kunnen we ze niet beter negeren?' vroeg ze. Maar Harry was vastbesloten.

In de verklaring, die geen precedenten had, bevestigde Harry niet alleen officieel zijn relatie met Meghan, maar hij maakte het ook duidelijk dat hij degene was die achter dit harde protest zat, 'in de hoop dat degenen in de pers die dit verhaal blijven pushen even gas terugnemen en nadenken voordat er meer schade wordt aangericht'.

6

Cultuurschok

Op 27 november 2016 bracht William een eigen verklaring uit om geruchten de kop in te drukken: 'De hertog van Cambridge begrijpt absoluut de bezorgdheid rond privacy en steunt de behoefte van Harry om degenen die het dichtst bij hem staan te beschermen.'

William wilde zo duidelijk maken dat hij de relatie van zijn broer met Meghan steunde, maar twee weken later berichtte de pers over spanningen tussen de broers over Harry's besluit om duidelijke taal te spreken. Achter de schermen vroegen sommige hovelingen en leden van de koninklijke familie zich af of Harry's verklaring niet te stevig was. Medewerkers, die het handelen van Harry irrationeel en impulsief vonden, praatten anoniem met de pers. Maar Kensington Palace sprak direct elke suggestie tegen dat de hertog van Cambridge het niet volledig eens was met het handelen van zijn broer. Dat zou ook geen goede indruk maken. Hij had privé weliswaar zorgen geuit over de snelheid waarmee Harry's relatie met een Hollywoodactrice zich ontwikkelde, die hij immers nog niet zo lang kende, maar hij was ook verontwaardigd over de inbreuk die de pers pleegde en wilde dat zijn broer zich gesteund voelde.

Meghan was gekwetst en geschokt door de reacties in de pers en online. In gesprekken met vrienden vertelde ze dat ze dankbaar was om met iemand te zijn die zo beschermend en begripvol was als Harry, maar dat ze 'emotioneel uitgeput' raakte.

Om de zaak erger te maken zorgden Harry's verplichtingen als prins ervoor dat het paar niet bij elkaar kon zijn in de momenten na het uitbrengen van de verklaring waarin Meghan verdedigd werd. Enkele dagen na het persbericht ging Harry op een veertien dagen durende tour van zeven Caribische landen ter viering van de negentigste verjaardag van koningin Elizabeth. Tijdens de reis zou hij zich richten op bewustwording van de jeugd, sport als middel tot sociale ontwikkeling en natuurbescherming. Hij bezocht de Commonwealthleden Antigua en Barbuda, St. Kitts en Nevis, St. Lucia, St. Vincent en de Grenadines, Grenada, en Barbados, en daarna ging hij nog naar Guyana uit naam van de Foreign and Commonwealth Office.

Het betekende dat Harry gescheiden was van Meghan toen ze hem het hardst nodig had, maar de tour zette Harry ook op de kaart als een vooraanstaand lid van de koninklijke familie. (Dit soort reizen wordt zes maanden tot een jaar van tevoren gepland en hij had de ontwikkelingen nooit kunnen zien aankomen.) Hij had een druk programma, van het vrijlaten van babyschildpadjes tot het opspelden van lintjes terwijl hij op het marineschip *Wave Knight* naar St. Lucia voer (het uitdelen van lintjes is gewoonlijk een taak voorbehouden aan de koningin, prins Charles en prins William). In elk land wist hij de harten van de bevolking te winnen. Het gemak waarmee de prins met kinderen omging leidde ertoe dat #HarryWithKids een trending hashtag op Twitter werd. Foto's van de ontmoeting tussen Harry en het zevenjarig jochie Tye dat in een rolstoel zat, terwijl de prins geïnformeerd werd over het werk van het Child Development and Guidance Centre in St. Lucia, deed harten over de hele wereld smelten.

Maar waar hij ook kwam, de mensen wilden graag over Meghan praten. Tijdens een bezoek aan de botanische tuin van Kingstown om de nationale vogel te zien, de Sint-Vincentamazone, probeerden de oppassers de vogel zo ver te krijgen dat hij Meghans naam tegen de prins zei – zonder succes. Op de eerste dag van de tournee plaagde premier Gaston Browne van Antigua en Barbuda Harry: 'Ik geloof dat we binnenkort een nieuwe prinses kunnen verwachten.'

'U moet weten dat u buitengewoon welkom bent om hier op huwelijksreis te komen,' zei de politicus wervend tegen de prins. 'We staan bij alle onderzoeken altijd bovenaan als de beste bestemming in het Caribische gebied voor een huwelijksreis en als een van de beste ter wereld, dus er is geen plek op aarde zo bijzonder om uw huwelijksreis door te brengen zodra die dag komt.'

Tijdens zijn reis spraken Harry en Meghan, die in Toronto was om te werken en verder de paparazzi probeerde te ontlopen, elkaar vrijwel dagelijks via FaceTime. Hoe moeilijk ze het ook had, Meghan begreep hoe belangrijk de reis van Harry was, die het best gekarakteriseerd werd door zijn bezoek aan Barbados ter ere van vijftig jaar onafhankelijkheid van dat land.

In Barbados ondergingen hij en de zangeres Rihanna een hiv-test in een kliniek in de hoofdstad Bridgetown vanwege Wereldaidsdag.

'Ik wil tegen iedereen die nog niet getest is zeggen: laat je testen, ongeacht wie je bent of wat je achtergrond, cultuur of religie is,' zei Harry, die net als zijn moeder voor hem lang campagne heeft gevoerd om het stigma van hiv weg te nemen. In de jaren tachtig, toen velen bang waren voor geïnfecteerde mensen, haalde Diana de krantenkoppen door als eerste lid van de koninklijke familie direct contact te hebben met mensen die aan aids leden.

Zodra de tour van het Caribisch gebied was afgelopen, was het eerste wat Harry deed – tegen het protocol in – Meghan opzoeken. Volgens de paleispolitiek mogen 'werkbezoeken niet gecombineerd worden met persoonlijke zaken'. Harry kwam onder vuur van de pers te liggen toen hij niet met het toestel van British Airways van Barbados naar Londen vloog, dat voor hem geboekt was, maar het vliegtuig naar Toronto nam. Als Meghan al niet had begrepen dat zelfs het kleinste detail in het leven van leden van de Firm onder een microscoop lag, dan wist ze het nu.

Harry had Meghan een keer gewaarschuwd dat zijn leven 'surrealistisch' was, maar zelfs hij had geen vermoeden gehad van de gretigheid waarmee de pers zich op haar stortte.

Terwijl Harry op reis was en Meghan thuis in Toronto zat, liet ze haar liefde op subtiele manieren blijken. Toen ze op 3 december in de stad aan het winkelen was droeg ze een ketting van Maya Brenner van driehonderd dollar die ze net gekocht had, een delicate gouden ketting van veertien karaat met de initialen 'M' en 'H'. Diezelfde dag kleedde ze haar beagle Guy in een truitje van de Britse vlag en postte een foto ervan op Instagram. Harry zag de boodschap en stond nog geen vierentwintig uur later voor haar deur.

Twee dagen later werd Meghan gefotografeerd terwijl ze bloemen kocht bij haar vaste bloemist en haar nieuwe halsketting met initialen droeg. Ze kreeg een telefoontje van een hoge medewerker in Kensington Palace, die haar adviseerde de ketting niet te dragen omdat fotografen dan nog fanatieker op foto's joegen – waarna er weer stof voor nieuwe krantenkoppen was.

Ze zei weinig tijdens het gesprek, ze luisterde vooral naar de raad. Maar na afloop voelde ze zich gefrustreerd en emotioneel. Ze begreep dat de medewerker het goed bedoelde, maar de surrealistische ervaring dat iemand van het kantoor van haar vriendje haar vertelde welke sieraden ze moest dragen en dat ze niet tegen een fotograaf mocht glimlachen was te veel.

Meghan belde onmiddellijk een goede vriendin en bijna in tranen wachtte ze tot er opgenomen werd.

'Ik kan niet winnen,' zei ze overstuur. 'Ze doen alsof het mijn schuld is dat die foto's worden genomen, dat ik ze aanmoedig, dat ik niet de juiste boodschap stuur als ik de aanwezigheid van de camera's erken. Ik weet niet wat ik moet zeggen. Gisteren zeiden mensen online dat ik treurig kijk op foto's omdat ik [de fotograaf] probeer te negeren.' Ze had het idee dat alles wat ze deed sowieso fout was.

Een andere goede vriendin van Meghan, Jessica Mulroney, had in 2013 een vergelijkbaar gesprek met haar vriendin Sophie Grégoire Trudeau nadat haar man Justin Trudeau zich kandidaat had gesteld voor het premierschap van Canada. Volgens een bron vertelde Jessica tegen Sophie dat het wroeten in haar persoonlijke leven helaas iets was waar ze maar beter aan kon wennen als ze een leven wilde met een publiek figuur – en ze moest er maar op vertrouwen dat de mensen rond haar echtgenoot het beste voor hen beiden wilden.

Sophie gaf vervolgens Meghan hetzelfde advies. Jessica stelde de twee vrouwen in 2016 aan elkaar voor, wetende dat ze inmiddels veel gemeen hadden. Sophie had een carrière in de televisiewereld opgegeven, ze had gewerkt als reporter voor *eTalk* van CTV, en steunde nu haar man tijdens zijn verkiezingscampagne.

De twee werden snel e-mailvriendinnen. Meghan wilde graag weten hoe Sophie met succes de overstap had gemaakt van een reporter voor een entertainmentprogramma naar een geliefde first lady, waarbij ze handig alle mogelijke controverses had weten te omzeilen.

'Sophie maakte Meghan duidelijk dat elk detail uit haar verleden zou worden opgegraven, dus het was belangrijk om eerlijk te zijn tegen Harry – vertel hem alles,' zei een goede vriend van de Trudeaus en voormalig lid van het kabinet. 'Sophie is een intelligente vrouw en de ideale persoon voor Meghan om raad aan te vragen. Ze weet hoe moeilijk zoiets als dit is. Maar weinig mensen kunnen het begrijpen of leven echt mee. Voor degenen onder ons die van hun vriendschap wisten was het verbazingwekkend om te zien hoe het Meghan veranderde.'

Niettemin moesten Harry en Meghan een overgang maken naar een nieuwe manier van leven.

‘We waren beiden volkomen verrast door de reacties nadat we het de eerste vijf of zes maanden voor ons hadden kunnen houden, het was verbijsterend wat er gebeurde,’ zei hij later in een gezamenlijk interview met Meghan voor de BBC. ‘Je kunt er zoveel over praten als je wilt en je zo goed mogelijk proberen voor te bereiden. Maar wat er vervolgens gebeurde zagen we totaal niet aankomen.’

‘We werden in het begin zo hard geraakt met een hoop onwaarheden dat ik ervoor koos om niets te lezen, of het nu positief of negatief was,’ zei Meghan over het beeld van haar als een intrigante en sociaal klimmer uit ‘het getto’ met als belangrijkste doel omhoog te trouwen. ‘Het sloeg nergens op. We stopten onze energie liever in het ontwikkelen van onze relatie.’

Dat was wat ze naar buiten toe zeiden, maar privé was het voor hen onmogelijk om niet op de hoogte te zijn van wat er in de kranten en online werd geschreven, want de persdienst werd voortdurend om commentaar en uitleg gevraagd. Meghan vertelde vrienden dat het lezen van websites en van de reacties op haar sociale media haar ziek maakten, vooral als ze vanwege haar etniciteit werd aangevallen.

‘Helaas is dit het klimaat in de wereld,’ zei ze. ‘Uiteindelijk ben ik gewoon trots op wie ik ben en waar ik vandaan kom, het is iets waar we nooit mee bezig zijn. We richten ons op wie we zijn als een stel. En als je dus al die extra lagen weghaalt, en al het lawaai, is het volgens mij makkelijker om te genieten van het samenzijn en de rest buiten te sluiten.’

Niettemin was het vermoeiend om terug te vechten. Ze waren nog maar iets meer dan een week in het openbaar samen, maar het leek wel een heel leven. De weerstand maakte hun liefde voor elkaar alleen maar sterker en een vriend van de familie zei dat Harry alleen maar vastberadener werd om Meghan te beschermen.

Hoe vaak Harry het ook probeerde te relativeren, tegen vriendinnen vertelde Meghan toch hoe moeilijk ze het vond om het zich niet persoonlijk aan te trekken als de pers en het publiek openlijk twijfelden of ze wel geschikt was als koninklijke bruid. Ze werd steeds vergeleken met de aristocratische meisjes met wie Harry eerder relaties had gehad.

Als actrice uit Hollywood was het voor Meghan makkelijker om zich aan haar nieuwe rol aan te passen dan voor de andere vrouwen in Harry's leven. Maar de tabloids deden er met hun gestook alles aan om haar van haar stuk te brengen.

'Mensen denken weleens dat ik bekend ben met dit fenomeen omdat ik in de entertainmentindustrie heb gewerkt,' zei Meghan. 'Ik geloof dat ik nu al zes jaar in de serie zit en daarvoor acteerde ik ook, maar in al die jaren maakte ik nooit deel uit van de tabloidcultuur. Ik zat nooit echt in die wereld en had een relatief rustig leven, ook al was ik erg op mijn werk gefocust. Dus het was van een heel andere orde wat me overkwam.'

Ze was dan wel niet voorbereid op de overweldigende media-aandacht toen ze van de tv-studio naar het koninklijk toneel overstapte, maar als actrice was ze meer dan de meeste mensen gewend om kritiek te krijgen. Ze voelde zich ook veel meer op haar gemak voor fotografen dan Harry.

Meghan zat nu in een rol die nooit stopte. Net als die andere Amerikaanse actrice die met een prins trouwde, Grace Kelly, die de echtgenote van prins Rainier van Monaco werd, had ze het potentieel om de koninklijke familie toegankelijker te maken voor een breed publiek in het VK en daarbuiten. De prijs die Meghan daarvoor moest betalen was dat nu elk woord dat ze zei, elk gebaar dat ze maakte, elk kledingstuk dat ze droeg onmiddellijk onderzocht en geanalyseerd werd op mogelijke verborgen betekenissen. Ze moest een niveau van decorum tentoonspreiden dat in een normaal leven niet noodzakelijk is.

De overgang was niet alleen voor Meghan een cultuurschok. De hovelingen op Kensington Palace moesten zich ook aanpassen en dat onder het meedogenloze oog van de pers, die de klok rond op digitale content uit was. De meeste mensen in het team waren in het huishouden gaan werken toen William in 2011 met Kate trouwde, zodat ze de beginperiode van de relatie tussen de twee hadden gemist, een tijd waarin de Britse tabloids Kate voortdurend lastigvielen. Ze bekritiseerden haar aan één stuk door, net als haar moeder Carole, en ze groeven alles op wat ze in het familieverleden konden vinden.

'Toen Harry Meghan als zijn vriendin introduceerde, als iemand met wie hij een serieuze relatie had, was dat voor iedereen een nieuwe ervaring,' onthulde een voormalige paleismedewerker. 'Toen Harry haar formeel voorstelde aan het team (in augustus 2016), was hij al zeker van hun toekomst. Volgens mij moesten velen in het team al doende leren hoe ze het best konden omgaan met de extreme en plotselinge aandacht voor Meghan en hoe ze haar konden helpen ermee om te gaan. Er bestaat geen opleiding voor dergelijke dingen.'

Al doende leren betekent onvermijdelijk ook dat er fouten worden gemaakt of in ieder geval dat er lastige momenten zijn. Meghan gaf tegen vrienden uiting aan haar frustraties over assistenten die 'heen en weer slingerden' tussen beslissingen. Harry en Meghan hadden talloze discussies met het team over de juiste tijd en plaats om gefotografeerd te worden als stel. Hij kon haar niet meenemen naar een van zijn verplichtingen, want dat ging in tegen het koninklijke protocol. Maar misschien kon Harry Meghan meenemen naar een sportwedstrijd waarbij ze naast hem op de tribune zou zitten, zodat ze samen werden gezien zonder de schijn te wekken de aandacht te willen trekken. Het doel van de foto was om Meghan voorzichtig bij het publiek te introduceren terwijl de paparazzi rustig bleven.

Meghan wist wel enigszins hoe de wereld van de paparazzi werkte, maar nu zat ze in Harry's 'overweldigende en verwarrende' wereld en luisterde naar hem en zijn staf. 'Er zat iets van "ik houd me rustig en zie wel wat de anderen ervan denken" in,' zei een vriendin over Meghans houding.

Wat betreft hun eerste foto samen was het idee van Harry 'hoe eerder hoe beter' en Meghan was het daarmee eens. Alle hoofden knikten instemmend bij een bepaald plan, maar de volgende dag wees een ander huishouden het hele plan af als een slecht idee.

Als er al zo veel discussie was over een foto, hoe moest het dan als Meghan ergens iets over wilde zeggen? Als ze opgenomen wilde worden in de koninklijke kring moest ze apolitiek blijven, zodat het activisme wat ze eerder beleden had niet langer mogelijk was. (Ze had zich in het verleden tegen Brexit uitgesproken en Donald Trump 'vrouwonvriendelijk' en 'polariserend' genoemd.) Zichzelf het zwijgen opleggen was geen klein offer.

Het duurde een paar maanden voordat ze zich op haar gemak voelde met de begeleiding die Harry's team bood. Tot dat team hoorden Jason en de privésecretaris van de prins, Edward Lane Fox, gewoonlijk Ed of ELF genoemd door vrienden en journalisten. Harry's rechterhand Ed was een voormalige kapitein van de Blues and Royals, een regiment van de Household Cavalry, die in Irak en Bosnië had gediend. Daar hadden Harry en hij elkaar ontmoet, waarna hij in april 2013 voor Harry ging werken. Ed was nauw betrokken bij de Invictus Games en was een goede vriend van Harry geworden tijdens de soloreizen die de prins in de loop der jaren had ondernomen. Het team leerde Meghan en de belangrijkste mensen in haar leven hoe ze zich konden beschermen tegen de toegenomen aandacht. Het was een opluchting voor Meghan dat het paleis haar vrienden en hun aanwezigheid in haar leven erkende, want ze was bang geweest dat er druk op haar zou worden uitgeoefend om afstand te nemen van mensen uit haar 'oude' leven.

Er vonden gesprekken plaats over gedrag op sociale media en er waren specifieke adviezen voor Meghans vrienden, die allemaal afzonderlijk door Jason terzijde werden genomen om te horen wat wel en wat niet kon op Twitter en Instagram (bijvoorbeeld: hoe vermijd je aanwijzingen die Meghans locatie aan paparazzi kan onthullen, want die volgden iedereen die met Meghans account verbonden waren). 'Het was een beetje bizar,' zei een van die vrienden die met Jason sprak. 'Maar het sneed hout. Dit ging niet om de koninklijke familie; het ging gewoon om haar veiligheid. Zo werd het uitgelegd. Het was goed om te weten dat er iemand was met wie we konden praten als we belaagd werden door tabloidjournalisten of paparazzi.'

Al snel waren telefoontjes tussen Meghan en het team in Kensington Palace heel gewoon. Ze was nog altijd af en toe geïrriteerd door de adviezen die ze kreeg, maar Meghan besefte steeds meer hoe belangrijk hun steun en ervaring was nu ze de wereld van Harry betrad, die al snel ook de hare werd.

7

Tropische stormen

Aan het einde van 2016 was Meghan zekerder van zichzelf – en voorzichtiger – geworden. Ze veranderde voor het eerst in jaren haar telefoonnummer en gaf het nieuwe Britse nummer enkel aan een klein groepje mensen. Het was een volgende stap in het achterlaten van haar leven voor ze royalty werd.

Ze bleef ervan overtuigd dat Harry de ware was. Hun gevoelens liepen synchroon. Harry vertelde vrienden hoe opgetogen hij was omdat alles bij Meghan als vanzelfsprekend voelde, hun relatie ontwikkelde zich organisch – 'precies zoals het hoort te gaan,' vertrouwde hij een vriend toe met wie hij begin december in Londen iets was gaan drinken. Twee weken later boekte Meghan een lastminutevlucht van Air Canada naar Londen omdat ze gewoon niet kon wachten tot hun geplande ontmoeting later die maand. Dit zou immers hun eerste kerst zijn sinds ze samen waren.

De relatie tussen Harry en Meghan was serieus, maar nog te pril om van de koningin een gezamenlijke uitnodiging te krijgen voor het formele kerstdiner op Sandringham, dat was aan getrouwde stellen voorbehouden. Terwijl Harry dus in het buitenverblijf van de koningin in Norfolk zou zijn, wilde Meghan de kerstvakantie in Los Angeles doorbrengen bij haar moeder en haar goede vriendin Benita Litt, een voormalige showbizzadvocate die een tassenlijn had opgezet. Eerder die zomer was ze met Benita en Misha naar Spanje geweest. Meghan kwam graag bij Benita en haar man Darren thuis, vooral als haar 'sprookjespetekinderen' Remi en Rylan er ook waren.

De spontane reis naar Londen zou het kerstfeest voor Harry en Meghan zijn en ze waren daarom van plan het goed aan te pakken. Een dag na haar aankomst op Heathrow Airport gingen ze naar Pines and Needles in Battersea Park om voor het eerst gezamenlijk een kerstboom uit te kiezen. (De Christmas Shop, iets meer dan drie kilometer van Kensington Palace, was ook favoriet bij Madonna en Elton John.) Na een kwartiertje rondkijken vonden ze hun boom: een bijna twee meter hoge Nordmannspar die Harry en Meghan onder de arm namen en zelf naar de auto droegen.

Thuisgekomen tuigden ze de boom op, kookten een maaltijd en maakten het zich gemakkelijk; ze gingen alleen de deur uit voor een korte workout in Harry's favoriete sportschool KX en deden daarna boodschappen. Op 14 december wilden ze er graag even uit na twee dagen binnen te zijn gebleven en ze besloten de stad in te gaan. Ze hadden lastminutekaartjes gekregen voor *The Curious Incident of the Dog in the Night-Time.* Ze waren echter aan de late kant uit het paleis vertrokken en toen ze vast kwamen te zitten in het drukke verkeer rond Piccadilly Circus waren ze bang dat ze te laat zouden komen, want de deuren sloten om 19.30 uur. Ze stapten daarom uit het anoniem ogende busje dat ze hadden genomen en liepen met ferme pas, hoofd omlaag en hand in hand, naar het Gielgud Theatre.

Het was druk in de theaterwijk West End en het stel hoopte door flink door te stappen het theater te bereiken zonder herkend te worden. Beiden waren opgewonden door het idee door de drukste straten van Londen te lopen terwijl ze beseften dat de hele wereld hen samen wilde zien. Het was een kort moment van vrijheid, iets wat ze al een tijdje niet meer hadden meegemaakt, ook al duurde het niet langer dan zestig seconden. In dat korte moment voelden ze zich gewoon een van de vele paartjes die daar over straat liepen. Het was opwindend en fijn. Toen ze door de deuren van het theater stapten als gewone bezoekers, was de plaatsaanwijzer die klaarstond om hen naar de viploge te brengen verrast. Harry en Meghan wisselden een blik uit, ze konden het zelf ook amper geloven.

Ironisch genoeg was dit korte moment waarin ze een anoniem stel waren ook het eerste dat vastgelegd en aan de wereld getoond werd. Harry en Meghan hadden niet gemerkt dat een fotograaf ze vanaf het paleis was gevolgd en flink wat plaatjes had geschoten toen ze zich door de menigte haastten om op tijd bij het theater te komen.

De publicatie van hun eerste foto's samen paste beslist niet in het draaiboek dat Kensington Palace had opgesteld. Het paleis ontdekte het pas de volgende ochtend, Harry kreeg om 10.35 uur een berichtje van een persmedewerker met een foto van de voorpagina van *The Sun*. 'EXCLUSIEVE WERELDPRIMEURFOTO!' luidde de reusachtige kop. 'Harry en zijn Meg: eerste kiekje van verliefde prins.' Het paar vond het eigenlijk wel prima, ze wisten dat het een keer ging gebeuren – al vond Meghan het bepaald niet leuk dat ze ongemerkt gevolgd waren. 'Dat was eng,' zei ze tegen een vriendin.

Waar Meghan wel mee zat, zo erg dat ze bijna in tranen was, was een vermeende serie toplessfoto's gepubliceerd op de ranzige roddelsite *Radar Online*. De website die beroemdheden volgt beweerde dat de foto's genomen waren tijdens haar bruiloft met Trevor in 2013 op Jamaica, maar Meghan stelde nadrukkelijk dat zij niet degene op de foto's was. Haar advocaten ondernamen stappen, maar het lauwe excuus dat op de website verscheen kon de pijn niet echt verminderen. Door de golf van aanvallen in de media voelde ze zich opgejaagd, en dat werd nog verergerd door de paparazzi die nu permanent voor Doria's huis in LA op de loer lagen – een inbreuk die moeder en dochter dwong om hun plannen voor de kerstvakantie te veranderen, die ze uiteindelijk grotendeels uit het zicht in Toronto doorbrachten.

Om haar op te beuren plande Harry een tripje voor oud en nieuw om er even helemaal uit te zijn. Hij belde zijn vriend Inge Solheim, een Noorse gids voor avontuurlijke tochten die hij in 2011 had leren kennen tijdens een trektocht voor het liefdadigheidsevenement Walking with the Wounded. Inge had het een en ander voor Harry gedaan toen hij nog met Cressida was, waaronder een geheime skivakantie in Kazachstan in 2014. 'Ik help een vriend als Harry altijd graag,' zei Inge, die voor Harry en Meghan een verblijf van een week regelde in een hut in Tromsö helemaal in het noorden van Noorwegen, boven de poolcirkel, waar geen enkele kans was dat ze lastiggevallen zouden worden door fotografen. Daar hadden Harry en Meghan zeven ontspannen dagen waarin ze ritten in een hondenslee maakten, walvissen gingen kijken, lokale delicatessen proefden en in elkaars armen naar het noorderlicht keken.

Van het hoge noorden van Noorwegen keerde het paar terug naar Londen, waar Meghan eindelijk kennismaakte met Kate, de hertogin van Cambridge. Het bezoek op 10 januari aan Appartement 1A van William en Kate was kort, maar Harry wilde de twee de kans geven elkaar af te tasten.

Hoewel Harry regelmatig bij zijn broer over de vloer kwam, had Kate nauwelijks pogingen ondernomen om uit te vinden wie die vrouw was die haar zwager zo gelukkig maakte. Maar die onverschilligheid was niet noodzakelijkerwijs tegen Meghan gericht. 'De hertogin is een extreem behoedzaam iemand,' verklaarde een vriendin. Nadat ze met William was getrouwd werd ze erg voorzichtig met het toelaten van nieuwe mensen in haar sociale kring. Haar beste vriendinnen nu – waaronder lady Laura Meade en Emilia Jardine-Paterson, die beiden met vrienden van William zijn getrouwd – zijn grotendeels dezelfde die ze had op de dag van haar trouwen. Net als haar echtgenoot bewoog Kate zich binnen een hechte groep.

Meghan had een cadeautje meegenomen voor Kate, die een dag eerder haar verjaardag had gevierd. Het zachte, leren notitieboekje van Smythson hielp het ijs te breken, net als Meghans zwijmelen over de twintig maanden oude Charlotte. Aan het einde van het bezoek vertelde Kate Meghan dat ze altijd contact kon opnemen als ze iets nodig had. Omdat ze zelf een koninklijke vriendin was geweest, wist Kate hoe moeilijk het kon zijn als je persoonlijk leven opeens onder een vergrootglas lag.

Op 17 januari kwam Meghan in New Delhi aan voor een vijfdaags bezoek aan India, geregeld door de internationale hulporganisatie World Vision. Als een van de ambassadeurs voor de organisatie was ze in de Indiase hoofdstad om over allerlei problemen te leren, zoals gebrekkige toegang tot gezondheidszorg en onderwijs voor verarmde vrouwen en kinderen. Ze had maanden aan planning en voorbereiding voor de trip gedaan. Na afloop keerde ze terug naar Londen en naar Harry.

Hoewel het paar niet officieel samenwoonde, bracht Meghan een groot deel van de winter van 2017 door in Harry's cottage bij Kensington Palace. Meghan had haar stempel al eerder op de inrichting gedrukt en inmiddels beschikte ze ook over een eigen kledingkast met dingen die ze in Londen had gekocht, onder andere van J.Crew en Stella McCartney, en kleding die ze op eerdere bezoeken had meegenomen.

Ze begon Londen als thuis te zien. Menige avond zaten ze knus bij elkaar in Harry's bescheiden woonkamer series te bingewatchen (*Game of Thrones* en *Breaking Bad* waren favorieten). Ze hielden ook van dezelfde films. Ze waren fans van Disney en keken graag naar films als *Moana* en *The Lion King*. Meghan was lid van SAG-AFTRA (de Amerikaanse vakbond voor mensen in de filmindustrie) en elk jaar stuurde die organisatie vlak voordat het prijzenseizoen in de Verenigde Staten begon de stemgerechtigden en leden een stapel films van dat jaar, zodat Harry en Meghan comfortabel thuis de beste films van het jaar konden kijken.

Af en toe gingen ze de deur uit: ze bezochten de bioscoop Electric Cinema in Notting Hill om *Hidden Figures* te zien, of ze gingen ergens een hapje eten. Ze hadden hun vertrouwde adresjes, zoals Soho House, de plek van hun eerste ontmoeting, en Sands End, de gastropub in rustieke stijl van Mark Dyer. Deze voormalige officier van de Welsh Guards – die met Harry mee was geweest in diens tussenjaar – stond altijd klaar om de prins met raad en daad bij te staan.

Harry en Meghan voelden zich op hun gemak op die plekken. Meer stress ondervonden ze toen ze in maart naar Jamaica gingen voor de bruiloft van Harry's vriend Tom Inskip, die in 2012 mee was geweest op de beruchte trip naar Las Vegas. De locatie, Round Hill Hotel and Villas in Montego Bay, voelde niet goed omdat het te open was, maar ze kregen de verzekering dat het 44 hectare metende complex voor de drie dagen van de bruiloft gesloten zou zijn voor het publiek. En dus boekte Harry een villa in een hoek van het complex, verscholen in weelderige vegetatie, en het paar nam een vlucht naar het Caribisch gebied.

Op de eerste dag zorgden de stralend blauwe hemel en turkooizen zee ervoor dat de bruiloftsgasten in een feestelijke stemming waren. Ze bleven tot diep in de nacht op, dronken cocktails en haalden herinneringen op.

Maar nog geen vierentwintig uur na hun aankomst werd het humeur van Harry en Meghan bedorven. De beveiligers die met hen waren meegereisd ontdekten op het terrein een paparazzo van een agentschap uit Los Angeles dat in foto's van sterren was gespecialiseerd. De man werd onmiddellijk uit het resort gezet, maar hij had al een hartstochtelijke omhelzing van het paar op hun balkon vastgelegd en een reeks foto's genomen van Meghan die in een bikini met de prins in het water stoeide.

Meghan vond de inbreuk vreselijk, terwijl Harry een woedeaanval kreeg. In een boos telefoontje naar het paleis gaf hij een niet mis te verstane opdracht. Deze foto's mochten níet gepubliceerd worden. 'Doe wat noodzakelijk is,' zei de prins.

Zijn communicatiesecretaris verzekerde Harry dat de situatie aangepakt zou worden. Er volgden telefoontjes naar het agentschap waarin termen werden gebruikt als 'schandalige inbreuk op de privacy', met als gevolg dat de balkonfoto's nooit te koop werden aangeboden en nooit ergens opdoken, zelfs niet in de donkerste krochten van het internet (ze zijn nog steeds nergens te zien geweest). Maar het agentschap was wel van plan de foto's van het paar in het water te verkopen, waaronder tientallen opnames met close-ups van Meghans lichaam.

In hun slaapkamer in de villa werd Harry zo boos dat hij ging schreeuwen, terwijl Meghan bezorgd was. Ze begreep zijn boosheid over de opdringerige media maar al te goed, net als het wantrouwen dat hij had ontwikkeld na de dood van zijn moeder, dat nooit meer was weggegaan. Elke keer als een journalist weer eens te ver ging bij het verkrijgen van een verhaal leidde dat tot een uitbarsting van de prins. Maar zó heftig had ze hem nog nooit meegemaakt. Bij eerdere incidenten met paparazzi had Meghan meestal wel de juiste woorden weten te vinden om zijn boosheid te temperen. Vaak was ze de enige die Harry kon kalmeren als hij een van zijn buien had. In Jamaica bleef hij echter dagenlang gefrustreerd. Hij was zo buiten zichzelf dat zelfs zijn vrienden opmerkingen maakten over zijn bittere stemming. Meghan had deze kant van Harry nog niet eerder gezien, maar ze liet zich er niet door afschrikken. Ze was alleen verdrietig dat hij zo geraakt was.

Helaas zou het bepaald niet de laatste keer zijn dat de pers hun plannen verpestte. Vanwege de media die haar op de vingers bleven kijken sloot Meghan in april haar lifestyleblog *The Tig* en kondigde aan dat het project waar ze zo veel passie in had gestopt zijn tijd had gehad. Het was niet zo dat het blog tot kritiek leidde, maar het gaf aanleiding tot valse speculaties over haar persoonlijke leven met de prins. Al haar oude posts werden opeens nieuws. Als zij en Harry drie dagen niet gesignaleerd waren, was er altijd wel iemand op een roddelblog die haar recept van açai bowl gaf en vervolgens een verhaal schreef dat ze dat aan haar nieuwe man voorzette. Of haar post over hoe gezond green juice was, werd aanleiding voor speculaties dat ze Harry op een dieet van dat spul had gezet, ook al ging het om een artikel dat Meghan drie jaar eerder had geschreven. Het werd allemaal heel raar en had niets te maken met het leven van een koninklijke vriendin.

Na enkele van haar favoriete citaten van de site te hebben opgesomd (zoals: 'Jezelf zijn is het mooist wat iemand kan zijn,' 'Wees hier zeker van: je vindt het gelukkige leven niet… Je maakt het,' en 'Reis veel: door te verdwalen zul je eerder jezelf vinden'), richtte ze zich tot haar lezers.

'Na bijna drie mooie jaren met jullie op dit avontuur te zijn geweest is het tijd om afscheid te nemen van *The Tig*,' schreef Meghan in een vaarwel aan haar lezers. 'Wat begon als een passieproject (mijn eigen kleine bijdrage aan de wereld) ontwikkelde zich tot een prachtige gemeenschap van inspiratie, steun, plezier en frivoliteit. Jullie hebben mijn dagen lichter gemaakt en deze ervaring met vreugde gevuld. Blijf die Tigmomenten van ontdekking vinden, blijf lachen en risico's nemen en blijf 'die verandering die je in de wereld wilt zien' zijn.'

'Vergeet bovenal je waarde niet – zoals ik jullie keer op keer heb gezegd: jij, mijn lieve vriend, jij bent genoeg.'

Toen Meghan voor het eerst haar opwachting maakte op een officieel evenement was er uiteraard weer een hoop aandacht. Op 6 mei verscheen ze in de koninklijke loge op Coworth Park om toe te kijken hoe Harry polo speelde voor een goed doel. Vanwege de meute fotografen verborgen Harry en Meghan zich bij aankomst achter de auto's op de vipparkeerplaats, wat enkele vervelende en frustrerende momenten betekende.

De mediastorm die opstak bij elke stap die ze zetten, leidde ook tot aarzeling of Harry en Meghan wel uitgenodigd moesten worden voor de huwelijksceremonie van Pippa Middleton op 20 mei 2017. Zowel de bruid als haar moeder, Carole, waren bezorgd dat de aanwezigheid van de Amerikaanse actrice aan de zijde van Harry de hoofdgebeurtenis zou overschaduwen.

Meghan dacht zorgvuldig na over wat ze zou aantrekken en leunde sterk op Jessica om een ensemble te kiezen dat stijlvol was zonder te veel op te vallen als ze met Harry door de kerk liep. Ze was vastbesloten geen misstap te maken tijdens Pippa's bruiloft, en dat was maar één voorbeeld van de dingen die ze deed die passend waren voor een vrouw die in de Firm zou worden opgenomen.

Hoe ze haar best ook deed, de pers wist toch te stoken rond Meghans komst naar Pippa's bruiloft – maar dat had niets met haar kleding te maken. Enkele dagen voor de huwelijksvoltrekking had *The Sun* een verhaal op de voorpagina met de kop: 'Het is Meghan vs Pippa in het... huwelijk van de achterkanten.' Bij het artikel stond een foto van Meghan in een yogabroek op de rug gezien, genomen toen ze die week uit een yogastudio in het centrum van Londen kwam, ernaast was de spraakmakende foto afgedrukt van Pippa van achteren tijdens Kates huwelijk in 2011.

Harry en Meghan vonden beiden dat ze na een dergelijk kras verhaal niet naar de kerk kon, waar op nog geen vijftig meter een speciaal persvak was. Eerder hadden ze zich al zorgen gemaakt of hun aanwezigheid niet tot een mediacircus zou verworden, ondanks alle voorzorgsmaatregelen, maar nu wisten ze wel zeker dat dat zou gebeuren. Meghans outfit voor de ceremonie, inclusief de hoed van Philip Treacy, moest op een volgende gelegenheid wachten.

In de dagen na het artikel was men ervan uitgegaan dat Harry alleen naar de St. Mark's Church in Englefield in Berkshire zou gaan om daarna Meghan in Londen op te halen voor de receptie in de tuinen van het landhuis van de Middletons in Bucklebury, wat een reis van zo'n 240 kilometer betekende. Maar het stel had een slimme strategie bedacht.

Op de ochtend van de huwelijksceremonie maakten ze samen de rit van een uur naar Berkshire. Harry zette Meghan vervolgens af bij de Airbnb die een goede vriend, die ook voor het huwelijk was uitgenodigd, had gehuurd voordat hij naar de kerk ging. Terwijl alle andere gasten bij de ceremonie waren, trok Meghan een beslist sobere lange zwarte jurk aan en deed haar eigen make-up. ('s Ochtends vroeg was er een kapper langs geweest op Kensington Palace.)

Na de dienst van 11.30 uur keerde Harry naar de Airbnb terug om met Meghan te lunchen, waarna ze samen in een zwarte Audi naar de locatie van de receptie reden. Ze arriveerden op het moment dat een klassiek gevechtsvliegtuig, een Supermarine Spitfire, een luchtshow voor de gasten gaf. Het zou een leuke avond voor Harry en Meghan samen kunnen zijn, met zijn tweetjes bij elkaar in het speciaal gebouwde glazen paviljoen, maar Pippa had besloten dat stellen niet bij elkaar mochten zitten. Harry kwam bij zijn vriend Tom Bradby, een nieuwslezer, aan tafel en klapte toen Pippa en James binnenkwamen. Aan de andere kant van de ruimte nipte Meghan van haar glas champagne, een Dom Ruinart uit 2002, en dineerde met forel en lamsvlees. Ze babbelde met haar nieuwe vrienden voor de avond, waaronder Roger Federers vrouw Mirka. Na afloop van het diner verscheen dj Sam Totolee achter de draaitafels en werden Harry en Meghan bij de dansvloer herenigd. De oude Harry had zich zeker samen met zijn vrienden in het feestgewoel gestort. Maar dit keer praatte hij voornamelijk met Meghan over hun avond aan gescheiden tafels. Ze hielden het rond twee uur 's nachts voor gezien; een van de beveiligers reed hen terug naar Kensington.

8

Afkeurende stemmen

Elk detail was met grote zorg geregeld toen ze op 4 augustus in Botswana landden voor een trip die Harry rond Meghans zesendertigste verjaardag gepland had.

Terwijl Meghan op de laatste etappe van hun heenreis aan boord van een propellervliegtuigje het eerste van diverse cadeautjes opende die Harry haar had gegeven, kon Meghan een glimlach niet onderdrukken toen ze de hoek van een schilderij uit de verpakking van bubbeltjesplastic zag steken.

Toen ze in de zomer van 2016 nog maar twee maanden aan het daten waren had Harry Meghan de helft van een diptiek van Van Donna gegeven, met een jongen en een meisje die elkaars hand vasthielden. Hij had het kunstwerk voor 4500 dollar gekocht tijdens een bezoek aan galerie Walton Fine Arts in de Londense wijk Chelsea en had het andere deel van het tweeluik, dat uit de titel van het werk bestond, *Everybody Needs Somebody to Love*, bewaard als geschenk voor de eerste verjaardag van hun kennismaking. Hij leek al snel te hebben begrepen dat het zo ver zou komen.

Toen ze de landingsbaan van Maun Airport raakten voelden beiden zich opgelucht en opgetogen. De vakantie was niet alleen bedoeld om

Meghans verjaardag te vieren, maar was ook een mijlpaal in hun relatie. Met deze trip was de cirkel rond, het was een terugkeer naar het land waar ze in 2016 in het geheim naar toe waren gegaan, slechts vier weken nadat ze elkaar ontmoet hadden. Ze keken ernaar uit om weer in de wildernis van Botswana onder de sterrenhemel te kamperen, zoals ze bijna een jaar eerder ook hadden gedaan.

Het feest begon zodra ze geland waren. Ze werden in een SUV met geblindeerde ramen snel weggebracht naar hun eerste locatie: een nacht in het huis van Harry's vriend Adrian Dandridge, een voormalige sieradenontwerper die hij tijdens zijn eerste reis naar Botswana in 2004 had ontmoet. Daar, in het rustieke gastenverblijf vlak bij een chilipeperplantage bij Tsutsubega, was een surpriseparty georganiseerd voor Meghans verjaardag. Hongerig na de vijftien uur durende reis vanuit Londen leefden Harry en Meghan helemaal op toen ze de geuren van gegrilde gerechten op een grote barbecue roken en de lokale schotels zagen die Adrians vrouw Sophie had bereid, waaronder Harry's favoriete lokale gerecht seswaa, een stoofpot van vlees, uien en pepers, geserveerd op een dikke maïspap.

In Meghans ogen karakteriseerden dit soort momenten Harry. Ongeacht waar ze waren, of met wie ze waren, hij deed altijd zijn best om haar het gevoel te geven dat ze belangrijk was en erbij hoorde. En er was altijd een of andere goeddoordachte verrassing.

Eerder die zomer, toen ze ongemerkt naar Turkije waren verdwenen voor een zesdaags verblijf in een villa met uitzicht op de Yalikavakbaai en de omringende bergen van Bodrum, zag Meghan een sieradenwinkel van een ontwerper die ze bewonderde. Kismet by Milka staat bekend om zijn verfijnde, handgemaakte sieraden van goud en is geliefd bij sterren als Beyoncé, Madonna en Cameron Diaz. Ze stapten naar binnen en de eigenaar (zodra hij besefte dat het Harry en Meghan waren) sloot snel de zaak zodat ze rustig konden rondkijken. Toen ze weggingen vertelde

Meghan Harry dat ze enkele dingen erg mooi had gevonden en terug wilde komen. De volgende dag ging Harry terug naar de winkel en kocht twee sieraden. 'Hij zei: "Ik wil haar verrassen," en wees twee dingen aan,' zei ontwerper Milka Karaagacli over de ring met de hand van Fatima en de gouden armketting met zaden.

Harry's volgende cadeau bij het geïmproviseerde verjaardagsfeest in Afrika was eenvoudiger, maar niet minder attent. Meghan keek toe hoe hij glimlachend met een kleine verjaardagstaart kwam aanzetten en ze voelde zich beminder en verliefder dan ooit.

De volgende ochtend hadden ze geen wekker nodig, want ze werden al vroeg wakker van de vogels die een uitbundig ochtendkoor aanhieven. Opgewonden aten ze snel een ontbijt en sprongen in een open jeep voor de rit van 65 kilometer naar het afgelegen Makgadikgadi Pans National Park.

Harry en Meghan waren weer terug in Meno A Kwena, het luxueuze resort waar ze een jaar eerder ook hadden verbleven. Nu konden ze gaan genieten van een periode alleen.

Niet dat ze echt alleen waren. Ze werden op de romantische trip vergezeld door twee van Harry's persoonlijke beveiligers, de PPO's zoals ze gewoonlijk genoemd worden. Deze door de SAS getrainde lijfwachten in burger van de SO14 Royalty Protection Group van de Londense politie droegen standaard een 9mm Glock 17-pistool, communicatieapparatuur en een eerstehulpkit – en ze waren nooit meer dan een paar passen verwijderd. Ze hadden maar één taak: de prins te allen tijde en tegen alle kosten veilig houden. Meghan vond hun aanwezigheid tijdens dates wat ongemakkelijk, maar zoals Kate, de hertogin van Cambridge, ooit tegen vrienden zei: 'Op een gegeven moment merk je het niet meer.'

Omdat er in dit afgelegen gebied weinig gevaar te verwachten was, werd het beveiligingsteam aan de andere kant van het resort ondergebracht, zodat Harry en Meghan voldoende privacy hadden. Ze hadden ook geen last van digitale afleiding: ze pakten hun telefoon vrijwel nooit, alleen om af en toe een foto te nemen.

In Botswana kwamen Harry en Meghan overdag dichter bij de natuur en 's avonds dichter bij elkaar. Elke avond gingen de twee na het eten, gewoonlijk een steak of een wildschotel bereid door de vaste kok Baruti van het resort, in lage canvasstoelen bij het kampvuur zitten, waar ze voor het vuur van de lokale wijn nipten.

Tijdens deze avonden onder de sterrenhemel ging het stel diep in op de dingen die hen bezighielden. Meghan had de afgelopen tijd veel aan haar werk gedacht, dat niet langer paste in het leven dat ze met prins Harry aan het opbouwen was. Ze stond onder druk van de producenten om te beslissen of ze nog mee zou doen met het achtste seizoen van *Suits*, maar ze wilde geen overhaast besluit nemen. Het ging tenslotte om een baan waar de meeste actrices van dromen.

Zij en Harry hadden weliswaar geen formele verbintenis, maar Meghan had het gevoel dat ze met hem over alles kon praten. In de rust aan de rand van de delta, waar hun gesprekken alleen af en toe onderbroken werden door het gebrul van een leeuw in de verte, vertelde ze over haar hoop voor de toekomst en hoe Harry daarin paste. Voor Harry was het onderwerp makkelijk: ze hadden beloofd elkaar nooit in de steek te laten en aan die belofte wilde hij zich houden.

Bij hun eerste date besefte de prins al dat hij de actrice vaker wilde zien en na drie maanden wist hij dat hij met haar wilde trouwen. 'Het feit dat ik zo ongelofelijk snel verliefd werd op Meghan zag ik als bevestiging dat dit in de sterren stond geschreven,' zei Harry later in een interview ter ere van hun verloving. 'Alles was gewoon perfect. Deze prachtige vrouw struikelde en viel in mijn leven; en ik viel in het hare.'

Het opbouwen van hun relatie was van een leien dakje gegaan. Ze hielden van dezelfde dingen, zoals reizen en fitnessen, al moest Meghan, het type meid dat na een les bikramyoga of pilates een smoothie ging drinken,

Harry aanzetten om zich wat meer in te spannen. Ze begon de ochtend met een kop heet water en een schijfje citroen, gevolgd door haar favoriete ontbijt van havergrutten (meestal met amandel- of sojamelk) met banaan en agavesiroop om het zoeter te maken. Als tussendoortje at ze meestal appelpartjes en pindakaas. Dat was heel iets anders dan waar Harry in zijn vrijgezellentijd aan gewend was, toen hij veel afhaalpizza's at, maar hij begon belangstelling te krijgen voor gezond leven en vond het leuk om het samen te doen.

De twee waren ook liefhebbers van zelfhulpboeken, waarbij *Eight Steps to Happiness* Harry's favoriet was, terwijl Meghan graag in *The Motivation Manifesto* las.

Ze deelden de diepere waarden die de ruggengraat van een huwelijk vormen. Ze vonden het belangrijk om te geven aan degenen die het minder getroffen hadden en stonden een gewetensvol rentmeesterschap van de aarde voor. (Harry was erg ecobewust dankzij de lessen van zijn vader, hij weigerde altijd een plastic dekseltje op zijn koffie en zag af van een plastic hoes rond zijn kleding als die van de stomerij kwam.)

Harry nam vaak het initiatief voor romantische gebaren, maar Meghan liet duidelijk haar waardering merken en kwam op haar beurt met kleine attenties. Ze lette op wat hij leuk vond en probeerde hem te verrassen met zijn favoriete dingen als hij haar in Toronto opzocht. Tijdens een van die bezoeken maakte ze een traditionele Britse zondagslunch van gebraden vlees voor hem, ook al was het een doordeweekse dag, omdat Harry verteld had dat het zijn favoriete maaltijd was. 'Er is nooit een verkeerd moment voor een goed braadstuk,' grapte ze later.

Meghan vergrootte Harry's spirituele wereld, ze liet hem kennismaken met yoga en kocht een boek over mindfulness voor hem, dat zoals al haar cadeautjes vergezeld ging van een handgeschreven briefje. Harry begon, aangemoedigd door Meghan, dagelijks te mediteren.

In juni 2017 spraken zij en Harry niet meer over trouwen als een mogelijkheid, maar als een vaststaand feit. Ze betrokken zelfs het paleis al in hun gesprekken en vroegen Harry's assistenten wat de beste tijd voor de ceremonie zou zijn.

Hoewel Harry nog geen aanzoek had gedaan, vertelde hij zijn beste vrienden wel dat hij van plan was het te doen. Wat vrijwel niemand wist was dat hij al met een verlovingsring bezig was. In mei 2017 was Harry alleen naar Botswana geweest in zijn rol als beschermheer van Rhino Conservation Botswana, een organisatie die zich inspant om neushoorns te beschermen. Nu hij toch in Afrika was ging hij discreet op zoek naar een diamant, een goede vriend hielp hem bij het vinden van de perfecte en verantwoorde steen.

Niet iedereen was zo zeker als Harry dat hij de ware had gevonden. Een maand na zijn eigen bruiloft sprak Skippy met zijn oude jeugdvriend af om zijn bezorgdheid te verwoorden: Harry en Meghan gingen te snel. Hij was 'tamelijk bot' tegen Harry in zijn mening dat die zich er 'halsoverkop in stortte', volgens een bron.

Skippy, die als de meeste goede vrienden van Harry Meghan niet goed kende, adviseerde Harry om 'voorzichtig' te zijn.

Skippy raadde hem aan om samen te gaan wonen voordat hij 'iets echt serieus ging doen'. Hij zei dat zijn woorden oprecht gemeend waren, maar Harry zag het volkomen anders. Zijn vriend leek te impliceren dat Meghan niet te vertrouwen was en verborgen motieven had. 'Het deed pijn dat iemand die hem zo na stond niet op zijn oordeelsvermogen vertrouwde,' zei de bron.

Skippy en Harry, die elkaar altijd regelmatig belden of berichtjes uitwisselden, spraken een tijdje niet meer met elkaar na het mislukte onderonsje.

De vrienden van zowel William als Harry maakten zich zorgen over de snelheid waarmee de relatie zich ontwikkelde. Meghan werd in zekere zin niet anders behandeld dan anderen – man of vrouw – die in hun kring kwam. Sinds de dood van Diana waren de prinsen snel wantrouwig uit angst dat mensen alleen voordeel uit hen probeerden te halen.

Rond de tijd waarin Skippy met Harry praatte, besloot prins William om zijn broer met zijn eigen bezorgdheid te confronteren.

'Een gelukkige en tevreden Harry is een zeldzaamheid, dus het was een genot om hem zo levenslustig te zien,' zei een bron die regelmatig contact had met de broers. 'Maar William had altijd het idee dat hij voor Harry moest zorgen, niet als de toekomstige koning, maar als oudere broer. Hun hele volwassen leven vond hij dat hij een oogje op Harry moest houden om te zorgen dat hij niet in de problemen kwam en een goede koers volgde.'

William had de Amerikaanse actrice slechts een paar keer ontmoet en hij wilde zeker zijn dat ze goede bedoelingen had. 'Het gaat tenslotte om twee broers die hun hele leven te maken hebben gehad met mensen die van hen willen profiteren,' zei de bron. 'Ze hebben beiden een antenne ontwikkeld om dat soort mensen eruit te pikken, maar omdat William niet veel van Meghan wist, wilde hij zeker weten dat Harry niet verblind was door seksuele aantrekkingskracht.'

Zoals alle royalty moest William een balans zien te vinden tussen twee rollen. Hij was niet alleen Harry's broer, maar ook troonopvolger – en als toekomstig koning was het een van zijn taken om de risico's in te schatten van alle nieuwelingen in de Firm. Het koninklijk huis is een instituut met tientallen stafleden die het leven van hun bazen regelen, en sommigen hadden hun bezorgdheid in het oor van de hertog van Cambridge gefluisterd. De hogere paleismedewerkers en hovelingen hebben vaak hun hele leven aan het instituut monarchie gewijd en zien niet graag dat de zorgvuldig afgestelde machine gaat haperen. Het is hun taak om mogelijke crises te onderkennen als er buitenstaanders bij de Firm komen, of het nu om een staflid gaat die een liefdadigheidsinitiatief gaat leiden of iemand die in de familie trouwt.

Meghan stond ver af van deze groep adviseurs, die soms nog conservatiever waren dan het instituut dat ze bewaakten.

Dit was de achtergrond toen William met Harry om de tafel ging zitten om over diens relatie met Meghan te praten.

'Je hoeft er geen vaart achter te zetten,' zei William volgens bronnen tegen Harry. 'Neem zo veel tijd als je nodig hebt om dat meisje te leren kennen.'

In die twee woorden, 'dat meisje', hoorde Harry een toon van snobisme die taboe was in zijn benadering van de wereld. In zijn tien jaar durende carrière in het leger, buiten de koninklijke bubbel, had hij geleerd niet onmiddellijk te oordelen over mensen op grond van hun accent, opleiding, etniciteit, klasse of beroep.

Afgezien van de kwestie Meghan was Harry sowieso ook al moe van de dynamiek die er tussen hem en zijn oudere broer was ontstaan. Harry was op een punt gekomen waarop hij vond dat er niet meer voor hem gezorgd hoefde te worden. Er liep een dunne scheidslijn tussen zorgen voor en neerbuigend zijn. Alleen omdat hij zijn leven anders leidde dan zijn broer wilde nog niet zeggen dat het verkeerd was.

William dacht dan wel dat hij uit bezorgdheid om Harry het gesprek aanging, maar Harry was beledigd dat zijn oudere broer hem behandelde alsof hij nog onvolwassen was. 'Harry was boos,' zei een andere bron. 'Boos dat zijn broer hem zoiets vroeg. Volgens sommigen was het een overreactie. Maar dat karakteriseerde hen als mens – William kalm en rationeel, en Harry die alles altijd veel te persoonlijk opneemt.'

'Harry heeft een hart van goud, maar hij is ongelofelijk gevoelig,' zei een oude vriend van de familie.

Maar een andere vriend voegde eraan toe: 'Harry keek door Williams woorden heen. Hij was een snob.'

Harry was verrast en zelfs boos, ook al wilde William alleen maar op zijn broer passen. Hij kende Meghan nog niet goed. Hij maakte zich zorgen dat Harry zich isoleerde van veel van hun oude vrienden. 'Maar misschien kon hij gewoon niet accepteren dat Harry volwassen was geworden en zijn eigen beslissingen nam,' zei een bron.

William vertelde een medewerker dat het 'pijn' deed dat zijn broer niet wilde begrijpen dat hij alleen het beste voor Harry wilde. De twee broers hadden na de dood van hun moeder immers altijd op elkaar vertrouwd.

'William en Kate houden veel van Harry. Ze meenden dat ze voor hem zorgden. William speelde een grote rol in het opvoeden van Harry, hij nam een ouderlijke rol op zich en liet zien wat dat betekende,' zei een bron dicht bij prins William.

Ten minste nog twee hoge leden van de familie gaven uiting aan hun zorgen over de snelheid waarmee Harry's relatie zich ontwikkelde. Meghan was vaak het onderwerp van gesprekken en roddel onder hen. Toen ze net in het leven van de prins kwam, duidde een belangrijke royal de Amerikaanse actrice als 'Harry's showmeisje' aan. Een andere vertelde een medewerker: 'Ze komt met een hoop bagage.' En iemand hoorde een hooggeplaatste hoveling tegen een collega zeggen: 'Er is iets aan haar wat ik niet vertrouw.'

Harry was 'zich bewust van het gepraat', zei een goede vriend van hem. 'Hij is erg beschermend naar Meghan toe. Hij weet dat er een hoop mensen tegen hen zijn en hij zal alles doen om haar veilig te houden en te voorkomen dat men haar pijn doet – ook al moet hij daarvoor afstand van die mensen nemen.'

In de maanden na het gesprek tussen William en Harry over de relatie spraken de twee nauwelijks met elkaar. Terwijl de broers altijd tijd voor elkaar hadden vrijgemaakt gingen ze nu nog nauwelijks met elkaar om. Harry was altijd graag de paleistuinen overgestoken om Charlotte en George te verrassen, waarbij hij cadeautjes voor ze meenam, zoals een elektrische SUV voor zijn neefje en een driewieler voor Charlotte. Maar in de zomer van 2017 kwam er vrijwel een einde aan die bezoeken. Harry zag prins Louis minder vaak dan hij de twee andere kinderen had gezien vanwege de groeiende spanningen tussen hem en zijn broer na de geboorte van de baby op 23 april 2018. De afstandelijkheid kwam van beide kanten. Harry ging minder vaak naar de kinderen toe, maar de uitnodigingen van William en Kate droogden als eerste op.

Hoewel het niet per se haar verantwoordelijkheid was, deed Kate weinig om de groeiende kloof te dichten. Ze was buitengewoon trouw aan haar echtgenoot en diens familie.

Kate en Meghan verschilden weinig in leeftijd, maar ze ontmoetten elkaar niet op hetzelfde punt in hun leven. Kate was nauw met de koninklijke familie verbonden sinds ze William op de universiteit had ontmoet. Als moeder van drie kinderen (waaronder de troonopvolger) draaide haar leven om haar gezin en haar plichten aan de monarchie en het land.

Kate en Meghan hadden ook een heel andere achtergrond en volkomen andere ervaringen in het leven. Kate had nooit belangstelling voor een carrière gehad, terwijl die voor Meghan juist een belangrijke drijfveer was. Ze hadden ook een heel andere persoonlijkheid. Terwijl Kate verlegen en rustig was, was Meghan juist extrovert.

Het kon Harry niets schelen wat zijn familie dacht of zei. 'Niets zou zijn geluk in de weg staan,' vertelde een bron dicht bij Harry en Meghan. 'Hij wist dat Meghan de juiste vrouw voor hem was. Hun liefde was echt en hun gevoelens voor elkaar waren oprecht. Al het andere was niets dan ruis.'

Terwijl Harry zich verzette tegen de mensen uit zijn omgeving die vonden dat hij nog geen aanzoek moest doen, wimpelde Meghan alle publieke vragen over dat onderwerp af.

De mogelijkheid van een koninklijke bruiloft was de belangrijkste kwestie die de pers bezighield toen Meghan zich op 11 juni bij de rest van de cast van *Suits* voegde voor het ATX Television Festival in Austin, Texas. Ze waren daar om de honderdste aflevering van de serie te promoten, maar ze kreeg voornamelijk vragen over de mogelijkheid dat ze met een prins zou huwen. Meghan glimlachte enkel toen een journalist rechtstreeks vroeg of ze graag met een prins wilde trouwen.

Haar medespelers probeerden te helpen door hier en daar wat los te laten. 'Meghan is supergelukkig,' zei Patrick J. Adams, die in de serie haar liefje speelde. 'Ze verdient absoluut alle goede dingen die haar nu overkomen.'

De uitvoerend producent van de serie, Aaron Korsh, onthulde later dat hij Meghan nooit naar de status van haar relatie had gevraagd, maar dat hij vanaf begin 2017 wel al bezig was om haar personage Rachel uit de serie te schrijven. 'Samen met de scenarioschrijvers besloten we de gok te nemen dat deze twee mensen verliefd waren en dat ook zouden blijven,' vertelde hij tegen BBC Radio 4.

Meghan sprak met niemand over haar huwelijksplannen, maar haar beste vriendinnen zagen duidelijk hoe ze zich voelde. Halverwege juni hielp Jessica Meghan een middagje kleding uitzoeken voor evenementen en enkele scènes van *Suits*. Jessica werd helemaal enthousiast toen ze bruidsjurken op een rek zag hangen en stelde Meghan voor er een paar te passen. De studio had het scenario nog niet vrijgegeven, maar de twee vrouwen wisten wel dat er een bruiloftsscène voor Meghans personage Rachel zou komen. Het was misschien dan wel voor het werk, maar ze moesten wel giechelen toen Meghan enkele exemplaren paste. Meghan zag er in elke jurk adembenemend uit.

Harry en Meghan hielden niet alles in hun relatie privé. Eind juni nodigde Meghan met toestemming van Harry Sam Kashner uit, een gewaardeerde journalist van *Vanity Fair*, om naar haar huis in Toronto te komen. Ze was klaar om te praten, maar dan wel op haar voorwaarden.

Voor een paar dat de pers voortdurend om privacy had gevraagd was dit een riskante stap. Meghan was vroeger wel valselijk beschuldigd van het bespelen van de pers, maar dit keer kon er geen vergissing bestaan:

Meghan ging met een journalist praten mét de zegen van Harry. Nooit eerder had een koninklijke vriendin zo openlijk over haar relatie gepraat en, nog het verrassendst, in een glossy verklaard dat ze verliefd was.

Het enige verzoek van Meghan aan fotograaf Peter Lindbergh voor de fotoshoot was dat hij haar sproeten niet weg zou fotoshoppen. Ze wilde er natuurlijk uitzien, haar ware zelf tonen. Ze was erg blij met de resultaten, ze schreef zelfs met de hand een bedankbriefje aan hoofdredacteur Graydon Carter en de anderen die aan het artikel hadden meegewerkt. 'Ik vond het fantastisch,' schreef ze.

Voor de komst van de journalist maakte ze een lunch van groene salade, pasta met chilipepers en warm brood. Haar favoriete bloemen, pioenrozen, stonden naast een rijtje boeken, waaronder een anthologie van *Vogue*, de memoires van Grace Coddington, en passend genoeg een dik koffietafelboek met portretten die *Vanity Fair* in de loop der jaren had gepubliceerd. Haar witte bank lag bezaaid met Britse kussens en er lag een strategisch geplaatste deken zodat haar geliefde honden Bogart en Guy languit konden liggen zonder de bank te bevuilen.

In het interview stelde Meghan dat Harry de enige reden was dat ze ondanks de mediastorm haar geestelijke gezondheid had behouden. 'Er zijn de nodige moeilijke momenten geweest en ze komen in golven – de ene dag is het moeilijker dan de andere,' zei ze. 'En vanaf het begin was het verbazingwekkend hoe de dingen veranderden. Maar ik heb nog altijd steun van mijn oude kring en natuurlijk de steun van mijn vriendje.'

Toen de *Vanity Fair* met Meghans coververhaal op 7 september in de verkoop kwam, bleek hoe opmerkelijk eerlijk ze was geweest toen ze over haar relatie met Harry sprak. 'Ik kan je vertellen dat het volgens mij gewoon heel eenvoudig is,' zei ze. 'We zijn twee mensen die echt gelukkig en verliefd zijn.'

Ze stelde dat ze niet veranderd was door met Harry te daten – ze was nog steeds een onafhankelijke vrouw die niet door de mannen in haar leven werd gedefinieerd. Het enige wat veranderd was, was de 'manier waarop de mensen naar me kijken'.

'Ik weet zeker dat er een moment komt waarin we naar voren moeten komen en onszelf presenteren en verhalen hebben te vertellen,' zei ze, 'maar ik hoop dat mensen zullen begrijpen dat dit onze tijd is. Dit is voor ons. Het is onderdeel van wat het zo speciaal maakt, dat het alleen van ons is. Maar we zijn gelukkig. Persoonlijk ben ik dol op goede liefdesverhalen.'

Afrika was de plek waar hun liefdesverhaal vleugels had gekregen. Op de laatste dag van een heerlijke drie weken durende vakantie nam Meghan perfect de yogahouding krijger aan.

Ze liet de omgeving rustig op zich inwerken vanuit de tuin van hun verblijfplaats op deze trip, een moderne villa in Livingstone in Zambia, zo'n vijftien kilometer stroomopwaarts van de Victoriawatervallen. De opkomende zon scheen op haar geïmproviseerde yogatuin, terwijl een troep exotische vogels, die eruitzagen of ze hun staart in potten kleurige verf hadden gestoken, haar een serenade brachten.

Harry en Meghans terugkeer naar de plek waar ze een jaar eerder verliefd op waren geworden was magisch geweest. Ze hadden de natuur van Botswana verkend met hulp van Harry's vriend en medenatuurbeschermer David Dugmore, die Meno A Kwena bestierde. Elke dag was weer een nieuw avontuur geweest, van auto-excursies door de Makgadikgadi Pans, een van de grootste zoutvlakten ter wereld, tot romantische boottochtjes over de Boteti langs zebra's, wrattenzwijnen en nijlpaarden. Alleen al het wakker worden in hun tent was een ervaring, met olifanten, giraffen en zebra's die vanuit hun bed door het raam waren te zien.

Harry had zijn leven in Londen een keer vergeleken met dat van een gekooid dier in een dierentuin, en het was dus niet vreemd dat de aanblik van leeuwen, olifanten en jachtluipaarden op de uitgestrekte vlaktes hem een gevoel van vrijheid gaven. 'Ik heb deze liefde voor Afrika en die zal nooit verdwijnen. Ik hoop dat mijn kinderen die ook zullen voelen,' zei hij en voegde eraan toe dat hij uitkeek naar 'mogelijkheden om iets terug te doen voor een land dat me zoveel heeft gegeven'.

Harry was een onvermoeibare steun voor Botswana's inspanningen om de natuur te beschermen, en daarom aanvaardde hij in januari 2017 ook het beschermheerschap van het neushoornbeschermingsproject Rhino Conservation Botswana. In de tweede week van hun reis liet hij Meghan zien wat ze deden bij dat project. De directeur, Martin 'Map' Ives, nam hen mee om hun enkele van de sterk bedreigde zwarte neushoorns te laten zien, die Harry in september 2016 had helpen verplaatsen, en van gps-trackers te voorzien.

'Harry heeft met eigen ogen de wrede en zinloze schade gezien die stropers deze bedreigde dieren aandoen,' zei Map. 'De bescherming van neushoorns is een zeer serieuze zaak, en Botswana kan het niet alleen af – we hebben iedereen nodig om de strijd te voeren.'

Het feit dat Harry Meghan meenam om zijn werk bij RCB te laten zien getuigde ook van de diepte van hun relatie. Hij wilde alles wat hij belangrijk vond in zijn leven met haar delen. 'Natuurbescherming is onderdeel [van hun relatie],' zei Map, 'maar het is ook een emotionele verbintenis.'

Op hun reis stelde Harry Meghan ook voor aan Mike Chase, de stichter van Elephants Without Borders, die lokale gemeenschappen helpt om vreedzaam samen te leven met olifanten. Harry en Meghan brachten een tijdje door bij Mike en zijn partner Kelly, die indruk maakte op Meghan door te laten zien hoe je een gps-band aanbrengt bij een zoogdier dat vijf ton weegt.

Meghan bleef haar yogaoefeningen doen op de groene oevers van de Zambezi, maar het was moeilijk om niet je concentratie te verliezen. Ze had nooit kunnen dromen dat ze op haar matje zou liggen terwijl aan de overkant van de rivier wilde Kaapse buffels graasden en vissersbootjes naar huis voeren met de vangst van de dag.

Noch had ze ooit durven dromen dat tijdens deze magische reis de man naast haar, de vijfde in lijn voor de Britse troon, haar zou beloven haar tot echtgenote te nemen. Tijdens die momenten onder de deken van sterren van Botswana, waarin ze hun ziel blootlegden, maakte Harry zijn voornemen heel duidelijk en er was niets wat ze liever wilde. Op hun laatste dag in Botswana voelden ze zich meer met elkaar verbonden dan ooit – beste vrienden, partners, zielsverwanten.

En Harry bewees een man te zijn die zich aan zijn woord hield. Kort na hun terugkeer in Londen deed hij zijn aanzoek. Terwijl Meghan een maaltijd kookte in Nottingham Cottage, dat al snel echt als thuis voelde, ging hij op één knie en vroeg haar ten huwelijk. Het was een moment dat ze nooit zouden vergeten. Maar het zou nog een tijdje duren voordat ze het nieuws met de wereld deelden. Voorlopig zou het hun geheimpje zijn.

9

Boem!

Nu ze verloofd waren werd er in Kensington Palace druk gediscussieerd of het paar het nieuws naar buiten zou brengen vóór de Invictus Games van 2017. Maar omdat Harry's sportevenement voor gewonde, zieke en gehandicapte militairen en veteranen in Toronto werd gehouden, waren deze spelen in september de natuurlijke plek om publiek te gaan. (Ondanks berichten die het tegendeel beweerden was het puur toeval dat de spelen in Meghans woonplaats werden gehouden; de organiserende stad was al in mei 2016 gekozen.) Wat was er nu mooier dan hun verloving bekendmaken tijdens het evenement dat misschien wel Harry's belangrijkste nalatenschap was?

De Invictus Games ontstonden na Harry's eerste uitzending naar Afghanistan, toen hij diep geraakt werd toen hij naar huis terugkeerde.

'In februari 2008 ging ik op het vliegveld van Kandahar in Afghanistan aan boord van een vliegtuig, dat vertraging had omdat er nog een doodskist met een Deense soldaat aan boord moest,' schreef hij in een stuk in verband met de eerste spelen. 'Drie van onze eigen militairen vlogen met ons mee, alle drie in een kunstmatig opgewekte coma en met uiteenlopende verwondingen... De meesten in het vliegtuig waren blij weer naar huis te gaan, naar hun familie, maar dit was ook een moment waarop de realiteit van het conflict me raakte. Natuurlijk had ik erover gehoord, had ik het verwacht en had ik heel wat oproepen voor evacuatie van gewonden gedaan, maar ik had het nog niet van zo dichtbij gezien. Met 'het' bedoel ik de verwondingen die voor het merendeel het gevolg waren van geïmproviseerde explosieven. De dood is buitengewoon tragisch en verpletterend, maar om jonge kerels te zien – een stuk jonger dan ik – in plastic gewikkeld, met missende ledematen, met honderden slangetjes die uit hen komen, dat was iets waar ik niet op voorbereid was. Voor mij was dit waar het allemaal begon.'

Zijn ideeën waren ook gevormd door een ontmoeting in 2013 in het Witte Huis met Michelle Obama, waarbij de first lady had gesproken over 'het eren van de offers en inzet van onze veteranen en militaire families'. Michelle Obama bedacht samen met Jill Biden, vrouw van de vicepresident, Joining Forces. Deze organisatie steunde veteranen en hun gezinnen door afzwaaiende militairen opleidingen en andere kansen aan te bieden.

Toen hij in Washington was bezocht Harry ook het Walter Reed National Medical Center om te kijken naar het pionierswerk van medische teams die zwaargewonde veteranen hielpen, waaronder mensen met geamputeerde ledematen en THL (traumatisch hersenletsel).

Harry vloog vervolgens naar Colorado Springs om deel te nemen aan de Warrior Games en er de steun van de Royal Foundation voor aan te bieden. De Warrior Games zijn een sporttoernooi voor militairen georganiseerd door het Amerikaanse ministerie van Defensie, die de inspiratiebron waren voor zijn Invictus Games. Toen Harry weer naar huis vloog, was zijn voornemen om zijn medemilitairen te eren uitgekristalliseerd tot een specifiek plan: hij zou het concept van de Warrior Games voor gewonde, zieke en gehandicapte militairen 'stelen', zoals Harry het zelf formuleerde, en naar Londen brengen. Het was een enorme opgave, maar Harry was vol energie nu hij zijn roeping had gevonden. De Invictus Games en de Invictus Games Foundation waren geboren.

William en Harry hadden van oudsher sterke banden met de militaire gemeenschap, niet alleen omdat ze zelf hadden gediend, maar ook via hun charitatieve projecten. In 2012 creëerde de Royal Foundation het Endeavour Fund om gewonde militairen te inspireren fysieke uitdagingen aan te gaan die hun herstel konden bevorderen. De broers hadden zowel publiekelijk als privé bezoeken gebracht aan Headley Court, het revalidatiecentrum van het Britse ministerie van Defensie, om soldaten te ontmoeten die leerden met protheses om te gaan nadat ze gewond waren geraakt in Irak en Afghanistan.

In september 2014 zat Harry de eerste Invictus Games voor. Afgezien van zijn twee uitzendingen naar Afghanistan was dit waarschijnlijk zijn belangrijkste bijdrage aan het leger tot dan toe. Het toernooi, vergelijkbaar met de Paralympische Spelen, werd gehouden in het Queen Elizabeth Olympic Park in Londen; er waren vierhonderd deelnemers uit dertien verschillende landen die in negen sporten wedijverden. Tot de wedstrijden hoorden rolstoelbasketbal, boogschieten en rolstoelrugby, waar het er zo ruig aan toe ging dat het voor de grap 'moordbal' werd genoemd. De spelen boden mensen met oorlogsverwondingen, zowel lichamelijke als geestelijke, de kans om vol trots hun land op een nieuwe, sterke manier te vertegenwoordigen.

Harry liet vaak zien begaan te zijn met andere mensen en daarom werd hij regelmatig vergeleken met zijn moeder. Of het er nu om ging een rolstoelatleet naar de finish te schreeuwen of zwemmers met ontbrekende ledematen moed in te spreken terwijl ze vlak voor de race aan de startblokken hingen, Harry leek veel op zijn moeder, de prinses van het volk. De vergelijkingen met Diana waren nooit een last voor Harry, ze vormden vooral een aansporing.

In 2016 verdubbelde prins Harry zijn inspanningen voor de tweede editie van de spelen, die in Orlando in Florida werden gehouden. In het voorjaar was Harry druk bezig Invictus te promoten en hij wendde zich tot president Obama en zijn vrouw Michelle om de belangstelling voor de spelen in de vs aan te wakkeren.

In april 2016 brachten de Obama's een bezoek aan het VK in het laatste jaar van de tweede termijn van de president. Ze lunchten op Buckingham Palace om de negentigste verjaardag van de koningin te vieren en brachten later een privébezoek aan Kensington Palace voor een informeel diner met William, Kate en Harry. Een week na hun bezoek reageerden de president en first lady op de uitdaging die Harry via Twitter aan Amerikaanse atleten deed om 'te laten zien wat je hebt' op de Invictus Games.

'Hé, prins Harry,' zei Michelle Obama in een filmpje. 'Weet je nog dat je ons vroeg om te laten zien wat we hebben op de Invictus Games?'

Naast haar zei de president lachend: 'Pas op met wat je wenst!'

'Boem!' voegde een militair er als slotwoord aan toe.

Ze had hem te pakken.

'Michelle Obama draaide de uitdaging om en ik wist echt niet wat ik moest doen. Ze haalde haar echtgenoot erbij, die toevallig de president van de vs is,' zei hij. 'Wie kun je bellen om de president te overtroeven?'

Er was maar één antwoord: zijn grootmoeder.

'Ik durfde het eigenlijk niet te vragen aan de koningin, want ik wilde haar niet in verlegenheid brengen,' vertelde Harry, altijd een gentleman. 'Maar toen ik haar het filmpje liet zien en ik het haar vertelde, zei ze: "Oké. Wat moeten we doen? We doen het."'

En als koningin Elizabeth II zegt: 'We doen het', dan doe je het.

In hun antwoord zien we Harry de uitdaging van de Obama's aan zijn grootmoeder tonen. De koningin, die een groot gevoel voor humor heeft, antwoordde simpel: 'O, echt, alsjeblieft.' Vervolgens keek Harry in de camera met een droge grijns en dan: 'Boem.'

Het filmpje ging direct viraal – en dat allemaal om de Invictus Games in Orlando te promoten, waar Michelle Obama bij de openingsceremonie naast Harry zat.

De Invictus Games van 2017 in Toronto leverden een heel ander soort uitdaging op nu Meghan als Harry's verloofde zou worden gepresenteerd.

De beveiliging van Harry stond erop dat de twee tijdens de spelen niet in Meghans huis zouden verblijven, maar in een hotel, waar de beveiliging makkelijker te regelen viel en er meer privacy was (zo konden ze ook verbergen dat Meghans moeder Doria in het geheim naar Toronto was gevlogen om samen met het stel naar de spelen te kijken).

Harry en Meghan verbleven in de koninklijke suite van het Fairmont Royal York, waar niet alleen de koningin en prins Philip, maar ook Harry's overgrootouders koning George en zijn vrouw ooit hadden gelogeerd. Beneden in de lobby met zijn houten plafond en marmeren vloer hing een portret van zijn grootmoeder. Het paar had een hele verdieping voor zichzelf, afgezien van Harry's beveiligers, zijn staf en Meghans moeder. Doria had een eigen suite op de verdieping en zo konden de drie de nodige tijd met elkaar doorbrengen. Het was de eerste keer dat Doria de twee zag sinds ze verloofd waren en er viel het nodige te vieren.

Hoewel Harry als gastheer van de spelen een druk programma had, vond hij toch de tijd om de set van *Suits* te bezoeken om Meghans werkplek te zien, want het was onzeker of hij ooit nog een andere kans daartoe zou krijgen.

Het mag duidelijk zijn dat er het een en ander veranderd was op de set sinds Meghan een relatie met Harry had gekregen. In de beginmaanden fluisterde Meghan enkele andere acteurs in dat het nieuwe vriendje waar ze af en toe naar toe vloog de prins was, en ze begon in codetaal over hun tijd samen te praten: ze vertelde haar vader in de serie, Wendell Pierce, een keer nonchalant dat ze net terug was uit Londen. De laatste tijd vond ze het echter beter om terughoudender te zijn tegenover de mensen die ze al bijna tien jaar kende.

Dat was niet voor iedereen gemakkelijk. Meghan werd uitgenodigd voor de bruiloft op 10 december van haar medespeler en vriend Patrick J.

Adams met de actrice Troian Bellisario – een speelse gebeurtenis die een weekend duurde, waarbij de gasten in tenten sliepen en een ceremonie in de bossen van Santa Barbara bijwoonden – maar uiteindelijk besloot ze dat het beter was om niet te gaan. Paparazzi die in helikopters boven de ceremonie vlogen om foto's te maken zouden het feest maar voor iedereen bederven.

Meghan, die haar naam uit de opnameschema's had laten halen om te voorkomen dat paparazzi wisten waar ze zat, verscheen inmiddels met discrete lijfwachten op de set. Daarnaast kregen alle medewerkers aan de serie een strenge waarschuwing van de producent dat ze niets over Meghan mochten zeggen tegen journalisten en dat iedereen die dat toch deed het risico liep ontslagen te worden.

Het was moeilijk om zich niet beledigd te voelen, maar het team begreep wel dat dergelijke voorzorgsmaatregelen nodig waren.

'Het was allemaal wat ongemakkelijk in het begin en er heerste ook een beetje jaloezie bij sommige mensen toen ze opeens de grote beroemdheid van de serie was,' vertelde iemand van de filmcrew van *Suits*. 'Maar voor de meesten van ons was ze nog steeds de oude Meghan, die originele snacks meenam om uit te delen en na het filmen bleef hangen om met de fans buiten de studio te praten.'

Misschien was dat de reden dat op een middag vlak voor het begin van de spelen de cast en crew zo aardig waren toen de prins in de wijk North York in Toronto op de gesloten set verscheen om de mensen te ontmoeten die het afgelopen jaar hun geheim hadden bewaard.

'Hij kwam stilletjes binnen en heel wat mensen hadden helemaal niet door dat hij er was,' zei een productieassistent. 'Hij zei steeds weer hoe trots hij op Meghan was, maar hij leek ook geïnteresseerd om te zien hoe het allemaal in zijn werk ging. Hij wilde de decorafdeling zien en Meghan gaf hem maar al te graag een kleine rondleiding, samen met enkele van haar beste vrienden uit de serie.'

De dag voor de openingsceremonie van de Invictus Games had Harry een drukke agenda met officiële verplichtingen. Als eerste bezocht hij een centrum voor geestelijke gezondheids- en verslavingszorg in Toronto, waar prinses Diana 26 jaar eerder ook was komen kijken. Hij sprak met het medisch personeel over posttraumatische stressstoornis, depressie en 'onzichtbare verwondingen' zoals psychische ziekten waarmee veteranen, waaronder hijzelf, vaak worstelden als ze terugkwamen van het slagveld. Harry had ook ontmoetingen met de nieuwe first lady, Melania Trump, die aan het hoofd van de Amerikaanse delegatie bij de Invictus Games stond, en met de Canadese premier Justin Trudeau.

Voor de openingsceremonie repeteerde Harry met zijn medewerkers, hij maakte zich vertrouwd met de faciliteiten en oefende zijn toespraak met een teleprompter. Dit werd zijn derde Invictus Games, maar deze zou heel speciaal voor hem worden omdat zijn liefje op de tribune zou zitten in haar eerste optreden bij een officiële koninklijke verplichting.

Terwijl Harry zich voorbereidde op zijn toespraak voor die avond, was Meghan samen met Jessica bezig het juiste uiterlijk te bedenken voor haar debuut. Jessica was via een ondergrondse ingang het hotel binnengekomen met een hoop jurken waar Meghan uit kon kiezen. De twee vriendinnen wisten dat elke fotograaf in het Pan Am Sports Centre die avond zijn of haar lens op Meghan gericht zou hebben. De druk was hoog.

Net zoals eerder met Kate gebeurde begonnen vrouwen over de hele wereld naar Meghan te kijken voor inspiratie voor kledingstijl. Het 'Meghaneffect' was losgebarsten. Die middag keurde ze samen met Jessica diverse outfits en de keuze viel uiteindelijk op een bordeauxrode Aritziajurk met plooien van chiffon en een leren motorjack van Mackage, dat ze losjes over haar schouders drapeerde. Het was een goede keuze – niet te opvallend en niet te casual.

Eindelijk klaar vertrok Meghan naar het stadion. Ze werd begeleid door haar goede vriend Markus. Het was niet meer dan passend dat de man die haar had voorgesteld aan zo veel mensen in Toronto die haar vrienden waren geworden, en die een aantal van de eerste dates met de prins had georganiseerd, aanwezig zou zijn op deze speciale avond. Net als Jessica was hij een van de weinige mensen die het grote geheim van het stel kende.

Tijdens de ceremonie zat Harry bij de andere internationale hoogwaardigheidsbekleders. Maar hij wierp regelmatig een blik op zijn aanstaande, die achttien plaatsen van hem verwijderd zat. (Het zou een inbreuk op het protocol zijn geweest als Meghan bij Harry was zijn gaan zitten terwijl hij naast Melanie Trump en Justin Trudeau zat.)

Met de spelen al anderhalve dag aan de gang begonnen de aanwezige royaltyverslaggevers zich af te vragen of Harry en Meghan hun openbare debuut als paar nog zouden maken.

Kensington Palace houdt een groep van zo'n twintig royaltyverslaggevers gewoonlijk op de hoogte van aanstaande gebeurtenissen. Net zoals met de persgroep in het Witte Huis is het een nauwe en belangrijke relatie. Als William en Harry polo spelen voor een goed doel, zorgt het paleis vaak dat er een persvak is zodat de journalisten op veilige afstand hun foto's en informatie kunnen verzamelen zonder dat de privacy geschonden wordt. Er is een lijst van krantenjournalisten, tv-verslaggevers en fotografen die rouleren zodat elk evenement gevolgd kan worden door één iemand van elk medium (die daarna achteraan komt in wat het 'koninklijke rooster' wordt genoemd). Natuurlijk wil iedereen erbij zijn bij de magische momenten – geboorten, huwelijken, verlovingen en, in dit geval, Harry en Meghans zorgvuldig gechoreografeerde publieke optreden.

Maar dit keer ging het anders. Harry had zijn staf geïnstrueerd de pers geen informatie te geven over de komst van Meghan naar de Invictus Games, want hij wilde geen mediacircus dat de aandacht van de atleten zou afleiden. Voor Harry ging het om hun verhalen, al het andere was overbodig. Soms gaf hij medewerkers zelfs opdracht om zijn naam niet voor die van anderen in de perscommuniqués te zetten, 'want het gaat niet over mij, maar over hen'.

Niettemin nam vanaf de openingsceremonie de spanning toe in aanloop naar hun grote moment en de geruchten kwamen in een stroomversnelling toen een enigszins opgewonden Ed Lane Fox het rolstoeltennisstadion betrad om twee functionarissen opdracht te geven twee stoelen direct bij de baan vrij te houden. Was het zo ver? Veel van de royaltyfotografen die Harry volgden waren niet aanwezig bij de tenniswedstrijd. Er was slechts een handjevol Britse verslaggevers in de buurt.

Op 25 september om 13.45 uur kreeg Rhiannon Mills van Sky News, een van de grootste nieuwszenders van het Verenigd Koninkrijk, een telefoontje van Jason.

'Rhiannon,' zei Harry's privésecretaris, 'prins Harry en Meghan Markle zullen over tien minuten hun opwachting maken.'

Ze was de enige Britse tv-journalist met een cameraploeg in de buurt, maar er was nauwelijks genoeg tijd om de camera op te stellen voor wat waarschijnlijk een van de grootste koninklijke verhalen van het jaar zou zijn.

Om 13.55 uur, in drukkend weer met een temperatuur van dertig graden, kwamen Harry en Meghan, geflankeerd door twee beveiligers en met Jason achter hen, de tennisbaan op lopen. Harry's staf had hun tot het laatste moment geheim gehouden entree zorgvuldig tot in het kleinste detail gepland; het eerste publieke optreden als stel moest nonchalant ogen, maar was allesbehalve dat.

Meghan had een casual ensemble gekozen met een gescheurde MOTHER-jeans, Sarah Flint-ballerina's, een tas van Everlane en in een knipoog naar hun geheim een parelwit overhemd dat 'the husband shirt' (het echtgenootoverhemd) werd genoemd, ontworpen door Misha. (Het shirt van 185 dollar uit Misha's collectie was daarna weinig verrassend vrijwel meteen uitverkocht en de outfit werd al snel een trending topic online.)

Meghan keek verliefd naar haar verloofde toen ze naar hun stoelen liepen, waar ze tussen de Australische en Nieuw-Zeelandse families zaten die de spelers aanmoedigden. De twee voelden zich op hun gemak, terwijl de camera's elke beweging die ze maakten vastlegden, van Meghan die Harry's arm streelde tot zijn arm die hij beschermend over haar schouders legde.

Kylie Lawler, wiens echtgenoot Sean uitkwam voor het Australische team, grapte dat haar man het haar waarschijnlijk nooit zou vergeven, want gezeten naast Harry en Meghan, 'miste ik de helft van de wedstrijd'.

'Ze was enthousiast... en prachtig,' zei Kylie. 'Ze leken erg ontspannen in elkaars aanwezigheid.'

Kylie was eerder op de hoogte van de komst van het paar dan de pers. Ze was een halfuur voor de komst van Harry en Meghan geïnformeerd door een beveiliger en had haar zoon opdracht gegeven om een schoon shirt aan te trekken omdat hij naast 'een toekomstige prinses' zou zitten.

Harry maakte tijd voor alle veteranen en familieleden die naar hem toekwamen om hem te bedanken. Hij poseerde gewillig voor foto's met de teams. Maar na een lange dag het middelpunt te zijn geweest van een groot sportevenement had hij geen zin om 's avonds naar een restaurant te gaan waar mensen hem zouden lastigvallen of aanstaren. Tijdens de Invictus Games een jaar eerder in Orlando had hij een groot deel van zijn vrije tijd in de privacy van zijn hotel doorgebracht en had de restaurants en clubs van de stad gemeden. Op dat punt in zijn leven gaf Harry de voorkeur aan een avond met goede vrienden, waar hij zichzelf kon zijn.

Hij keek daarom uit naar het intieme dinertje in het huis van de Mulroneys, waar ook Justin en Sophie Trudeau aanwezig zouden zijn. Maar net toen Harry en Meghan zich opmaakten om het hotel te verlaten, kregen ze een telefoontje dat er paparazzi bij het huis van Ben en Jessica stonden. Lokale fotografen hielden de villa in Upper Canada in de gaten in de hoop dat Harry en Meghan een bezoek zouden brengen. Het etentje werd afgeblazen.

De sluitingsceremonie was in ieder geval nog wel een feest. Doria en Meghan voegden zich bij Markus en Jessica in Harry's skybox, waar de prins na het uitspreken van zijn toespraak ook kwam. Fotografen betrapten hem toen hij teder de vrouw kuste die zijn hart had veroverd en zagen hem naar zijn toekomstige schoonmoeder luisteren, die later in de privébox danste toen Bruce Springsteen het publiek op de been bracht.

Door Doria zo publiekelijk te verwelkomen bij een officiële koninklijke verplichting, vooral na de akelige racistische opmerkingen, liet Harry bewust de wereld zien hoe zijn toekomstige familie eruit zou zien.

Alsof het belang van Meghan voor Harry nog onderstreept moest worden vroeg Barack Obama, die met Joe en Jill Biden de laatste dag van de Invictus Games bijwoonde, naar het liefje van de prins.

Hayley Stover, een achttienjarige student uit Toronto die naast de prins zat bij de rolstoelbasketbalwedstrijd die Harry en Obama bijwoonden, hoorde hoe Harry de oud-president vertelde dat hij samen met Meghan naar de tenniswedstrijden had gekeken.

'Harry glimlachte breed toen hij het vertelde,' zei Hayley. 'Hij zag er echt gelukkig uit. Het was mooi om te zien.'

Obama wilde weten hoe het was op Meghans werk en Harry informeerde naar Michelle. Het was een heel gewoon gesprek van twee mensen die over hun leven praatten.

Voor ze uit elkaar gingen zei Harry: 'Doe Michelle de groeten.'

10

Vaarwel Toronto

Meghan voelde zich een beetje emotioneel toen ze in Toronto om zich heen keek in haar woonkamer vol dozen. Met de eindeloos lange avonden op de set van *Suits* en zo veel mensen om afscheid van te nemen had ze ruim drie weken nodig gehad om haar leven in de dozen op te bergen die nu, begin november 2017, om haar heen stonden. Een verhuisteam was net de deur uit nadat ze alle meubels gelabeld hadden om of naar Engeland te sturen of op te slaan, de witte katoenen sofa's waren bedekt met lakens, zodat er nergens meer een plek was om te zitten.

Omdat ze het zo druk had met inpakken logeerden haar geliefde asielhonden Bogart en Guy bij een vriend. Vanwege de gevorderde leeftijd van Bogart kon de zeven uur durende vlucht naar Londen gevaarlijk voor hem zijn en dus zou hij in Canada bij een goede vriend blijven. (Drie jaar later – met enkele bezoeken van zijn voormalige bazin – is hij nog steeds 'een heel gelukkige hond', vertelde een vriend.) Het gezellige hoekje waar ze elke nacht sliepen was nu leeg. Het huis voelde griezelig stil.

Enkele van haar beste herinneringen aan haar tijd in Toronto lagen in dit huis – etentjes voor Thanksgiving met de andere acteurs, op warme zomeravonden tot in de late uurtjes giechelen en rosé drinken met vriendinnen, koken voor Harry als ze geen zin hadden de deur uit te gaan.

Maar nu had ze haar laatste etentje gegeven en was haar laatste dag op de set van *Suits* achter de rug, waar ze, zoals haar coactrice en vriendin Sarah Rafferty zei, meer tijd met elkaar hadden doorgebracht dan ze met vrienden van school en universiteit hadden gedaan.

Hoewel het nieuws nog niet naar buiten was gebracht, stopte Meghan aan het einde van het seizoen met de langlopende advocatenserie. Haar coacteur Patrick zei later tegen *The Hollywood Reporter* dat hoewel er aan het einde van de rit veel 'ongezegd' bleef met Meghan, ze als vrienden uit elkaar gingen.

'We zijn samen gegroeid in de jaren van de serie,' legde hij uit. 'Er was een natuurlijk gevoel dat we wisten dat voor ons beiden de tijd was gekomen. Het werd niet uitgesproken, we hadden gewoon ontzettend veel plezier bij de laatste paar afleveringen die we opnamen. We wisten beiden dat we niet terug zouden komen. Dat maakte elke scène die we deden extra speciaal. We genoten. We lachten de hele tijd. Zelfs de dingen van de serie waar we ons aan hadden kunnen ergeren waren nu iets om over te lachen en we vertelden elkaar hoe waanzinnig het geworden was.'

Haar laatste paar weken van opnames culmineerden in een bruiloftsscène met Meghans en Patricks personages, Rachel en Mike, die elkaar eindelijk het jawoord gaven; het was een tijd vol nostalgie. Maar ze wist al een tijdje dat ze klaar was voor een nieuw hoofdstuk.

Wendell Pierce, die haar vader speelt in de serie, gaf zijn televisiedochter nog een boodschap mee voordat ze de laatste scène draaiden. 'Ik vertelde haar dat zelfs als we geen contact meer hadden vanwege het nieuwe leven dat op haar wachtte, ik haar altijd met open armen zou ontvangen en er altijd voor haar zou zijn,' zei hij. 'Zo voelden we het allemaal. Het was emotioneel om haar te zien gaan, maar ook spannend… Alsof je kind gaat studeren. Dit was haar eindexamen.'

Zeven jaar acteren in een hitserie was iets waar maar weinigen in de industrie zich op konden laten voorstaan.

‘Toen we eenmaal de honderdste aflevering hadden gedraaid, toen dacht ik, weet je – ik heb, ik heb het gedaan,’ zei Meghan. ‘Ik ben erg trots op wat we hier hebben neergezet.’

Ze wist dat zodra ze haar rol in *Suits* opgaf en naar Londen verhuisde, haar acteercarrière voorbij zou zijn. Voor altijd. Ze kon niet meer terug. In sommige opzichten kwam dat als een opluchting. Ze was ouder en had meer van de wereld gezien en besefte dat ze in een andere rol meer kon doen om die te veranderen, en daarom overwoog ze al een tijdje om van acteren over te stappen naar een loopbaan die meer betekenis had.

Stoppen met haar acteercarrière, iets waar ze zo lang en zo hard aan had gewerkt, was ook ‘beangstigend’, zoals ze aan vrienden bekende. Ze had nog gedroomd van een volgende stap door in speelfilms te acteren in rollen met meer inhoud. Nu ze halverwege de dertig was, begonnen haar dromen en aspiraties te veranderen. Een stemmetje in haar bleef maar zeggen dat ze veel meer kon bereiken op andere platforms. Dat was de inspiratie achter *The Tig*. Maar ze keek ook op tegen actrices als Angelina Jolie, die naam had gemaakt in de wereld van goede doelen, waar ze zich vooral richtte op humanitaire projecten, met tussendoor af en toe iets commercieels, terwijl ze haar leven financierde met een enkele merkdeal. Op een gegeven moment was dit het carrièremodel dat Meghan nastreefde. Maar toen ontmoette ze Harry. Als ze echt een toekomst – en een gezin – met hem wilde, moest ze het acteren volledig opgeven.

Meghan was er klaar voor, zeker nu ze een maand eerder de eerste horde had genomen: een formeel bezoek aan de koningin.

Ondanks een heel korte ontmoeting met Hare Majesteit eerder in het jaar (‘zij en Harry liepen elkaar letterlijk tegen het lijf,’ lachte een bron) was Meghan zenuwachtig bij het vooruitzicht zijn grootmoeder te zien – voor het eerst zou ze als Harry’s verloofde bij de koningin komen. Harry had weliswaar al formele toestemming van zijn grootmoeder gekregen om te trouwen, maar in de geschiedenis van de koninklijke familie waren gescheiden vrouwen not done. Koning Edward VIII veroorzaakte een constitutionele crisis in het huis Windsor toen hij in 1936 troonsafstand deed om met Wallis Simpson te trouwen, een Amerikaanse met twee echtscheidingen achter de rug die zijn hart had veroverd. Toen prinses Margaret in 1955 toestemming vroeg om met de gescheiden kapitein Peter Townsend te trouwen, kort nadat Elizabeth de troon had bestegen, kreeg de koningin van hoge hoffunctionarissen te horen dat haar zuster onmogelijk met een gescheiden man kon trouwen nu ze zelf niet alleen koningin was, maar ook hoofd van de Anglicaanse kerk.

Townsend, een ervaren piloot van de Britse luchtmacht, had de hoge onderscheiding Distinguished Flying Cross gekregen en diende zowel koning George als Elizabeth als stalmeester en in andere hoge posities. Maar zijn lintje en functies konden niet verhullen dat hij gescheiden was. Prinses Margaret kreeg het verzoek om haar verloving uit te stellen terwijl Townsend een diplomatieke post in Brussel kreeg; later gaf ze haar voornemen om met hem te trouwen op.

Het was absoluut niet zeker dat Harry's grootmoeder haar goedkeuring aan Meghan zou geven, maar er was veel veranderd sinds de jaren vijftig. Drie van de vier kinderen van de koningin hadden een echtscheiding doorgemaakt en Charles mocht met Camilla trouwen, die in 2005 ook was gescheiden. Uiteindelijk bleek de koningin gewoon heel blij voor Harry te zijn.

Enkele dagen voor het bezoek op 12 oktober hadden Meghan en Jessica lang gediscussieerd over de vraag wat passende kleding zou zijn voor de allesbepalende ontmoeting met Hare Majesteit. Zoals zo vaak vlogen de berichten via iMessage heen en weer met foto's en gesproken berichten. Jessica nam op een gegeven moment een tweede telefoon waarvan alleen Meghan het nummer kende, zodat ze veilig met elkaar konden communiceren zonder bang voor hacks te hoeven zijn. Na tientallen ideeën de revue te hebben laten passeren werden ze het eens over een conservatieve jurk in een pastelkleur.

Meghan zat midden in opnames voor *Suits* en vloog speciaal voor de ontmoeting naar Londen. (Een paar dagen later stond ze in Toronto weer op de set.) Omdat er vaak paparazzi rond Kensington Palace hingen, namen Harry en Meghan maatregelen om niet betrapt te worden bij hun bezoek aan de koningin. Daarom reden ze niet zoals gebruikelijk in een Range Rover, maar in een zwarte Ford Galaxy met getinte ramen, het soort auto dat je meer met moeders met een groot gezin associeert dan met de koninklijke familie.

Het paar reed ongemerkt de twee kilometer naar Buckingham Palace. Daar werden ze naar binnen gewuifd door de gewapende agenten van Scotland Yard die de poort bewaken. Ze reden discreet naar de zijkant van het paleis en stopten voor de met glas overdekte ingang van de koningin. De honderden toeristen die voor de hekken stonden hadden niets in de gaten.

Harry en Meghan namen de lift van de koningin – een fraai staaltje ijzersmeedwerk uit de vorige eeuw – naar de privé-ingang van de monarch. Toen ze uit de lift stapten zag Meghan Paul Whybrew, een nauwe medewerker van Hare Majesteit.

De lange, slanke Paul heeft prominente jukbeenderen en was als *Page of the Backstairs* een hoge hoveling die de koningin al meer dan veertig jaar diende. Meghan herkende hem meteen als de man die Daniel Craig (in de rol van James Bond) naar de koningin bracht in een filmpje dat was gemaakt voor de opening van de Olympische Spelen in Londen in 2012.

Het priveappartement van de koningin was bepaald niet wat Meghan ervan verwacht had. Niet dat ze wist wat ze moest verwachten. Harry kuste zijn grootmoeder op beide wangen en ze liepen de zitkamer in. Meghan wist dat ze een reverence moest maken en had dat een tiental keren geoefend.

Op de vloer lag een Aubussontapijt in bruin en crème met een floraal patroon, en aan de bleekblauwe muren hingen oude meesters in vergulde lijsten. Het lijstwerk langs het plafond was van een ongekende weelderigheid. Was dit echt en had ze hier een ontmoeting met het hoofd van de Commonwealth?

Maar vandaag was het gewoon 'oma', zoals Harry de koningin noemde, die op een met zijde gestoffeerde stoel met rechte leuning ging zitten. Naast de witte haard stonden twee halfronde muurtafels. Op de ene stond een verlovingsfoto van William en Kate. Er waren meer familiefoto's in de kamer, afgewisseld met schitterende boeketten met witte en roze bloemen in kristallen vazen onder de indrukwekkende schilderijen.

Het bezoek vond om 17 uur plaats, het favoriete moment van de koningin om thee te drinken. Meghan was de Britse afternoon tea erg gaan waarderen. Ze was dol op de traditie geworden. De koningin drinkt altijd haar eigen melange van darjeeling en assam, die wel de Queen Mary-melange wordt genoemd.

Alle onzekerheid die Meghan nog voelde werd weggenomen toen de corgi's van de koningin haar meteen aanvaardden. Willow ging aan haar voeten liggen en besefte dat hij een vriendin had in Harry's toekomstige vrouw. Vulcan en Candy, de twee dorgi's (een kruising van een teckel en een corgi) die ook altijd achter Hare Majesteit aan liepen, volgden al snel Willows voorbeeld. Harry vertelde later in het verlovingsinterview: 'De afgelopen 33 jaar hebben ze alleen maar tegen me geblaft. [Meghan] komt binnen en helemaal niets.'

Terwijl de honden kwispelstaartend aan haar voeten lagen stelde ook de koningin Meghan op haar gemak. Ze was precies zo warm en liefdevol als Harry had verteld. Het gesprek verliep volkomen natuurlijk tot aan het einde – ze waren tien minuten over het ingeplande uur gegaan. De koningin is waarschijnlijk de drukste vrouw van het land en houdt zich altijd stipt aan haar schema. Dat was een goed teken.

Op 20 november, iets meer dan een maand na haar ontmoeting met de koningin, landde Meghan weer in Londen in het besef dat de Britse hoofdstad niet langer alleen de stad was waar haar partner woonde. Het was nu ook haar thuis. De afgelopen weken waren inspannend geweest, maar dit voelde goed. Ze was opgetogen.

Harry voelde zich schuldig dat ze zoveel op moest geven – haar huis, haar carrière – om in zijn wereld te passen. Hij was altijd bezorgd dat hij haar leven te veel overhoop haalde. Hij was ook bang voor de route die voor hen lag. Hoe zou de pers reageren? Zou hij te maken krijgen met vooroordelen van meer mensen uit eigen kring en het instituut monarchie? Hij wilde Meghan beschermen, zijn armen om haar heen slaan en haar afschermen van alle negatieve aandacht, maar hij wist dat dat onmogelijk was. Hij was bang dat ze op een dag tegen hem zou zeggen: 'Ik hou van je, maar zo kan ik niet leven.' Meghan verzekerde hem dat ze sterk was en klaar stond om 'een team te worden'.

Nadat ze haar spullen naar haar nieuwe huis met Harry had gebracht, de gezellige Nottingham Cottage, waren de plannen voor de komende dagen in geheimen gehuld. Harry had als actief lid van de koninklijke familie zoals altijd allerlei verplichtingen, waaronder een receptie voor Walking with the Wounded op 21 november, de dag nadat ze bij hem was ingetrokken. Het evenement vond plaats in hotel Mandarin Oriental, een paar minuten van het huis dat hij nu met Meghan deelde. Harry was al sinds 2010 een belangrijke steunpilaar voor deze veteranenorganisatie; in 2011 had hij deelgenomen aan hun tocht naar de Noordpool en in 2013 aan die naar de Zuidpool. 'Het leven is mooi,' vertelde Harry de medeoprichter van de organisatie, Simon Daglish, nadat hij zijn toespraak tot de zaal had gehouden.

In huis was er werk te doen. Eerder had Meghan al wat kleren bij Harry achtergelaten en hier en daar wat aan de inrichting gedaan, maar nu moest ze ruimte zien te vinden voor haar spullen. Met haar oog voor design had ze het huis al een stuk gezelliger gemaakt, maar aan de grootte ervan kon ze niets doen. Op de bovenverdiepingen waren de plafonds soms zo laag dat Harry met zijn lengte van 1,85 zijn hoofd moest bukken om te voorkomen dat hij zich stootte. Meghans garderobe paste maar net in een van de drie slaapkamers. Maar het overvolle huis was niet echt een probleem. Na maanden van een langeafstandsrelatie was Meghan blij nu eindelijk een postcode, W8 4PY, met haar geliefde te delen.

Meghans persoonlijke stijl was ook buiten de muren van hun cottage merkbaar. Ze had een doos wegwerphandwarmers bij Amazon besteld en elke keer als ze op een koude winterdag naar buiten ging, gaf ze bij de poort een stel aan de beveiligers.

Meghan hield ervan om de plekken waar ze woonde zo comfortabel en chic mogelijk in te richten, en vanwege haar werk was ze vaak verhuisd. Dit keer was haar huiselijkheid ook een manier om zich aan te passen aan de grote wending die haar leven genomen had, zowel geografisch als innerlijk. Ze voelde zich thuis in Nott Cott met Harry – ze bloeide altijd overal waar ze geplant was, maar ze was niet naar Londen gekomen voor een nieuwe baan. Ze was naar Londen gekomen om een nieuw leven te beginnen. Ze was weliswaar gewend om duizenden kilometers van haar moeder te wonen, die altijd een belangrijke steun voor haar was, maar Londen voelde net iets verder weg. Ze belden of appten vrijwel dagelijks, maar vanwege het tijdverschil van acht uur was dat weleens lastig. Ze was bovendien niet als gewone burger naar het Verenigd Koninkrijk verhuisd, ze ging deel uitmaken van de koninklijke familie en dat is een verandering waar niemand zich echt op kan voorbereiden.

Nu Harry en Meghan in hun liefdesnestje zaten bereikten de geruchten over hun verloving het kookpunt – en doordat Kensington Palace de lippen stijf op elkaar hield bleven de media speculeren. Vragen van journalisten naar de status van de verloving werden niet beantwoord of met 'niets nieuws te melden' afgewimpeld. Maar de bewijzen stapelden zich op. Toen Harry en Meghan op 22 november opeens een vergadering van twee uur hadden met Jason, Harry's hoofd communicatie, en Ed Lane Fox, zijn privésecretaris, was het duidelijk dat er íets stond te gebeuren.

De media schakelden nog een versnelling hoger toen een medewerker en een cameraman van de BBC vertelden dat het paleis contact had opgenomen om het eerste interview van het paar als toekomstige man en vrouw te regelen.

En er wás wat aan de hand. Maar één ding was zeker: niemand in de kring rond Harry en Meghan zou het nieuws vroeg lekken – zeker niet nadat ze het zo lang geheim hadden gehouden. De enigen aan wie Meghan het expliciet had verteld waren haar ouders en beste vrienden, waaronder Jessica, Markus en Lindsay. Met een aantal andere goede vriendinnen had ze het nieuws gedeeld in de vorm van een foto van haar hand met de verlovingsring om haar vinger.

'Voor Meghan was het makkelijk om het geheim te bewaren,' zei een goede vriendin. 'Ze kon het samen met Harry delen en het gaf haar de kans van het moment te genieten voordat het publiek werd.'

Terwijl de rest van de wereld graag wilde weten hoe het met de relatie tussen Harry en Meghan zat, bleef het stel voornamelijk thuis in Nottingham Cottage en was daar heel tevreden mee. Ze hadden, zoals een vriend het omschreef, 'gezellige avondjes voor de televisie en ze kookten graag hun eigen maaltijden'. Ze gingen met vrienden om, waaronder Charlie van Straubenzee en diens vriendin Daisy Jenks, en soms zochten ze Lindsay en haar echtgenoot Gavin Jordan op in hun Londense huis voor een dinertje. Maar het grootste deel van hun tijd deden de twee hele gewone dingen als boodschappen doen bij Whole Foods, bloemen kopen bij Kensington Flower Corner en samen hun favoriete gerechten maken, zoals pasta met courgette en 'hopen Parmezaanse kaas'. (De was werd echter voor hen gedaan – en ze hadden een schoonmaker.)

Nottingham Cottage was een rustige plek waar Harry en Meghan van een alledaags huiselijk leven genoten. Maar het was ook de plek waar Harry zijn aanzoek deed.

Meghan onthulde later tijdens het verlovingsinterview met de BBC dat de prins zijn aanzoek deed terwijl ze 'probeerden' een kip te braden, waarna Harry eraan toevoegde: 'Hier in onze cottage; een gewone avond zoals alle andere voor ons.'

'Het [was] een heerlijke verrassing, zo lief en natuurlijk, en erg romantisch,' zei ze. 'Hij ging op één knie.'

'Ze liet me niet eens uitpraten,' zei Harry met een lach.

'Mag ik ja zeggen? Mag ik ja zeggen?' onderbrak Meghan hem en omhelsde hem.

Intussen had Harry haar nog niet eens de ring gegeven.

'Kan ik... kan ik je de ring geven?' zei hij tegen haar.

'O, ja, de ring!' zei ze.

Een huwelijksaanzoek verloopt zelden zoals gepland, maar Harry was tevreden met hoe het ging. 'Het was een heel mooi moment,' zei hij. 'We waren met zijn tweetjes en ik denk dat ik haar heb verrast.

Meghan vond de ring geweldig – een fairtrade briljant geslepen diamant van tweeëneenhalve karaat uit Botswana, geflankeerd door twee diamantjes van zo'n driekwart karaat uit Diana's collectie. Het was niet alleen een schitterend juweel, maar ook een betekenisvolle verwijzing naar zijn moeder. 'Hoe goed hij er over nagedacht had,' vertelde ze een oude vriendin, 'ongelofelijk.'

Harry meende dat Meghan en Diana 'dikke maatjes, geen twijfel mogelijk' zouden zijn geweest. 'Ze zou in de wolken zijn, ze zou op en neer springen, zo blij zou ze voor me zijn geweest.'

De gedachte aan zijn moeder gaf het gelukkige moment een bitterzoete smaak.

'Op dagen zoals deze,' zei de prins in het interview, 'mis ik het enorm dat ze er niet is, dat ik het goede nieuws niet met haar kan delen. Maar met de ring en met alles wat er verder gebeurt, weet je, ben ik zeker dat ze bij ons is.'

Toen Harry Meghan eenmaal gevraagd had met hem te trouwen, legde hij haar uit hoe het hele proces van een huwelijk met iemand uit de koninklijke familie werkte. Hij leidde haar door het noodzakelijke protocol dat op hun verloving zou volgen – waaronder de publieke verklaring van Hare Majesteit dat ze instemde met het huwelijk.

De koningin had privé al haar zegen aan de verloving gegeven, maar haar toestemming werd pas het volgende jaar geformaliseerd, toen ze het *Instrument of Consent* tekende, met de tekst: 'Weet dat we instemmen met en met de aanwezige ondertekening toestemming geven aan het sluiten van een huwelijk van onze zeer geliefde kleinzoon prins Henry Charles Albert David van Wales, K.C.V.O., en Rachel Meghan Markle.'

De regel dat de monarch het huwelijk moet goedkeuren van de eerste zes in de lijn van troonopvolging bestaat al sinds 1772 en is vastgelegd in de Royal Marriages Act. Die werd opgesteld op bevel van koning George III, wiens jongere broer, de hertog van Cumberland, in het geheim trouwde met lady Anne Horton, die de weduwe van een gewone burger was.

De verklaring van goedkeuring van koningin Elizabeth II voor het huwelijk van Harry en Meghan werd getekend op 14 maart 2018 tijdens een bijeenkomst van de Privy Council, de Britse Raad van State, maar pas begin mei openbaar gemaakt.

Harry legde het Meghan allemaal uit en vervolgens bespraken ze de rol die ze als toekomstige hertogin op zich kon nemen. Meghan, die altijd ambitieus was, stond klaar om gebruik te maken van het platform dat ze als Harry's echtgenote kreeg. Ze wilde zodra het nieuws bekend was gemaakt meteen Harry's verplichtingen bijwonen, en ze begon stilletjes onderzoek te doen naar de Britse liefdadigheidsorganisaties om te kijken waar ze de meeste impact kon hebben. In het begin wilde ze vooral inzicht hebben in het Britse filantropische landschap, haar blik was dus breder dan alleen de organisaties die zich bezighielden met zaken die haar na aan het hart lagen. Dit was een kans voor de vrouw die zich haar leven lang had ingezet voor dingen die haar passioneerden – ze kon echte verandering teweegbrengen – en ze zag geen noodzaak om daarmee te wachten tot ze officieel man en vrouw waren.

Harry had Doria over hun discussies verteld toen ze in Toronto waren voor de Invictus games.

Hij had niet zoiets ouderwets gedaan als Meghans vader om de hand van zijn dochter vragen. Meghan was immers een sterke, onafhankelijke vrouw van halverwege de dertig, wier feministische idealen draaiden om het simpele feit dat beide geslachten gelijke kansen moesten hebben. De enige die iets te zeggen had over met wie ze trouwde was Meghan zelf.

Terwijl de dagen na Meghans verhuizing naar Londen verstreken, verzamelde zich een vastberaden groep journalisten permanent voor Kensington Palace. Filmploegen zetten hun camera's en belichting elke ochtend om zes uur klaar, wachtend op het onvermijdelijke moment.

Eindelijk, op 27 november 2017, op een vrieskoude maandagochtend na het Thanksgivingweekend in de VS, werd het nieuws waar iedereen op had gewacht bekendgemaakt. De vader van de bruidegom, de troonopvolger, prins Charles, gaf zijn kantoor in Clarence House opdracht het blijde nieuws te onthullen: 'Zijne koninklijke hoogheid de prins van Wales heeft het genoegen om de verloving aan te kondigen van prins Harry met mevrouw Meghan Markle.'

Zestien maanden na haar eerste kennismaking met de prins en iets meer dan drie maanden na hun geheime verloving werd Meghan gepresenteerd als de volgende koninklijke bruid.

11

De Fab Four

Het nieuws van de verloving vanuit Clarence House werd al snel gevolgd door een boodschap van de koningin en prins Philip, die 'verheugd waren voor het paar' en hen 'alle geluk' toewensten.

Charles, die net als de rest van de familie al sinds de zomer op de hoogte was, voegde eraan toe dat hij 'verrukt' was en Camilla, de hertogin van Cornwall, reageerde met een joviaal 'Amerika's verlies is onze winst'.

Ook Meghans ouders brachten, met hulp van Jason, een gezamenlijke felicitatie naar buiten: 'We zijn ongelofelijk blij voor Meghan en Harry. Onze dochter is altijd een vriendelijk, liefdevol iemand geweest. Dat ze nu samen is met Harry, die over dezelfde eigenschappen beschikt, is voor ons als ouders een bron van enorme blijdschap.'

De reacties van William en Kate waren, typisch voor het stel, keurig. 'We zijn erg blij voor Harry en Meghan,' liet William weten in een verklaring. Later, bij een officiële gelegenheid, zei Kate tegen de pers: 'Het is fantastisch om Meghan te leren kennen en om te zien hoe gelukkig zij en Harry samen zijn.' In werkelijkheid kenden de twee vrouwen elkaar nog niet zo goed.

Aan het begin van haar relatie met Harry was Meghan ervan uitgegaan dat Kate haar onder haar hoede zou nemen en wegwijs zou maken in wat ze als buitenstaander moest weten over de Firm. Meghan vond het jammer dat ze geen band met Kate had opgebouwd, gezien de unieke positie waarin ze verkeerden, maar lag er niet wakker van. Volgens een bron vond Kate dat ze weinig met elkaar gemeen hadden, 'buiten het feit dat ze beiden in Kensington Palace woonden'.

Nadat Harry zijn aanzoek had gedaan, was er een moment waarop Meghan besefte dat ze in het vervolg nooit meer ergens naartoe zou kunnen gaan of iets zou kunnen ondernemen zonder een veiligheidsbeambte in te lichten. Die gedachte alleen al was moeilijk te bevatten, het voelde onwerkelijk. Toch wist ze deze nieuwe realiteit snel te omarmen en te accepteren als een onderdeel van haar leven.

Meteen na de bekendmaking van het nieuws verzamelden mediakanalen van over de hele wereld zich bij het strak geregisseerde fotomoment in de Sunken Garden van Kensington Palace, waar prinses Diana 's ochtends tijdens haar hardlooprondje vaak een praatje had gemaakt met het tuinpersoneel van Kensington Gardens. Harry had zich er al lang geleden bij neergelegd dat de vrouw met wie hij zou trouwen hoe dan ook vergeleken zou worden met zijn moeder – zijn schoonzus Kate was het ook al overkomen. De overleden prinses had de lat hoog gelegd bij het Britse publiek, en daar had Harry geen moeite mee. Hij was ervan overtuigd dat hij in Meghan een partner had gevonden die net zoveel warmte en menselijkheid uitstraalde als zijn moeder.

Toen het koppel de stenen trap voor de lelievijver van de tuin afdaalde en voor de camera's bleef staan, op een klein kruis dat met krijt op de grond was getekend door een medewerker van Kensington Palace, droeg Meghan haar witte jas met riem, met daaronder een door de Italiaanse designer Parosh ontworpen smaragdgroene jurk, die voorafgaand aan de aankondiging met hulp van Jessica was ingepakt en opgestuurd, vergezeld van een complete set aan 'verlovingskleding'.

Het personeel van Kensington Palace knikte goedkeurend, ten teken dat er enkele vragen gesteld mochten worden.

'Wanneer wist je dat zij de ware was?' riep een van de journalisten.

'De eerste keer dat we elkaar ontmoetten,' antwoordde Harry zonder aarzelen.

'Was het een romantisch aanzoek?'

'Erg romantisch,' zei Meghan glimlachend, waarbij ze haar hand omhoog hield om de diamanten verlovingsring te tonen.

Nadat Harry alle aanwezigen had bedankt, liepen de twee hand in hand terug naar het paleis om zich voor te bereiden op hun eerste tv-interview.

Dat gesprek met BBC-nieuwspresentator Mishal Husain, opgenomen in de bescheiden woonkamer van Nottingham Cottage, bood een opmerkelijk oprecht en teder inkijkje in hun bloeiende romance. Nu de zenuwen van het fotomoment wat begonnen weg te ebben, konden Harry en Meghan allebei een beetje ontspannen en zelfs af en toe een grapje maken met de cameracrew tijdens de voorbereidingen op de opname.

Het paar vertelde in detail hoe de relatie was ontstaan, van de eerste date tot het maandenlange trans-Atlantische heen-en-weergereis tussen Londen en Toronto. 'Eerst vier dagen of een week hier, dan terugvliegen en de volgende dag weer voor de camera's staan. Maandagochtend half vier gewekt worden en meteen naar de set,' zei Harry. 'We probeerden zo veel mogelijk bij elkaar te zijn. In twee verschillende tijdzones. En vijf uur bij elkaar vandaan wonen is niet altijd makkelijk. Maar we zijn er samen uit gekomen en nu zijn we hier. Dus we zijn erg blij.'

Of de rest van Groot-Brittannië en de wereld net zo blij zou zijn met een zelfverzekerde, overtuigd feministische hertogin van gemengde afkomst in het huis Windsor, viel nog te bezien. Maar als de monarchie daadwerkelijk wil overleven, zal ze zich moeten aanpassen, en het was niet langer verdedigbaar om een vrouw af te wijzen omdat ze gescheiden, actrice of niet wit was – ook al hadden bepaalde familieleden daar privé andere ideeën over.

Een van de hovelingen had gezegd dat Harry 'zeer moedig' was, maar er waren ook minder positieve geluiden. Of het nou ging om Meghans bescheiden achtergrond, haar Amerikaanse wortels, beschuldigingen dat ze alleen hogerop wilde komen, zorgen over de snelheid waarmee de relatie zich ontwikkelde, of het nauwelijks verhulde racisme in de Britse samenleving, niet iedereen was even enthousiast over Harry's aanstaande – ook buiten de pers.

Voor Meghan betekende dat dat ze extra hard moest werken om hun ongelijk te bewijzen. Kort na de verloving begon ze aan de lange procedure om Brits staatsburger te worden, zonder voorkeursbehandeling.

En dat was nog maar het begin. Nu Harry er met zijn aanzoek voor had gezorgd dat Meghan officieel onderdeel werd van deze unieke, moeilijk te begrijpen wereld, stond hij erop dat zijn verloofde een speciaal team om zich heen kreeg om haar kennis te laten maken met alle ins en outs van het koninklijke leven. 'Harry wilde personeel waar Meghan onder alle omstandigheden op kon vertrouwen,' vertelde een bron. 'Mensen die hen door dik en dun zouden steunen.'

Het team – waarbinnen Harry en Meghan aangeduid werden als 'PH' en 'M' – bestond uit Amy Pickerill, die later Meghans assistent-privésecretaris zou worden, Heather Wong, Harry's adjunct-privésecretaris, die voor de regering van Obama had gewerkt op de afdeling Publieke Zaken van het ministerie van Binnenlandse Veiligheid, Ed Lane Fox en Jason Knauf.

Kort na de aankondiging van de verloving verzamelden medewerkers van Kensington Palace en de Cambridges zich bij de Hurlingham Club in Fulham voor een ontmoeting met Harry en Meghan. Het typisch Engelse landhuis was de ideale locatie om te proosten op een nieuwe samenwerking en Meghans rol bij de Royal Foundation te bespreken, inclusief welke projecten ze zou willen uitvoeren binnen die liefdadigheidsinstelling. 'Er waren verschillende bijeenkomsten om ervoor te zorgen dat ze een mooie rol voor zichzelf kon creëren binnen de familie, op het gebied van emancipatie en andere onderwerpen die haar aan het hart gingen, dus ze had de juiste ondersteuning,' aldus een van de mensen aan het hof.

En dat was nog maar het begin van haar introductie in het familiebedrijf.

Meghan werd gekoppeld aan een aantal experts die haar dezelfde informele training zouden geven als Kate na haar verloving met William had gehad – een reeks instructies over de meest uiteenlopende onderwerpen, van de elegantste manier om uit een personenauto met chauffeur te stappen terwijl je een kokerrok droeg tot wanneer je precies een kniebuiging moest maken als je hogergeplaatste familieleden ontmoette. Ze had gehoopt ook etiquettelessen te krijgen, maar die werden vreemd genoeg niet aangeboden.

De training ging echter niet uitsluitend over hoffelijkheden en gedragsregels. Zo kreeg Meghan ook een tweedaagse veiligheidscursus van de SAS, het elitekorps van het Britse leger. Deze training – die door alle hooggeplaatste leden van het Britse koninklijk huis is afgerond bij het hoofdkantoor van de SAS in Hereford, op de koningin na – is bedoeld als voorbereiding op allerlei gevaarlijke situaties, zoals ontvoeringen, gijzelingen en terreuraanvallen. Meghan werd onderworpen aan een nagespeelde ontvoering, waarbij ze door een 'terrorist' achter in een auto werd vastgebonden en naar een andere locatie werd vervoerd, waar ze werd 'gered' door agenten met nepgeweren van hetzelfde type dat ook in Hollywood wordt gebruikt.

Tijdens de in scène gezette ontvoering kreeg Meghan zelfs instructies om een band op te bouwen met de vijand. Daarnaast werd haar geleerd hoe ze het best kon autorijden in een achtervolging. Volgens een bron vond Meghan het een 'extreem intense en beangstigende' ervaring, maar was ze ook blij dat ze de training had doorlopen.

Kate had haar training pas na de bruiloft gekregen, maar die van Meghan werd naar voren geschoven omdat het stel zoveel bedreigingen ontving. 'Vanaf het begin van haar relatie met Harry kreeg Meghan te maken met verwerpelijke, walgelijke dreigementen,' aldus een medewerker. 'Helaas ging dat een hele tijd door.'

Het verhoogde dreigingsniveau was niet het enige verschil ten opzichte van Kates ervaring als koninklijke verloofde. Een voormalige hooggeplaatste hofmedewerker zei over Kate: 'Ze was vriendelijk, slim, verlegen, bescheiden en beeldschoon. En erg attent. Als ze me belde toen ze nog Williams vriendin was, zei ze altijd: "Sorry, ik wil je niet lastigvallen met dit soort dingen." Dan zei ik: "Natuurlijk mag je me hiermee lastigvallen."'

Bij Meghan ging het anders, zegt dezelfde bron. 'Meghan kwam binnen als een volwassene, iemand die al een derde van haar leven achter de rug had. Ze is een echte Californische die denkt dat ze de wereld kan veranderen. Ze heeft haar eigen merk, haar eigen website, ze doet zaken. Ze houdt zich bezig met hoe we zouden moeten leven.'

'Prima natuurlijk,' vervolgde de hoveling, die naar eigen zeggen 'behoorlijk gesteld' is op Meghan. 'Zo doen ze dat in Amerika. In Groot-Brittannië zien mensen dat en zeggen ze: "Wie denk je dat je bent?"'

Het was misschien niet eerlijk, maar Meghan zou extra haar best moeten doen om niemand tegen de haren in te strijken.

Jason en Ed waren al maandenlang Meghans informele adviseurs. Maar nu ze op het punt stond om officieel toegelaten te worden tot de Firm, zouden royaltywatchers haar nog scherper in de gaten houden. Een iets te bescheiden kniebuiging, een rokje dat men te kort achtte: alles zou opgemerkt en becommentarieerd worden. Meghan zou iemand nodig hebben om haar doorlopend bij te staan, haar te behoeden voor potentiële valkuilen en te troosten als de publieke kritiek te hevig werd.

Amy Pickerill, 'Pickles' voor vrienden, werd aangesteld als rechterhand van Meghan. De voormalige manager mediarelaties, afgestudeerd aan de Universiteit van Nottingham, was slechts een paar jaar jonger dan Meghan en zou bij het grote publiek bekend worden als de vrouw die de lawine aan boeketten, kaartjes en cadeaus opraapte die Meghan toegeworpen kreeg. Achter de schermen was haar takenpakket echter een stuk uitgebreider, van het bijhouden van Meghans schema tot het influisteren van advies over het omgaan met bepaalde situaties. Als Meghan iets moest weten over een gespreksonderwerp of een naam vergat van iemand met wie ze een afspraak had, was het Amy's taak om haar discreet van de juiste informatie te voorzien. En als ze getroost moest worden na een lange dag stond Amy eveneens voor haar klaar.

Wat betreft haar kleding wilde Meghan niet te 'fashion forward' overkomen. Ze had een 'weloverwogen visie' en hoopte dat de pers meer aandacht zou besteden aan haar humanitaire werk dan aan de vraag of ze wel een leuk setje aanhad. Haar 'werkkleding', zoals ze het noemde, moest bestaan uit nette kleren in neutrale kleuren en niet te opvallend zijn of afleiden van de mensen die ze ontmoette. Elke outfit moest gecombineerd worden met minstens één kledingstuk of accessoire van een lokale ontwerper, als teken van steun aan de regio die ze bezocht. 'Ze is echt veel bezig met dat soort details,' aldus George Northwood, de Britse haarstylist die in de twee jaar na haar bruiloft met Meghan werkte. 'Waar we ook heen gingen, ze deed altijd haar best om kleine bedrijven en lokale juwelenontwerpers in het zonnetje te zetten.'

Bij die belangrijke eerste koninklijke gelegenheid – een evenement voor Wereldaidsdag in Nottingham op 1 december, inclusief een ontmoeting met Full Effect, een groep positieve rolmodellen voor kinderen – koos Meghan voor een kaki midirok van het Londense merk Joseph, een eenvoudige zwarte coltrui en een paar zwarte suède knielaarzen, ontworpen door de Britse designer Kurt Geiger. De look, die ze zelf had samengesteld, kreeg de goedkeuring van Kensington Palace.

Ook met Meghans gedrag was niets mis. Ze wist precies hoe ze de fans voor zich moest winnen. Toen ze om vijf over elf 's ochtends het publiek begroette, dat daar al vanaf zes uur buiten het National Justice Museum stond te wachten, de temperatuur net boven het vriespunt, bleef ze bijna een half uur staan kletsen en pakte alles aan, van bloemen tot zelfgemaakte kaartjes tot Haribo-snoep (waar de prins, zoals bekend, een zwak voor heeft). Meghan wilde niet pretentieus overkomen en stak haar hand uit naar iedereen die langs de route stond terwijl ze zichzelf voorstelde met een vrolijk 'Hoi, ik ben Meghan,' alsof de aanwezigen haar brede glimlach nog nooit eerder hadden gezien.

Het was een groot succes. Ze liet een spoor van complimenten achter terwijl ze de mensen een voor een begroette. Eén vrouw sprak haar bewondering uit over het feit dat Meghan vooroverboog om met haar driejarige zoontje te kletsen, waarbij ze hem prees omdat hij in de kou had staan wachten. Een ander was onder de indruk omdat Meghan had opgemerkt dat ze een Californisch accent had en had gevraagd waarom ze in het Verenigd Koninkrijk was. Als er al zenuwen waren over hoe ze haar eerste dag in koninklijke dienst zou doorkomen (en nerveus was ze, zo had ze de avond ervoor aan een senior medewerker toevertrouwd), dan hield ze die goed verborgen. Ze kwam volkomen oprecht over terwijl ze bestickerde kaartjes van kinderen aanpakte, complimenten over haar schitterende nieuwe ring in ontvangst nam en vragen beantwoordde over haar recentelijk afgeronde rol in *Suits*.

Toen een lokale fan en haar man om een selfie vroegen, weigerde Meghan uiterst beleefd. 'O, het spijt me zo,' zei ze glimlachend, met het advies dat ze eerder van een medewerker had gekregen in haar achterhoofd. Ze had dolgraag op de foto willen gaan, maar stond op het punt om officieel toe te reden tot de koninklijke familie en selfies werden niet erg gewaardeerd. En Meghan leerde snel.

Terwijl Meghan werd onderwezen in de protocollen van de familie, begon het koninklijke leven langzaam te veranderen. Dat zag zelfs koningin Elizabeth in, die besloot Meghan uit te nodigen voor de kerstdienst in de St. Mary Magdalene-kerk en het familiefeest op Sandringham. Tot dat moment waren partners van familieleden doorgaans pas welkom na de officiële voltrekking van het huwelijk. In 2010 was Kate ook niet uitgenodigd na haar verloving met William, al kwam dat deels omdat Kate de feestdagen in de buurt kon doorbrengen, bij haar ouders in Bucklebury.

De koningin had geen uitzondering gemaakt omdat ze Meghan leuker vond dan Kate, maar omdat ze zo gek was op haar roodharige kleinzoon en graag wilde dat Meghan zich welkom zou voelen in de familie. Vandaar de uitnodigingen voor de koninklijke festiviteiten rond de kerst op Sandringham en de lunch met familieleden die vóór de kerst plaatsvond op Buckingham Palace. Dit was precies de daadkracht waar de koningin zo om geroemd werd.

De pre-kerstlunch werd vooral gehouden om de koningin de kans te geven kerst te vieren met lager geplaatste familieleden die niet werden uitgenodigd op Sandringham. Het was tevens het eerste familie-evenement van Meghan, die een zwart-witte kanten midi-jurk van Self-Portrait droeg, met een paar diamanten oorbellen.

Helaas werd het gulle gebaar van Elizabeth richting Meghan bijna overschaduwd door prinses Michael van Kent – de vrouw van prins Michael van Kent, kleinzoon van George V – die een broche in de zogenaamde blackamoorstijl droeg. Blackamoor was een Italiaanse decoratieve kunststroming aan het eind van de middeleeuwen, met een hoofdrol voor gestileerde figuren van Afrikaanse of andere niet-Europese afkomst – vaak mannen met tulbanden of blinkende juwelen die scherp afstaken tegen hun extreem donkere huid. Deze figuren stonden symbool voor de onderwerping van de Moren, een vage term waarmee de moslims in het middeleeuwse Spanje of mensen van Arabische of Afrikaanse afkomst werden aangeduid, en werden derhalve meestal als dienaren afgebeeld.

Leden van de koninklijke familie, waaronder de koningin en de hertogin van Cambridge, droegen wel vaker broches bij officiële aangelegenheden om een symbolische boodschap uit te dragen. Voor haar eerste tournee door Canada met William had Kate haar oog laten vallen op het diamanten esdoornblad, een broche van de koningin-moeder, en in 2013 droeg de koningin zelf een veelkleurige broche in de vorm van een bloemenmandje, een cadeau van haar ouders na de geboorte van Charles in 1948, bij de doop van prins George.

De blackamoorbroche kent een ingewikkelde geschiedenis. Ooit behoorden de Venetiaanse glazen broches tot de juwelencollecties van zowel Elizabeth Taylor als Grace Kelly, maar tegenwoordig worden de figuren als beledigend en racistisch beschouwd. In 2012 werd modehuis Dolce & Gabbana nog sterk bekritiseerd omdat het de exotische Europese stijl had verwerkt in de lentecollectie op de catwalk.

Als het op koninklijke mode aankomt, wordt elk detail zorgvuldig gewogen. Het was mogelijk dat prinses Michael eenvoudigweg een domme keuze had gemaakt, maar ergens vroeg Meghan zich toch af of die broche met een Afrikaanse figuur in een gouden tulband en felle kleding geen boodschap aan haar adres moest voorstellen. Het was op zijn minst tactloos dat de prinses geen rekening hield met Meghans Afrikaans-Amerikaanse roots en het racisme waar ze mee was geconfronteerd sinds ze met Harry samen was.

Bovendien was het niet de eerste keer dat prinses Michael was beschuldigd van racisme. In 2004 had ze in een New Yorks restaurant tegen een aantal zwarte gasten gezegd dat ze 'terug moesten gaan naar de koloniën'.

Later bood prinses Michael, die vlak bij Harry en Meghan woonde in appartement 10 van Kensington Palace, haar excuses aan voor het dragen van de broche. In een verklaring zei ze dat het haar 'erg speet en dat ze het vervelend vond dat er ophef over was ontstaan'. Niet alle hofmedewerkers waren overtuigd van de oprechtheid van die uitspraak. Het was hoe dan ook te laat, zeker gezien het feit dat de koningin Meghan juist had uitgenodigd om haar op haar gemak te stellen, zo kort na haar verhuizing naar Engeland.

Harry en Meghan brachten een deel van hun vakantie door met William en Kate in Amner Hall. Bij de uitnodiging voor Sandringham was immers geen slaapplek inbegrepen – pas na de huwelijksvoltrekking zou Harry's aanstaande echtgenote onder hetzelfde dak als de koningin mogen slapen.

Diana, prinses van Wales, met de tweeëntwintig maanden oude prins Harry en prins William in het Highgrove Park in Gloucestershire, 18 juli 1986.
Tim Graham / Getty Images

Een lachende eenjarige Meghan Markle met haar moeder Doria Ragland tijdens een familiepicknick in Los Angeles. Zomer van 1982.
Met dank aan @meghanmarkle / Instagram

Meghan en haar moeder in 2011, op het moment dat haar moeder haar masterdiploma Social Work van de University of Southern California in Los Angeles had ontvangen.
Met dank aan @meghanmarkle / Instagram

De tienjarige Harry zit naast zijn moeder bij een parade op The Mall (Londen), ter ere van de vijftigste gedenkdag van de overwinning op Japan. 19 augustus 1995.
Antony Jones / Julian Parker / Getty Images

Na de bekendmaking van hun verloving poseerden Harry en Meghan in december 2017 voor een reeks stijlvolle portretten gemaakt door de modefotograaf Alexi Lubomirski in het park van Frogmore House in Windsor.
Handout / Getty Images

Het is officieel! Harry en Meghan vertellen trots het nieuws van hun verloving tijdens een fotoshoot in de verzonken tuin van Kensington Palace op 27 november 2017.
Chris Jackson / Getty Images

Tijdens de reis naar Botswana, waar Harry Meghan vertelde dat hij met haar wilde trouwen, stelde de prins haar op 12 augustus 2017 voor aan zijn vrienden van de natuurbeschermingsorganisatie Elephants Without Borders. Ze hielpen gps-halsbanden aan te brengen. *Met dank aan @ SussexRoyal / Instagram*

Prins Harry en president Barack Obama in gesprek tijdens een wedstrijd rolstoelbasketbal, bij de Invictus Games in Toronto op 29 september 2017. *Samir Hussein / Getty Images*

Tijdens hun 'verlovingstournee' door het VK stelde Harry Meghan tijdens een bezoek aan Cardiff Castle in Wales voor aan vertegenwoordigers van een aantal liefdadigheidsorganisaties. 18 januari 2018.
Ben Birchall / Getty Images

De pasbenoemde hertogin van Sussex en prins Harry, gekleed in een parade-uniform, in een open koets, een Ascot Landau. Ze zijn op weg naar Meghans eerste Trooping the Colour: de militaire parade ter ere van de verjaardag van de koningin. 9 juni 2018. *Max Mumby / Getty Images*

Meghan bracht in 2017 diverse privébezoeken aan de vrouwen van The Hubb Community Kitchen van het Al Manaar Muslim Cultural Heritage Centre in West-Londen. Een jaar later hielp ze hen met de promotie van *Together: Our Community Cookbook. Chris Jackson / Getty Images*

Ja, ze willen! De hertog en hertogin van Sussex geven elkaar hun eerste kus als man en vrouw op de treden voor St. George's Chapel in Windsor Castle, waar de huwelijksceremonie op 19 mei 2018 plaatsvond. *Ben Stansall / Getty Images* Na de dienst reed het echtpaar in een open koets door de straten van Windsor (RECHTS). *Yui Mok / Getty Images*

De hertog en hertogin van Sussex hebben zich bij de koningin gevoegd om de vliegtuigen van de Royal Air Force te bekijken, die over Buckingham Palace vliegen ter gelegenheid van honderd jaar RAF. Ook de hertog van York, de prins van Wales en zijn vrouw Camilla, de hertogin van Cornwall, en de hertog en hertogin van Cambridge zijn aanwezig. 10 juli 2018. *Max Mumby / Getty Images*

Harry en Meghan genieten van de haven van Sydney en juichen de deelnemers aan een zeilwedstrijd toe tijdens de tweede dag van de Invictus Games in 2018. *Chris Jackson / Getty Images*

Als kapitein-generaal van de mariniers bezocht Harry op 20 februari 2019 de basis van het 42 Commando Royal Marines in Devon, voor een presentatie van de groene baretten. *Finnbarr Webster / Getty Images*

Kort na de bekendmaking van haar zwangerschap ontmoetten Harry en Meghan blootsvoets leden van OneWave, een groep die mensen met psychische problemen helpt, tijdens een bezoek aan Bondi Beach op 19 oktober 2018. *Chris Jackson / Getty Images*

William en Harry strijden tegen elkaar tijdens de King Power Royal Charity Polo Day op de Billingbear Polo Club in Wokingham. 10 juli 2019. *Max Mumby / Getty Images*

Harry en Meghan kijken glimlachend naar een voetbalwedstrijd van middelbare scholieren tijdens een bezoek aan de stad Asni in Marokko. 24 februari 2019. *Samir Hussein / Getty Images*

Na een nacht in de koninklijke trein voegde Meghan zich bij de koningin voor een dag van evenementen, waaronder de ingebruikname van de Mersey Gateway Bridge. 14 juni 2018. *Max Mumby / Getty Images*

Archies eerste koninklijke bezoek! Het vijf maanden oude zoontje van Harry en Meghan (hier op 25 september 2019 gefotografeerd in Kaapstad) ging mee op hun tournee door zuidelijk Afrika. *Samir Hussein / Getty Images*

De trotse ouders Harry en Meghan met Archie in de rozentuin van Windsor Castle voor een fotoshoot. Archie werd even daarvoor in aanwezigheid van familie en vrienden gedoopt door de aartsbisschop van Canterbury, Justin Welby. 6 juli 2019. *Chris Allerton / SussexRoyal*

Een historisch moment. Harry en Meghan tonen op 8 mei 2019 op Windsor Castle de koningin haar achtste achterkleinkind, Archie Harrison Mountbatten-Windsor. Ook prins Philip en Doria Ragland waren aanwezig. *Chris Allerton / SussexRoyal*

William, Kate, Meghan en Harry, ook wel de Fab Four genoemd, lopen gezamenlijk naar de kerk van St. Mary Magdalene op het landgoed Sandringham in Norfolk. 25 december 2018. *Samir Hussein / Getty Images*

Harry en Meghan op de gele loper bij de Europese première van Disneys *The Lion King* in Londen op 14 juli 2019. *Max Mumby / Getty Images*

Meghan met een sjaal om haar hoofd tijdens een bezoek met Harry aan de Auwalmoskee op de tweede dag van hun koninklijke tournee door Zuid-Afrika. 24 september 2019. *Samir Hussein / Getty Images*

Harry en Meghan stellen hun zoon Archie voor aan aartsbisschop Desmond Tutu en diens dochter Thandeka Tutu-Gxashe bij de Desmond & Leah Tutu Legacy Foundation in Kaapstad. 25 september 2019. *Samir Hussein / Getty Images*

Tijdens zijn bezoek op 27 september 2019 aan Dirico in Angola liep Harry door een mijnenveld dat geruimd werd door de Halo Trust. *Tim Graham / Getty Images* Tijdens dezelfde tournee ging de prins ook naar Huambo. In 1997 had Diana hetzelfde had gedaan; inmiddels was de stad opgebloeid. *Dominic Lipinski / Getty Images*

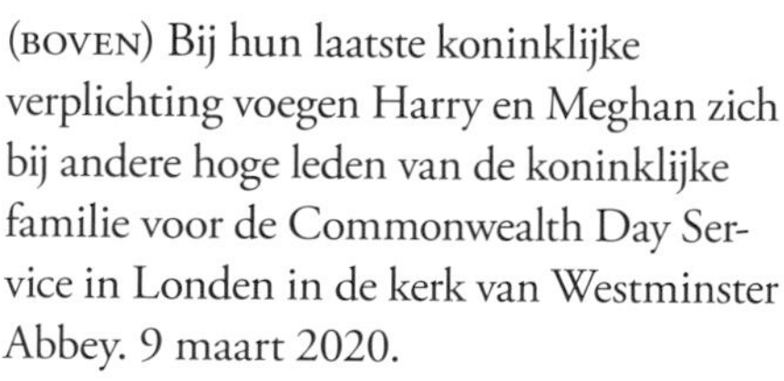

(BOVEN) Bij hun laatste koninklijke verplichting voegen Harry en Meghan zich bij andere hoge leden van de koninklijke familie voor de Commonwealth Day Service in Londen in de kerk van Westminster Abbey. 9 maart 2020.
Gareth Cattermole / Getty Images

(RECHTSBOVEN) Harry neemt de goed ingepakte Archie in november 2019 mee voor een wandeling langs de zeearm Saanich tijdens hun vier maanden durende verblijf op Vancouver Island in Canada.
Met dank aan @SussexRoyal / Instagram

(RECHTS) Voor de laatste keer gekleed in zijn uniform van kapitein-generaal van de Royal Marines bezoekt Harry samen met Meghan op 7 maart 2020 het Mountbatten Festival of Music in de Royal Albert Hall in Londen.
Karwai Tang / Getty Images

Het georgiaanse landhuis met tien slaapkamers – dat op het terrein van Sandringham stond, slechts drie kilometer van de woning van de koningin vandaan – was een cadeau van de koningin aan de Cambridges. Het was oorspronkelijk bedoeld als buitenhuis, maar kort na de geboorte van prinses Charlotte hadden William en Kate definitief hun intrek genomen in het huis in Norfolk, omdat William als piloot bij de luchtambulance van East Anglia werkte. Daar ontving het stel vaak gasten in de enorme keuken met een eetgedeelte met glazen plafond. Vrienden en familie uit de buurt kwamen graag langs voor een ontspannen etentje – heel wat anders dan de lunches in Buckingham Palace of Sandringham, waar gasten door een volledige staf werden bediend.

In tegenstelling tot de zondagse maaltijden in Amner Hall was de kerstviering op Sandringham tot in de puntjes geregisseerd. Het schema begon met de stapsgewijze aankomst van de leden van de koninklijke familie, op basis van de troonopvolgingslijst (nadat de koningin al eerder die week was gearriveerd); op 24 december waren prins Charles en Camilla de laatste twee gasten die zich bij het gezelschap voegden.

Bij dit evenement wordt niets aan het toeval overgelaten, en de aankomst van de gasten vormt daarop geen uitzondering. Leden van de familie worden afgezet bij de entree, waar chauffeurs en bedienden klaarstaan om bagage en cadeaus via de zijdeur naar binnen te brengen. Terwijl de koffers naar boven worden gebracht, worden de kerstcadeaus in de rode salon neergelegd, op een grote schragentafel met aparte vakken voor de koningin, prins Philip en alle andere familieleden. Daarna krijgen de gasten een slaapkamer toegewezen in het 270 kamers tellende pand, dat ook wel het 'Big House' wordt genoemd, en wordt het schema voor maaltijden en evenementen verstrekt. Kort na vier uur 's middags op de vierentwintigste komt de familie bij elkaar voor een afternoon tea.

De koks waren al dagen bezig met de voorbereiding van de uitgebreide maaltijden die de gasten van Sandringham voorgeschoteld kregen. De kerstlunch bestond uit kalkoen met een vulling van kastanje, ui en salie, geroosterde aardappelen, aardappelpuree, pastinaak met spruitjes, en als toetje Christmas pudding met een glaasje brandy. De chef-kok zelf sneed de twee kalkoenen aan in de koninklijke eetzaal. Dit was het enige moment van het jaar waarop de chef-kok in de eetzaal mocht komen en door de koningin werd beloond met een glas whisky om te proosten op de feestdagen. (De derde kalkoen werd boven in de kinderkamer door de souschef aangesneden. De kinderen mochten niet bij de volwassenen aan tafel zitten tot ze hadden geleerd hoe ze zich correct moesten gedragen.) Volgens de voormalige koninklijke chef Darren McGrady was het buffet op eerste kerstdag nog royaler, met lamskoteletjes met munt, koude gepocheerde zalm, foie gras en croute, ossenstaart, varkensvlees, gebraden kip, gerookte kalkoen en gebraden Yorkham, slamelange, nieuwe aardappelen en borsjt – een menu dat nog steeds in gebruik is. Er was ook voldoende zoetigheid, met mincepie, brandyboter en vanilleroomijs.

Na de thee, waarbij versgebakken scones, twee soorten sandwiches, gebakjes zoals chocolade-eclairs en frambozentaartjes, en een grote cake werden geserveerd, kwam iedereen samen in de rode salon om cadeautjes uit te wisselen.

De cadeaus werden uitgepakt op 24 december, naar de Duitse traditie. De kinderen kregen doorgaans typische kerstcadeaus: een brandweerauto voor George, een driewieler voor Charlotte, houten speelgoed voor Louis. (Als kind hadden William en Harry ooit waterpistolen gekregen van prins Edward, waarmee ze de keuken bestormden en alle koks natspoten.) Onder de volwassenen waren dure cadeaus uit den boze en hield men het bij goedkope, soms ludieke presentjes.

Naar verluidt heeft Harry zijn grootmoeder voor kerst ooit een badmuts gegeven met het opschrift 'Ain't Life a Bitch', waar ze erg mee in haar nopjes was, en genoot ze ook enorm van de zingende vis die ze een keer van hem cadeau kreeg, de Big Mouth Billy Bass, die een prominente plek kreeg op Balmoral, haar Schotse optrekje. Kate, die volgens de geruchten bij haar eerste keer op Sandringham de chutney van haar oma maakte, gaf ooit een 'Maak je eigen vriendin'-pakket aan Harry. De afgelopen jaren schijnt de hertogin van Cambridge een zwak te hebben voor de geurtjes van parfummaker Jo Malone.

Prins William gaf zijn oma ooit een paar slippers met haar gezicht erop. Prinses Anne kocht een leren toiletbril voor haar broer Charles, schijnbaar omdat hij ze verzamelde. Haar vader, prins Philip, een enthousiast barbecueër, kreeg van haar een pepermolen met een lampje aan het uiteinde, zodat hij het vlees goed kon zien als het donker werd.

Sarah Ferguson had weleens beschreven dat ze zich op Sandringham zeven keer had omgekleed binnen vierentwintig uur, maar met dat soort dingen was Meghan totaal niet bezig. Zelfs voor een ervaren actrice was dit een auditie als geen ander, en ze was vast van plan om indruk te maken op haar toekomstige verwanten. Haar grootste uitdaging: het vinden van grappige cadeautjes om haar nieuwe schoonfamilie mee aan het lachen te maken. Eén van haar presentjes viel in elk geval bijzonder goed in de smaak, een lepel voor William waarin de tekst 'cereal killer' (letterlijk 'graanmoordenaar', een woordspeling op 'serial killer', seriemoordenaar) gegraveerd stond.

Het kerstdiner was een veel formelere aangelegenheid. De dresscode was 'smoking' en het diner bestond uit gerechten zoals garnalen met Sandringham-lam, met als toetje tarte tatin.

De kerkdienst op eerste kerstdag was voor Meghan misschien wel de meest stressvolle aangelegenheid. Het Engelse ontbijt van de mannen werd om acht uur 's ochtends opgediend. (De vrouwen kregen een dienblad met ontbijt op hun kamer, een traditie.) Daarna liep de familie gezamenlijk een paar honderd meter over het uitgesleten pad naar de piepkleine kerk van St. Mary Magdalene, waar de koningin elke zondag de dienst bijwoonde als ze op Sandringham was. De koningin zelf arriveerde in haar bordeauxrode

Bentley. Honderden fans hadden zich langs het pad verzameld in de hoop een glimp van de familie op te vangen; sommigen stonden al vanaf drie uur 's ochtends te wachten.

In haar zandkleurige jas met kraag, kastanjebruine hoed van Philip Treacy en donkerbruine suède Stuart Weitzman-laarzen stond Meghan zachtjes te praten met William, Harry en Kate, die haar precies uitlegden wat er ging gebeuren en in welke volgorde.

Het publiek was dolenthousiast om Harry met zijn kersverse verloofde te zien. Onder het gejuich van de fans en het geklik van fototoestellen liepen William, Kate, Harry en Meghan naast elkaar naar de kerk. De 'Fab Four' waren gearriveerd.

William, Kate, Harry en Meghan waren niet alleen met kerst een hit. Op 28 februari 2018 kwam het viertal weer bij elkaar voor zijn eerste officiële gezamenlijke gelegenheid. Op die koude, besneeuwde ochtend werd namelijk het eerste Royal Foundation Forum in Londen gehouden, waarbij William, Kate en Harry de kans kregen om aandacht te vragen voor hun doelen op het gebied van geestelijke gezondheid, kansarme jongeren, het leger en dierenbescherming. Na het huwelijk zou Meghan het vierde erelid van de stichting worden, een koepelorganisatie voor de liefdadigheidsinitiatieven van de jonge royals die in 2009 door William en Harry werd opgericht.

Als Windsors waren ze voorbereid op een leven met twee belangrijke pijlers: plichten en diensten. Op haar eenentwintigste verjaardag had William en Harry's oma aan de wereld laten weten: 'Ik verklaar ten overstaan van u allen dat ik me mijn hele leven, hoe lang of kort het ook duurt, in uw dienst zal stellen en in dienst van de grote keizerlijke familie waartoe we allemaal behoren.' Haar toewijding aan de monarchie en het Britse Gemenebest is altijd onwankelbaar geweest.

Vanaf hun vroegste jeugd was William en Harry ingeprent, niet alleen door hun oma, maar ook door hun ouders, dat het dienen van het land hun belangrijkste taak was. Beide jonge erfgenamen realiseerden zich dat ze vanwege hun privilege een uitgelezen kans hadden om verandering teweeg te brengen. De Royal Foundation was bedoeld als vehikel voor die verandering.

'We zijn onderdeel van een gerespecteerd instituut, gestoeld op tijdloze waarden: familie, dienst, plicht en integriteit,' zei Harry tijdens het forum in Londen, waar de vier naast elkaar op het podium zaten en vragen beantwoordden van een gespreksleider. 'We voelen een enorme verantwoordelijkheid om ons steentje bij te dragen aan het teweegbrengen van positieve maatschappelijke veranderingen. Ik ben erg trots dat mijn aanstaande echtgenote zich binnenkort bij ons voegt. Momenteel zijn we druk bezig met de voorbereidingen op het huwelijk, maar we kijken er erg naar uit om in de toekomst als stel en als viertal samen te werken, en we hopen dat we een verschil kunnen maken.'

Bij het evenement van de Royal Foundation kreeg Meghan voor het eerst een idee van hoe haar leven als nieuwste lid van de koninklijke familie eruit zou kunnen zien.

Toen het haar beurt was, hield ze een bevlogen pleidooi voor vrouwenemancipatie. 'Je hoort vaak dat mensen zeggen: "Je helpt mensen een stem te vinden," en daar ben ik het grondig mee oneens, want vrouwen hoeven geen stem te vinden,' zei ze. 'Ze hebben al een stem; zij moeten alleen het gevoel hebben dat ze hem mogen gebruiken, en de wereld moet aangemoedigd worden om ernaar te luisteren.'

Voor de koninklijke familie was dit een gedurfde uitspraak, maar niet voor deze jongere generatie.

Meghan zag een leven op de voorgrond voor zich, niet langs de zijlijn, en wilde haar invloed gebruiken om dingen voor elkaar te krijgen. Bijna drie maanden na het forum van de Royal Foundation waren Harry en Meghan te gast bij een forum van de jeugdafdeling van het Brits Gemenebest, tijdens de tweejaarlijkse ontmoetingen tussen de regeringsleiders van de gemenebestlanden. Daar spraken ze hun steun uit voor jonge mensen in de LHBTQ-gemeenschap, iets wat vijftig jaar eerder ondenkbaar was geweest. Harry werd tevens door de koningin benoemd tot ambassadeur van de jeugdorganisatie van het Gemenebest. Samen hoopten Harry en Meghan het werk van jongeren te belichten en de aandacht te vestigen op mensen die niet gehoord werden.

De realiteit was dat er nog meer dan dertig gemenebestlanden met antihomowetgeving waren. Wie had gedacht dat Meghan bereid zou zijn haar principes opzij te schuiven, kwam bedrogen uit. Vanaf het begin was duidelijk dat ze als koninklijke verloofde weliswaar respect had voor de tradities, maar ook haar stem zou laten horen.

De nieuwe generatie royals ging vol goede moed aan de slag, maar zoals bij elk familiebedrijf liep niet alles meteen op rolletjes. Toen bij het forum van de Royal Foundation werd gevraagd of er weleens onenigheid was binnen de familie, aangezien iedereen zo dicht op elkaar woonde en werkte, antwoordde William, die normaal gesproken niet veel losliet over het leven achter de paleismuren, met een verrassend en volmondig: 'O, zeker.'

'En zijn die ruzies inmiddels bijgelegd?'

'Dat weten we nog niet!' zei prins William lachend.

Harry vulde aan dat het fijn was om samen te werken met 'vier verschillende persoonlijkheden' die 'allemaal dezelfde passie hadden: verandering teweegbrengen'.

'Samenwerken met de familie is soms lastig, maar dat is normaal. Het feit dat iedereen hierom moet lachen, bewijst dat het herkenbaar is,' aldus Harry, waarna hij eraan toevoegde dat hij niet wist of alle meningsverschillen waren opgelost, omdat ze elkaar 'in rap tempo' opvolgden.

'Maar,' zei Harry ook, 'we zitten de rest van ons leven aan elkaar vast.'

12

Het probleem Samantha

De ellende begon met Samantha Markle. Meghans relatie met Harry was nog maar amper vierentwintig uur bekend toen haar halfzus haar kans rook – ook al hadden de twee elkaar al meer dan tien jaar niet gezien.

Samantha, die eigenlijk Yvonne heette maar haar naam had veranderd en haar haren blond had geverfd, was Thomas' oudste kind, uit zijn eerste huwelijk met Roslyn Loveless. Ze hadden elkaar ontmoet in Chicago, toen Thomas als negentienjarige bij een lokale nieuwszender werkte. Roslyn was achttien. Nog geen jaar later waren ze getrouwd en was er een baby op komst; twee jaar daarna volgde Thomas jr. Nadat ze in 1975 uit elkaar gingen, verhuisde Roslyn met Yvonne en Thomas jr. naar New Mexico. In hun tienertijd hadden de kinderen een tijdje bij hun vader gewoond, maar ze waren niet gebleven.

Mede door het leeftijdsverschil van zeventien jaar had Meghan haar halfzus slechts twee keer ontmoet. De tweede keer was in 2008, toen Thomas haar had gevraagd om met hem mee te gaan naar New Mexico voor Samantha's diploma-uitreiking op de universiteit. Bij die gelegenheid was de foto van de twee zussen gemaakt die later op elke nieuwszender te zien was.

Een vertrouweling liet weten: 'De reden waarom de pers altijd diezelfde foto gebruikt, is dat het de enige is. Als er meer waren, had Samantha ze al wel verkocht.'

Samantha stapte met een handvol jeugdkiekjes van Meghan naar *The Sun* en vertelde dat de actrice al haar hele leven lang de ambitie had om te trouwen met een lid van de koninklijke familie.

'Ze droomt er al van sinds we vroeger samen naar de royals op tv keken,' aldus Samantha. De zussen hadden nauwelijks contact gehad sinds Doria bij Thomas was weggegaan toen Meghan twee jaar oud was, maar dat weerhield Samantha er niet van om te beweren dat ze samen graag over jongens klessebesten. Zo zou Meghan altijd al een zwak voor Harry hebben gehad. 'Harry vond ze altijd al de leukste,' verklaarde Samantha. 'Ze valt op roodharige jongens.'

Dat kon weinig kwaad, maar vervolgens schetste Samantha een beeld van Meghan als een manipulatieve opportunist, iemand die haar hele carrière van tevoren had uitgestippeld, van tv-ster tot toegewijde filantroop tot liefje van Harry. Nog erger was de beschuldiging dat Meghan haar bewust op afstand hield vanwege haar diagnose multiple sclerose in 2008, waardoor Samantha in een rolstoel was beland.

'Ze heeft de ambitie om prinses te worden,' zei Samantha, die een royale vergoeding had ontvangen van *The Sun*. 'Haar gedrag lijkt me niet gepast voor een lid van de koninklijke familie.'

Terwijl de relatie van Harry en Meghan in de volgende fase belandde, kreeg Samantha steeds vaker een podium. Toen Meghan begin 2017 voor de humanitaire organisatie World Vision een week in India doorbracht, waar ze deelnam aan gesprekken over vrouwelijke gezondheidszorg en hygiëne, werd ze door Samantha neergesabeld omdat ze te weinig deed. Later, nadat Meghan een artikel voor *Time* had geschreven over het taboe rondom menstruatie, kondigde Samantha haar eigen publicatie aan. 'Enthousiast over mijn boek, *Dagboek van de zus van prinses Pushy* ('prinses opdringerig')', tweette ze. (Inmiddels zijn we drie jaar verder en is het boek nog steeds niet verschenen.)

Hoewel Samantha geen bekendheid werd met haar mediaoffensief, hield ze er wel een flinke duit aan over. En om de inkomstenstroom in stand te houden, moest ze verhalen blijven genereren. Hoe meer er bekend werd over de relatie tussen Harry en Meghan, hoe groter de rol die Samantha zichzelf toedichtte. Een vertrouweling van het stel legt uit: 'In het begin probeerde Samantha het te doen lijken alsof ze een hechte band hadden, een beetje zoals Kate en Pippa, maar dat was onzin. Meg en Samantha zijn niet samen opgegroeid. Ze zagen elkaar bijna nooit.'

De waarheid was een stuk minder spannend en niet ongebruikelijk voor samengestelde gezinnen. Door het grote leeftijdsverschil waren de halfzussen gewoon nooit echt close geweest.

Samantha's broer, Thomas Markle jr., liet zich aanvankelijk grotendeels positief uit over zijn halfzus, zoals in januari 2017, toen hij in een interview met *The Sun* onder meer uitlegde wat er was gebeurd bij zijn arrestatie voor het zwaaien met een pistool tijdens een dronken ruzie met zijn vriendin, Darlene Blount. De glaszetter verklaarde dat hij hoopte dat hij Meghan niet te schande had gemaakt en alsnog uitgenodigd zou worden voor de koninklijke bruiloft.

Een jaar later, toen er geen met goud bedrukte envelop in de brievenbus van zijn woning in Oregon was verschenen, besloot Thomas echter over te stappen op de tactiek van zijn zus: Meghan was een opportunist die over lijken ging om de sociale ladder te beklimmen.

'Meghan Markle is duidelijk niet de vrouw met wie je samen hoort te zijn,' schreef hij in een open brief aan Harry, gepubliceerd in *In Touch*. 'Ik begrijp niet dat je niet inziet wat de hele wereld inmiddels doorheeft. Meghans poging om de rol van prinses op zich te nemen, als een zielige C-actrice in Hollywood, is te doorzichtig.'

In navolging van Samantha, die Meghan ervan beschuldigde dat ze het contact had verbroken vanwege haar ziekte, ging ook Thomas jr. op de kwetsende toer. Meghan zou 'haar eigen vader' hebben gebruikt en hem vergeten, eenzaam en straatarm hebben achtergelaten.

In werkelijkheid had Thomas, ooit winnaar van een Emmy, al geldproblemen sinds Meghans kindertijd, wat deels de reden was dat Doria bij hem was weggegaan. Doria had zelf meerdere baantjes gehad om het hoofd boven water te houden, onder andere als kledingontwerper en uitbater van een souvenirwinkeltje, voor ze in 2011 een master Social Work haalde aan de University of Southern California. In 2015 kreeg ze haar licentie als maatschappelijk werker. Thomas vroeg in 1991 al een keer faillissement aan en deed dat in 1993 opnieuw. Gek genoeg had hij in 1990 750.000 dollar gewonnen bij de staatsloterij van Californië. (Volgens familieleden was Meghans geboortedag onderdeel van de winnende cijfercombinatie.) Met dat geld kocht hij een auto voor Samantha en financierde hij deels de bloemenwinkel van Thomas jr. Volgens zijn zoon stak hij het grootste deel van het geld op aanraden van een vriend in een juweliersbedrijf, maar dat werd geen succes. Een jaar later, toen hij zijn faillissement aanvroeg, werd Thomas' totale bezit geschat op $3931. Meghans sympathieke vader was geen slecht mens – hij kon gewoon niet met geld omgaan.

Meghan had zich al heel vroeg ten doel gesteld om een punt te bereiken waarop ze zichzelf en haar ouders financieel kon onderhouden, een zware last als de meeste van je leeftijdsgenoten meer bezig zijn met Abercrombie & Fitch dan met de financiële huishouding van het gezin.

Zodra ze een rol kreeg bij *Deal or No Deal* – waar ze 5000 dollar verdiende voor zeven afleveringen – maakte ze haar belofte waar en stuurde Thomas geld zodat hij zijn rekeningen en andere vaste lasten kon betalen. Ze hield van hem en geloofde oprecht dat hij alleen een klein steuntje in de rug nodig had, ook al maakte hij vaak dezelfde financiële uitglijders.

Meghan en haar intimi waren woedend over de absurde beweringen van Samantha en Thomas jr. Zoals een vertrouweling wist te melden, hadden beiden niets van zich laten horen toen Meghan ze niet had uitgenodigd voor haar eerste huwelijk met Trevor. 'Ze wisten waarschijnlijk niet eens dat ze getrouwd was, want er was geen contact,' aldus de bron. 'Het slaat allemaal nergens op. Ja, nu ze met een prins trouwt, zijn ze opeens enorm betrokken.'

Meghan heeft haar vader meerdere malen verzocht om in te grijpen, en Thomas heeft inderdaad een keer een poging gedaan om Samantha aan te spreken op haar gedrag.

'Weet je wel dat je je zus heel veel pijn doet?' zei hij tegen Samantha, of 'Babe', zoals hij haar meestal noemt.

'Meghan hoeft alleen maar contact met me op te nemen om hier een einde aan te maken,' was de reactie.

Thomas bracht die boodschap vervolgens over aan Meghan, maar die heeft haar halfzus nooit gebeld, uit angst dat ze het gesprek zou opnemen en verkopen aan de tabloids. Ondertussen zat haar vader gevangen tussen zijn twee dochters. Een bron binnen de familie liet weten: 'Hij houdt van allebei evenveel, en hij is bang om ze kwijt te raken.' Toch kreeg Samantha het gevoel dat hij afstand van haar probeerde te nemen. 'Sam heeft altijd het gevoel gehad dat Meghan zijn lievelingsdochter is, wat hij ook doet,' aldus de bron. 'Thomas kiest ervoor om de feestdagen alleen door te brengen, ondanks het feit dat Sam en Tom jr. hem wel uitnodigen.'

Ondertussen was Harry stomverbaasd over het verachtelijke gedrag van Meghans broer en zus. Hij kon moeilijk aanzien hoe zwaar Meghan eronder leed. Ze was gefrustreerd en boos over de onzin die Samantha en Thomas jr. aan de tabloids verkochten. Nog frustrerender was het feit dat ze zichzelf niet kon verdedigen, zelfs niet met een simpele tweet. Ze moest zich inhouden en alles over zich heen laten komen. Leden van de koninklijke familie leven al heel lang aan de hand van de mantra '*never complain, never explain*' – nooit klagen, nooit iets uitleggen. Of, zoals een ervaren medewerker van Buckingham Palace het verwoordde: 'Houd je mond en laat het op je af komen.' Meghan deed haar best om geen artikelen te lezen, maar vaak werd ze er toch mee geconfronteerd als medewerkers of assistenten moesten weten of iets waar of gelogen was. Soms waren die assistenten zelf het mikpunt van de aanvallen. Op een bepaald moment begon Thomas jr. e-mails te sturen aan Katrina McKeever, een communicatiemedewerker bij Kensington Palace, waarin hij financiële steun eiste omdat hij naar eigen zeggen geen werk kon krijgen als gevolg van de media-aandacht. Jason en zijn team vonden de situatie 'onwerkelijk', maar beseften tegelijkertijd dat het hun taak was om Meghan voor deze chaos te behoeden.

Hoe vervelend de leugens van haar broer en zus ook waren, dat de pers ze zomaar publiceerde, was zo mogelijk nog verontrustender. Het stel had er vanaf het begin van de relatie rekening mee gehouden dat er negatieve reacties zouden komen, maar nu ze verloofd waren, hoopten Meghan en Harry dat de media wat terughoudender zouden worden. In plaats daarvan zwol de kritiek nog verder aan en werden er doorlopend verhalen geplaatst die gebaseerd waren op vooroordelen, foute aannames en onredelijke aantijgingen van familieleden met wie Meghan geen contact meer had.

De gebeurtenissen tijdens de koninklijke fazantenjacht op Boxing Day, tweede kerstdag, waren daar een mooi voorbeeld van.

Hoewel Harry en zijn broer vroeger ook hadden gejaagd, was de jongere prins tijdens Meghans eerste kerst op Sandringham afwezig bij de traditionele jacht op Boxing Day. Sommige kranten gaven Meghan de schuld. Zij zou Harry hebben verboden mee te doen aan de aloude familietraditie, omdat ze veganist en dierenrechtenactivist was. Het was allemaal flauwekul; Meghan was geen veganist en had Harry niets verboden.

Meghan, die Harry het hof had gemaakt met een traditionele 'Sunday roast' en kip stond te bakken toen hij haar ten huwelijk vroeg, was geïrriteerd over de absurde berichtgeving. 'Die belachelijke verhalen over familietradities zijn echt flauwekul,' zei een betrouwbare bron. 'Ze doet precies wat de rest ook doet. Ze is dol op traditie.'

De waarheid was dat Harry en Meghan eerder waren teruggekeerd naar Londen omdat Harry gastpresentator en -redacteur was bij *Today*, het beroemde radioprogramma van de BBC, waarvoor hij al eerder een interview met Barack Obama had opgenomen – het eerste interview na diens presidentschap.

Tijdens dat gesprek bespraken Harry en Obama serieuze, belangrijke onderwerpen, zoals overmatig gebruik van sociale media, de macht die regeringsleiders uitoefenen en de verantwoordelijkheid die daarmee gepaard gaat.

Harry had een bloedhekel aan een groot deel van de media, maar begreep tegelijkertijd dat bepaalde kanalen van nut konden zijn als hij de aandacht wilde vestigen op onderwerpen die hem na aan het hart lagen. Hoewel het een paar maanden eerder had plaatsgevonden, tijdens de Invictus Games, was het gesprek met Obama nog even actueel en relevant. Harry toonde zich – met dank aan al die jaren aan de andere kant van de camera – een bekwame interviewer, en het exclusieve tweegesprek ging de hele wereld over. Zonder hem bij naam te noemen, verwees de voormalige president overduidelijk naar Donald Trump toen hij waarschuwde dat regeringsleiders moesten oppassen met het overmatige gebruik van sociale media. Hij vertelde dat hij het presidentschap miste, maar gaf ook aan tevreden te zijn met wat hij had bereikt, ondanks het feit dat niet alles was gelukt. Bovendien was hij blij dat hij nu meer tijd kon doorbrengen met zijn gezin en zijn eigen agenda mocht beheren.

Er waren ook luchtige momenten, vooral toen Harry zijn gesprekspartner een paar snelle dilemma's voorlegde en de luisteraar te weten kwam dat Barack Obama de voorkeur gaf aan Aretha Franklin boven Tina Turner – en dat zijn favoriete 'Queen' toch echt Elizabeth was, en niet de rockband.

'Goed antwoord,' zei Harry lachend.

Obama speelde het spel leuk mee. Nadat hij weigerde antwoord te geven op de vraag 'boxershort of onderbroek?' kwam Harry op de proppen met

'William of Harry?' waarop het antwoord was: 'Op dit moment William!'

Er was nog een andere belangrijke gast aanwezig in dat programma op 27 december: Harry's vader, de prins van Wales.

Het opgenomen gesprek bood een zeldzaam inkijkje in de gevoelige kant van de relatie tussen Harry en zijn vader.

'Ik heb er altijd alles aan gedaan om ervoor te zorgen dat jij en je kinderen, mijn kleinkinderen, en de kleinkinderen van alle andere mensen, kunnen opgroeien in een leefbare wereld,' zei de toekomstige koning.

'Dat zie ik ook, en ik begrijp het helemaal omdat we er zo vaak over hebben gesproken. Hoe ouder ik word, hoe meer ik aan je wil vragen,' antwoordde Harry.

'Nou, mijn lieve jongen, dat maakt me ontzettend trots,' zei Charles.

'Dat ik naar je luister?' zei Harry voor de grap.

'Nou, dat is helemaal bijzonder,' kaatste Charles terug.

Naast de interviews met Obama en zijn vader blikte Harry ook terug op Meghans eerste kerst bij de familie, die volgens hem 'fantastisch' was verlopen.

'We hebben een van de grootste families die ik ken, en elke familie is complex,' zei hij. 'Ze doet het geweldig, past zich snel aan. En op een bepaalde manier is het de familie die ze nooit heeft gehad.'

Die laatste opmerking, over de familie 'die ze nooit heeft gehad', schoot een aantal leden van de familie Markle, die toch al boos waren en zich in de steek gelaten voelden nu Meghan zich in andere sociale kringen begaf, in het verkeerde keelgat. Door Harry's uitspraak kwamen de verhoudingen binnen de familie alleen maar meer op scherp te staan.

Meghan kreeg niet de kans om zich veel zorgen te maken over de controverse die Harry had ontketend, want de tabloids richtten zich al snel op haar vermeende protocollaire blunders tijdens het eerste bezoek van het stel aan Wales op 18 januari. Ze schreven niet over de manier waarop ze een verlegen meisje had aangemoedigd om mee te doen aan een dansje bij Star Hub, een buurthuis in Cardiff, over het enthousiasme waarmee de kinderen haar hadden omhelsd, of zelfs over de zwarte skinny jeans met hoge taille van het lokale merk Hiut Denim die ze had gedragen, maar in een aantal artikelen werd wel aandacht besteed aan het feit dat het paar ruim een uur te laat was aangekomen bij een evenement op Cardiff Castle. Wat er vaak niet bij werd vermeld, was dat de Great Western Railway-trein tussen Paddington Station in Londen en het centraal station van Cardiff, die ook werd gebruikt door gewone burgers, simpelweg vertraging had opgelopen.

In de berichtgeving werd ook gewag gemaakt van andere 'flaters'. Zo had Meghan op een bepaald moment een paar passen voor Harry uit gelopen, een fan een high five gegeven en had ze één klein meisje een persoonlijke handtekening gegeven, inclusief een hartje en een smiley. (In werkelijkheid had Meghan het slim opgelost door de naam van het meisje als 'handtekening' te gebruiken, aangezien het als lid van de koninklijke familie not done was om je eigen naam ergens onder te zetten.)

'Ze kiezen altijd voor een goed verhaal in plaats van de feiten,' klaagde een medewerker van Kensington Palace die avond.

Diczclfdc dag nam Harry Meghan mee naar Glanusk Estate, een terrein van bijna 2500 hectare langs de rivier de Usk, een uur buiten Cardiff, voor een ontmoeting met de daar woonachtige Tiggy Pettifer. In 1993 trad Tiggy in dienst als Harry's oppas, en na de dood van Diana in 1997 was ze een rots in de branding geweest voor de broers, die ze ooit 'mijn schatjes' noemde. Tiggy was een sterke vrouw die voor een aantal opgetrokken wenkbrauwen zorgde door de jongens een zo normaal mogelijke jeugd te bieden na de dood van hun moeder. Zo mochten de prinsen ooit zonder helm abseilen van een vijftig meter hoge dam. Het personeel van St. James's Palace gruwelde zo van haar losse aanpak dat er een onderzoek werd ingesteld, maar dat stierf een stille dood omdat de jongens zo verzot waren op hun oppas. In 1999 nam ze ontslag, maar ze hield contact met William en

Harry. 'Harry keek ernaar uit om Meghan voor te stellen aan Tiggy,' aldus een bron. 'Ze is een van de belangrijkste vrouwen uit zijn jeugd en Meghan is de belangrijkste vrouw uit zijn volwassen leven. Hij wist zeker dat ze het goed zouden kunnen vinden, en dat bleek ook zo te zijn.'

In de publieke sfeer had Meghan echter nog steeds te maken met zware kritiek. Op 1 februari kreeg ze de wind van voren omdat ze een broek aan had bij de Endeavour Fund Awards, een evenement voor gewonde oorlogsveteranen en een goed doel dat Harry, als voormalig soldaat, na aan het hart lag. Dat prinses Diana ooit een vergelijkbare smokinglook had gedragen en dat de hertogin van Cambridge bij een evenement op Cyprus, nog voor de feestdagen, families had verwelkomd in een broek en een blazer, werd voor het gemak even vergeten. Tijdens het event bleek dat Meghan, in chique kleding van Alexander McQueen, en haar copresentator de verkeerde kaartjes hadden gekregen. Ze loste het voorval op met een gezonde dosis humor en kreeg de lachers op haar hand, waar een minder ervaren publiek figuur met haar mond vol tanden zou hebben gestaan.

Meghan deed haar uiterste best om de constante stortvloed te negeren, maar een bron die dicht bij haar stond, liet weten: 'Het is moeilijk om jezelf te blijven als alles wat je doet onder een vergrootglas ligt.'

De aanvallen in de media waren niet de enige bron van onrust voor Harry en Meghan. Na de bekendmaking van de relatie kwam er bijna dagelijks haatmail binnen, gericht aan Meghan. De paleismedewerkers werden overspoeld door dreigementen van alle kanten, via de post, e-mail en sociale media.

Op 12 februari, de dag voor Harry en Meghan een officiële reis naar Schotland zouden ondernemen, onderschepte de beveiliging een brief die aan het stel gericht was. Van de buitenkant zag hij er niet wezenlijk anders uit dan de talloze andere poststukken in de postkamer van Clarence House, maar deze brief stond vol met racistische leuzen en de envelop bevatte een wit poeder van onbekende oorsprong. Er werd gevreesd voor miltvuur, maar gelukkig bleek het spul onschadelijk. In elk geval fysiek. Toch kon Meghan die avond niet in slaap komen, omdat ze bang was, vertelde ze later aan een kennis, dat dit voor haar het 'nieuwe normaal' zou worden.

Een goede vriendin noemde haar Grace Under Fire, naar de gelijknamige comedyserie, omdat Meghan nooit instortte, hoe groot de druk ook was.

'Ze weet wat hard werken is,' zei de vertrouweling. 'Daar schrikt ze absoluut niet voor terug.' En, voegde dezelfde bron eraan toe: 'Als je met haar bevriend bent, kan ze overal over praten, hoe ongemakkelijk of emotioneel het onderwerp ook is.'

Dat was precies de reden waarom Meghan zo gekwetst was toen haar oudste, levenslange vriendin Ninaki Priddy zich aansloot bij de criticasters en de aasgieren die een slaatje wilden slaan uit de relatie. Ze kenden elkaar al vanaf de basisschool, waar ze alles samen deden – slaapfeestjes, verjaardagen – en zaten ook in de brugklas, als elfjarigen, nog bij elkaar in de klas op Immaculate Heart, een katholieke school. Beiden hadden gescheiden ouders, vertrouwden elkaar blindelings en waren meer zussen dan gewoon vriendinnen. Ze deelden hun diepste geheimen met elkaar en vierden samen belangrijke mijlpalen, zoals Meghans eerste huwelijk met Trevor, waarbij Ninaki bruidsmeisje was.

Ninaki verkocht niet alleen een hele reeks persoonlijke foto's uit hun kindertijd aan *The Daily Mail*, maar had ook een paar keiharde beschuldigingen in petto voor de vrouw die ze al sinds haar vijfde kende.

Volgens Ninaki was Trevor, met wie ze nog steeds contact heeft, 'uit het niets in de steek gelaten' door Meghan. 'Als ze eenmaal besluit dat je geen onderdeel meer bent van haar leven, kan ze heel kil overkomen. Dan sluit ze zich helemaal af. Er is geen ruimte om te onderhandelen, zij heeft haar beslissing genomen en daar blijft ze bij.'

Hoewel Trevor ten tijde van de scheiding inderdaad aan zijn vrienden had verteld dat hij overrompeld was, had een groot deel van Meghans vriendenkring de breuk al een tijdje zien aankomen omdat ze open was geweest over de problemen in het huwelijk. Ninaki had wel gelijk over Meghans neiging om conflict uit de weg te gaan. 'Als je haar iets hebt aangedaan, zal Meghan waarschijnlijk verdergaan met haar leven zonder een woord te zeggen.' In plaats van de confrontatie aan te gaan, verbreekt ze het contact.

Het benoemen van Meghans aversie tegen conflict was nog tot daar aan toe, maar het artikel ging veel verder. Ze werd afgeschilderd als iemand die op geniepige wijze wilde opklimmen en al vanaf de middelbare school van plan was om een prins aan de haak te slaan. Ninaki had een foto aangeleverd van een vijftienjarige Meghan die tijdens een Europese reis voor de poorten van Buckingham Palace staat, en liet bovendien weten dat ze 'helemaal niet verbaasd' was over het nieuws van de koninklijke verloving. 'Het is alsof ze hier al haar hele leven naar toewerkt,' aldus Ninaki. 'Ze is altijd gefascineerd geweest door de koninklijke familie. Ze wil prinses Diana 2.0 zijn.'

Het paleispersoneel was wel gewend aan dit soort praktijken. 'Als er geld op tafel komt, zijn mensen bereid om allerlei onzin uit te kramen,' merkte een medewerker op. 'Ik heb het keer op keer zien gebeuren.'

De moeder van een andere schoolvriendin kwam met een vergelijkbaar absurd verhaal op de proppen, toen ze tegenover een tabloid beweerde dat Meghan al van jongs af aan 'geobsedeerd' was door prinses Diana, William en Harry. Sonia Ardakani beweerde dat ze Meghan als tiener de biografie *Diana: Her True Story* cadeau had gedaan, geschreven door Andrew Morton, en dat Meghan samen met haar dochter Suzy graag naar opnames van Diana's bruiloft uit 1981 keek. Volgens Sonia had Meghan 'een groot hart', maar zij liet ook aan *The Daily Mail* weten dat de vriendin van haar dochter 'scherpe ellebogen had. Wat ik in haar bewonderde, was haar bereidheid om keihard te vechten voor alles wat ze wilde... en uiteindelijk kreeg Meghan ook altijd alles wat ze wilde.'

Voor de oplettende volger leek het er sterk op alsof de uitspraken van oude vrienden en kennissen met opzet in directe tegenspraak waren met Meghans eigen opmerkingen uit haar verlovingsinterview met de BBC.

'Ik begrijp dat er wereldwijde interesse is, maar ik wist eigenlijk niet zoveel over hem,' zei Meghan over de tijd voor haar blind date met Harry. 'Maar daardoor leerde ik hem kennen via ons contact en niet via de tabloids of het nieuws, en ik denk dat dat voor ons allebei verfrissend was. Alles wat ik over hem en zijn familie te weten kwam, wist ik via hem, en andersom. Dus we hebben elkaar op een hele authentieke, natuurlijke manier leren kennen.'

Meghan wist van tevoren dat het leven met een prins ook zijn schaduwkanten zou hebben. Achter de schermen was ze naar eigen zeggen echter 'gekwetst en teleurgesteld' vanwege het verraad van haar oude vriendin. Hoewel ze elkaar sinds Meghans scheiding uit het oog waren verloren, had Meghan nooit verwacht dat haar oude vriendin haar zo te grazen zou nemen. Aan het begin had een senior adviseur van het paleis haar al gewaarschuwd. 'Als iemand iets over je weet of boos op je is, dan kun je ervan uitgaan dat diegene naar de pers stapt,' had hij gezegd. 'Mocht er iets zijn, vertel het me alvast, dan kunnen we het misschien in de kiem smoren.'

In die moeilijke tijd had Meghan veel steun aan haar geloof. 'Haar relatie met God en de kerk is erg belangrijk voor haar,' aldus een goede vriend. 'Dat weten de meeste mensen niet. Het speelt een centrale rol in haar leven, als individu en als vrouw.'

Hoewel Meghan was opgevoed met een zeker bewustzijn van God, was haar familie niet bijzonder religieus. Dat ze op een katholieke school zat, had minder met religie te maken dan met het onderwijs. Haar moeder, die protestants was opgevoed, was spiritueel en liet zich inspireren door verschillende religies, waaronder het boeddhisme. Als twaalfjarige was Thomas misdienaar geweest en op zijn veertiende was hij toegetreden tot de Episcopaalse Kerk. Als kind was hij vaak aanwezig geweest bij diensten in de Geboortekerk in Newport, Pennsylvania, zijn geboortedorp, maar als volwassene ging hij niet vaak meer. Volgens haar vader is Meghan als kind niet gedoopt omdat hij en Doria niet hetzelfde geloof aanhingen. Ze besloten haar vrij te laten op godsdienstig gebied. Religie 'is haar nooit door de strot geduwd', aldus een vriend van de familie.

'Haar relatie met God, haar spiritualiteit, komt voort uit haar eigen ervaring,' zei de bron, die vaak samen met Meghan gebeden heeft. 'Als ik het heb over haar geloof, dan doel ik op haar geloof in God, in haar familie, en in de mensen die het dichtst bij haar staan.'

Een van haar beste vrienden op Northwestern had een christelijke achtergrond. De twee vonden het fijn om samen te bidden en na haar afstuderen heeft Meghan de feestdagen vaak bij de familie van die vriendin doorgebracht.

Het gebed bleek voor Meghan een belangrijke steun als ze voor nieuwe uitdagingen stond. Voor ze aan het werk ging, vormde ze vaak een gebedskring met de cast en crew van *Suits*. Op die momenten op de set bad ze nooit vanuit een specifieke theologie. Ze wilde juist mensen samenbrengen op moeilijke momenten of als er grote veranderingen op stapel stonden.

'Bidden en gesprekken met God, daarmee is ze heel wat zware momenten doorgekomen,' aldus een bron. 'Dat speelt een belangrijke rol in haar leven en haar relatie met Harry. De twee zijn echt aan een religieuze ontdekkingstocht bezig.'

Voor ze met Harry trouwde, koos Meghan ervoor om gedoopt te worden voor de Anglicaanse Kerk, ook al was dat niet noodzakelijk. 'Dit was haar keuze en een flinke stap voorwaarts in haar spirituele reis,' zei een vriend. 'Ze is helemaal niet onder druk gezet. Ze had het best na de bruiloft kunnen doen, in haar eigen tijd, maar Meghan wilde voor het huwelijk in St. George's Chapel gedoopt worden, uit respect voor de koningin.'

De intieme dienst van drie kwartier vond plaats op zes maart, in de koninklijke kapel van St. James's Palace – de privékapel waar koning Charles I in 1649 vlak voor zijn executie zijn sacrament had gekregen, waar prinses Diana's lichaam een week opgebaard had gelegen voor de begrafenis, en waar prins George was gedoopt. Vier maanden later zou prins Louis er ook gedoopt worden, een ceremonie waar Harry en Meghan beiden bij aanwezig waren.

Voorafgaand aan de doop had Meghan regelmatig afspraken met de aartsbisschop van Canterbury, Justin Welby, met wie ze volgens een assistent een 'hechte band' ontwikkelde. Ze bespraken allerlei persoonlijke zaken, waaronder haar vorige huwelijk met Trevor. De aartsbisschop vroeg haar wat ze van haar scheiding had geleerd. 'De Anglicaanse Kerk is duidelijk over wanneer mensen die gescheiden zijn en een nog levende vorige partner hebben, mogen trouwen, daar hebben we het over gehad,' liet Wells in februari weten. 'Dat is duidelijk geen probleem.'

Ten overstaan van prins Charles, de hertogin van Cornwall, Harry en aantal vrienden, waaronder Jessica, Lindsay en Markus, werd Meghan gedoopt vanuit de verzilverde zogenaamde lelievont, gevuld met heilig water uit de rivier de Jordaan, dat met een zilveren kannetje, meegenomen door koninklijk juwelier Mark Appleby, over haar hoofd werd gegoten. Voor aanvang van de dienst was al het zilverwerk, samen met de kroonjuwelen, vanuit de Tower of London naar de kapel gebracht, evenals de flacon met de heilige olie waarmee ze werd gezalfd.

De dienst – waarbij de koningin, William en Kate niet aanwezig waren – werd muzikaal begeleid door het koninklijk kapelkoor, bestaande uit zes Gentlemen-in-Ordinary en tien Children of the Chapel. 'Het was erg oprecht en ontroerend,' zei de aartsbisschop. 'Het was een voorrecht om erbij te zijn.'

'Het was opbeurend,' aldus een van de achttien gasten, die na de doop door Charles en Camilla uitgenodigd werden voor een etentje bij Clarence House.

Meghan was bezig haar leven als toekomstig lid van de koninklijke familie volledig te omarmen. In dezelfde maand als haar doop huurden Harry en Meghan het Great Tew Estate in Oxfordshire, een omgebouwde schuur van 370 vierkante meter die uit 1708 stamt. Nottingham Cottage was te klein geworden voor het paar, hoewel ze Nott Cott nog wel aanhielden als Londense uitvalsbasis.

Al voor hij Meghan had ontmoet, was Harry op huizenjacht geweest. Begin 2016 overwoog Harry een pand in Norfolk te kopen met geld dat hij van zijn moeder had geërfd; in 2017 zette hij zijn zinnen op een huis in Oxfordshire.

Great Tew, in Chipping Norton, Oxfordshire ('Chippy' in de volksmond) is de thuisbasis van een aantal beroemde figuren die er genieten van de rust op het platteland, ongeveer anderhalf uur rijden van Londen. Kate Winslet en de Beckhams hebben er ooit een huis gehad, en andere celebrities, waaronder Eddie Redmayne en Stella McCartney, waren vaste gasten bij Soho Farmhouse, op hetzelfde terrein van 1600 hectare waar ook het pand van Harry en Meghan stond. Het koppel kwam zelf niet vaak bij het Farmhouse, maar maakte graag gebruik van de voorzieningen die het etablissement bood, zoals croissants die rechtstreeks vanuit de keuken werden bezorgd en producten uit het wellnesscenter, de Cow Shed. Toen ze op een avond gasten ontvingen, kwam een van de koks van het Farmhouse zelfs langs om te koken. En je kon het Harry en Meghan nauwelijks kwalijk nemen dat ze het huis niet uit wilden – de woning had niet alleen vier slaapkamers, maar ook een keuken in shakerstijl, met openslaande deuren naar de fraaie tuin.

Het huis in Oxfordshire bood het koppel voldoende mogelijkheden om mensen uit te nodigen. Daarbij maakten ze zelden gebruik van de grote eetkamer en gaven de voorkeur aan een ongedwongen sfeer, met een maaltijd die aan de keukentafel werd genuttigd. Maar hun favoriete plek om gasten te ontvangen was de patio in de tuin, met zijn bakstenen barbecue.

Dankzij het weelderige groen rond de woning voelden ook de twee honden zich er erg thuis. Die zomer kreeg het stel er een nieuw gezinslid bij: Pula, een zwarte labrador uit het asiel, vernoemd naar de munteenheid van Botswana – en niet zonder reden. In het Setswana, een Bantoetaal, betekent Pula 'regen', en dat wordt in het vaak droge Botswana gezien als een zegen, iets van onschatbare waarde. Net als de energieke viervoeter.

Er kwamen geregeld vrienden (waaronder Redmayne en zijn vrouw Hannah Bagshawe, die inmiddels onderdeel waren van de kennissenkring van het stel) en familie langs in het comfortabele huis, dat was aangekleed met wat spullen die Meghan uit Toronto had laten overkomen.

Jessica kwam een paar keer langs, onder andere vlak voor de bruiloft. Samen zetten ze dat weekend de bloemetjes buiten. Ze namen gezichtsmaskers, dronken 'copieuze hoeveelheden wijn' en belden Jessica's man Ben om gedag te zeggen, giechelend omdat ze allebei aangeschoten waren.

Doria kwam twee keer op bezoek, waarbij ze niet alleen haar eigen kamer en badkamer had, maar ook een aankomst zonder media-aandacht. Meghans moeder werd op de landingsbaan op Heathrow opgehaald, mocht uitchecken bij het vipgedeelte in de aankomsthal en werd vervolgens direct naar het platteland gebracht. Sinds bekend was geworden dat haar dochter verkering had met een prins, was Doria constant lastiggevallen door de paparazzi. Dit was een welkome afwisseling op alle hectiek.

Het paleis had klaargestaan om Doria advies te geven over deze nieuwe, ongewenste en onwennige interesse in haar leven. Jason drukte haar op het hart om niet met de pers te praten en hem onmiddellijk te bellen als ze informatie had over de talloze reporters die briefjes bij haar huis achterlieten, meestal met het aanbod om 'haar kant van het verhaal' te vertellen. Hij benadrukte ook dat ze meteen contact met hem moest opnemen, en met de politie, als ze merkte dat ze werd gevolgd. Harry liet weten dat hij persoonlijk voor haar beveiliging zou betalen als ze lastiggevallen werd.

In LA stonden de paparazzi haar bij haar huis op te wachten, en als ze naar haar hospicepatiënten reed, kwamen ze haar achterna. Ze gingen naast haar rijden en maakten foto's met hun enorme cameralenzen terwijl ze naar de voordeur van een van haar patiënten liep. Het was een verontrustende situatie, niet alleen voor Doria zelf, maar ook voor haar patiënten, die toch al in kwetsbare staat verkeerden.

Uiteindelijk kreeg Doria steun uit onverwachte hoek, van niemand minder dan Oprah Winfrey. De voormalige talkshowpresentatrice, die Meghan via-via kende, nam contact op met Doria om haar te steunen in die turbulente periode. Het bleek dat ze af en toe naar dezelfde kerk gingen, het Agape International Spiritual Center in Los Angeles. 'Oprah is een vriendin en weet hoe het is om in zo'n extreme situatie terecht te komen,' aldus een bron dicht bij Meghan. 'Weinig mensen kunnen begrijpen wat Doria allemaal doormaakt, dus het is fijn dat ze steun krijgt van iemand die al langer in de publieke belangstelling staat.' Toen Doria er even tussenuit moest, stond Oprah voor haar klaar – zonder de vriendschap te willen gebruiken om een interview te krijgen. (Voor het huwelijk vertelde Oprah een assistent van de koninklijke familie in een open gesprek dat het haar 'daar niet om te doen was'.) 'Meghan zal Oprah altijd dankbaar zijn dat ze haar moeder heeft opgevangen,' wist een bron te melden. 'Doria heeft voldoende vrienden, maar het geeft erg veel rust als iemand als Oprah er voor je is.'

Toch moest zelfs Oprah lijdzaam toezien hoe fotografen Doria lastigvielen op weg naar haar werk. Ook medewerkers van het paleis, die in nauw contact stonden met Meghans moeder, stonden machteloos.

De aandacht die aan Meghans vader werd besteed, bleek al even schadelijk – zij het op een heel andere manier.

In december, terwijl Harry en Meghan met volle teugen genoten van hun verloving, publiceerde een krant een artikel over Thomas waar maanden aan was gewerkt. Er waren foto's van zijn huis op een veertig meter hoge klif in Rosarito Beach, een stil Mexicaans resortdorp met uitzicht op de Stille Oceaan, en details uit zijn leven, zoals de rode Ford Escape of de zilveren Volvo waarmee hij naar de lokale Walmart reed voor zijn boodschappen, of de opslagplaats waar hij tegen de eigenaar opschepte dat zijn dochter op tv was. Maar Thomas werd nergens geciteerd, omdat hij alle journalisten afpoeierde met een zin die hem was ingefluisterd door paleismedewerkers: 'Uit respect voor mijn familie wil ik er niets over zeggen.'

Nadat *The Mail on Sunday* zijn adres publiceerde, kreeg Meghans vader te maken met een constante stroom reporters en fotografen. Eén paparazzo huurde zelfs de opslagplaats naast de zijne. 'Op dat moment was Meghan vooral bezorgd om haar vader,' aldus een bron dicht bij Meghan. 'Hij werd echt van alle kanten bestookt en ze maakte zich zorgen om zijn welzijn en veiligheid.'

Thomas, die de ramen aan de straatkant van zijn huis letterlijk had dichtgetimmerd tegen de pottenkijkers, vond het vreselijk dat hij zijn mond moest houden en dus geen enkele invloed kon uitoefenen op het beeld dat de media van hem schetsten. Bepaalde tv-programma's in de vs en een aantal Britse kranten gingen meedogenloos te werk; verre familieleden van Meghan kregen grote geldsommen aangeboden in ruil voor familiegeheimen. (*Good Morning Britain* liet de ex-vrouw van Meghans halfbroer invliegen, die Meghan nauwelijks kende en jaren niet gezien had, samen met haar zonen – van wie er één een legaal wietbedrijf had.) Het ging er niet eens om of wat ze vertelden waar was. Het volk wilde alles over Meghans leven weten, ongeacht de toon of intentie achter het verhaal.

Het enige wat men over Thomas wist, was wat er op de gevoelige plaat was vastgelegd: Thomas die het vuilnis buiten zet, biertjes haalt voor de beveiligingsmedewerkers in zijn buurt, Home Depot verlaat met een nieuw toilet (door sommige tabloids zijn 'troon' genoemd). En zonder wederhoor werd het beeld dat de pers van hem kneedde steeds eenzijdiger – een ongezonde einzelgänger met een blikje Heineken en een pakje sigaretten als gezelschap.

Jason, Thomas' contactpersoon bij het paleis, liet vanaf het begin aan

Meghans vader weten dat hij dag en nacht klaarstond om hem te helpen met de media. Het was voor iedereen een vreemde situatie, vooral voor Harry en Meghan, die hem zo veel mogelijk steun wilden bieden. Hoewel Jason hem zijn mobiele nummer en e-mailadres had gegeven, en dat van zijn assistent, liet Thomas nooit van zich horen. Jason nam weleens contact op om te vragen hoe het ging, en dan zei Thomas altijd dat alles in orde was. 'Thomas is een trotse man,' zei een bron. 'Koppig.'

Op dat moment verscheen Jeff Rayner op de radar. De fotograaf en mede-eigenaar van het nieuwsagentschap Coleman-Rayner was een bekend gezicht, aangezien hij al maanden in de buurt van Thomas' huis rondhing. Hij deed Thomas een aanbod waar beide partijen op het eerste gezicht baat bij hadden. Ze zouden een paar spontaan lijkende foto's in het dorp nemen om zijn imago wat op te poetsen, van kluizenaar met overgewicht naar toegewijde vader die enthousiast toeleefde naar de grote dag van zijn dochter. Tegen de tijd dat hij zijn plek aan het uiteinde van het gangpad in St. George's Chapel innam, zou iedereen hem kennen als de trouwe vader die zich had ingelezen over de monarchie voor zijn persoonlijke ontmoeting met de koningin.

Harry en Meghan voerden een aantal telefoongesprekken met Thomas waarin ze hem op het hart drukten om helemaal niet met de pers te praten, maar uiteindelijk trok hij zijn eigen plan. Aangemoedigd door zijn andere dochter, Samantha, die een deel van het geld kreeg voor haar bijdrage, ging Thomas akkoord met het voorstel van de fotograaf. Samen met Jeff liep hij door het dorp, op zoek naar de juiste setting. Thomas werd onder andere in een koffietentje gefotografeerd met een boek over de Britse geschiedenis, en in een internetcafé, waar hij het laatste nieuws over zijn dochter en toekomstige schoonzoon las. Het plan was om de verkoop van de foto's uit te spreiden om zo veel mogelijk aandacht én inkomsten te genereren.

De foto's werden overal ter wereld geplaatst, maar zijn publieke imago ging er niet op vooruit. Het grootste deel van de opbrengst ging naar

Rayner, die minstens $130.000 verdiende voor zijn agentschap. Thomas kreeg dertig procent.

Slechts een week voor Thomas in de spotlights zou komen te staan op Windsor Castle, in een pak dat ver van de Mexicaanse strandplaats was vervaardigd, kreeg het paleis te horen dat *The Mail on Sunday* van plan was om bekend te maken dat de 'spontane' kiekjes in scène waren gezet, waaronder de foto van Meghans vader met het boek *Images of Great Britain: A Pictorial Tour Through History.*

Harry instrueerde het communicatieteam van het paleis om samen met het juridische team van Harbottle & Lewis te werken aan een strategie waarmee ze de publicatie van het gênante verhaal konden tegenhouden.

Maar eerst wilde Meghan zelf van haar vader horen hoe de vork in de steel zat. Volgens een vertrouweling, die in contact stond met Meghan terwijl dit alles zich ontvouwde, zei ze tegen haar vader: 'Papa, we moeten weten of dit echt waar is of niet, want mijn team wil voorkomen dat dit verhaal gepubliceerd wordt – tenminste, als jij me kunt vertellen dat het nonsens is.'

'Ze zijn bereid om voor je door het vuur te gaan, papa,' zei Meghan over de telefoon. 'Jij bent hier toch het slachtoffer?'

Opnieuw loog hij tegen Meghan. 'Uiteraard,' antwoordde hij, zonder erbij te vermelden dat hij zelf had geposeerd voor de foto's.

'Elke keer dat ze belde, zei ze dingen als "Pap, ik hou van je. Je moet weten dat ik van je hou. Alles is oké. We gaan trouwen, feestvieren. Maak je geen zorgen om al dit gedoe. Laten we het gewoon achter ons laten,"' aldus de bron.

'Je wil iemand graag vertrouwen, daar komt het op neer,' vervolgde de bron. 'Ik heb haar weleens horen zeggen: "Mijn vader heeft hier niet voor gekozen, hij is het slachtoffer, en het doet me verdriet dat ze hem zo hebben gecorrumpeerd."'

Voor Meghan ophing, herinnerde ze hem eraan dat er de volgende dag een auto voor zijn deur zou staan om hem naar Los Angeles te brengen. Van daaruit zou hij naar Londen vliegen, waar alles gereed was voor zijn aankomst. Hij zou van deur tot deur worden begeleid door auto's met chauffeur, persoonlijke beveiligers en een gids die op al zijn vragen antwoord kon geven. Er was geen enkele reden om zich zorgen te maken.

Ondertussen deed de communicatiestaf van Kensington Palace er alles aan om de publiciteit rond de dubieuze foto's te beperken. In overleg met Thomas werd er een rapport voorbereid voor de Independent Press Standards Organisation, de mediawaakhond, en werden Britse krantenredacteurs op de hoogte gesteld van de situatie. Het mocht niet baten. De ochtend na het telefoongesprek tussen Meghan en haar vader luidde de kop op de voorpagina van *The Mail on Sunday*: 'MEGHANS VADER ZETTE FOTO'S IN SCÈNE MET PAPARAZZI.' Uit beelden van bewakingscamera's werd pijnlijk duidelijk dat elke foto zorgvuldig was voorbereid.

Meghan was er kapot van dat haar vader haar had misleid, maar maakte zich ook zorgen om zijn welzijn. Thomas had in elk geval niet erg verstandig gehandeld. Tegelijkertijd zou de bruiloft over een week plaatsvinden en wilde Meghan hem dolgraag bij zich hebben in Londen, waar hij zou worden beschermd tegen de pers door paleisescortes en beveiligingsbeambten.

Ze belde haar vader onmiddellijk, maar hij nam niet op. Ze belde opnieuw, en nog een keer. En daarna nog eens. Elke keer liet ze eenzelfde soort bericht achter: 'Pap, ik hou nog steeds van je. Er is niks veranderd. We halen je op in Mexico en brengen je veilig naar Londen. Ik stuur een auto om je op te halen.'

Was hij maar in die auto gestapt.

13

Het geval Thomas Markle

Op haar laatste avond als gewone burger werd Meghan behandeld als een koningin.

Op 18 mei om kwart over zes 's avonds, de dag voor het huwelijk, arriveerde ze met Doria bij haar overnachtingsplek: het statige, 350 jaar oude vijfsterrenhotel Cliveden House.

Het landgoed werd al heel lang gebruikt door de politieke en sociale elite, maar pas tijdens de eerste helft van de twintigste eeuw, toen Nancy en Waldorf Aster het pand betrokken, werd Cliveden echt beroemd door de luxueuze faciliteiten en glamoureuze gasten. De Astors ontvingen een eclectische mix van hooggeplaatste figuren, van Winston Churchill tot George Bernard Shaw en van Gandhi tot Henry Ford.

Nu was de hertogin van Sussex er te gast. Nadat ze uit de Range Rover met chauffeur stapten, werden moeder en dochter naar de oostvleugel van het gebouw gebracht en rondgeleid door hun suites, waaronder de Inchiquin-suite van $1900 per nacht. Terwijl ze hun ogen de kost gaven in de deftige kamer met zware gordijnen, antiek meubilair en kunstwerken, kregen ze allebei een glas Taittinger-champagne in hun handen gedrukt.

Na maanden voorbereiding was alles geregeld. In plaats van een traditionele weddingplanner had het paar de hulp ingeroepen van een bekende van de koninklijke familie: Thea Garwood, die vanaf 2007 een aantal jaar had samengewerkt met Jamie Lowther-Pinkerton, de voormalige privésecretaris van Harry en William, toen ze in dienst was getreden als secretaresse van de broers. Ze was betrokken geweest bij de organisatie van het herdenkingsconcert voor Diana en groeide uit tot een betrouwbare figuur in hun leven, een rots in de branding. Thea, die altijd kalm bleef in stressvolle situaties, coördineerde het overleg tussen alle partijen, van Lord Chamberlain's Office (het voornaamste communicatiekanaal tussen de koningin en het House of Lords) tot de bakker en de bloemist – die Meghan zelf had uitgekozen.

Aan alle details werd aandacht besteed. Beveiligingsagenten patrouilleerden door de gangen van Cliveden House; het hele terrein van 152 hectare werd omsingeld door meer dan twintig aanvullende bewakers. En als Meghan iets nodig had, was er altijd Tifare Alexander (Tif voor intimi), Harry's ordonnans en voormalig parachutist.

De vleugel – waar stafleden heen en weer liepen met kannen bruisend water, koppen groene thee en Arnold Palmers, een van de favoriete drankjes van Meghan en haar vader – was volledig afgehuurd voor de toekomstige hertogin en haar gasten. Zij en haar moeder waren de enigen die er ook daadwerkelijk overnachtten, maar haar vriendinnen Lindsay en Jessica kwamen wel op bezoek, en ook haar geliefde beagle Guy was erbij, nadat hij de dag ervoor met niemand minder dan de koningin was meegereden vanuit Windsor.

André Garrett, chef-kok van het hotel, bereidde een diner in een aparte eetzaal, waar de groep de keus kreeg uit ravioli met herfstpompoen (ter ere van Meghans voorliefde voor pasta) en gegrilde tong.

Ook het wellnesscenter stond ter beschikking van Meghans gasten – de masseuses stonden klaar en de naar rozen en lavendel ruikende zwem- en bubbelbaden lagen te wachten.

Vooral Meghan had behoefte aan ontspanning. Waar sommige bruiden de weken voorafgaand aan de bruiloft besteden aan bloemen, tafelindelingen en de laatste voorbereidingen om er perfect uit te zien in hun jurk, had Meghan te maken met een zware persoonlijke crisis die breed werd uitgemeten in de Britse en buitenlandse pers.

Ondanks Meghans stortvloed aan voicemails en berichtjes had Thomas niet alleen geweigerd om in de wachtende auto te stappen, maar ook niets van zich laten horen.

'Mijn God, mijn telefoon,' zei Meghan tegen een vriendin, waarna ze uitlegde dat ze haar vader minstens twintig keer had gebeld. 'Ik neem aan dat hij mijn berichtjes wel binnenkrijgt,' voegde ze er bezorgd aan toe.

Harry en Meghan hadden geen idee of hij nog van plan was om naar de bruiloft te komen en waren gedwongen hun informatie te halen uit artikelen in tabloids en berichten op roddelwebsites.

Na het verschijnen van het gênante artikel in *The Mail on Sunday* nam Thomas contact op met TMZ om uit te leggen dat hij had geprobeerd zijn imago te 'hervormen' nadat hij was 'overvallen' door andere fotografen. Maar om zijn dochter en de koninklijke familie verder niet voor schut te zetten, zou hij niet aanwezig zijn bij de huwelijksvoltrekking.

Naar buiten toe hield het paleis zich op de vlakte, maar achter gesloten deuren was men boos en teleurgesteld dat dit keurige, gedenkwaardige feest door toedoen van Meghans vader was veranderd in een circus. Nu Thomas het contact met zijn dochter en de paleismedewerkers had verbroken, verscheen hij met een schijnbaar onophoudelijke stroom onzinnige uitspraken in de media. De geruchtenmolen rondom het huwelijk draaide nu op volle toeren. TMZ, dat eerder verslag had gedaan van de escapades van prins Harry in Las Vegas, plaatste het ene na het andere smeuïge artikel. Hovelingen stonden constant stand-by, klaar voor de volgende aanval. Niemand wist precies hoe het verder zou gaan.

'Het was heel zwaar,' zei een van de assistenten over de reactie van het paleis op de situatie rond Thomas Markle. 'Er was geen makkelijke oplossing, en ze hebben gedaan wat ze konden, ook al leek het van buitenaf alsof ze maar wat deden. Je kunt het paleis er wel de schuld van geven, maar mijn god, ik heb nog nooit zoiets meegemaakt. Een vrouw trouwt met een prins, en de vader van die prachtige jonge vrouw zit 8000 kilometer verderop en weigert het spel mee te spelen – sterker nog, hij speelt zijn eigen spelletjes.'

In een van zijn vele interviews beweerde Thomas dat Harry hem woedend had opgebeld en had gezegd: 'Als je naar me had geluisterd, was dit nooit gebeurd.' Een dergelijk gesprek heeft echter nooit plaatsgevonden. De volgende bizarre plotwending: een dag nadat hij had aangegeven niet naar de bruiloft te komen, liet Thomas een paar journalisten weten dat hij zich niet kon voorstellen dat hij zo'n historisch evenement zou missen.

Een gekwetste Meghan stelde zelf een verklaring op naar aanleiding van het incident, die door officials van Kensington Palace naar buiten werd gebracht. Ze noemde het 'een zeer persoonlijke kwestie' en gaf aan dat ze met rust gelaten wilde worden om een oplossing te zoeken. Hoewel ze het verschrikkelijk vond dat dit familiedrama zo publiekelijk werd besproken, voelde ze zich genoodzaakt om actie te ondernemen.

Ondanks het gedrag van haar vader was ze zwaar teleurgesteld dat hij niet naar de bruiloft wilde komen. Als kind had ze altijd een goede band met haar vader gehad. Hij had met kerst ooit een interraciale barbiefamilie voor haar gemaakt, had sets ontworpen voor Meghans schooltoneel en was zelfs vanuit LA naar Toronto gevlogen om haar te helpen verhuizen, met het verzoek of ze hem wilde betalen in koffie.

'Ze was gekwetst en voelde zich vernederd, maar had hem er het liefst toch bij gehad. Ze was klaar om hem te vergeven,' aldus een goede vriend. 'Bovendien maakte ze zich zorgen; ze wist echt niet of het wel goed met hem ging. Hij gedroeg zich zo bizar.'

Zijn op maat gemaakte pak en schoenen lagen op hem te wachten bij kleermaker Oliver Brown in Chelsea, net als de veteraan die door Harry was gevraagd om Meghans vader te begeleiden op zijn reis van Londen naar Windsor. 'Thomas zou exact dezelfde behandeling krijgen als Doria,' vertelde een senior medewerker. Er was een hotelkamer geboekt, en hij zou tijdens zijn verblijf beschikken over een beveiligingsagent en een assistent.

Slechts vier dagen voor de bruiloft kreeg Meghan echter nog meer hartverscheurend nieuws over haar vader te verwerken, wederom via een roddelwebsite.

Thomas had een hartaanval gehad, volgens hem het gevolg van stress, en legde de schuld bij de journalisten die hem lastigvielen. Zijn artsen adviseerden hem die donderdag onder het mes te gaan, twee dagen voor de bruiloft van zijn dochter, om een blokkade te verhelpen, schade te herstellen en een aantal stents te plaatsen. Zonder wonderbaarlijk snelle genezing zou hij absoluut niet fit genoeg zijn om de Atlantische Oceaan over te vliegen, aldus Thomas, en dus niet in staat zijn om het huwelijk bij te wonen.

Meghan maakte zich grote zorgen en stuurde Thomas een berichtje: 'Ik probeer je al het hele weekend te bereiken maar je neemt niet op en antwoordt niet op berichtjes... Ik maak me erg zorgen over je gezondheid en veiligheid en wil je graag in bescherming nemen, maar ik weet niet wat we kunnen doen als je niet reageert... Heb je hulp nodig? Zullen we het beveiligingsteam weer naar je toe sturen? Ik vind het heel erg dat je in het ziekenhuis ligt maar wil je misschien contact met ons opnemen... Welk ziekenhuis is het?'

Tien minuten later stuurde ze er nog een: 'Harry en ik hebben vandaag een beslissing genomen en we sturen dezelfde beveiligers die je dit weekend hebt weggestuurd, zodat we zeker weten dat je geen gevaar loopt... Ze staan tot je beschikking. Alsjeblieft alsjeblieft bel me zodra je kunt... dit is allemaal ontzettend vervelend maar jouw gezondheid staat voorop.'

Die avond antwoordde Thomas dat hij het een lief aanbod vond, maar vriendelijk bedankte omdat hij niet het idee had dat hij gevaar liep. In plaats daarvan zou hij herstellen in een motel. Meghan vroeg nog om details, maar hij reageerde niet meer.

Nu zeker was dat Thomas niet kon reizen, vroeg Meghan het paleis om namens haar een verklaring naar buiten te brengen: 'Helaas zal mijn vader niet in staat zijn om de bruiloft bij te wonen. Ik heb altijd veel om mijn vader gegeven en hoop dat hij de ruimte krijgt om zich te richten op zijn herstel.'

Toen Meghan haar moeder eerder die dag had voorgesteld aan koningin Elizabeth en prins Philip tijdens een afternoon tea in Windsor Castle, hadden ze er met geen woord over gesproken, maar had ze zich in stilte toch geschaamd voor al dat publieke drama.

Er werd serieus getwijfeld aan Thomas' beweringen, maar Meghan liet aan de staf van Kensington Palace weten dat niemand haar vader in diskrediet mocht brengen. 'Meghan laat duidelijk weten dat niemand hem namens haar mag bekritiseren,' aldus een bron binnen het paleis. 'In de week van de bruiloft had er van alles over gezegd kunnen worden, maar Meghan was verstandig genoeg om te beseffen dat haar vaders welzijn belangrijker was dan een rectificatie.'

Meghan hield zichzelf deels verantwoordelijk. Na anderhalf jaar in de spotlights begreep ze heel goed hoe het voelde als de media je onder druk zette.

'Hij is kwetsbaar,' zei ze tegen een vriendin. 'Ze hebben hem gemanipuleerd. Talloze tabloidjournalisten hebben hem uit de tent gelokt met geld. Ik weet niet of hij ooit echt een kans heeft gehad.'

Ook Harry gaf de media de schuld van de situatie. 'De druk die ze zes maanden lang op hem hebben uitgeoefend, tot hij uiteindelijk toegaf,' zei een senior hoveling over Meghans vader, 'daar is Harry boos over.'

Iemand die dicht bij het stel stond, verwoordde het op deze manier: 'De media gaan te werk met een soort agressieve brutaliteit en een roekeloze, onverantwoordelijke vijandigheid die enorm schadelijk zijn. Ik denk niet dat de paparazzi hetzelfde zijn. Die zijn wel veranderd. Maar de genadeloze kwaadwilligheid van sommige leden van de media, die daadwerkelijk de intentie hebben om schade aan te richten, is echt afschuwelijk. Hoe ze haar vader hebben behandeld, door hem uit de tent te lokken, zijn leven openbaar te maken en vervolgens met bankbiljetten te zwaaien, dat is echt verschrikkelijk. Hij wilde niet in de belangstelling staan. Als het had gekund, had hij anoniem verder geleefd. Als de media hem met rust hadden gelaten, zoals hun was verzocht, was hij naar het huwelijk gekomen. En je kunt niet zeggen dat het privéleven van Thomas Markle van publiek belang is. Dat is geen excuus.'

In een poging om zijn bruid wat gerust te stellen, riep Harry de hulp in van de man die hem de meest waardige vervanger leek: zijn vader. Prins Charles had enige ervaring. Nauwelijks twee jaar eerder had hij een vriendin van de familie, Alexandra Knatchbull, naar het altaar begeleid, toen haar vader, Lord Brabourne, plotseling ziek was geworden. 'Ik heb het hem gevraagd, en ik geloof dat hij het aan had zien komen,' aldus Harry in een BBC-documentaire. 'Hij zei meteen: "Ja, natuurlijk. Ik zal doen wat Meghan nodig heeft, en ik ben er voor je."' (Tegenwoordig hangt er een ingelijste zwart-witfoto van de toekomstige koning, arm in arm met zijn schoondochter, aan de muur van Clarence House, zijn woning.)

Na een week onzekerheid en speculatie, waarin Meghans vader in de spotlights stond en een van de mooiste momenten in haar leven overschaduwde, kondigde Kensington Palace kort voor de grote dag aan dat prins Charles de bruid zou weggeven. De verklaring was kort: 'Ms. Meghan Markle heeft Zijne Koninklijke Hoogheid de prins van Wales gevraagd om haar op haar huwelijksdag naar het altaar van St. George's Chapel te begeleiden. De prins van Wales is verheugd om Ms. Markle op deze manier in de koninklijke familie te mogen verwelkomen.'

De dag voor de bruiloft reden Harry en Meghan met hun marineblauwe Range Rover over de Long Walk naar Windsor Castle voor een laatste blik op de plek waar ze hun hart aan hadden verpand. Het publiek begon zich al te verzamelen in het kleine Engelse marktdorpje, en honderden nieuwszenders van over de hele wereld stonden klaar om alle magische momenten vast te leggen.

Bij de generale repetitie – tevens een mooie gelegenheid om Doria voor te stellen aan William, Kate, George en Charlotte – werden Meghans zenuwen, die haar 's nachts wakker hadden gehouden, enigszins tot bedaren gebracht. 'In die laatste paar dagen wist ze dat ze alles moest accepteren zoals het was; ze kon er niets meer aan veranderen,' zei een goede kennis.

Iedereen, inclusief William, was begaan met Meghan. Het was hartverscheurend om te zien hoe haar huwelijksdag bijna werd verpest door haar eigen vader. Doria had met haar dochter te doen, maar was niet verbaasd. In haar ogen was haar ex nooit een betrouwbaar iemand geweest.

Gelukkig kon Meghan rekenen op de steun van haar moeder en vriendinnen. 'Meghan gaf zelf aan dat ze het zonder Harry, Doria en haar vriendinnen niet had gered,' aldus een kennis.

De avond voor het huwelijk, na een last minute mediatraining, kreeg Meghan in Cliveden House een gezichtsbehandeling en energiehealing van huidverzorgingsgoeroe Sarah Chapman, die in de aanloop naar de bruiloft een goede vriendin was geworden. Meghan had veel baat bij de kalmte die Sarah uitstraalde en de gezichtsbehandelingen waren uitgegroeid tot een soort verkapte therapiesessies.

Hoe ontspannend de behandeling ook was, er stond nog één item op haar to-dolijstje: ze stuurde haar vader een laatste berichtje. Hij reageerde niet.

Toen ze later in bad zat te facetimen met een vriendin, vertelde de aanstaande bruid dat ze haar vader een laatste berichtje had gestuurd. 'Ik kan niet de hele nacht aan mijn telefoon gekluisterd zitten.'

Meghan bleef rustig en verzekerde haar bezorgde vriendinnen ervan dat ze de volgende dag vooral wilde vieren dat ze de ware liefde had gevonden.

'Ik ga trouwen,' zei ze. 'Daar wil ik gewoon van genieten.'

14

Stand by Me

Dankzij de wekdienst stond Meghan om zes uur 's ochtends op, bijna tegelijk met de zon.

Kort daarna werden er dienbladen met ontbijtgranen, vers fruit, sap en thee bezorgd bij haar suite, waar ze met haar moeder ontbeet.

'We kletsten bij en ontbeten samen als een stel oude vrienden,' liet haar visagist en goede vriend Daniel Martin weten. 'En we speelden een beetje met Guy, haar beagle. Het was een heel relaxte ochtend.'

Buiten de affaire Thomas liep alles op rolletjes (misschien omdat er simpelweg geen ruimte was voor ander drama).

Meghan was misschien kalm, maar Daniel, die de bruid moest voorbereiden op de belangrijkste bruiloft van het jaar, had wel degelijk last van zenuwen. De visagist – die bevriend was geraakt met Meghan tijdens de New York Fashion Week, niet lang nadat *Suits* groen licht had gekregen – was al in december aan de voorbereidingen begonnen, nadat hij een berichtje kreeg met de vraag of hij op 19 mei iets te doen had.

Dat was rond de tijd van het Met Gala, stuurde hij terug. En daarna zou hij waarschijnlijk doorreizen naar Cannes voor het filmfestival. Maar voor haar was hij wel bereid om een beetje te schuiven. Hoezo?

Haar antwoord bestond uit een emoji van een bruid en bruidegom.

Daniel begon meteen te peinzen over hoe hij de juiste look kon bereiken – natuurlijk maar toch stralend, alsof ze 'van binnenuit werd verlicht'. Het was een uitdaging geweest om ruimte voor elkaar te maken in hun agenda's, wat ook de reden was dat ze nooit een behoorlijke doorloop hadden kunnen doen. Qua inspiratiemateriaal was Daniel aangewezen op een serie foto's van Meghans proefkapsel van begin mei. Door de jarenlange samenwerking voelde hij echter precies aan wat ze wilde. Ze had voldoende zelfvertrouwen om haar eigen natuurlijke schoonheid te tonen, met hier en daar een paar sproeten.

Vanwege de strenge geheimhouding rond het evenement wist Daniel niet precies wie er nog meer betrokken waren bij het proces. Als twee concurrerende schoonheidsspecialisten aan dezelfde klus werken, kan dat ongemakkelijk zijn. Maar toen hij Serge Normant, de vaste haarstylist van Julia Roberts, de trap af zag lopen, haalde hij opgelucht adem.

Terwijl Serge Meghans lokken onder handen nam en een van haar karakteristieke kapsels tevoorschijn toverde, een lekker rommelige chignon, ging Daniel aan de slag met de make-up van Meghans moeder, waarbij hij perzikkleurige oogschaduw gebruikte om haar ogen goed uit te laten komen. Daarna wisselden de twee mannen van plek en kreeg Meghan een zachte gloed met een mengsel van gezichtsreiniger, hydraterende crème, een zonnebrandprimer en een klein dotje foundation op haar T-zone. Tot slot voorzag hij haar oogleden van kastanjebruine, chocoladebruine en roestkleurige oogschaduw, bracht wat oogpotlood aan en verlengde haar wimpers boven haar ooghoeken. De lippenstift sloeg hij over; in plaats daarvan koos hij voor een zalf om haar natuurlijke kleur te versterken. Als laatste voegde hij een vleugje koraal-crèmekleurige rouge toe op haar wangen voor een warme tint.

Meghan streamde een Spotifyplaylist vanaf haar telefoon. Billie Holiday, Ella Fitzgerald, Buddy Holly en Ben E. King klonken door de speakers terwijl ze zaten te keuvelen en zich voorbereidden. 'De sfeer was gewoon heel losjes, alsof we ons klaarmaakten voor een perstour, net als vroeger,' aldus Daniel.

Toen Meghan zichzelf in de grote antieke spiegel zag – in haar klassieke jurk met een vijf meter lange sleep die belegd was met 53 met de hand geborduurde bloemen die symbool stonden voor de landen van het Britse Gemenebest, de winterzoet die rond het huisje groeide waar ze met Harry woonde, en een Californische klaproos als verwijzing naar haar thuisstaat – begon ze te stralen. De stof van haar jurk, een speciaal geweven, dubbel gebonden soort zijde, weerkaatste zoveel licht dat ze leek te gloeien. Doordat de zoom aan de voorkant slechts twee centimeter korter was dan zijzelf, leek het alsof ze zweefde.

Meghan werd langs de enorme witte partytent gedirigeerd, die daar was neergezet om te voorkomen dat iemand een glimp van de jurk zou opvangen, en naar de kastanjebruin-gouden Rolls-Royce Phantom IV uit 1950 van de koningin gebracht, die al drie uur buiten haar suite geparkeerd stond. Pas toen drong het echt tot haar door: ze ging trouwen voor het oog van twee miljard mensen. Daniel, die achter Meghans Rolls aan reed in zijn eigen auto, keek met open mond naar de mensenmassa langs de glooiende provinciale weg. 'Sommigen stonden daar al dagen om een kleine glimp op te vangen,' zei hij verwonderd.

Het feest werd enthousiast meegevierd door groepen die zich voor het eerst vertegenwoordigd voelden bij een koninklijke aangelegenheid, zoals Britten met Caribische roots in Brixton.

In januari was Meghan naar de Zuid-Londense wijk afgereisd om getalenteerde dj's en producers te ontmoeten van het door jongeren gerunde radiostation Reprezent, een programma dat was opgezet als reactie op het groeiende aantal steekpartijen in de buurt. Het officiële bezoek was een uitgelezen mogelijkheid om een handreiking te doen aan de grotendeels Afro-Caribische gemeenschap, die voorheen niet op de radar van de koninklijke familie was verschenen.

Meghan, relatief onervaren op dit gebied, had zelf het initiatief genomen. Het programma richtte zich op de geestelijke gezondheid van jongeren en paste daarmee goed bij de doelen die zij en Harry gesteld hadden. Drie dagen voor de kerst kreeg de oprichter en CEO van Reprezent, Shane Carey, een telefoontje van een paleismedewerker om hem te laten weten dat het stel graag wilde langskomen, waarna hij zich dag en nacht uitsloofde om zich zo goed mogelijk voor te bereiden en het resultaat van vijftien jaar 'ploeteren' te laten zien.

Het was de moeite waard. Na een middagafspraak met Carey maakten Harry en Meghan een rondje door de studio's. Ze luisterden allebei naar een track van de op Saint Lucia geboren houseartiest Poté, maar het was Meghan die indruk maakte op de zeventienjarige dj Gloria Beyi door op de hoogte te zijn van haar werk. En YV Shells, een vierentwintigjarige student geneeskunde die naast zijn studie bij de zender werkte, was met stomheid geslagen toen Meghan vertelde dat ze had gehoord over zijn werk op het gebied van gendergelijkheid.

Na een afscheid met een boks in plaats van de gebruikelijke handdruk besloot het enthousiaste koppel in een opwelling een bezoekje te brengen aan de fans die buiten stonden te wachten. Meghan knielde bij elk kind neer, in een rij die de hele studio omsingelde. Toen een man vertelde dat hij op de dag van de bruiloft in mei naar Windsor zou afreizen om tussen de horde fans langs de kant van de weg te gaan staan, bedankte ze hem. 'Dat betekent heel veel voor me,' vertelde Meghan. 'Het wordt een bijzondere dag voor ons allemaal.'

Brixton liep inderdaad massaal uit voor het huwelijk. Boven een stuk weg dat normaal gesproken voorbehouden was aan vlaggen van Caribische eilanden en Afrikaanse landen die in de buurt vertegenwoordigd waren, hingen nu de Britse Union Jack en de Amerikaanse Stars and Stripes. Antoney Waugh, geboren op Jamaica, die Harry en zijn verloofde in januari had ontmoet, meldde: 'Ze verandert de norm.'

Ondertussen, bij de Round Tower van Windsor Castle, kwamen de arriverende gasten met hun mooie kleren en opvallende hoedjes terecht in een ouderwets sprookje. De boog was volledig bedekt met hangend groen, samengesteld door bloemist Philippa Craddock en haar dertigkoppige team, en de veertiende-eeuwse gotische kerk baadde in de geuren van pronkerwt en jasmijn.

George en Amal Clooney, David en Victoria Beckham, Elton John, Priyanka Chopra, Idris Elba, Serena Williams, Oprah Winfrey en Meghans collega's uit *Suits*, waaronder Abigail Spencer en Rick Hoffmann – allemaal hadden ze een eigen zitplaats met een naamkaartje op de eikenhouten kerkbanken van St. George's Chapel, of, als ze geluk hadden, in het koor, dat was versierd met berk, vingerhoedskruid en fluitenkruid, allemaal afkomstig van het landgoed rond het kasteel. Een paar dagen eerder had Craddock de fijne witte bloemetjes van het fluitenkruid in het Engelse landschap zien staan en zelfs aan John Anderson, hovenier van de Kroon, gevraagd of ze die misschien konden verwerken in de bloemenarrangementen met rozen en Meghans favoriete pioenrozen.

De Rolls-Royce stopte als eerst bij de kapel om Meghans moeder, die een outfit van Oscar de la Renta droeg, af te zetten. Twee maanden voor de ceremonie had ze de kleding voor het eerst gepast in Los Angeles. Volgens Fernando Garcia, creatief coleider, had Doria bij die gelegenheid 'snacks meegenomen. Ze loopt graag hard, dus het waren gezonde snacks.' Hoedenmaker Stephen Jones tekende voor Doria's mintgroene baret en maakte ook een aantal hoofddeksels voor Meghans vrienden.

Daarna pikte de Rolls-Royce Brian en John op, de zevenjarige tweeling van Jessica en Ben. Ze hadden zo'n hechte band met hun 'tante Meg' dat ze als 'pageboy' bij het huwelijk aanwezig mochten zijn. Binnen tien minuten zou het Californische meisje, dat de zon en het simpelere leven thuis had achtergelaten, officieel hertogin worden.

Bij gebrek aan een bruidsmeisje om Meghan in haar jurk te helpen, was het Clare Waight Keller, de ontwerpster, die de honneurs waarnam. De toenmalige artistiek leider van Givenchy reed voor de bruid uit zodat ze op de westelijke trap van het kasteel zou staan wachten op het moment dat Meghan arriveerde.

Het was de climax van een proces dat niet lang na de aankondiging van de verloving was begonnen. De in Birmingham geboren Keller, een van de vele designers die schetsen naar Meghan hadden gestuurd, had niet alleen de vereiste Britse wortels, maar was ook de eerste vrouwelijke artistiek leider van een merk waar Meghan al jaren van gecharmeerd was.

Er werd een ontmoeting geregeld in Kensington Palace, waar Clare en Meghan een half uur schetsen bekeken en Meghans wens bespraken om iets moderns en toch tijdloos te dragen. Al bij de tweede afspraak in januari 2018 besloot Meghan om Clare de opdracht te geven. 'Het was een bijzonder moment toen ze het vertelde,' verklaarde Clare later. 'Het was ongelofelijk om onderdeel te zijn van zo'n historisch moment.'

De vrouwen ontwikkelden al snel een goede verstandhouding met een gestage stroom berichtjes, telefoongesprekken en schetsen die over en weer werden gestuurd. In februari kwam Meghan met een onopvallende personenauto naar het pand in Zuidwest-Londen waar Clare haar ontwerparchieven en voltooide kledingstukken bewaarde. Daar bespraken ze het uiteindelijke ontwerp, waarna twee kleine teams aan de slag gingen met het maken van de jurk; aan de binnenkant werd onder andere een klein reepje blauwe stof toegevoegd van de jurk die ze op haar eerste blind date met Harry had gedragen. Toen Meghan op 27 maart een commerciële vlucht naar LA nam om een paar dagen met Doria door te brengen, bracht ze schetsen van de jurk mee, samen met een paar andere details van de bruiloft.

Volgens Clare zag ze Meghan in de aanloop naar het huwelijk regelmatig en voelde het nooit formeel of plechtig. 'We hadden het over de ceremonie, haar nieuwe familie en de rol die ze in de toekomst zou spelen, en wat ze wilde vertegenwoordigen, welke emoties ze wilde tonen, hoe ze nieuwe ideeën wilde introduceren over hoe een lid van de koninklijke familie zich hoorde te kleden, maar ook over de enorme schaal waarop alles zou gebeuren. Ze was zo enthousiast.'

Vlak voor de plechtigheid werd de jurk – waarvoor verschillende pasmomenten waren ingepland, die uit geheimhoudingsoverwegingen allemaal door Clare zelf werden gedaan – 's ochtends in het diepste geheim verplaatst naar een beveiligde kamer in Cliveden House. De operatie was uitgedokterd door Melissa Toubati, Meghans persoonlijke assistent, en Jason, en er waren verschillende beveiligingsmedewerkers en zowaar een tunnel bij betrokken. Het stel kon wel lachen om de bizarre maatregelen die genomen werden om de meest gewilde jurk ter wereld geheim te houden.

Alle informatie over de jurk was in nevelen gehuld, en dat gold ook voor de naam van de ontwerper. Clares aanwezigheid op de trap van de kerk was voor het publiek, en zelfs voor haar man en drie kinderen, de eerste indicatie dat zij degene was die de cruciale taak op zich had genomen. 'Net als een dokter die niet over haar patiënten praat,' aldus de ontwerpster.

Voor het oog van de camera's plukte Clare een beetje aan de sluier van tule en zijde, die zo delicaat en zuiver wit was dat de naaisters elk half uur hun handen moesten wassen terwijl ze ermee bezig waren. Het hele proces had vijfhonderd uur in beslag genomen. 'Ik wist dat de jurk een prachtige lijn zou vormen terwijl ze de trap op liep,' zei de ontwerpster. 'Met die lange sluier wilde ik er echt een spectaculaire jurk van maken.'

Meghan keek achterom naar Clare om zeker te weten dat de sluier goed zat, liep toen verder en hield weer even in om de mensenmassa goed in zich op te nemen. Clara Loughran, Harry's trouwe assistent, die de hele dag verantwoordelijk was voor de bloemen, stond bovenaan de trap te wachten om Meghan haar bruidsboeket met lathyrus, lelietjes-van-dalen, mirte, jasmijn, astrantia en Diana's favoriete vergeet-me-nietjes te overhandigen.

Clare gaf de sluier aan de bruidsjongens, die de avond ervoor goed hadden geoefend met een nepsluier van polyester kant. De zoons van Jessica en Ben stonden breed te grijnzen, met gapende gaten tussen hun tanden, en 'genoten van het moment' terwijl de trompettisten begonnen te blazen, aldus Clare. 'Hij had nog nooit een trompet gehoord,' vertelde Ben, als verklaring voor de grote ogen die zijn zoon opzette bij aankomst. 'En ik ben blij dat we van tevoren met ze naar de kapper zijn gegaan!'

Vervolgens begon Meghan, die schitterde in de diamanten bandeautiara van koningin Mary, en op maat gemaakte Givenchy-pumps van zijden satin duchesse droeg om de look helemaal af te maken, aan de bijna tachtig meter lange wandeling naar haar sprakeloze, betraande bruidegom, die er zelf ook goed uitzag in zijn op Savile Row in Londen gemaakte uniform van de Household Cavalry Blues and Royals.

Ook Doria hield het niet droog toen haar dochter langsliep door het gangpad. Voor het grote publiek zag ze er misschien wat verloren uit, maar Meghan had ervoor gezorgd dat ze bij twee van haar beste vriendinnen zat, Benita en Genevieve, die haar moeder goed kenden. Doria had vooral een goede band met Benita, die twee dochters had, Rylan en Remi, die niet alleen Meghans petekinderen waren, maar ook haar bruidsmeisjes.

Toen de bruid en bruidegom oog in oog stonden en Harry zijn vader had weggestuurd met een welgemeend 'Dank je, pa,' spatte de ontroerende liefde tussen de twee ervan af. 'Je ziet er fantastisch uit. Ik heb je gemist,' zei Harry tegen Meghan. 'Dank je,' antwoordde ze verlegen.

Hoewel de ongeveer een uur durende ceremonie bol stond van de traditionele toeters en bellen, voegde het stel toch een persoonlijk tintje toe. 'Het was een enigszins mondiale trouwerij, maar het was voor ons erg belangrijk om het inclusief te maken,' vertelde Harry in een opname die hij met Meghan maakte voor *A Royal Wedding: The Duke and Duchess of Sussex*, een tentoonstelling in Windsor Castle. 'We hebben een paar persoonlijke, betekenisvolle keuzes gemaakt, waardoor het soms intiem aanvoelde, ook al was het een enorme bruiloft.'

Zo was de door de zon verlichte, middeleeuwse kapel, een fonkelende mengeling van glas in lood en gewelfde plafonds, gevuld met mensen die een belangrijke rol hadden gespeeld in hun levens. Er waren vertegenwoordigers van liefdadigheidsinstellingen waarmee ze door de jaren heen hadden samengewerkt, en ook Harry's ex-vriendinnen Cressida Bonas en Chelsy Davy waren getuige van het moment waarop de aartsbisschop van Canterbury, Justin Welby, vroeg of er een reden was waarom Harry en Meghan niet zouden moeten trouwen.

Bisschop Michael Curry, die als eerste zwarte Amerikaan was verkozen tot voorzittend bisschop van de Episcopaalse Kerk, hield de preek. Curry had het stel nog nooit ontmoet en was verbijsterd toen hij gebeld werd door het kantoor van de aartsbisschop van Canterbury. Toen bleek dat het ging om de preek bij de huwelijksvoltrekking van Harry en Meghan, was zijn verbaasde reactie: 'Je neemt me in de maling!'

Bisschop Curry liet weten dat de liefde van Harry en Meghan bijna tastbaar was toen hij ze voor het eerst bij het altaar zag staan. 'Je zag het in hoe ze naar elkaar keken,' zei hij. 'Ik zag ineens dat de liefde tussen hen de reden was dat die verschillende werelden bij elkaar werden gebracht, dat er obstakels werden overwonnen. Het was de liefde.'

Een niet-wit lid van het koninklijk huis betekende niet alleen een nieuw hoofdstuk in het verhaal van de familie, maar ook een maatschappelijke aardverschuiving, in gang gezet door een Afro-Amerikaanse bisschop die verkondigde dat de liefde van het paar krachtig genoeg was om de wereld te veranderen.

'Wijlen Dr. Martin Luther King zei ooit, en ik citeer: "We moeten de kracht van de liefde ontdekken, de verlossende kracht van de liefde. Als we dat doen, maken we een nieuwe wereld. Het kan alleen met liefde,"' preekte bisschop Curry.

De keuze voor quotes van de legendarische burgerrechtenactivist, naast psalmen uit het Nieuwe Testament, stond symbool voor de moderne hertogin die Meghan wilde zijn. Bisschop Curry verwachtte geen instemmend geroep vanuit het publiek, maar zei dat hij 'het "Amen!" kon zien' in de ogen van de toehoorders.

Na bisschop Curry's preek begon het twintigkoppige Kingdom Choir aan een uitvoering van de klassieker 'Stand by Me'. (Het koor was ingehuurd op aanraden van prins Charles, net als bisschop Curry.) Achter de schermen was hard gewerkt aan het driestemmige gospelarrangement van het door Ben E. King geschreven nummer, dat door de burgerrechtenbeweging als strijdkreet was gebruikt. Koorleider Karen Gibson bereidde ettelijke versies voor, die stuk voor stuk door het paar werden afgekeurd. Vervolgens regelde prins Charles, die veel aanbevelingen deed voor de muzikale omlijsting van de grote dag, een persoonlijk optreden van Gibson, vijf koorleden en een toetsenist in Kensington Palace.

'De versie die iedereen heeft gehoord, was de twaalfde. Ik weet nog steeds niet of dit precies was wat ze wilden of dat we gewoon geen tijd meer hadden,' zei Karen na de bruiloft. 'In het begin begreep ik niet waarom ze steeds nee zeiden, maar ze hadden uiteraard gelijk. De uiteindelijke versie was puur en paste precies bij de stijl van de bruiloft.'

Toch wist Karen na de ceremonie niet helemaal zeker of de uitvoering goed was ontvangen. De koorleden waren gewend aan uitbundig publiek, en het enige geluid dat ze die dag hoorden 'was het geruis van mensen die hun hoofd omdraaiden', verklaarde Karen met een lachje. Maar toen ze de kerk uit liepen, 'werden we letterlijk overvallen'. Acteur Tom Hardy – een goede vriend van Harry die was ingevlogen vanaf een filmset in New Orleans en binnen vierentwintig uur weer terug moest zijn – gaf haar een knuffel. Binnen een paar dagen was het optreden miljoenen keren bekeken op YouTube, werd Gibson in de Britse media 'de peetmoeder van de gospel' genoemd en had de koningin het koor uitgenodigd op een tuinfeest bij Buckingham Palace dat de volgende maand zou plaatsvinden.

De emotie die door de muziek was opgeroepen, vulde de hele ruimte, terwijl Harry en Meghan beloofden om elkaar te koesteren en in ere te houden – maar niet om te gehoorzamen. Die gedateerde bepaling liet de bruid bewust achterwege, net als Kate in 2011 had gedaan. Toen de ringen – die voor Harry van platina, die voor Meghan traditiegetrouw van Welsh goud (met het merk van een Welshe draak) – waren uitgewisseld, werden ze tot vreugde van het publiek tot man en vrouw verklaard. Ze waren nu officieel Hunne Koninklijke Hoogheden de Hertog en Hertogin van Sussex.

Terwijl de negentienjarige cellist Sheku Kanneh-Mason (door de BBC uitgeroepen tot Muzikant van het Jaar, als eerste zwarte muzikant in de tachtigjarige geschiedenis van de prijs) drie stukken speelde, waaronder Schuberts 'Ave Maria', trokken Harry en Meghan zich terug in een privéruimte in de kapel, samen met hun ouders, voor de ondertekening van het register. Charles wilde Doria op haar gemak stellen en bood zijn hand aan toen ze de kleine kamer in liepen om getuige te zijn van het moment waarop Harry en Meghan het document ondertekenden. 'Het was een lief gebaar,' vertelde Camilla, die erbij was, in de BBC-documentaire *Prince, Son and Heir: Charles at 70*. 'Heel veel mensen waren ontroerd toen ze zagen dat Charles de hand van de moeder van de bruid vastpakte... Hij doet zoveel achter de schermen waar mensen geen weet van hebben. Ik geloof niet dat mensen zich realiseren hoe vriendelijk hij is.'

Na de ceremonie bleef het pasgetrouwde stel bovenaan de trap van de kapel even staan, net na één uur 's middags, om eindelijk deel te nemen aan de aloude traditie van de eerste kus als man en vrouw. En terwijl de stemmen van het Kingdom Choir in de kerk 'This Little Light of Mine' inzetten, klommen Meghan en Harry in een door paarden voortgetrokken koets van Ascot Landau met open dak, voor een vijfentwintig minuten durend tochtje door de straten van Windsor.

Meghan sloeg haar hand voor haar borst en kon maar één woord uitbrengen toen ze zag hoeveel mensen zich hadden verzameld op het terrein van het kasteel: 'Wauw!'

Harry nam naast zijn bruid in de koets plaats en zei lachend dat zijn broek 'te krap' zat.

Daarmee kwam er een einde aan de bruiloft van het jaar, of in elk geval het deel dat voor het publiek toegankelijk was, terwijl de twee hoofdrolspelers richting hun eigen lang en gelukkig leven reden, afwisselend zwaaiend naar de fans en in elkaars ogen starend, beduusd over de gigantische stap die ze zojuist hadden gezet.

15

De Sussexes

Voor het grote publiek was het spectaculaire evenement ten einde, maar voor Harry en Meghan begon de huwelijksdag nu pas.

Na een ritje door de straten van Windsor en terug naar het kasteelterrein reed de koets verder naar de staatsappartementen. De gasten in St. George's Hall begonnen met elkaar te kletsen en bewonderden het plafond, dat bedekt was met de familiewapens, en het in harnas gestoken standbeeld *King's Champion* aan de oostkant van de hal. Ook de meerlagige, met pioenrozen bedekte Amalfitaart met citroen en vlierbloesemsiroop van de Californische bakker Claire Ptak oogstte veel lof. Harry en Meghan werden de vergulde groene salon binnengeleid, waar fotograaf Alexi Lubomirski precies vijfentwintig minuten had om zes verschillende portretopstellingen te doorlopen, waaronder een met alle vier de bruidsjongens in hun uniformpjes en de zes bruidsmeisjes in hun piepkleine Givenchy-jurken. Alexi kende het stel al; in december 2017 had hij ook hun verlovingsportretten verzorgd.

Maar eerst moest Harry iets belangrijks doen. De prins liep bij zijn bruid vandaan om Clare te complimenteren. 'Hij kwam recht op me af,' vertelde de ontwerpster, die erbij was om Meghans sleep en sluier goed te laten vallen zodat alles er perfect uit zou zien op de foto's.

'O mijn god, dank je wel,' zei Harry tegen Clare. 'Ze is beeldschoon.'

Terwijl Daniel, die paraat stond om Meghans make-up bij te werken, een gesprek aanknoopte met Doria, die zichtbaar opgelucht was dat ze niet meer in de spotlights stond, gingen Alexi en zijn team aan de slag met Harry's positie op de Morel & Seddon-bank van zijden damast – dezelfde bank waarop hij na zijn doop in 1984 met zijn moeder had gezeten. Meghan zat onder hem op het Axminster-tapijt; de bruidskinderen waren rondom verspreid.

Alexi wist de kinderen met één enkele zin voor zich te winnen. 'Wie vindt Smarties lekker?' riep hij, en verspreid over de ruimte gingen de kleine handjes synchroon de lucht in.

Hij gebruikte hetzelfde grapje bij Doria, William, Kate, Charles, Camilla, de koningin en prins Philip, nadat hij de familie zorgvuldig over de zijden stoelen had verdeeld. 'Het moest aanvoelen als een familiekiekje,' legde hij uit. 'Ik wilde niet dat het op een foto van een sportteam of een legereenheid zou lijken.' Gelukkig werkte het grapje met de Smarties als een tierelier. Zelfs de koningin grinnikte.

Toen er nog maar een paar minuten over waren om portretten van alleen het paar te maken, besloot de fotograaf in een opwelling om naar de rozentuin van de koningin te lopen. Terwijl het drietal tussen de heggen en bloemperkjes door liep, begon de zon achter de torentjes van het kasteel te zakken. Hij stelde voor om nog één pose op een smalle trap te doen. Harry liet zich op het beton zakken terwijl Meghan, eindelijk verlost van haar prachtige maar onhandige sluier, zich tegen zijn borst aan vlijde. Het was de foto van de dag. Ze blikten terug op de hectische ochtend, lachten om wat ze allemaal hadden doorstaan en maakten grapjes over de emotionele uitputting. 'Het was een magisch moment,' zei Alexi. 'Soms ben je bezig met een fotosessie en valt alles ineens op zijn plaats.'

De fotograaf reed meteen naar zijn moeder, die dichtbij woonde en waar hij ongestoord kon werken. Tijdens de autorit bekeek hij de digitale afbeeldingen voor het eerst goed – op het moment zelf had zijn assistent dat gedaan. Toen hij de foto's zag die hij de laatste drie minuten van de sessie in alle haast had gemaakt, slaakte hij een zucht van opluchting. Ze waren 'geweldig' en 'emotioneel'.

'Emotioneel' was zo'n beetje het woord van de dag. En niemand wist die emoties beter op te roepen dan de bruidegom bij het begin van de receptie. Terwijl de gasten (massaal gebruikmakend van de witte gevoerde slippers die werden aangeboden ter vervanging van ongemakkelijke hoge hakken) door de neogotische hal liepen, die in 1992 na een brand in ere was hersteld, nam Harry het woord. Bij het uitspreken van de eerste woorden, 'mijn vrouw en ik', kreeg hij applaus. Harry had er net zo naar uitgekeken om die woorden te zeggen als de gasten blij waren om ze uit zijn mond te horen.

Iedereen was in een goede bui, mede dankzij de Pol Roger Brut Réserve niet-vintage champagne. Voor de minderjarige gasten, waaronder Harry's nichtje Lady Louise Mountbatten-Windsor en neefje burggraaf Severn, waren er mocktails met Sandringham Cox' appelsap en vlierbloesem. Daarnaast gingen er hapjes rond, zoals de prachtig uitziende canapés van Schotse langoustine gewikkeld in gerookte zalm met crème fraîche en citrus, gegrilde Engelse asperges gewikkeld in Cumbriaham, panna cotta van tuinerwt met kwarteleieren en citroenverbena, en gepocheerde scharrelkip met licht gekruide yoghurt en geroosterde abrikoos. Bij de lunch was er fricassee van scharrelkip met morieljes en jonge prei, erwten-muntrisotto met erwtenkiemen, truffelolie en een krokantje van parmezaan, en langzaam gegaard Windsor-buikspek met appel en gebakken zwoerd.

De koningin was de officiële gastvrouw van het evenement, maar het was William, Harry's getuige, die het kersverse echtpaar introduceerde en de speech van zijn vader inleidde.

Met zijn typische droge gevoel voor humor vertelde Charles over Harry als baby en het verschonen van zijn luiers, voor hij de conclusie trok dat zijn zoon toch wel goed gelukt was. Daarna vertelde hij dat hij het ontroerend vond om zijn jongste zoon als echtgenoot te zien, waardoor menig toehoorder een traantje moest wegpinken. 'Mijn lieve oude Harry,' sloot hij af. 'Ik ben zo blij voor je.'

Niemand was blijer voor Harry dan Harry zelf, die een speech improviseerde waarin hij aangaf dat hij veel zin had om met het nieuwe team aan de slag te gaan en hoe 'ontzettend chic' zijn bruid was omgegaan met de vervelende obstakels waarmee ze in de aanloop naar deze gebeurtenis was geconfronteerd. Net als zijn lieve vader had ook Harry ruimte voor een plagerig grapje – hij hoopte maar dat de Amerikaanse helft van de gasten er niet van tussen zou glippen met de zwaarden in de zaal, en deed een oproep aan alle aanwezigen om niet te veel lawaai te maken bij het vertrek, anders zouden de buren misschien gaan klagen.

Toen, nog voor het aansnijden van de taart van biscuitgebak doordrenkt met vlierbloesemsiroop van het koninklijke landgoed Sandringham, pakte Harry nogmaals de microfoon en vroeg zo nonchalant mogelijk of iemand in de zaal misschien met een piano overweg kon. Dat was voor Elton John het sein om met zijn karakteristieke roze bril op plaats te nemen achter de piano voor een vooraf besproken miniconcert.

'Wat gebeurt hier?' mompelde een kennis van Meghan verbaasd.

Op dat moment begon Sir Elton te spelen.

'My gift is my song, and this one's for you,' zong hij.

Na 'Your Song' volgden 'Circle of Life' (Uit *The Lion King*, een van Harry's favoriete films) en 'I'm Still Standing', waarbij een aantal gasten, onder wie Oprah, het niet droog hielden.

Ook 'Tiny Dancer' kwam voorbij, met de openingszin 'Blue jean baby, LA lady', een knipoog naar Meghan. Het was het perfecte optreden voor de zoon van een van zijn beste vriendinnen en een jongen die hij had zien uitgroeien tot een man. Sterker nog, op deze zelfde plek had hij Diana voor het eerst ontmoet, bij een feestje ter ere van de eenentwintigste verjaardag van prins Andrew in 1981.

Ter ondersteuning van Harry waren ook Diana's twee zussen aanwezig, Lady Sarah McCorquodale en Lady Jane Fellows, haar broer Charles Spencer, haar oude huisgenoot en Harry's peetmoeder Carolyn Bartholomew, en tot slot Julia Samuel, peetmoeder van prins George en voorzitter van Child Bereavement UK, een stichting waar William beschermheer van was. (De liefdadigheidsinstelling steunde kinderen en gezinnen die een dierbare waren verloren en mensen die voor terminaal zieke familieleden zorgden.) Lady Jane had tijdens de dienst ter nagedachtenis aan haar zus voorgelezen uit het Hooglied.

Gesterkt door de gedachte aan Diana trokken Meghan en Harry zich terug in hun tijdelijke onderkomen op Windsor Castle om een beetje te ontspannen voor ze zouden beginnen aan de voorbereidingen op de avondreceptie. Harry was van plan een dutje te doen, maar voelde zich zo vol van de dag dat hij geen moment stil kon zitten.

Tijdens de drie uur durende pauze tussen de recepties veranderde Meghan van look. De Londense saloneigenaar George Northwood stak haar haren nog hoger op, in een strakke chignon met krullende lokken die langs de zijkant van haar gezicht vielen. Voor het gedempte avondlicht was Daniel op zoek naar een dromerige, sexy uitstraling, dus gaf hij Meghans ogen een donkerdere schaduw. Haar tweede outfit – een jurk van zijde en crêpe met een hoge neklijn, ontworpen door Stella McCartney – zag er ook een stuk ondeugender uit. Het was tijd om te feesten.

'De rol die ze heeft aangenomen is heel serieus en ernstig, en ik denk dat ze de verantwoordelijkheid voelt en het allemaal erg serieus neemt,' liet Stella weten aan de BBC. 'Het was het laatste moment waarop ze die andere kant van zichzelf kon laten zien.'

Voor een klassieke touch kreeg Meghan van Harry een vierentwintig karaats gouden Asprey-ring met een als een smaragd geslepen aquamarijn te leen, die van zijn moeder was geweest.

'Laten we niet te moeilijk doen, ik wil gewoon gaan,' zei Meghan tegen

Daniel, die een druppeltje natuurlijke olie op haar huid aanbracht, een stapeltje vloeipapier en lippenstift in haar handen drukte en haar naar de zilverblauwe Jaguar E-Type Concept Zero dirigeerde, waarna het paar, met Harry in smoking achter het stuur, over het lange pad naar de receptie in Frogmore House reed.

Tweehonderd vrienden en familieleden, die de handgemaakte uitnodiging voor de avondreceptie hadden ontvangen, werden om zeven uur 's avonds door dubbeldekkers afgezet bij Frogmore House. Sommigen kwamen op eigen gelegenheid, zoals Doria, die een dutje deed op de achterbank van een Range Rover. Harry's nichtjes prinses Beatrice en prinses Eugenie gaven de voorkeur aan een zwarte Bentley en George en Amal Clooney arriveerden in een zilveren Audi.

(Opvallende afwezigen: Skippy, Harry's oude vriend, die zijn vraagtekens had gesteld bij de relatie met Meghan, en zijn vrouw Lara. Ze waren uitgenodigd voor de ceremonie en de lunchreceptie, maar stonden niet op de lijst voor het feest. Bij een brunch op de dag na de bruiloft zei Skippy tegen zijn vrienden: 'Harry is te veel veranderd door Meghan.' Zijn oude maatje van Eton beweerde dat Harry onder de indruk was van types als de Clooneys en Oprah. 'We zijn hem kwijt,' concludeerde Skippy. Volgens een aantal van Harry's oude vrienden was de gastenlijst voor het feest een manier om te zeggen: 'Met deze mensen willen we in het vervolg ons leven delen.')

Nadat iedereen zijn mobiele telefoon had uitgezet (de bruid en bruidegom hadden duidelijk gemaakt dat dit onderdeel van de feestelijkheden volledig privé moest blijven), verspreidden de gasten zich over het uitgestrekte gazon dat enkele maanden daarvoor nog als achtergrond had gediend voor de verlovingsfoto's. Ook de gasten hadden zich omgekleed. Serena Williams, eerder die dag volledig in roze Versace-kleren gestoken, droeg een gebloemde japon van Valentino, met sneakers van dezelfde ontwerper voor maximaal comfort. Meghans goede vriendin Priyanka Chopra had haar lavendelkleurige pak van Vivienne Westwood en bijpassend hoedje ingeruild voor een schitterende goudkleurige tulen Dior-japon, aangevuld met juwelen van Lorraine Schwartz.

Harry, zoals bekend geen fan van al te formele aangelegenheden, had gedroomd van een avond zoals in zijn jeugd, toen hij zich met zijn vrienden tegoed deed aan de schatkistcocktails met champagne in Mahiki, een nachtclub en tikibar, en lange nachten dansend doorhaalde in Boujis. En terwijl Frogmore House, een huis uit 1684 waar koning George II ooit had gewoond, ontegenzeggelijk een plechtige uitstraling had, gold dat absoluut niet voor de receptie.

Om precies half acht 's avonds werden de gasten, in smoking en avondjurk, naar de op maat gemaakte tent geleid die buiten voor het zeventiende-eeuwse pand stond, waar ze een plekje kregen aan een van de twintig tafels met namen van etenswaren die in het Brits en Amerikaans verschillend worden uitgesproken of genoemd. De ene groep vrienden zette zijn cocktailglazen neer op een tafel met het etiket 'tomato' (tomaat), de andere nam plaats bij 'basil' (basilicum), 'oregano', 'potato' (aardappel) of 'arugula' (rucola). Goede vriendin en *True Blood*-actrice Janina Gavankar beschreef het als volgt in *Vanity Fair*: 'Er waren zoveel verwijzingen naar de prachtige mengeling van twee culturen.'

Ondanks het grote aantal gasten bij de avondreceptie was het diner een intieme aangelegenheid – zeker vergeleken bij de pompeuze feestelijkheden van die middag, waar miljoenen mensen bij aanwezig waren geweest.

'Het was een eer om bij de ceremonie aanwezig te zijn, maar 's avonds had je echt het gevoel dat je op een bruiloft van je vrienden was. Het was een kleine, knusse groep mensen. Velen kenden elkaar al of hebben elkaar het afgelopen anderhalf jaar leren kennen. Het was gewoon heel anders,' aldus een goede vriendin en gast. 'Het paste helemaal bij hen. Je zag gewoon met hoeveel zorg ze alles hadden uitgekozen. Wij meiden zeiden steeds tegen elkaar: "O, dat is typisch Meg."'

Het met lokale producten bereide, biologische menu – van de hand van Michelinsterrenchef Clare Smyth, die al snel vrienden werd met Meghan – was echter door prins Charles uitgekozen, en bevatte gerechten zoals gebraden kip, vierenzestig dagen gerijpt bij Creedy Carver, een boerderij in Devon, met salie en ui.

Terwijl het personeel de eerste van drie gangen opdiende, begon William aan zijn speech. Hij vertelde de aanwezige gasten over Harry's gênante imitaties van de slijmerige telefoongesprekken tussen hem en Kate toen ze verkering kregen en waarschuwde dat zijn wraak, als getuige van zijn broer, zoet zou zijn.

Om het schaamrood op de kaken van zijn kleine broertje nog wat aan te zetten, gaf William de microfoon door aan 'godsgeschenk Charlesworth', de bijnaam van Charlie van Straubenzee, een kostschoolmaatje van de prinsen.

Charlie, leidinggevende bij een beleggingsmanagementbedrijf en al heel lang onderdeel van Harry's vriendenkring, greep de elegante gelegenheid aan om herinneringen op te halen aan hun jaren op de kostschool.

'Ik wilde gewoon een knuffel van mijn moeder,' vertelde hij over zijn eerste ontmoeting met Harry op de Ludgrove School in Berkshire, waar de royal de rol van slaapzaalleider toebedeeld kreeg. 'In plaats daarvan pakte Harry mijn teddybeer en gooide hem op het dak. Dames en heren, nou vraag ik u, hoe kun je iemand de leiding geven over een slaapzaal als diegene zich slechter gedraagt dan de rest van de mensen op die slaapzaal bij elkaar?'

Charlie vertelde dat 'onze aardbeiblonde prins' heel lang had geweigerd te accepteren dat hij rood haar had en vroeger zelfs vaak een hekel had aan andere rossige kinderen – zonder in te zien dat hij er hetzelfde uitzag. Daarna weidde hij uit over Harry's onvermogen om op zijn polopaard te blijven zitten, omdat hij de neiging had met een flinke kater aan een wedstrijd te beginnen. Na alle plagerige opmerkingen (inclusief verwijzingen naar de breed uitgemeten fratsen uit Harry's jeugd) liet Charlie zich ook van zijn gevoelige kant zien, door dieper in te gaan op het verlies van Diana en te vertellen hoeveel bewondering hij had voor hoe Harry was omgegaan met zijn woede en depressies.

Zijn moeder zou trots en blij zijn dat Harry zo'n geweldige vrouw had gevonden, aldus Charlie, en ze zou reikhalzend uitkijken naar het leven dat ze samen wilden opbouwen. Meghan, zei hij tot slot, paste precies bij zijn goede vriend, en hij was dankbaar dat ze Harry zo gelukkig maakte.

Overmand door emoties liep Harry weer naar de microfoon om iedereen te bedanken die deze dag mogelijk had gemaakt. Hij bedankte zijn vader voor zijn onvoorwaardelijke liefde en zijn hulp bij het organiseren van dit evenement. Charles, die een groot deel van de kosten van het feest dekte, zou later gekscherend opmerken dat het budget 'al een hele tijd in de prullenbak lag'. Harry bedankte zijn schoonmoeder voor haar rol in de opvoeding van 'een geweldige dochter, mijn vrouw', waarna er een luid gejuich opging. Ten slotte richtte hij zich tot zijn bruid: 'Ik kan niet in woorden uitdrukken hoeveel geluk ik heb met zo'n fantastische vrouw aan mijn zijde.'

Toen was het, zoals hier en daar al was voorspeld, de beurt aan Meghan.

Het was de eerste keer dat een koninklijke bruid een toespraak hield – een bevestiging dat deze Amerikaanse niet van plan was een doorsnee hertogin te worden.

'Je kon een speld horen vallen,' aldus een vertrouweling, die de speech omschreef als een gedenkwaardig moment – zelfs voor de Amerikanen.

'Ze had al zo lang haar mond gehouden, en toen kreeg ze eindelijk de kans om haar hart te laten spreken in een veilige omgeving. Dat was echt bijzonder,' volgens de bron. 'Jarenlang had ze haar stem laten horen, op de campus, op tv, op het gebied van vrouwenemancipatie. Ze heeft veel respect voor de tradities, de familie en het instituut waar ze onderdeel van is geworden. Maar het is een heel andere manier van leven. We hadden haar stem gemist.'

Dat gevoel deelde Meghan blijkbaar, want ze lachte en zei: 'Het is even geleden.'

De bruid maakte van de gelegenheid gebruik om de koningin te vertellen hoe fijn ze het vond dat ze meteen was opgenomen in de familie. Charles kreeg een bedankje omdat hij Meghan naar het altaar had begeleid en haar moeder aan de hand had genomen op onbekend terrein, en Doria zelf werd geprezen om haar steun en wijze woorden. De meeste lof bewaarde ze echter voor Harry, de prins aan wie ze toevallig gekoppeld was en die nog steeds al haar verwachtingen overtrof.

Al haar Amerikaanse vrienden begonnen te joelen en klappen.

'Dat is onze Meg,' zei een vertrouweling. 'Ze maakt gewoon contact.'

Na alle liefdevolle opmerkingen was het tijd voor humor, in de vorm van presentator James Corden van de *Late Late Show*, die de tent binnenschreed, uitgedost als Henry VIII. Zijn vrouw Julia, een vriendin van Meghan, deinsde terug met een blik vol gespeeld afgrijzen.

'Uwe Koninklijke Hoogheden, dames en heren, ik had geen idee wat ik aan moest naar een koninklijke bruiloft,' grapte de talkshowpresentator in zijn Tudor-outfit, compleet met tuniek en maillot. 'Dus ik dacht, ik sla het handboek van de koninklijke etiquette er even op na en toen kwam ik dit tegen. Ik hoop dat dit de goede uitrusting is.'

Na Cordens act – inclusief een stukje over wat het gebruik van een tent zei over de grootte van Windsor Castle – barstte het feest op aandringen van Harry flink los.

Voor de openingsdans koos het stel voor 'I'm in Love' van soulzanger Wilson Pickett. Na die bruiloftsklassieker volgde nog meer soul, bijvoorbeeld 'My Girl' van The Temptations en Sam and Daves 'Soul Man', vertolkt door een twaalfkoppige band uit het zuiden van de Verenigde Staten. Daarna beklom 'dj van de sterren' Sam Totolee het podium met zijn draaitafels. Sam had ervaring opgedaan in de clubscène van Ibiza en opgetreden op privéfeestjes van celebs als Diddy en Elon Musk, en bij het huwelijksfeest van Pippa Middleton in 2017, en draaide de ene clubhit na de andere – precies volgens Harry's instructies.

Sam hield alleen een uurtje pauze om het stokje over te geven aan acteur Idris Elba. Zoals de acteur, die met de prins bevriend was geraakt tijdens de Invictus Games, bij het programma *Ellen* vertelde: 'Op een dag zei hij zoiets van: "Wat ga je die dag [van de bruiloft] doen?" En ik zei "Hm, niks" en toen zei hij: "Wil je naar de bruiloft komen en draaien bij de receptie?" En ik zei "Nee... ja! Natuurlijk, graag!"'

Alsof de pompende hiphop- en housebeats waar Harry in zijn wilde jaren als twintiger zo dol op was geweest (en die nu over het hele landgoed van Windsor Castle schalden) en de cocktails van de bar met als thema 'dranken van over de hele wereld' nog niet voor genoeg sfeer zorgden, deed George Clooney ook nog een duit in het zakje. De filmster verzamelde mensen bij de bar en kreeg de lachers op zijn hand door uit de losse pols shotjes Casagimos-tequila in te schenken, zijn eigen merk. 'Ik wilde ervoor zorgen dat iedereen het naar zijn zin had,' aldus Clooney.

Om elf uur was het tijd voor de grote finale. Terwijl het bedienend personeel canapés ronddeelde als bodempje voor de 'When Harry Met Meghan', een cocktail op basis van gember en rum, moest een aantal andere stafleden de zwanen van het meer jagen om ruimte maken voor een spectaculaire vuurwerkshow, die de gasten buiten konden bekijken.

Meghan pakte de hand van haar kersverse echtgenoot vast en hield haar blik op de hemel gericht. Haar toekomst lag op haar te wachten, net zo schitterend en fonkelend als de indrukwekkende vuurwerkshow. De bruiloft was de bestemming van een unieke reis die het stel samen had gemaakt, tegen alle verwachtingen in. Maar bij het begin van het huwelijk werd het koppel geconfronteerd met nieuwe obstakels.

16

Geheimen

Harry en Meghan waren net teruggekomen van hun geheime huwelijksreis, waarvoor ze een privéjet van een vriend hadden geleend. Ze hadden het grootste deel van de week in de zon doorgebracht, op een locatie die zo geheim was dat de meeste van hun vrienden nog steeds niet weten waar ze naartoe zijn gegaan.

Op 18 juni 2018, terwijl de twee nog in hun coconnetje als pasgetrouwd stel zaten, gaf Thomas Markle een ontluisterend interview aan *Good Morning Britain*, via een liveverbinding vanuit een hotelkamer in San Diego. Tijdens het gesprek verontschuldigde Meghans vader zich voor de in scène gezette foto's, ook al kreeg hij naar verluidt $10.000 voor het tv-interview. 'Ik snap nu dat het een grote fout was,' zei hij. 'Ik kan het niet meer terugnemen.'

Het was moeilijk voor te stellen dat zijn dochter en Harry hem zomaar zouden vergeven. Adviseurs en vrienden van het stel wisten niet wat ze met dit ongeleide projectiel aan moesten. Het paleis hechtte veel waarde aan discretie en privacy. 'Volgens mij gaat het niet goed met hem, en ik denk dat hij kwetsbaar is,' zei een bron die dicht bij het koppel stond. 'Die kranten en zenders die geld blijven ophoesten voor nieuwe interviews, dat is echt schandalig.'

Thomas' beschamende optreden was erg teleurstellend voor Harry en Meghan, die hun huwelijksreis nog hadden uitgesteld om aanwezig te kunnen zijn bij een tuinfeest op Buckingham Palace ter ere van de zeventigste verjaardag van de prins van Wales. Zesduizend gasten – onder wie vertegenwoordigers van de 386 organisaties waarvan Charles beschermheer was, twintig militaire connecties en leden van de nationale hulpdiensten – waren aanwezig om een eerbetoon te brengen aan een halve eeuw humanitaire activiteiten van de troonopvolger. De prins is jarig in november, maar dat Harry en Meghan op 22 mei desondanks aanwezig waren, was tekenend voor de steeds sterker wordende band tussen Charles en de Sussexes.

'Zijn enthousiasme en energie werken aanstekelijk,' zei Harry die middag. 'Hij heeft William en mij in elk geval geïnspireerd om ons in te zetten voor zaken die wij belangrijk vinden en er alles aan te doen om een verschil te maken. Sterker nog, in veel gevallen hebben we onze interesse in een bepaalde kwestie te danken aan onze vader.'

'Dus, pa, hoewel ik weet dat je vandaag zelf liever niet in de aandacht wil staan, moet je me vergeven dat ik – net als vroeger – even ongehoorzaam ben. In plaats daarvan wil ik iedereen hier vragen om je te bedanken voor al het waardevolle werk dat je de afgelopen bijna vijftig jaar hebt verricht. Dankzij jou hebben duizenden jonge mensen in een minder bevoorrechte positie zelfvertrouwen en kansen gekregen, en jij maakte klimaatverandering bespreekbaar toen niemand het er nog over had. Met jouw visie en vermogen om mensen samen te brengen heb je veranderingen teweeggebracht. Je hebt William en mij geïnspireerd en als ik zo om me heen kijk, zijn we niet de enigen.'

Ook Meghan had haar redenen om haar schoonvader te bewonderen – hij had haar naar het altaar begeleid toen haar eigen vader haar in de steek had gelaten. Meghan had, zo wist een vertrouweling te melden, 'een liefhebbende, stabiele vaderfiguur gevonden in Charles, en dat heeft haar leven positief veranderd'. Niet zozeer een schoonvader, als wel een 'tweede vader', aldus de bron.

Een vriend van Charles liet weten dat de prins van Wales 'erg op Meghan gesteld is. Ze is een mondige, zelfverzekerde, beeldschone Amerikaanse. Hij verkeert graag in het gezelschap van sterke, zelfverzekerde vrouwen. Ze is slim en zelfbewust, en ik snap wel dat ze het meteen goed met elkaar konden vinden.'

Charles was onder de indruk van Meghans energie. 'De prins van Wales heeft altijd goed overweg gekund met artistieke types, zoals Emma Thompson, met wie hij al jaren bevriend is,' meldde een andere bron. 'Meghan valt in dezelfde categorie. Bovendien is ze met zijn jongste zoon getrouwd en heeft ze een completer mens van hem gemaakt. Daar geniet Charles enorm van.'

Camilla leek te begrijpen dat haar man behoefte had aan een goede band met de familie, want in het begin zorgde zij er samen met Charles voor dat Meghan de juiste steun kreeg bij de eerste ups en downs van haar publieke leven. Beiden hadden zich in de moeilijke aanloop naar de bruiloft sympathiek en meelevend opgesteld. Die zomer was het stel een lang weekend te gast geweest op het afgelegen Castle of Mey bij Caithness aan de Noord-Schotse kust, dat ooit van de koningin-moeder was geweest, met wie Charles een bijzonder hechte band had gehad. In dat zestiende-eeuwse kasteel, uit het zicht van het publiek, had het paar vijf dagen rust, en kon Meghan qualitytime doorbrengen met Charles en Camilla.

Voor haar vader weer in de media verscheen, begon Meghan zich aardig te schikken in haar rol als nieuwste lid van de koninklijke familie. Ze bouwde niet alleen een goede band op met Charles en Camilla, maar vergezelde de koningin op 14 juni ook op een 'dagje uit' naar Chester – zonder Harry. Met z'n tweetjes (en een handvol personeel) stapten ze in de koninklijke trein.

Voor de pasgetrouwde Meghan was het niet zomaar een snoepreisje, ondanks de luxe faciliteiten aan boord van de persoonlijke trein van Hare Majesteit, inclusief privéslaapkamers (prins Philip geeft de voorkeur aan eenvoudige kussens; die van de koningin zijn voorzien van een koninklijk embleem in de hoek en een randje van kant), een zitkamer met een bank met handgemaakte fluwelen kussentjes, een eetkamer met zes stoelen, een bureau waar de koningin aan kan werken en extra luchtvering voor een prettigere reiservaring. (Rond half acht 's ochtends rijdt de machinist extra zachtjes zodat het bad van de koningin niet overstroomt.)

Meghan was de koningin erg dankbaar. Het was een enorme eer om zo snel na de bruiloft al uitgenodigd te worden voor zo'n reisje. Kates eerste officiële gelegenheid had tien maanden na de huwelijksvoltrekking plaatsgevonden, en zij kende de koningin al jaren.

De koningin had vertrouwen in Meghan, omdat, zoals een bron binnen het paleis het verwoordde, 'ze zich altijd precies de juiste houding weet aan te meten in dit soort situaties omdat ze altijd goed voorbereid en respectvol is. Ze is slim en begrijpt wat er van haar gevraagd wordt.'

En inderdaad, Meghan liet een bijna vlekkeloze indruk achter, in haar elegante crèmekleurige etui-jurk met cape van Givenchy, ontworpen door Clare Waight Keller, die ook de trouwjurk had gemaakt. (Hoewel ze kritiek kreeg van de tabloids omdat ze geen hoed droeg, wat helemaal niet verplicht was.)

'De koningin stelde zich vriendelijk, warm en ruimhartig op tegenover de nieuwe hertogin,' aldus een bron die dicht bij Hare Majesteit staat. 'Ze zorgde ervoor dat Meghan snapte wat er aan de hand was en zich op haar gemak voelde, aangezien het haar eerste reisje was.'

Voor de twee uitstapten, kreeg Meghan nog een stijlvol paar oorbellen met parels en diamanten cadeau van de koningin.

De leergierige Meghan wilde zo veel mogelijk weten over de koninklijke protocollen en liep vaak rond met multomappen vol met research zodat ze geen misstap zou begaan. Ze nam haar nieuwe rol ontzettend serieus.

Die dag was echter een geval apart – deze keer kreeg ze een koninklijke masterclass van de koningin zelf.

'Het was een gezellig dagje uit en een mooie introductie in het koninklijke leven. De koningin heeft enorm veel kennis om door te geven en Meghan zuigt alles op,' vertelde een bron dicht bij Meghan.

Ruim driehonderd kilometer ten noorden van Buckingham Palace openden de twee samen een brug, bezochten een entertainmentcomplex en lunchten op het gemeentehuis met lokale politici en andere hoogwaardigheidsbekleders.

Ondanks haar zorgvuldige voorbereidingen wist Meghan niet precies wat het protocol was toen ze in de Bentley van Hare Majesteit moesten stappen. 'Wat heeft uw voorkeur?' vroeg ze aan de koningin.

'Ga jij maar eerst,' was het antwoord.

'O, oké,' zei Meghan, die haar uiterste best deed om alles goed te doen – wat haar vaders publieke optreden op de nationale Engelse tv alleen maar betreurenswaardiger maakte.

Helaas was het interview bij *Good Morning Britain* slechts het begin van een nieuw mediabombardement.

In juli sprak Thomas met *The Sun* over een breed scala aan onderwerpen. Hij zei dat hij vond dat zijn dochter er doodsbang uitzag bij publieke evenementen en dat ze veel te conservatief gekleed ging. Daarnaast beweerde hij dat Meghan alle contact met hem had verbroken en hij haar op geen enkele manier kon bereiken – terwijl ze nog steeds dezelfde mobiele telefoon gebruikte waarmee ze hem voor de bruiloft meerdere berichtjes had gestuurd. Sterker nog, op 10 juni – drie weken nadat hij gedotterd was, waardoor hij niet naar de bruiloft kon komen – had Thomas naar eigen zeggen een berichtje naar zijn dochter gestuurd. 'De operatie is geslaagd,' schreef hij. 'Ik moet de rest van mijn leven bloedverdunners slikken en op dieet, maar ik overleef dit wel. Ik dacht, ik laat het maar weten.' Dat berichtje is nooit verstuurd.

Twee dagen later verscheen er weer een interview met Thomas in *The Sun*, waarin hij waarschuwde dat hij onaangekondigd op de stoep zou verschijnen als hij niet van Meghan zou horen. 'Ik wil mijn dochter zien. Ik denk er serieus over na,' verklaarde hij. 'Het interesseert me niet of ze boos op me is.'

'Het is verdrietig dat het zo ver heeft moeten komen,' vervolgde hij. 'Ik vind het erg jammer. Ja, het is deels mijn schuld. Maar ik heb al duidelijk gemaakt dat ik hier voor de rest van mijn leven last van zal hebben.'

Als een willekeurig ander iemand leugens had verspreid, zou het niet moeilijk geweest zijn om die beweringen te weerspreken. Maar dit was Meghans vader. Thomas had alle contact met het paleis verbroken en speelde nu alles via Samantha. Ondertussen begonnen journalisten stukjes te schrijven waarin ze uiteenzetten wat het paleis allemaal verkeerd had gedaan rondom de affaire met de familie Markle. Het was een situatie waarin het paleis en Meghan niets te winnen en alles te verliezen hadden.

In tegenstelling tot Harry, die in de gaten hield wat er in de pers verscheen en de Twitteraccounts van verschillende koninklijke correspondenten volgde, hield Meghan zich zo min mogelijk bezig met wat er over haar werd gezegd. Als er echter iets naar buiten kwam dat bijzonder kwetsend of omstreden was, werd ze ingelicht door communicatiemedewerkers of vrienden. Zo bleef ze toch op de hoogte van de belangrijkste berichtgeving.

Een van haar beste vrienden vertelde dat een gedesillusioneerde Meghan 'de relatie wilde herstellen'. Ondanks alle vernederingen deed Meghan aan het eind van de zomer een laatste poging om contact op te nemen met haar vader, in de vorm van een brief van vijf kantjes.

'Papa, ik schrijf dit met pijn in mijn hart, omdat ik niet begrijp waarom je dit pad hebt gekozen en je blik afwendt van het verdriet dat je veroorzaakt,' schreef ze. 'Mijn hart is in duizend stukjes gebroken, niet alleen omdat je zoveel onnodige pijn hebt veroorzaakt, maar omdat je je als een marionet hebt laten besturen en niet de waarheid vertelt. Dat zal ik nooit begrijpen.'

Meghan smeekte: 'Als je van me houdt, zoals je tegen de journalisten zegt, hou er dan mee op. Laat ons met rust. Hou op met liegen, hou op met pijn veroorzaken, hou op met het uitbuiten van de relatie tussen mij en mijn man.'

Thomas hield de brief maandenlang bij zich in de FedEx-envelop in zijn aktetas, verborgen voor de pers, omdat een groot deel van de informatie die erin stond niet strookte met wat er in de tabloids was verschenen. Hij stuurde een brief terug, waarin hij schreef dat hij het goed wilde maken en voorstelde een fotomoment voor de media in te plannen met Meghan, Harry en hemzelf.

Meghan kon haar ogen niet geloven. 'Ik ben er kapot van,' vertelde ze een vriendin. 'Mijn vader is duidelijk volledig gecorrumpeerd.'

'Het is pijnlijk voor haar omdat ze zo haar best deed. Ze gaf hem geld, probeerde hulp voor hem te regelen,' aldus een vertrouweling. 'Ze zal er altijd teleurgesteld over zijn, maar tegelijkertijd heeft ze medelijden met hem. Hij heeft er nooit voor gekozen om in de pers te verschijnen. Twee jaar lang heeft hij zijn mond gehouden, maar uiteindelijk hebben ze zijn verzet gebroken door dag na dag in de aanval te gaan. Ze zijn nota bene naast hem gaan wonen. Er viel niet aan te ontsnappen. En nu lijkt het alsof hij niet meer te redden is.'

Meghan nam geen contact meer met hem op. In plaats daarvan trok ze een 'muur van stilte' op, zoals Thomas het omschreef in een van de vele interviews die hij gaf na hun briefwisseling.

Later dat jaar probeerde Samantha een brief te bezorgen bij Kensington Palace en diende ze een verzoek in voor een persoonlijke ontmoeting met Meghan. Samantha, die in Londen was voor een rondje interviews met de media, liet het hele proces vastleggen door een fotograaf van Splash News, die een tip had gekregen over het onaangekondigde bezoekje. Ze leverde de brief echter af aan de verkeerde poort, bij de toegang tot een privéweg aan de *achterkant* van Kensington Palace. Desalniettemin gaf

Meghan tegenover haar vrienden aan dat ze het gedrag van haar halfzus 'eigenaardig' vond.

Het was niet makkelijk om familieleden kwijt te raken. Ooit had ze in interviews hoog opgegeven over haar vader, aan wie ze naar eigen zeggen haar kennis over tv-sets, haar arbeidsethos en haar voorliefde voor handgeschreven bedankkaartjes te danken had, en nu zag ze zich gedwongen om hun relatie op te offeren voor haar nieuwe leven. Dat was zwaar, hoe mooi dat leven ook was.

En mooi was het. Een paar maanden na het drama met haar vader regelde George Clooney een vlucht voor Harry en Meghan in zijn privéjet, van Londen naar Milaan. Vanaf daar werd het pasgetrouwde stel op 16 augustus 's ochtends in alle vroegte met een ongemarkeerde autocolonne naar Villa Oleandra gebracht, het huis van George en Amal.

De Clooneys, die de afgelopen maand in het vijfentwintig kamers tellende landhuis hadden doorgebracht, hadden al een aantal beroemde gasten ontvangen, waaronder Cindy Crawford en Rande Gerber en Stella McCartney en haar man. De zomer daarvoor waren David en Victoria Beckham met hun kinderen op bezoek gekomen.

George had het optrekje in het dorp Laglio in 2002 aangeschaft. Er was een openluchttheater, een zwembad, een garage voor de vijf vintage motoren van de filmster, een tennisbaan, een volledige sportschool, enorme badkamers en een 'pizzarestaurant' met pizzaoven. De uitgebreid versierde plafonds in elk kamer waren op zich al het bespreken waard.

Volgens een bron zag het driedaagse bezoek er ongeveer zo uit: 'Meghan en Amal zaten veel bij het zwembad en speelden met de tweeling, terwijl George en Harry bezig waren met Georges motoren. Harry heeft zelfs een ritje gemaakt met een van zijn beveiligers, maar George ging niet mee, want die had onlangs een ongeluk gehad.'

Dat weekend waren de hertog en hertogin niet de enige gasten. Eugenie en haar verloofde Jack Brooksbank waren er nog toen Meghan en Harry aankwamen. Om de veiligheidsrisico's te beperken bleef de groep elke avond binnen; het eten werd verzorgd door een aantal koks die elkaar afwisselden. Op Harry en Meghans laatste avond deed George een beroep op de chef-kok van Il Gatto Nero, een van zijn favoriete lokale restaurants, en die bereidde een Italiaans feestmaal voor vijftien man. Het gezelschap, met onder meer buren en hun gasten, at aan lange picknicktafels in de landschapstuin, waarna er werd gekletst tot in de vroege uurtjes terwijl de livemuziek over het terrein schalde.

Harry en George waren al lang vrienden voordat de prins Meghan ontmoette. Nadat ze elkaar hadden leren kennen bij een liefdadigheidsevenement, ontdekten de twee mannen dat ze ondanks het leeftijdsverschil veel gemeen hadden, waaronder een voorliefde voor motoren. George had verzamelingen bij het Comomeer, in LA en in Sonning.

Harry en Meghan zijn minstens twee keer bij George en Amal langs geweest in Sonning, ongeveer een uur rijden van het Great Tew Estate dat de royals huurden in Oxfordshire. Als ze daarnaartoe gingen, namen ze de honden mee. De Clooneys ontvingen graag gasten aan het meer; het huis had onder andere een afgelegen terras en een lounge met traditionele houten lambrisering, zware gordijnen, donker fluweel, pluchen stoelen en een bar.

Terug in Oxfordshire kwamen Harry en Meghan, als getrouwd stel, in een nieuwe dynamiek terecht. Iedere ochtend dronken ze samen een kop koffie of thee in de keuken. Ze maakten om de beurt ontbijt met de lokale seizoensproducten die ze bestelden bij de nabijgelegen Daylesford Farm of de boodschappen die bezorgd werden door Waitrose.

Het paar ontving zelf ook de nodige gasten. Begin juli kwam Serena, die toch in de buurt was vanwege Wimbledon, op bezoek op het platteland met haar man, Alexis Ohanian. Een paar dagen later was Meghan er samen met Kate bij toen de tenniskampioene de finale speelde tegen Angelique Kerber. Kate was sinds 2016 de koninklijke beschermvrouwe van Wimbledon, een taak die ze overnam van koningin Elizabeth, en hoewel Meghan inmiddels ook hertogin was, liep ze toch even naar het vipgedeelte om Serena en haar moeder, Oracene Price, een knuffel te geven. 'Meghan is een geweldige vrouw en een goede vriendin van de familie,' aldus Oracene. 'We zijn trots op alles wat ze heeft bereikt.'

Tijdens de buitengewoon warme herfst van 2018 maakten ze gretig gebruik van de patio, tot aan hun officiële zestiendaagse koninklijke tournee door Australië, Fiji, Tonga en Nieuw-Zeeland. Dit was niet de eerste buitenlandse tournee van Harry en Meghan. Die eer was voorbehouden aan de tweedaagse reis naar Ierland in juli. Na dat korte tripje, relatief dicht bij huis, zorgden ze ervoor dat de gecharterde privéjet op tijd terugvloog zodat ze de tweede helft van de voetbalwedstrijd Kroatië-Engeland konden bekijken vanaf de bank in de woonkamer in Oxfordshire.

De lengte was niet het enige verschil tussen de twee reizen. Deze keer was Meghan zwanger – waar ze allebei dolblij om waren, want ze hadden meteen een gezin willen beginnen.

Op 15 oktober, de dag voor Harry en Meghan naar Australië afreisden, had het paleis in Sydney een daverende verrassing in petto voor het kleine groepje journalisten dat aanwezig was bij de briefing voorafgaand aan de tournee. De reporters waren daar voor de gebruikelijke logistieke informatie – hoe laat en waar de bus zou vertrekken, enzovoort. Maar door de iPhone 6 waar iedereen zich omheen had verzameld – die op een kopje met schotel lag, een geïmproviseerde luidspreker – klonk veel belangrijker nieuws, voorgelezen door de persvoorlichter van het stel, Jason: 'De hertog en hertogin zijn in verwachting... We doen binnen een kwartier een persbericht de deur uit.'

Meghan, uitgerekend in de lente van 2019, was bijna twaalf weken zwanger toen de tournee begon. Een paleismedewerker liet weten dat Harry en Meghan het nieuws al naar buiten wilden brengen omdat ze wilden voorkomen dat er de hele tournee lang geroddeld zou worden over een mogelijke zwangerschap. 'Je kon het al zien, het was niet te verbergen,' aldus de bron. 'De geruchten daarover zouden afleiden van het doel van de tournee. Dat wilde Meghan niet.'

(De timing van de aankondiging kwam goed uit voor de tournee, maar zat een ander koninklijk feest in de weg: het huwelijk van prinses Eugenie. De zwangerschap was enkele dagen eerder aan de familie gecommuniceerd, tijdens de bruiloft van Harry's nicht. Dat zat Eugenie niet lekker – volgens een bron klaagde ze tegenover haar vrienden dat het stel had moeten wachten.)

Zwanger of niet, Meghan nam absoluut geen gas terug, ondanks de veertien vluchten en zevenenzestig afspraken die ze de komende zestien dagen te verwerken kreeg. De eerste halte was Sydney, waar het stel landde met de speciale blauwe bagage met hun namen erop en de matchende handbagage van Rimowa, met daarin toilettassen, kleren, aantekeningen en andere benodigdheden die een assistent voor elke vlucht verzamelde. Het koppel had een entourage van tien mensen bij zich, met onder anderen privésecretaris en stafchef Samantha Cohen, persoonlijke assistenten Amy Pickerill en Heather Wong, senior medewerker van Buckingham Palace Marnie Gaffney en haarstylist George Northwood.

Harry en Meghan waren in Sydney voor een aantal evenementen, waaronder de vierde Invictus Games, maar hadden tussendoor precies tijd voor een gezellige avond met Jessica en Ben Mulroney, die voor het Canadese CTV verslag deed van het sportevenement. Een vastgoedmiljardair stelde zijn huis ter beschikking voor een intiem en compleet geheim avondje met een vijfgangendiner, bereid door een privéchef-kok.

Overal waar Harry en Meghan aankwamen, werden ze onthaald door een enorme mensenmassa. Volgens de lokale media gebeurde er iets magisch toen het kleine vliegtuig van de Koninklijke Australische Luchtmacht landde in Dubbo, op het boerenland van New South Wales, dat gebukt ging onder de zwaarste droogte in vijftig jaar. Terwijl ze de landingsbaan op liepen kwamen er donkere wolken opzetten en gingen de hemelsluizen open. Op die ene dag kreeg het kurkdroge land meer water dan in de zes maanden daarvoor. De boerengemeenschap had te kampen met mislukte oogsten – het was alsof de gebeden van de 38.943 lokale bewoners nu eindelijk verhoord werden. Bijna de helft van die bewoners vierde de miraculeuze weersomslag tijdens een picknick met het koninklijk echtpaar. Iedereen, inclusief Harry en Meghan, was drijfnat en uitgelaten. Dat leden van de koninklijke familie veel toeschouwers trokken, was niet zo verrassend, maar bij dit bezoek van de Sussexes aan Oceanië was er ook iets anders aan de hand. Jonge mensen die nooit interesse hadden getoond in de Britse monarchie voelden zich opeens aangetrokken tot deze royals. Tienermeisjes en -jongens, velen van hen inheemse Australiërs, vertelden dat ze Meghan beschouwden als een symbool van vrouwenemancipatie en dat zij de eerste royal was door wie ze zich gerepresenteerd voelden. 'Het is gaaf dat er nu jonge meisjes zijn die naar de hertogin van Sussex kijken en kunnen denken: "Hé, die lijkt een beetje op mij,"' aldus Sherry-Rose Bih, een Afrikaans-Australische maatschappelijk ondernemer die een tijdje met de hertogin stond te praten tijdens een receptie voor jonge leiders in Melbourne.

Na Australië was het de beurt aan Fiji en Tonga, twee plekken waar er een verhoogd risico was om besmet te raken met het zikavirus, dat ernstige geboorteafwijkingen kan veroorzaken als een zwangere vrouw ermee in aanraking komt. De twee landen werden door de Wereldgezondheidsorganisatie en de Centers for Disease Control in Amerika allebei aangeduid als 'gebieden met kans op zika-infecties', en zwangere vrouwen werd afgeraden om ernaartoe te gaan. Harry en Meghan weigerden echter het schema van hun tournee om te gooien.

Meghan had voor vertrek in Engeland advies ingewonnen en hield zich aan de voorschriften van gezondheidsdeskundigen. Ze droeg kleding met lichte kleuren en lange mouwen, waardoor muggen haar minder snel zouden prikken, en elke keer dat ze naar buiten ging, werd ze 'ondergedompeld' in DEET, meldde een assistent. Harry en Meghan hadden allebei hun eigen ontsmettingsmiddel en flesjes lotion met DEET bij zich in de stoelzakken van de auto. In Tonga werd de omgeving twee dagen voor de aankomst van het koppel twee keer behandeld met chemische middelen.

Als Meghan al bezorgd was over zika, dan liet ze dat niet merken. Ten overstaan van honderden studenten en faculteitsmedewerkers van de University of the South Pacific in Fiji hield ze een vurig betoog over de noodzakelijkheid van universeel onderwijs. Het was een van de drie formele speeches die ze op die tournee hield, meer dan alle andere koninklijke huwelijkspartners. Meghan schreef de hele drie minuten durende toespraak zelf, wat verklaart waarom ze bijna niet naar de uitgeprinte tekst hoefde te kijken, die vol stond met handgeschreven op- en aanmerkingen.

Meghan bleek een formidabele toevoeging aan de koninklijke familie. De overweldigende hoeveelheid afspraken, de hysterische fans langs de weg, de gigantische jetlag die ze naar eigen zeggen pas na een week had overwonnen: ze liet zich nergens door uit het veld slaan. Sterker nog, zelfs de slapeloze nachten in het Admiralty House in Sydney wist ze nuttig te besteden. Voor het bezoek aan Dubbo bakte ze bananenbrood, naar haar eigen recept, met stukjes chocola en gember, en ze nam het baksel mee op huisbezoek bij een boerengezin, samen met een doosje 'Royal Blend'-thee van Fortnum & Mason (haar persoonlijke favoriet). 'Ik heb van mijn moeder geleerd dat je altijd iets meeneemt als je bij iemand op bezoek gaat,' zei ze bij aankomst. In de Australische media werd de hertogin van Sussex al snel omgedoopt tot 'Queen of Hearts' ('hartenkoningin').

Ook Harry deed flink zijn best om de stoffige uitstraling van het Britse establishment een beetje op te poetsen. Dankzij zijn losgeknoopte overhemd, zijn beslissing om geen stropdas te dragen (hij had er maar twee bij zich voor de hele vierlandentournee) en het feit dat hij open en eerlijk over zijn eigen strubbelingen praatte, werd hij gezien als een benaderbaar lid van de koninklijke familie. Tijdens deze rondreis werd tevens duidelijk dat hij zijn nieuwe rol als jeugdambassadeur van het Gemenebest bijzonder serieus nam, waarbij hij de nadruk legde op het stimuleren van jongeren uit alle lagen van de bevolking om in actie te komen. Dat was van begin tot eind het thema van de tournee.

In Nieuw-Zeeland toonde Meghan opnieuw hoe bevlogen ze was. Tijdens een ontmoeting in een strandtent in Wellington met jongeren die zich inzetten voor de geestelijke gezondheidszorg, vertelde Harry in een open gesprek met tieners met psychische problemen over zijn eigen worstelingen. Ondertussen besprak Meghan een onderwerp waar ze inmiddels veel van wist: sociale media, en in het bijzonder de schaduwkanten van het online leven voor jonge mensen. 'Je ziet prachtige foto's op sociale media en je weet niet of ze er echt zo uitziet of dat het een filter is,' zei Meghan. 'Je krijgt een verstoord zelfbeeld als je je eigenwaarde alleen uit likes haalt.'

Harry vulde aan: 'Sociale media en games veroorzaken grote problemen voor jonge mensen in het Verenigd Koninkrijk – en over de hele wereld.' Hij waakte er echter voor om alles af te schuiven op de ouders, wellicht met zijn eigen aanstaande vaderschap in het achterhoofd. 'De ouders krijgen vaak de schuld,' aldus Harry, 'maar dat is niet altijd eerlijk, want op dit gebied moeten zij vaak ook nog worden voorgelicht.'

Tot het allerlaatste moment van de tournee was Meghan onvermoeibaar. Of ze nu haar eigen toespraken schreef, ervoor zorgde dat de overgebleven gebakjes van een evenement uitgedeeld werden aan de schoolkinderen die buiten stonden te wachten om het koninklijk paar te ontmoeten, of het laatste stuk van het pad door Whakarewarewa Forest bij Rotorua alleen met Harry afliep, zónder assistenten en beveiliging, zodat hij foto's van haar kon maken tussen de sequoia's – Meghan bewees dat haar zwangerschap niet van invloed was op haar arbeidsethos.

Hoewel ze een aantal afspraken links liet liggen (op aandringen van Harry en de assistenten van Kensington Palace, die van mening waren dat ze het rustig aan moest doen), was er geen enkel teken dat de vier maanden zwangere hertogin op instorten stond. 'Vermoeidheid hoort bij de zwangerschap,' aldus de Nieuw-Zeelandse premier Jacinda Ardern, die drie dagen met Meghan en Harry optrok tijdens de tournee. 'Maar het was inspirerend om haar vol overgave aan het werk te zien. Ze is een geweldige vrouw en ik ben erg blij dat ik haar heb leren kennen.' (Het stel heeft het contact met Ardern sindsdien onderhouden, aanvankelijk via e-mail, en op 21 januari 2019 ook face to face op Kensington Palace. De oorbellen die Meghan in Nieuw-Zeeland van Ardern cadeau kreeg, een paar simpele gouden knopjes met een gravure van een kiwiveer, gemaakt door de Nieuw-Zeelandse muzikant en sieradenontwerper Boh Runga, draagt ze nog steeds regelmatig.)

Helaas zou het leven nadat Meghan was teruggekeerd van de tournee niet minder stressvol worden.

17

Duchess Different

Dankzij de aankondiging van de zwangerschap en het succes van haar eerste grote koninklijke tournee werd Meghan een paar weken lang bejubeld in de pers. Op 10 november was het echter uit met de pret, toen *The Mail on Sunday* begon met de publicatie van een reeks vernietigende verhalen. Melissa Toubati, een assistent van Harry en Meghan, had naar verluidt slechts zes maanden na haar aanstelling ontslag genomen. De krant liet een senior medewerker aan het woord, die verklaarde dat Melissa, in maart aangenomen door Kensington Palace, een 'zeer getalenteerd iemand [was, die] een cruciale rol speelde bij het succes van de Royal Wedding en door iedereen in het koninklijk huishouden zal worden gemist', en beweerde dat Meghan een slechte baas was.

Een week later kwam *The Mirror* met zijn eigen verhaal over Melissa's vertrek. Meghan zou de assistent meerdere keren aan het huilen hebben gemaakt. 'Ze heeft heel veel over zich heen gekregen. Meghan was erg veeleisend en uiteindelijk barstte ze in tranen uit,' aldus een onbekende bron. 'Melissa stelt zich professioneel op en is goed in haar werk, maar de situatie was niet meer werkbaar en het was beter om ieder hun eigen weg gaan.'

De tabloids gingen vol in de aanval met bijnamen over Meghans vermeende veeleisendheid en egoïsme ('Hurricane Meghan' en 'Me-Gain') en onflatteuze beschrijvingen van haar gedrag ('Haar assistenten 's ochtends om vijf uur lastigvallen met een onophoudelijke stroom berichtjes, en haar bedenkelijke kledingkeuze.').

Ondertussen vroegen Harry en Meghan zich af waarom het paleis niets ondernam om de misleidende negatieve berichtgeving over Melissa te weerspreken. Volgens meerdere bronnen die het vertrek van dichtbij hebben meegemaakt was het stel niet tevreden over het werk dat Melissa leverde en niet teleurgesteld dat ze vertrok, wat in directe tegenspraak was met de gloedvolle berichten in de media. Meghan vroeg zich af of men bij Kensington Palace, waar Melissa goede vrienden had, eerder geneigd was om zich achter iemand uit hun eigen stal te scharen dan achter haar.

Als het water hen aan de lippen stond, voelden Harry en Meghan zich gesterkt door de steun van #SussexSquad, de hashtag van hun wereldwijde netwerk van online fans. De gepassioneerde supporters, mannen en vrouwen met allerlei achtergronden, sprongen voor het koppel in de bres, onder andere door de activiteiten van de Sussexes trending te maken op Twitter. De 'Squad' heeft zelfs zijn eigen liefdadigheidsinitiatieven opgezet, geïnspireerd op het werk van Meghan en Harry, met onder meer #GlobalSussexBabyShower, een inzamelingsactie voor goede doelen voor kinderen waarmee $ 50.000 werd opgehaald, en het planten van honderdduizend bomen over de hele wereld uit naam van het koninklijk paar. 'Die steun en positiviteit zijn erg belangrijk,' vertelde Harry aan een vriend.

Hoewel er vanuit het grote publiek dus veel steun was voor het stel, ontstonden er ook nog steeds controverses rond Harry en Meghan. Toen het paleis op 24 november bekendmaakte dat het pasgetrouwde stel ondanks de renovaties aan appartement 1 op Kensington Palace naar Windsor zou verhuizen, kwam er een hele nieuwe stroom kritiek op gang.

Nadat er maandenlang in de pers was gespeculeerd over een mogelijke verhuizing van Meghan en Harry, van Nottingham Cottage naar het huis van de hertog en hertogin van Gloucester naast appartement 1A, de woning van William en Kate, waren de kenners van het koninklijk huis verrast toen bleek dat het koppel kilometers verderop zou gaan wonen. Tweeëntwintig, om precies te zijn.

'De hertog en hertogin van Sussex zullen begin volgend jaar verhuizen naar Frogmore Cottage op het landgoed Windsor om zich voor te bereiden op de geboorte van hun eerste kindje,' luidde de aankondiging van het paleis. Het nieuwe huis lag op een steenworp afstand van Windsor Castle en nog dichter bij Frogmore House, waar ze hun huwelijksreceptie en de fotoshoot van de verloving hadden gehouden. 'Windsor is een speciale plek voor Hunne Koninklijke Hoogheden en ze zijn dankbaar dat ze nu officieel op het landgoed mogen wonen.'

De koningin genoot ervan om huizen beschikbaar te stellen aan haar familieleden, liet een senior medewerker weten. Hare Majesteit gaf Sunninghill Park aan prins Andrew, Bagshot Park aan prins Edward en Sophie, gravin van Wessex, en Amner Hall aan William en Kate. 'Het is haar ding!' voegde de medewerker eraan toe.

Frogmore paste precies bij Harry en Meghan, gezien de connectie met Windsor, maar voor William en Kate en de kinderen was het niet naast de deur. Twee dagen later verschenen er verhalen in de pers over de zogenaamde 'Dueling Duchesses' ('duellerende hertoginnen'). Op 26 november meldde *The Telegraph* dat Meghan voor de bruiloft ervoor had gezorgd dat Kate in tranen was uitgebarsten bij een passessie voor een bruidsmeisjesjurk voor Charlotte. 'Kate was net bevallen van prins Louis en was erg emotioneel,' aldus een bron. Op 28 november deed *The Sun* ook nog een duit in het zakje met de bewering dat Meghans 'strenge eisen' de oorzaak waren van Kates tranen.

Een bron die aanwezig was bij de bewuste afspraak in mei en er tot dit boek nooit iets over heeft gezegd, vertelde dat de verhalen over Kates tranen 'raadselachtig' waren voor de aanwezigen. 'De kinderen werkten niet allemaal mee en er gebeurde een heleboel. Iedereen deed zijn best, maar het is nooit makkelijk als kleine kinderen kleren moeten passen. Niemand is in huilen uitgebarsten. En uiteindelijk was de passessie een succes. Kate en Meghan waren allebei gestrest maar gedroegen zich professioneel en er waren nog andere mensen bij, waaronder Clare [Waight Keller], Melissa en twee assistenten van Givenchy.'

Bronnen dicht bij Meghan vroegen zich af of iemand van het paleis of een voormalige medewerker het verhaal misschien in het leven had geroepen en vonden het opvallend dat niemand de moeite nam om het verhaal tegen te spreken. 'Er zijn mensen die met de familie samenwerken of zelf deel uitmaken van de familie die niks mogen zeggen, ook al weten ze dat het allemaal onzin is, zoals dat belachelijke verhaal over Meg en Catherine en de bruidsmeisjesjurken,' aldus een vertrouweling. 'Dat verhaal sloeg nergens op.' Maar op het moment zelf kwam er alleen een verklaring vanuit Kensington waarin stond dat de vrouwen, die zich allebei gekwetst voelden door de aantijgingen, 'heel verschillende mensen' waren. (Verschillende medewerkers van beide koninklijke huishoudens bevestigen nu aan de schrijvers van dit boek dat er geen passessie heeft plaatsgevonden waarbij de hertogin van Cambridge in tranen was.)

Meghan kon zich wel vinden in die analyse. Haar relatie met Kate was niet veel veranderd sinds ze verkering had gekregen met Harry. In dat prille begin begreep Meghan nog wel dat Kate niet meteen bereid was om een betekenisvolle vriendschap aan te gaan, maar nu was ze een actief lid van de koninklijke familie, de vrouw van Williams broer, en waren ze nog steeds niet naar elkaar toe gegroeid. Bloemen voor haar verjaardag waren leuk en aardig, maar Meghan had meer gehoopt dat Kate haar zou kunnen helpen wanneer de pers haar het leven zuur maakte.

Als geruchten niet werden weersproken, kregen ze meer gewicht. Van oudsher reageerde het paleis niet op roddels, maar de Sussexes hadden het idee dat de regels nog weleens werden opgerekt voor hogergeplaatste familieleden. (Zo liet een vertegenwoordiger in juli 2019 in een officiële verklaring weten dat Kate geen 'babybotox' had gekregen.) Voor Meghan en Harry was het bijzonder frustrerend dat ze niet op dezelfde bescherming konden rekenen.

Feit bleef dat de hertoginnen niet de beste vriendinnen waren. Maar dat betekende niet dat ze elkaar de tent uit vochten. Er waren ongemakkelijke momenten, zoals de dag dat de vrouwen elkaar bij toeval tegen het lijf liepen op Kensington Palace (begin 2017, toen Harry en Meghan nog aan het daten waren). Ze stonden allebei op het punt om te gaan shoppen – in dezelfde winkelstraat – maar toch stapte Kate in haar eigen Range Rover. Het kwam erop neer dat Meghan en Kate elkaar gewoon nog niet zo goed kenden. Ondanks de bewering van een aantal assistenten dat ze 'regelmatig contact hadden en berichtjes uitwisselden', hadden de schoonzussen elkaar ten tijde van Harry en Meghans bruiloft maar een handvol keren gezien.

Geen enkele werkplek is volmaakt. In de unieke omgeving van het koninklijk huis kan de druk extreem hoog oplopen. En de politieke spelletjes tussen de drie verschillende huishoudens, die soms wel elkaars concurrenten leken, waren ook niet mals. Royaltywatchers op sociale media keken geamuseerd toe als Buckingham Palace, Clarence House en Kensington Palace elkaar weer eens probeerden te overtreffen met gelijktijdig georganiseerde evenementen en berichten op sociale media. 'Er is altijd een gezonde concurrentie geweest tussen de huishoudens,' geeft een senior medewerker toe. 'Dat zal nooit veranderen.'

De staf van het paleis raakte geïrriteerd door de negatieve en uit de lucht gegrepen verhalen die dag na dag in de Britse tabloids verschenen. Het mocht geen verrassing heten dat er van binnenuit gelekt werd. Een van de hovelingen schepte op tegen vrienden dat het geen kunst was om een verhaal, positief of negatief, gepubliceerd te krijgen, en een ander vertelde een gerespecteerde krantenredacteur dat hij 'alles aankon nu hij Meghans woedeaanvallen had overleefd'. Verschillende stafleden hebben de sfeer in de drie huishoudens aan de schrijvers van dit boek omschreven als 'competitief', 'ellendig' en 'vol gas'.

Het probleem lag niet alleen bij het personeel, maar ook bij de prinsen zelf. De kloof die was ontstaan toen de hertog van Cambridge zijn vraagtekens had gesteld bij de snelheid waarmee de relatie van zijn broertje zich ontwikkelde, was sinds de bruiloft alleen maar groter geworden.

Die zomer en ook daarna wisten de Sussexes precies hoe William en Kate over ze dachten. Harry en Meghan ontvingen heel wat vrienden en familie in hun huis in Oxfordshire, maar de Cambridges kwamen niet één keer op bezoek in de tijd dat ze daar woonden. 'Aan de uitnodiging lag het niet,' volgens een bron.

Harry had zich zijn toekomst heel anders voorgesteld. Ooit had de jonge prins een vriend toevertrouwd dat hij voor zich zag dat hij zou trouwen en veel tijd zou doorbrengen met William en Kate, dat hun kinderen beste vrienden zouden worden.

De frictie tussen de broers was een van de redenen waarom Harry met zijn gezin in Windsor wilde wonen. 'Hij had genoeg van de vissenkom die Kensington Palace was,' aldus een bron. 'Het krioelt daar van de personeels- en familieleden. Op dat moment werkte hij samen met zijn broer, runde de stichting met zijn broer en woonde ook nog eens bij zijn broer. Dat was te veel van het goede.'

De scherpste kritiek bewaarden de media echter voor Meghan. Volgens een artikel had ze luchtverfrisser laten sprayen in de 'muffe' St. George's Chapel (waar de koningin diensten bijwoont en de koninklijke crypte zich bevindt) en waren officials van Buckingham Palace daar niet over te spreken geweest. In werkelijkheid ging het om onopvallende Baies-geurverspreiders van Diptyque, vergelijkbaar met de kaarsen van hetzelfde merk waarmee Kate Westminster Abbey had opgefrist bij haar bruiloft in 2011, en hadden alle betrokken partijen van tevoren met het gebruik ervan ingestemd.

In december werd er een verhaal geplaatst waarin een 'ziedende' Kate ingreep nadat Meghan een van haar stafleden had 'uitgefoeterd'. Volgens de geruchten betrof het Katrina McKeever, een assistent communicatiemedewerker die na vijf jaar was gestopt bij het paleis om een nieuwe uitdaging te zoeken. Zelfs op Kensington Palace werd verbijsterd gereageerd op het bizarre verhaal. Katrina stond op goede voet met de Sussexes, die haar een handgeschreven bedankkaart en een enorme bos bloemen stuurden toen ze afscheid nam.

Een week later meldde *The Express* dat het paleispersoneel Meghan 'Duchess Difficult' noemde omdat ze tegendraads zou zijn, een etiket dat ze sindsdien nooit meer echt heeft kunnen afschudden. Alles werd geïnterpreteerd als een rebelse daad, zelfs de zwarte nagellak en one shoulder-jurk die ze droeg bij de British Fashion Awards in december, waar ze de prijs voor Brits designer van het jaar uitreikte aan Clare Waight Keller. Een fotohokjesfoto van Meghan, Clare en actrice Rosamund Pike, geüpload naar het Instagramaccount van de British Fashion Council, werd binnen twee uur weer verwijderd. 'Het was een privéaandenken dat nooit gedeeld had mogen worden.' Maar volgens een bron binnen de British Fashion Council werd de foto weggehaald vanwege de stortvloed aan racistische reacties.

Columnist Richard Kay (ooit de favoriete journalist van prinses Diana) citeerde een bron: 'Het kwam een beetje ostentatief over, hoe ze haar zwangere buik vasthield, en dat met die donkere nagellak waar de koningin een hekel aan heeft.'

Prinses Diana droeg rode nagellak en off-the-shoulder-jurken. Prinses Eugenie liet haar nagels in de kleuren van de Britse vlag lakken bij het jubileum van de koningin in 2012 en droeg een paarsachtige tint, vergelijkbaar met die van Meghan, bij een feestje in de Serpentine Galleries. Zelfs Kate, doorgaans zo keurig, heeft weleens rode nagellak op gehad bij een evenement. Meestal hielden de Windsor-vrouwen, inclusief Meghan, het bij neutrale tinten, maar af en toe werd er een uitzondering gemaakt. Er was geen koninklijk protocol voor nagellak.

De verontwaardiging over Meghans nagellak was een symptoom van een dieperliggend probleem. Het jachtseizoen was geopend en Meghan was de prooi. Alles wat ze deed werd onder een vergrootglas gelegd. 'Duchess *Different*,' vertelde een goede kennis van Meghan, 'dáár hebben mensen een probleem mee. Ze is hartstikke makkelijk om mee te werken. Sommige mensen kunnen het gewoon niet hebben dat ze anders is.'

Een aantal hovelingen vermoedt dat bepaalde medewerkers binnen het instituut vooroordelen hadden over Meghan omdat ze Amerikaans was en actrice. De werkstijlen van Amerikanen en Britten verschillen wezenlijk van elkaar. Amerikanen zijn vaak directer, en dat valt niet altijd in goede aarde in de keurige omgeving van de monarchie. Soms wordt de onomfloerste Amerikaanse toon in de Britse samenleving als grof ervaren.

'Dit script schreef zichzelf: een Amerikaanse actrice wordt onderdeel van de koninklijke familie,' vulde een andere medewerker aan.

Meghan had het gevoel dat de commentaren en tabloidartikelen niet alleen wezen op een cultuurclash, maar ook het gevolg waren van seksisme en vooroordelen. Als een man voor dag en dauw opstond om aan het werk te gaan, werd hij geprezen om zijn arbeidsethos. Als een vrouw hetzelfde deed, werd ze lastig of een bitch genoemd. Voor succesvolle vrouwen van kleur, die snel als veeleisend of agressief werden gezien, gold dat nog veel meer.

Op 3 december zat Meghan in het publiek in het Londense Southbank Centre toen Michelle Obama, die daar was om haar autobiografie *Becoming* te promoten, zei: 'Wat met zwarte vrouwen gebeurt is dat we een karikatuur worden... Mensen nemen dingen die ze leuk vinden van ons over, zoals onze stijl, onze swag, maar tegelijkertijd worden we gedemoniseerd. We zijn te boos, te luidruchtig, te veel. Ik heb het zelf meegemaakt. Het was een schande dat ik een stem had en die durfde te laten horen.'

Een voorbeeld: in februari 2019 kwam Meghan weer onder vuur te liggen toen ze bemoedigende tekstjes op bananen schreef voor sekswerkers in Bristol tijdens een evenement van de koninklijke familie. In de keuken van liefdadigheidsinstelling One25, een organisatie die kwetsbare vrouwen hielp ontsnappen aan prostitutie, verslaving, armoede en geweld, had Meghan toegekeken terwijl een vrijwilliger voedselpakketjes klaarmaakte die nog dezelfde dag werden uitgedeeld aan kwetsbare vrouwen die op straat werkten. Uit elk pakketje pakte ze een banaan, waarop ze met stift een steunbetuiging schreef: 'Je bent sterk,' 'Je bent fantastisch,' 'Je bent geliefd.'

Het was een onverwachte actie waarmee ze de harten stal van het personeel, dat elk jaar met een busje rondreed om steun te bieden aan ongeveer 240 sekswerkers die in de rosse buurt actief waren. 'Ergens in de Verenigde Staten is een vrouw zo'n soort project begonnen bij een schoolkantine,' vertelde Meghan, naar aanleiding van het verhaal van een kantinejuffrouw bij Kingston Elementary School in Virginia. 'Op iedere banaan schreef ze een positieve boodschap, zodat de kinderen zich gesterkt zouden voelen. Het was een geweldig idee, zo'n klein gebaar.'

De sekswerkers konden het vriendelijke gebaar wel waarderen. Een van hen liet anoniem weten: 'We voelen ons hier onzichtbaar, en het stelt misschien weinig voor, maar het betekende toch heel veel voor me, want dit soort dingen hoor ik niet vaak.'

Niet iedereen dacht er hetzelfde over. Een van de tabloids stuurde een undercoverjournalist naar het busje van One25 om een beschreven banaan te bemachtigen, en *The Sun* noemde het gebaar 'beledigend'. Piers Morgan – die de prinses regelmatig bekritiseerde, in meer dan honderd opiniestukken en interviews, nadat hij geen uitnodiging voor de bruiloft had gekregen – vond dat ze de monarchie en sekswerkers 'belachelijk maakte'. Een columnist van *The Daily Mail* had het volgende te melden over sekswerkers: 'Ze zijn niet bijzonder, dat weten ze zelf ook als ze voor de zoveelste keer seks met een man hebben voor geld.'

Meghan walgde van de berichtgeving. 'Deze mensen zijn beesten,' zei ze tegen een bekende.

'Het zijn gewoon trollen,' vulde Harry aan.

Volgens het koninklijk protocol moest Meghan haar mond houden en mocht ze zich niet verdedigen, hoe beledigd ze ook was. Dus toen *The Sun* in april 2019 een artikel op de voorpagina plaatste waarin werd beweerd dat Elizabeth haar had 'verboden' om sieraden te dragen die ooit van Diana waren geweest, kon ze niet anders dan zwijgen. Alweer.

'Bepaalde aspecten van Meghans gedrag zorgden al vóór de bruiloft voor wrijving op Buckingham Palace,' stond er. De schandaalkrant verwees ook naar onjuiste berichten over Meghans tirannieke stijl. Zo was er een verhaal dat ze had geweigerd om personeel van de koningin te gebruiken voor het grootste deel van de bruiloft, bijvoorbeeld de bloemen en de taart. Ondertussen mocht Kate volgens het artikel dragen wat ze zelf wilde: 'De koningin en haar adviseurs bepalen zelf welke stukken uit de koninklijke collectie ze uitleent en aan wie.' Waar de bron niet van op de hoogte was, was dat Diana's sieraden geen deel uitmaken van de koninklijke collectie.

Zowel Meghan als Kate hadden een aantal iconische sieraden gedragen die aan Diana gelinkt waren. Na haar dood waren de juwelen bij haar zoons of Elizabeth terechtgekomen, afhankelijk van of ze privé- of koninklijk bezit waren geweest. Kate had de Cambridge Lover's Knot-tiara, die Diana zelf ook vaak had gedragen, weleens op bij staatsbanketten. En tijdens de koninklijke tournee door Australië, Nieuw-Zeeland, Fiji en Tonga droeg Meghan Diana's diamanten vlinderoorbellen en een saffieren armbandje.

Het was niet voor het eerst dat de media melding maakten van gekibbel over sieraden. *The Sun* beweerde dat Meghan haar zinnen had gezet op 'een tiara met smaragden'. Het zou gaan om de tiara die hertogin Vladimir bij haar bruiloft had gedragen en niet die van koningin Mary. De tiara was in 1917, tijdens de communistische revolutie, het land uit gesmokkeld en in 1921 aangeschaft door koningin Mary. Het was een van de mooiste tiara's in de collectie; hij bestond uit in elkaar verstrengelde diamanten ringen en aan elke ring hingen smaragden en pareldruppels. Zowel prinses Diana als koningin Elizabeth had hem gedragen.

Vanwege de hangende juwelen wordt de tiara weleens verward met de Cambridge Lover's Knot. Dat kleinood werd in 1914 door het House of Garrard gemaakt, van parels en diamanten die al in het bezit van de familie waren, en aan koningin Mary geschonken. Het was geïnspireerd door een tiara die haar grootmoeder, prinses Augusta van Hesse, ooit had gedragen. Na de dood van Mary in 1953 werd het kroontje doorgegeven aan haar kleindochter, koningin Elizabeth II.

Dat de tiara van Vladimir Meghan aansprak, was misschien niet eens zo verwonderlijk. De kleur groen speelde immers al een belangrijke rol bij de bruiloft (de verlovingsfoto's werden in de groene salon genomen, en bij de ceremonie droeg de koningin een groene jurk en Doria een mintgroene). Een bron die betrokken was bij de voorbereidingen op het huwelijk zei: 'Het zou heel goed kunnen dat er in het begin is gebrainstormd over een tiara met smaragden.'

Maar het is niet zo dat Meghan een andere tiara heeft geëist nadat de koningin een selectie voor haar had gemaakt. Sinds ze koningin is, heeft Elizabeth aan alle koninklijke bruiden sieraden uitgeleend, inclusief Camilla en Kate. Het is een ritueel geworden. Volgens een hooggeplaatste medewerker 'vindt Hare Majesteit het erg leuk om iets aan te kunnen bieden' voor belangrijke evenementen en is ze graag betrokken bij het proces. Meestal komt het erop neer dat de vorstin iets uitkiest bij speciale aangelegenheden, zoals staatsbanketten en andere formele ontmoetingen. 'Ze heeft vaak wel iets in gedachten,' aldus de bron.

Meghans selectieproces verliep anders, en dat kwam omdat Harry erbij was. Het paar, dat nu vier maanden verloofd was en samenwoonde op Kensington Palace, kwam binnen in de receptieruimte op Buckingham Palace. Ze stapten in een beveiligde lift en kwamen daar twaalf meter onder de grond weer uit, in de grote kluis waar vijf tiara's uitgestald lagen.

Doorgaans liet Meghan zich niet snel intimideren, maar zelfs zij was nerveus over het passen van deze peperdure juwelen, waarvan sommige bijna nooit daglicht zagen. Haar kindertijd in Zuid-Californië, haar acteercarrière, haar ontwikkeling als feministe die het opnam voor vrouwen van over de hele wereld – niets had haar voorbereid op deze met diamanten ingelegde diademen. In tegenstelling tot Elizabeth, die volgens haar zus, wijlen prinses Margaret, 'de enige persoon is die met één hand een tiara kan opzetten terwijl ze de trap af loopt'.

Voor deze afspraak had Meghan Clare Waight Keller nog gesproken, die al begonnen was aan het ontwerp van haar trouwjurk. 'Ze hadden wel een vermoeden over wat goed zou passen,' zei een bron over de tiarakeuze van de designer en de bruid. 'Maar ze wisten niet wat de opties waren. Het was afwachten wat er mogelijk was.'

Ze bekeken foto's van verschillende tiara's in het archief, maar dat maakte weinig uit – het was uiteindelijk toch niet hun keuze. Het lenen van een van deze tiara's was een voorrecht en een geschenk, en een gegeven paard keek je niet in de bek.

Elke tiara wordt bewaard in een eigen kluisje in de grote kluis, een kelder van 50 meter lang die in afdelingen is opgedeeld. De grote zaal – het bewijs dat Hare Majesteit een zeer uitgebreide juwelenverzameling bezit, bestaande uit honderden tiara's, broches, halskettingen, oorbellen en andere juwelen – is niet kaal of kil ingericht als een bankkluis, maar ziet er door de goede belichting meer uit als een etalage.

Juwelier van de Kroon Mark Appleby, die de tiara's had uitgestald (en losse juwelen uit aparte zakjes had gehaald om ze aan de kroontjes vast te maken, waaronder de centrale steen van koningin Mary's diamanten tiara), was niet aanwezig bij dit persoonlijke, intieme moment. In plaats daarvan stond hij stand-by om te hulp te schieten als het nodig was. Alle werkbanken van de juweliersstaf waren leeg. De enige persoon die erbij was, naast Elizabeth, Meghan en Harry, was Angela Kelly, curator van de juwelen van de koningin. Zij presenteerde de tiara's aan het tweetal, zoals ze ook had gedaan bij Kate en later zou doen bij prinses Eugenie.

Als persoonlijke assistent, adviseur en curator van Hare Majesteit (juwelen, insignes en kleding) was Angela – uiteraard samen met de juwelier van de Kroon – de enige die toegang had tot de persoonlijke juwelencollectie van Elizabeth. Aan alles was te zien hoeveel zorg en aandacht Angela aan het onderhoud besteedde: elke steen was perfect gepoetst, en de matchende armbanden, ringen, ketting en tiara's waren zorgvuldig neergelegd op het met roze stof beklede presenteerblad met kanten afwerking, met de hand genaaid door koningin Mary.

Normaal gesproken werden tiara's met handschoenen aangeraakt, maar Angela – die ook het schoonmaken van de juwelen voor haar rekening nam, voor en na het selectieproces – deed het liever zonder omdat ze zo meer grip had op de kostbare juwelen.

Onder het toeziend oog van de koningin en prins Harry presenteerde Angela vijf verschillende tiara's aan Meghan. Hoewel de koningin een goede gesprekspartner was, net als Meghan, die vaak meer praatte als ze zenuwachtig was, concentreerde iedereen zich in stilte op wat er moest gebeuren.

Voorafgaand aan deze sessie had Angela verschillende opties aan de koningin voorgelegd en samen hadden ze een voorselectie van vijf tiara's gemaakt. Meghan ging voor de passpiegel zitten en iedere tiara werd voorzichtig op haar hoofd geplaatst, tot er een beslissing werd genomen.

Doorgaans werden de kroontjes op hun plek gehouden met een satijnen haarbandje of een haarspeld, maar om dit moment persoonlijk en intiem te houden, was er geen haarstylist bij aanwezig – van een echte grondige passessie was dus geen sprake. Dat kwam later wel, verklaarde Angela, en bij zo'n sessie zouden ze ook verschillende spelden uitproberen en Meghan laten knikken om te kijken of de tiara bewoog. Vandaag draaide alles om de tiara's zelf, en één daarvan schitterde meer dan alle andere, rustend op haar donkere haren.

Het was de diamanten bandeautiara van koningin Mary. In het midden van de tiara, die stamt uit 1932, zit een broche met tien diamanten die het graafschap Lincoln haar cadeau gaf bij haar huwelijk in 1893. De grote, afneembare broche ligt ingebed in een sprankelende platina band, bestaande uit elf flexibele onderdelen, doorweven met ovalen die dicht bezet zijn met grote en kleine diamanten. Koningin Mary was er niet zo dol op geweest en had hem alleen gedragen bij minder formele aangelegenheden, maar Meghan vond onmiddellijk dat hij 'opviel'.

De koningin was het eens met Meghans keuze. Meghan probeerde ze alle vijf, maar wist meteen welke haar voorkeur had. 'Het was voor hen beiden een speciaal moment,' aldus een paleismedewerker.

Een jaar later, toen boze tongen beweerden dat Meghan een andere tiara had willen dragen, belde ze een vriendin en zei: 'Wat stom, ik ben gek op mijn tiara.'

Dit was dus een onzinverhaal, maar waar de kranten gelijk in hadden, was dat er een conflict was ontstaan tijdens de voorbereidingen op het huwelijk. Niet tussen Meghan en de koningin, maar tussen Angela Kelly en Harry.

Eind maart vloog Serge Normant, Meghans haarstylist, van New York naar Londen om een haarproef te doen met de tiara die bij de bruiloft zou worden gebruikt. Het stel had gehoopt om Angela daarbij te betrekken. Maar hoe vaak Kensington Palace ook probeerde contact op te nemen, de persoonlijke kleedster van de koningin reageerde niet. Na meerdere vergeefse pogingen wist men nog steeds niet of Angela beschikbaar was. Harry was woest.

Angela – die in 1993 was begonnen als een van de kleedsters van de koningin en zich al snel had opgewerkt tot senior kleedster en daarna persoonlijk assistent – had een bijzonder hechte band met Elizabeth. Als een van de weinige mensen die de vorstin mogen aanraken, wordt Angela al meer dan tien jaar gezien als de rechterhand van de koningin of, zoals sommigen het verwoorden, haar 'poortwachter'.

Hare Majesteit is al vaak langs geweest bij Angela's woning in Windsor, en als ze samen zijn, hoort het personeel van Buckingham Palace hun gelach door de hal galmen.

Zoals de meeste stafleden op Buckingham Palace is Angela op afroep beschikbaar, mocht de koningin haar nodig hebben. Ten tijde van het eerste verzoek voor de haarproef was ze schijnbaar druk bezig geweest op Windsor Castle, waar Elizabeth Pasen doorbracht. Maar weken later was er nog steeds geen afspraak gemaakt, terwijl de aanvragen van Harry's assistenten zich opstapelden.

Harry, uiteraard volledig op de hoogte van het koninklijk protocol, geloofde niet dat Angela echt niet beschikbaar was – hij kreeg het idee dat ze Meghan met opzet negeerde. Er volgde een verhitte discussie tussen de prins en Angela waarbij de gebruikelijke gereserveerdheid overboord werd gegooid. Volgens een bron aarzelde Harry geen moment om de confrontatie aan te gaan. 'Hij was het zat,' aldus de medewerker.

De bruiloft zou over een paar weken plaatsvinden, en de haarproef – of het gebrek daaraan – bleef een heikel punt. Leden van de staf van Kensington Palace kregen Angela gewoon niet te pakken. Het was een enorme bron van frustratie en verwarring. Waarom kon Meghan niet gewoon een afspraak maken om de tiara te passen met haar haarstylist? Uiteindelijk moest Harry zijn oma om hulp vragen en kreeg Meghan toch haar proef.

Een hooggeplaatste medewerker van Buckingham Palace zei dat Harry 'overgevoelig' had gereageerd en dat Angela het Meghan heus niet bewust moeilijk had gemaakt. Maar volgens een bron dicht bij Harry was de prins er heilig van overtuigd dat de oude garde van het paleis simpelweg de pik had op Meghan en er alles aan zou doen om haar het leven zuur te maken.

18

Verdeelde broers

Hooggeplaatste medewerkers van alle drie de koninklijke huishoudens schrokken zo van de berichtgeving en het geroddel op sociale media over een breuk tussen de broers en hun echtgenotes dat ze openlijk begonnen te discussiëren over de schade die de monarchie zou oplopen als de boel niet werd gelijmd. De kranten smulden al maandenlang van de ongemakkelijke relatie tussen de twee stellen en ook op sociale media werd druk gespeculeerd. De hele situatie was zo onbeheersbaar geworden dat, zo liet een bron weten, 'zelfs de koningin zich zorgen maakte'.

In de lente van 2019 werd er een bijeenkomst van hofmedewerkers georganiseerd waarbij de zorgen in alle openheid werden besproken. 'We moeten een systeem bedenken om de monarchie te beschermen,' zei een van hen. 'Het is geen geheim dat die vier mensen in Kensington Palace samen de toekomst van de monarchie vormen. Zij zijn populair bij het publiek... Hij [Charles] kan wel koning worden, maar als deze vier de hele tijd ruziemaken, wordt dat geen succes. Ze mogen elkaar niet de tent uit vechten.'

'Harry vond het jammer dat het zo publiekelijk werd besproken en dat een groot deel van de informatie niet klopte,' aldus een bron.

'Bij momenten vond hij dat de assistenten van zijn broer wel erg ver gingen om William er goed uit te laten zien. Ze aarzelden niet om Harry daarvoor op te offeren. Het was een verwarrende tijd – hij was in alle staten, wist niet wie of wat hij moest geloven, en William en hij praatten ook te weinig met elkaar, wat alles alleen maar erger maakte.'

Dat was verreweg de schadelijkste ontwikkeling. De situatie deed denken aan halverwege de jaren negentig, tijdens het stuklopen van het huwelijk van Charles en Diana, toen de media en het publiek zich hardop hadden afgevraagd of de monarchie nog wel een lang leven beschoren was. Hoewel sommige hovelingen bleven zeggen dat de broers een goede band met elkaar hadden, draaide de geruchtenmolen onophoudelijk op volle toeren.

Op 14 maart 2019 kondigde Buckingham Palace aan dat William en Harry's wegen gingen scheiden: hun kantoren werden uit elkaar gehaald.

'De koningin heeft ingestemd met de vestiging van een nieuw huishouden voor de hertog en hertogin van Sussex, na hun bruiloft in mei vorig jaar. Het huishouden, dat wordt gevestigd met medewerking van de koningin en de prins van Wales, zal in de lente worden ingericht.'

Harry en Meghans huishouden was al sinds november een publiek geheim. Hofmedewerkers lieten meteen weten dat het een natuurlijke ontwikkeling was. De prinsen waren geen 'jongens' meer, zoals Diana ze had genoemd, ze waren mannen met zeer verschillende persoonlijkheden, stijlen en toekomstige rollen in de monarchie. Ze bevonden zich, zoals een woordvoerder het verwoordde, op 'van elkaar af lopende wegen'.

Iedereen had er vertrouwen in dat de fysieke afstand een positieve invloed zou hebben op de verhouding tussen de twee. 'Het is moeilijk voor ze om aan dezelfde dingen te werken,' aldus een hoveling. 'Dat is niet normaal binnen een familie. Natuurlijk ontstaat er dan weleens spanning.'

Prins Charles, die veel van zijn eigen publieke, private en liefdadigheidsactiviteiten financiert met de inkomsten uit zijn eigendom, het hertogdom van Cornwall, 'beheerde de portemonnee', en ook dat zorgde voor problemen tussen William en Harry. De broers moesten met elkaar concurreren om geld van hun vader te krijgen voor hun projecten, terwijl Charles ook veel van Camilla's kosten dekte en voor een deel de rekeningen van zijn zoons betaalde (waaronder die van de kleding van Kate en Meghan). 'Ze moeten letterlijk discussiëren over wie geld van hun vader krijgt voor hun projecten, en hoeveel,' liet een bron weten. 'En dan is er ook nog een duidelijke hiërarchie. Dat levert een lastige situatie op.'

'Charles is misschien Harry's vader, maar ook hun baas. Daardoor hebben ze een ingewikkelde relatie,' vulde een bron aan. 'Charles is veel bezig met zijn publieke imago en Harry heeft weleens het gevoel dat hij dat het allerbelangrijkst vindt.'

Harry was niet de enige die een complexe verhouding had met de prins van Wales. 'Soms zijn de jongens dol op hun vader, soms gaat het stroef,' aldus de bron, die de planning van de fotosessie voor Charles' zeventigste verjaardag – 'een absolute nachtmerrie' – als voorbeeld noemde.

'William noch Harry heeft veel moeite gedaan om zich beschikbaar te stellen,' liet de bron weten.

Een andere assistent, die betrokken was bij vergaderingen over de toekomst van de broers, legde uit: 'Je geboortepositie bepaalt in deze familie hoeveel invloed je hebt. Daarom speelt Harry vaak tweede viool, vooral als het om geld gaat. Het is weleens voorgekomen dat Harry grotere projecten wilde opzetten, maar de financiering niet rond kreeg. De prioriteit lag altijd bij William. Hun ruzies gaan vaak over budgetten. Dat krijg je als je voor je familiebedrijf werkt.'

Prins Andrew en prins Edward hadden nooit een zakelijke relatie met hun oudere broer, prins Charles, gehad; zij hadden geen ervaring met dit soort spanningen. Het was begrijpelijk dat Harry niet in de schaduw van zijn broer wilde staan nu hij bezig was een leven op te bouwen met Meghan, vonden sommige hovelingen.

Harry en Meghan wilden hun eigen aparte huishouden in Windsor, met hun eigen kantoor en team, los van de rest van de familie. Daar staken hooggeplaatste hofmedewerkers echter al snel een stokje voor.

De invloedrijke hofmedewerkers, door Diana aangeduid als 'mannen in grijze pakken', vonden dat de mondiale interesse in en de populariteit van Meghan en Harry moesten worden getemperd. In de korte tijd sinds de sprookjesbruiloft hadden de Sussexes mensen van over de hele wereld enthousiast gemaakt voor de monarchie – vooral mensen die zich tot dan toe nooit vertegenwoordigd hadden gevoeld door leden van het koningshuis. Toch gingen er stemmen op om het stel een beetje af te remmen; het establishment was bang dat Harry en Meghan populairder zouden worden dan de koninklijke familie zelf.

'Paleisofficials die vanwege het stel met hun handen in het haar zitten, zien een jonge vrouw die een koninklijk platform gebruikt voor haar wereldwijde liefdadigheidsmissie en denken automatisch aan Harry's eigen moeder,' schreef politiek redacteur Tim Shipman in *The Sunday Times*. Hij citeerde een bron die eraan toevoegde: 'Ze zijn bang dat Meghan groter wordt dan Diana.'

Binnen het koninklijk apparaat werd Meghan niet door iedereen geaccepteerd en de tabloids schilderden haar graag af als een bedreiging, maar het grote publiek had haar massaal omarmd. Voor een heleboel mensen met verschillende afkomsten, zowel in Groot-Brittannië als in het buitenland, was Meghan een pionier, een vrouw die vol zelfvertrouwen was toegetreden tot een wereld die tot dan toe onbereikbaar had geleken.

Feministen prezen Meghan omdat ze zich bleef inzetten voor vrouwenemancipatie, bijvoorbeeld als kersverse beschermvrouwe van stichting Smart Works. Op 10 januari 2019 kondigde Meghan aan dat ze zich had verbonden aan die Britse organisatie, die de positie van vrouwen op de arbeidsmarkt wilde verbeteren door middel van begeleiding en professionele kleding. Tot dan toe had Meghan als vrijwilliger bij het programma gewerkt en cliënten gecoacht op het gebied van sollicitatiegesprekken en kledingkeuze. Oprichter Juliet Hughes-Hallett, voormalig moderedacteur van *British Vogue*, leerde de hertogin in de aanloop naar de aankondiging kennen en was vanaf Meghans eerste bezoek in maart 2018 meteen onder de indruk. 'Meghan was vanaf het begin enthousiast en betrokken,' vertelde ze over Meghans rol bij Smart Works, dat sinds de oprichting in 2013 al duizenden vrouwen aan een baan heeft geholpen. 'Het viel vooral op dat ze erg empathisch was en de vrouwen een veilig gevoel gaf. En het is gewoon leuk om met haar op te trekken.'

De aankondiging viel samen met een publiek bezoek aan de uitvalsbasis van de stichting in West-Londen; zodra Meghan haar hoofd om de deur stak om het personeel dat ze al zo goed kende te begroeten, was duidelijk dat ze daar thuishoorde. 'Het is niet zo dat je alleen maar wat kleren doneert en kijkt waar ze terechtkomen. Het gaat er juist om dat vrouwen echt onderdeel worden van elkaars succesverhalen,' zei Meghan terwijl ze bekeek welke kledingstukken geschikt waren voor Patsy Wardally, een moeder van drie kinderen en loodgieter die weer aan de slag wilde nadat ze haar autistische dochter had opgevoed. Gesprekscoach Marina Novis, die met de hertogin samenwerkte, liet weten: 'Het is fantastisch om haar te zien praten met de kandidaten, want ze luistert echt en stelt relevante vragen. Vorig jaar [voor de bruiloft] hadden we het een keer over zelfvertrouwen, en toen we vroegen: "Hoe gaat het met jouw zelfvertrouwen?" zei ze: "Ik ga binnenkort een grote rol op me nemen, dus ik ben er veel mee bezig. Het belangrijkste is dat je goed ademhaalt en je innerlijke kracht aanspreekt."'

Dat zelfvertrouwen kwam goed van pas bij haar werkzaamheden als beschermvrouwe. Twee van haar beschermvrouwschappen nam ze over van koningin Elizabeth: het National Theatre en de Association of Commonwealth Universities (ACU), een organisatie die universiteiten en academici uit meer dan vijftig landen bij elkaar brengt om kennis te delen. 'Ze is erg gepassioneerd over de rol die kunst kan spelen in de maatschappij, bijvoorbeeld op het gebied van sociaal welzijn of op wijkniveau,' aldus Rudolf Norris, artistiek directeur van het National Theatre. 'En wat een mooie manier om de wereld die ze zo goed kent te verbinden met de nieuwe wereld waarin ze zich nu begeeft.'

Meghans filantropische portfolio hing nauw samen met haar interesses en capaciteiten. 'Het moest een weerspiegeling zijn van wie ze is en wat ze allemaal kan, en een voorproefje van de dingen die ze als lid van de koninklijke familie wilde gaan verkennen,' vertelde een medewerker. 'De basis ligt voor haar altijd bij vrouwenemancipatie en genderdiversiteit.' Toen ze in februari een bezoek bracht aan de ACU en data onder ogen kreeg waaruit bleek dat de overgrote meerderheid van de hoogleraren in het Verenigd Koninkrijk wit en man is, uitte ze haar verontwaardiging. 'O, mijn god,' riep ze uit tijdens een gesprek met Dr. Rachel Cowan, hoofd van de afdeling gelijkheid, diversiteit en inclusiviteit van de universiteit van Manchester. 'Hier schrik ik wel van. We hebben duidelijk nog een lange weg te gaan.'

Als voorstander van het adopteren van dieren uit het asiel werd Meghan ook beschermvrouwe van dierenwelzijnscentrum Mayhew, waar ze bij haar tweede bezoek op het kantoor in Noordwest-Londen tegen CEO Caroline Yates zei: 'Dieren zijn een belangrijk onderdeel van mijn leven. Er is zoveel behoefte aan dit soort diensten, niet alleen in Londen en Groot-Brittannië maar over de hele wereld, en ik ben me er pijnlijk van bewust hoe cruciaal de financiering is. Ik wil er alles aan doen om jullie te helpen uitbreiden.'

Meghans activiteiten en kledingkeuzes werden niet alleen in het Verenigd Koninkrijk op de voet gevolgd, maar ook in prominente Amerikaanse publicaties. Tijdens de Women in the World-conferentie in april 2019 noemde Anna Wintour Meghans stijl 'fantastisch'.

'Ik denk de laatste tijd veel na over pakken,' zei de hoofdredacteur van *Vogue* tegen het publiek. 'Met dank aan de hertogin van Sussex!'

Nu de broers aparte huishoudens hadden, konden ze niet alleen aandacht besteden aan wat ze zelf belangrijk vonden, maar werden ze ook voorbereid op hun veranderende verantwoordelijkheden. 'De toekomsten van de Cambridges en Sussexes verschillen nogal van elkaar, en dat betekent dat je beide huishoudens moet voorbereiden op de komende machtswisseling,' aldus een senior medewerker, verwijzend naar de toekomstige troonsbestijging van prins Charles. 'Het doel is om alle structuren zo veel mogelijk van tevoren vast te leggen.'

Harry besefte dat hij niet oneindig veel tijd zou hebben om samen met Meghan op wereldwijde schaal veranderingen teweeg te brengen. Zodra George achttien wordt, en daarmee een actief volwassen lid van de koninklijke familie, verschuift de focus van het instituut nog meer naar de opvolgingslijn van Charles, William en George, en komt Harry op een zijspoor terecht. Dat overkwam zijn ooms Edward en Andrew op een gegeven moment ook.

Hoewel ze er specifiek om hadden gevraagd, hebben Harry en Meghan nooit een eigen kantoor gekregen om hun zaken te regelen. Volgens een bron kregen ze duidelijk te horen dat ze niet hoefden te rekenen op een voorkeursbehandeling. Dat nieuws was een behoorlijke klap voor het paar, maar als compromis kregen ze wel hun eigen team binnen Buckingham Palace. Het was niet precies waar ze op hadden gerekend, maar het was meer dan er oorspronkelijk voor ze in de planning stond – een aanbod om een staf te delen met andere leden van de familie, met Buckingham Palace als overkoepelende organisatie.

Prins Charles wilde de opsplitsing kostenneutraal laten verlopen. Maar volgens een aantal medewerkers heeft William zich hard gemaakt voor de Sussexes, door erop toe te zien dat ze een mooie werkplek en een toereikend communicatiebudget kregen. William wist dat Meghan en Harry belangrijk waren voor de koninklijke familie en gesteund moesten worden. Bovendien: hoe kleiner de rol van de Sussexes, hoe drukker William en Kate het zouden krijgen. Gedurende een aantal weken was William met zijn toegewijde privésecretaris Simon Case aanwezig bij vergaderingen van hooggeplaatste medewerkers van Buckingham Palace, om er zeker van te zijn dat Harry en Meghan kregen wat ze nodig hadden.

Met die aanvullende middelen kon het stel Sara Latham inhuren, een zeer gewaardeerde pr-functionaris die voor de regering van Bill Clinton had gewerkt en nu werd aangetrokken om de persstrategie van het pas opgerichte huishouden van de familie Sussex te managen.

Sara was Brits én Amerikaans staatsburger en had in 2016 voor de presidentiële campagne van Hillary Clinton gewerkt, onder andere als stafchef van John Podesta, voorzitter van die campagne. Van 2005 tot 2006 was ze speciaal adviseur van de minister van Cultuur, Media en Sport in het kabinet van Tony Blair. Vlak voor ze in dienst ging bij de koninklijke familie werkte ze als managing partner bij Freud's, een internationaal pr-bedrijf dat was opgericht door de ex-man van Elisabeth Murdoch, dochter van mediamagnaat Rupert Murdoch. Bovendien had Sara samengewerkt met Nick Loughran, een van Harry's favoriete voormalige communicatiemedewerkers en de man van Kensington Palace-assistent Clara, en wist ze dus wel zo ongeveer wat ze kon verwachten.

Sara was slim, grappig, een ijzersterke strateeg en zei waar het op stond. Meghan en Harry konden het meteen goed met haar vinden.

Nu de splitsing definitief was, werd het personeel verdeeld over de twee huishoudens en moest er heel wat gereorganiseerd worden. Jason Knauf, de vertrouwde communicatiedirecteur van Harry en Meghan, ging voor Kate en William werken, waarbij hij zich vooral bezighield met het liefdadigheidswerk van de Cambridges en later CEO van hun stichting werd. Tegelijkertijd hield hij toezicht op de opsplitsing van de Royal Foundation en zorgde ervoor dat de vele gezamenlijke initiatieven netjes werden afgehandeld. 'Ze hadden met z'n vieren door kunnen gaan, maar de Cambridges wilden graag met een schone lei beginnen,' aldus een bron. 'Beide stellen wilden hun liefdadigheidsactiviteiten afzonderlijk van elkaar uitvoeren.' Hoewel de 'Fab Four' niet voorgoed van elkaar gescheiden werden (hun laatste gezamenlijke project, een sms-crisisdienst genaamd Shout, werd later in mei aangekondigd), zouden ze nooit meer samenwerken onder de paraplu van een organisatie zoals het Royal Foundation Forum, het evenement in februari 2018 waarbij ze gezamenlijke projecten als Heads Together en United for Wildlife hadden gepresenteerd.

Christian Jones – voormalig perssecretaris van de Britse overheidsafdeling voor het vertrek uit de Europese Unie – kreeg de leiding over de nieuwe communicatieoperatie van de Cambridges. Meghan en Harry vonden het allebei jammer dat Christian wegging. In de tijd dat de twee stellen een kantoor deelden, had hij nog voor de Sussexes gewerkt. Meghan had meteen een klik gehad met Christian nadat hij in december 2018 in dienst was getreden. Vanaf hun eerste lunch in Chucs, een Italiaans restaurant in Notting Hill, was Meghan fan. Ze vond het heerlijk dat hij sneakers naar het kantoor droeg en tegen haar praatte alsof ze vrienden waren. Bovendien vond ze dat hij goede ideeën had. Ze zaten regelmatig met z'n tweeën te brainstormen, als gelijken. Maar deze baan, als vormgever van de visie van de toekomstige koning, kon Christian niet weigeren.

Wat Meghans reputatie als strenge baas betreft: medewerkers noemden haar niet alleen vastberaden, maar ook attent. Ze stuurde vaak traktaties naar het kantoor van het paleis, bijvoorbeeld begin 2018, toen ze het communicatieteam en het privépersoneel van Kensington Palace als bedankje voor de hulp een bak met verschillende soorten sorbetijs cadeau gaf. Belangrijke assistenten kregen vaak bloemen met handgeschreven briefjes op hun verjaardag.

Toch zal Meghan als eerste toegeven dat ze 'gefocust is op het doorvoeren van veranderingen'.

'Dat is de realiteit,' aldus een bron dicht bij de hertogin. 'Dat is haar drijfveer. En ze heeft een podium om het ook echt voor elkaar te krijgen.'

Koningin Elizabeth liet haar steun nog maar eens blijken door Meghan vicevoorzitter te maken van de Commonwealth Trust, een platform voor jonge progressievelingen dat in alle vierenvijftig lidstaten van het Gemenebest actief is en jonge leiders ondersteunt, met elkaar in contact brengt en financiert. Meghans eerste evenement als vicevoorzitter was een panelgesprek op King's College in Londen over het belang van Internationale Vrouwendag, met een aantal sterke, invloedrijke vrouwen – waaronder zangeres Annie Lennox en voormalig premier van Australië Julia Gillard. Tijdens dat evenement vroeg Anne McElvoy, senior redacteur bij *The Economist*, wat Meghan ervan vond dat kranten haar feminisme als 'trendy' omschreven.

'Het lijkt me onzinnig om het woord 'feminisme' trendy te noemen,' zei Meghan. 'Het zal altijd onderdeel blijven van het debat.'

Net als zijn vrouw ging ook Harry snel aan het werk. In april 2019 kondigden Harry en Oprah aan dat ze samen een serie over geestelijke gezondheid zouden produceren, die eind 2020 of begin 2021 zou verschijnen bij Apple TV+. Volgens Oprah, die in maart naar Londen was gevlogen voor een ontmoeting met Harry en een hoogzwangere Meghan, kwam het idee voort uit een gesprek met de prins. 'Wat zijn volgens jou de grootste uitdagingen waar de wereld op dit moment mee te maken heeft?' vroeg ze hem. Zijn duidelijke antwoord: 'Klimaatverandering en geestelijke gezondheid, mentaal welzijn.'

'Ik ben ontzettend trots dat ik mag samenwerken met Oprah,' zei Harry in een verklaring. 'Ik geloof echt dat een goede geestelijke gezondheid – mentale fitheid – de sleutel is tot krachtig leiderschap, productieve gemeenschappen en een doelgerichte levensinstelling... We hopen dat de serie positief, informatief en inclusief wordt, met verhalen van over de hele wereld, over de onvergelijkbare menselijke geest die zich terugvecht vanuit de duisterste plekken – zodat we de kans krijgen om onszelf en elkaar beter te begrijpen.'

Op professioneel vlak zette Harry dus grote stappen, maar minstens zo belangrijk was dat de storm in zijn privéleven weer wat leek te gaan liggen. Nu William hem te hulp was geschoten bij de oprichting van zijn huishouden, hoopte Harry dat hij en zijn broer samen een nieuwe start konden maken. 'Op dat moment besloot hij het verleden achter zich te laten en zijn broer dankbaar te zijn,' liet een bron dicht bij het stel weten.

Harry was klaar om te accepteren dat hij en zijn broer twee verschillende mensen waren. William bekleedde een duidelijk gedefinieerde rol binnen het koningshuis, terwijl Harry zijn eigen weg moest vinden. En hoewel Harry moest toegeven dat ze allebei gekwetst waren, bleven ze familie, en die band wilden ze niet op het spel zetten.

William was blij dat hij weer met Harry door één deur kon. Een bron binnen het paleis vertelde dat William eind maart een keer tegen hem had gezegd: 'Zal ik je eens wat vertellen? Voor het eerst in twee maanden hebben mijn broer en ik een fijn gesprek gevoerd.'

Dat jaar verscheen prins Harry in zijn eentje bij de kerkdienst met de familie op paaszondag op Windsor Castle, omdat de hoogzwangere Meghan zich niet goed genoeg voelde voor een groot publiek evenement. Binnen in de kapel stonden de twee broers met elkaar te praten en lachen.

'Dat ze het daar gezellig hadden met elkaar,' zo vertelde een medewerker van Buckingham Palace, 'was hartverwarmend om te zien.'

19

Een nestje in Windsor

Na de paasdienst keerde Harry terug naar Frogmore Cottage met William en Kate, die een bezoekje brachten aan Meghan.

Samen met William, Kate en een aantal andere familieleden dronk Meghan een kop thee in de familiekamer (in plaats van de formele ontvangstruimte). Het was een kort bezoekje, niet langer dan vijfendertig minuten, maar het was in elk geval een teken dat de twee stellen weer toenadering tot elkaar zochten en bereid waren het verleden achter zich te laten – althans, dat hoopte Harry nu zijn broer hem had gesteund bij de splitsing. Voor William en Kate vertrokken kregen ze nog een rondleiding door het huis van een enthousiaste Harry, aangezien het de eerste keer sinds de verbouwing was dat ze Frogmore Cottage bezochten.

Harry zag voor zich dat zijn broer, schoonzus en de kinderen regelmatig langs zouden komen bij het huisje in Windsor, dat 'een speciaal plekje in hun hart heeft', aldus een bron dicht bij Harry en Meghan. In het begin van de relatie maakten ze vaak lange wandelingen over het privéterrein van Frogmore House, zonder dat ze zich zorgen hoefden te maken over paparazzi; later werd het uiteraard de locatie van de verlovingsfoto's en de huwelijksreceptie.

'Het is een mooie plek om een kind op te voeden,' zei een vertrouweling van Meghan. 'Je slaat een deur open en staat in een grote privétuin. Ze vonden het allebei een goede omgeving voor hun kind, met de nodige privacy. Ze hadden er nooit bij stilgestaan, maar toen bleek dat het een optie was, werden ze meteen enthousiast.'

Allereerst moest Frogmore echter gerenoveerd worden. Het was in 1801 gebouwd en oorspronkelijk bedoeld als buitenhuis voor koningin Charlotte en haar ongetrouwde dochters. De cottage had heel wat huurders gehad (waaronder Henry James Sr., de Amerikaanse theoloog en vader van filosoof William James en schrijver Henry James), tot de eenentwintigste eeuw, toen het huis met tien slaapkamers werd opgedeeld in vijf aparte wooneenheden voor personeel van landgoed Windsor. Voor Harry en Meghan de woning betrokken, nadat ze hem in de herfst van 2018 cadeau hadden gekregen van de koningin, moest hij compleet gestript en opnieuw ingericht worden. De serre werd uitgebreid, er werden nieuwe gashaarden geïnstalleerd, een open keuken aangelegd en er kwam een babykamer. Meghans moeder zou vaak langskomen zodat ze veel tijd kon doorbrengen met haar kleinkind, al zouden het vanwege haar werk steeds korte bezoekjes zijn. In de media werd melding gemaakt van een 'aanleunwoning', maar in werkelijkheid zou Doria in een logeerkamer verblijven, een paar deuren verderop van Harry en Meghans slaapkamer.

Alle traditionele vloeren, raamkozijnen en deuren bleven behouden. Ook de tuinen werden onder handen genomen, want een van de grote voordelen van Frogmore was de prachtige groene omgeving waarin het kindje later zonder pottenkijkers zou kunnen spelen.

De structurele renovatiekosten van £2,4 miljoen werden gedekt onder de Sovereign Grant, de jaarlijkse uitkering die de regering beschikbaar stelde om de koningin te helpen bij haar officiële taken en om de reiskosten, onderhoudswerkzaamheden en personeelskosten van de koninklijke familie te betalen, maar het interieur kwam voor rekening van het stel. Harry en Meghan gingen allebei zorgvuldig met geld om; het gerucht dat ze £1 miljoen aan kunst uitgaven, klopte niet. 'Dat is echt volledig uit de lucht gegrepen,' aldus een vriend, die vertelde dat het grootste deel van de kunst in het huis bestond uit prints of ingelijste vintage posters, waaronder een naaktstudie van Inslee Fariss, een moderne kunstenaar uit New York, die in de opslag had gelegen sinds Meghan uit Toronto was vertrokken.

De woning is groot, maar ondiep – veel kamers lopen van de ene naar de andere kant van het huis. 'Dat is een van de dingen die Meghan en Harry er mooi aan vinden,' liet een goede kennis weten. 'Al dat prachtige licht dat aan beide kanten binnenstroomt. Dat levert een mooie sfeer op.'

Het stel bevond zich nu binnen de beveiligde zone van het landgoed Windsor en kreeg daarmee de nodige privacy, maar voor de verhuizing werden er nog een aantal aanvullende maatregelen genomen. Rond Frogmore Cottage werden volwassen bomen geplant om het huis aan het zicht te onttrekken, en er werden laserhekken geplaatst om indringers op afstand te houden. Bovendien werd de woning naast Frogmore permanent gebruikt door beveiligingsmedewerkers afkomstig van de afdeling Koningshuis en Speciale Beveiliging van Scotland Yard.

De versterkte veiligheidsring was geen overbodige luxe voor de familie Sussex – het huis in Oxfordshire hadden ze vroegtijdig moeten verlaten omdat Splash News (het agentschap van het incident in Jamaica) een helikopter had ingehuurd om luchtfoto's van de woning te maken. De foto's hadden zo'n hoge resolutie dat de grote slaapkamer en woonkamers duidelijk te zien waren. Halverwege januari 2019 plaatste *The Times of London* een van de foto's; andere publicaties volgden kort daarop. Harry was woest en Meghan radeloos.

Volgens een bron die dicht bij het stel stond, voelden ze zich kwetsbaar, zeker nu Meghan hoogzwanger was. De omgeving in Oxfordshire werd goed beveiligd, maar ze vonden de situatie 'op het platteland, waar je niet precies weet wie er 's nachts allemaal in de buurt rondsluipt', toch niet helemaal ideaal. Aanvankelijk hadden ze het huis tot het eind van de huurperiode willen aanhouden om het daarna eventueel te kopen, maar ze besloten terug te verhuizen naar Nottingham Cottage, dat nu nog kleiner aanvoelde, tot Frogmore klaar was. (Later begon Harry een rechtszaak tegen Splash News, en op 16 mei 2019 kreeg hij een aanzienlijke vergoeding, die hij aan een goed doel schonk, en excuses van het fotoagentschap voor de privacyschending.)

Naast de fysieke voorzorgsmaatregelen op Frogmore namen Harry en Meghan ook extra digitale veiligheidsmaatregelen nadat ze het slachtoffer waren geworden van een groot datalek. Op 12 september 2018 wist een Russische computerprogrammeur in te breken in een online cloudaccount met ruim tweehonderd ongepubliceerde foto's van Harry en Meghan, genomen door fotograaf Alexi Lubomirski.

Er zaten spontane, intieme foto's bij uit de verlovingsreeks en een aantal kiekjes van de huwelijksreceptie (waar onder anderen ook koningin Elizabeth zelf op stond), maar ook foto's met half gesloten ogen en andere onflatteuze momenten die bestemd waren voor de prullenbak. De hacker plaatste een paar afbeeldingen op Tumblr. Veel fans gingen ervan uit dat ze gefotoshopt waren, maar achter de schermen was Kensington Palace bezorgd toen er een tip binnenkwam over het lek. Harry en Meghan 'schrokken ervan dat het zo makkelijk was om zulke persoonlijke bestanden in handen te krijgen', liet een bron dicht bij het stel weten. 'De hele situatie is een wake-upcall.'

Volgens een bron in het koninklijk huis kwam het stel dankzij de verhuizing naar Frogmore ook voor een aantal 'logistieke uitdagingen' te staan. 'Ze wonen straks een flink eind bij hun kantoor [op Buckingham Palace] vandaan,' aldus de bron. 'Aangezien ze allebei graag dicht bij de actie zijn, kan dat best weleens lastig worden.'

Harry en Meghan waren van plan om in de toekomst een uitvalsbasis in Londen aan te houden vanwege hun werk. Nott Cott, dat na hun vertrek leeg kwam te staan, lieten ze voorgoed achter.

Binnen het koningshuis was het niet ongebruikelijk om twee woningen te bezitten. William en Kate hadden Anmer Hall op het landgoed Sandringham in Norfolk van de koningin gekregen, maar woonden voornamelijk in appartement 1A op Kensington Palace. Prins Charles gebruikte Clarence House als ambtswoning en hield Highgrove in Gloucester aan voor weekendjes op het platteland. En ook prinses Anne had een privéappartement op Buckingham Palace, net als prins Andrew.

Op dat moment, in de laatste weken van Meghans zwangerschap, vanaf april, was het stel echter helemaal gesetteld in Frogmore Cottage. Meghan kwam nauwelijks meer buiten. Haar laatste trimester had ze het erg druk gehad, met de aankondiging van vier nieuwe koninklijke beschermvrouwschappen en een constante stroom afspraken – zo was ze onder meer aanwezig bij de première van *TOTEM*, een show van Cirque du Soleil, in de Royal Albert Hall in Londen, om geld in te zamelen voor Sentebale. En op 15 februari vloog ze met British Airways van Londen naar New York.

Dit zou haar eerste keer in New York worden sinds de bruiloft, en Meghan verheugde zich op vijf avonden shoppen en lekker eten met haar beste, loyaalste vrienden. Ze was misschien een hertogin, maar ze vond het geen enkel probleem om de eerste drie avonden in Misha Nonoo's appartement in Greenwich Village te blijven slapen, naast celebrityhotspot Waverly Inn. Misha was nu verloofd met Michael Hess, erfgenaam van het gelijknamige olieconcern; ze zouden in de herfst trouwen.

Op haar eerste dag in de stad sprak Meghan af met Jessica, die haar meenam naar bakkerij Ladurée in SoHo, waar ze zich in een privéruimte tegoed deden aan macarons en thee. Daarna kocht de aanstaande moeder ook nog babykleertjes bij de chique Franse kinderkledingwinkel Bonpoint. Maar pas die avond, toen ze over straat liep in de West Village, voelde Meghan zich weer helemaal zichzelf. Met haar zwarte outfit en losse kapsel viel ze nauwelijks op. Een man die een foto van haar wilde maken werd meteen tegengehouden door een beveiliger die een paar passen achter

Meghan liep. Dat was heel wat anders dan de mensenmassa's waar ze in het VK mee te maken had.

Vier dagen later, nadat Meghan was verhuisd naar het Mark Hotel in de Upper East Side, kwamen de paparazzi massaal opdraven toen bekend werd dat Serena Williams en Meghans studievriendin Genevieve een babyshower vol celebrity's voor haar zouden organiseren.

Serena had het grote penthouse in het Mark gereserveerd, waar ongeveer twintig goede vriendinnen uit Meghans verleden en heden bij elkaar kwamen voor een feestje dat door een van de gasten werd omschreven als 'ontspannen en relaxed'. Meghan vond het heerlijk om bijna al haar vriendinnen om zich heen te hebben. Het evenement – gecoördineerd door Jennifer Zabinski van JZ Events, die ook de planning van Serena's bruiloft met internetondernemer Alexis Ohanian had gedaan – was een genderneutrale aangelegenheid, met een kleurenschema van tinten blauw, roze, geel en groen. Niet dat het er veel toe deed, aangezien Meghan aan een aantal vriendinnen die het nog niet wisten, zoals Amal Clooney, verklapte dat ze in verwachting was van een jongetje.

Het eten dat de gasten – waaronder Misha, Gayle King, Jessica, wellnessgoeroe Taryn Toomey, Lindsay, NBC-afdelingshoofd Bonnie Hammer, actrice en boezemvriendin Janina Gavankar, en Abigail Spencer, haar collega uit *Suits* – voorgeschoteld kregen, was bereid door Michelinsterrenchef Jean-Georges Vongerichten; harpiste Erin Hill verzorgde de achtergrondmuziek. Make-upartiest Daniel Martin, kapper Serge Normant en Markus waren eveneens van de partij.

Daarnaast was er een workshop bloemschikken, gegeven door de New Yorkse bloemist Lewis Miller, die beroemd was geworden met zijn 'Flower Flashes', een reeks willekeurige bloemenpop-ups door de hele stad, op allerlei plekken, van vuilnisbakken tot monumenten. De boeketten van de gasten werden gedoneerd aan Repeat Roses, een organisatie die bloemen levert aan evenementen en ziekenhuizen, verzorgingstehuizen, de daklozenopvang en andere voorzieningen, zodat ze niet weggegooid worden.

Het dessert werd geserveerd tussen met goud versierde bakjes, gevuld met suikerkristallen en koekjes in de vorm van ooievaars. De taart zelf bestond uit twee lagen en was bedekt met witte fondant, met daarbovenop papieren figuurtjes van Meghan en Harry met een kinderwagen. Maar er waren ook macarontorens van Ladurée, limoen- en kersengebakjes, red velvet cake, worteltaart, pompons van suikerspin en een potje met glutenvrije 'donutgaten' in allerlei kleuren.

Bij aanvang van de terugreis naar Groot-Brittannië kwam Meghan nog voor een leuke verrassing te staan. Toen ze samen met Amal en haar tweeling, Ella en Alexander, in het privévliegtuig van de Clooneys stapte, kreeg ze een berichtje van Daniel: Beyoncé en Jay-Z hadden zojuist een eerbetoon aan Meghan gebracht bij de Brit Awards. 'Volgens mij schreef ik alleen "Meid,"' aldus Daniel, die tegelijkertijd het filmpje doorstuurde waarin de twee artiesten voor een statig portret van Meghan met een kroon op haar hoofd staan, gemaakt door illustrator Tim O'Brien. 'Haar antwoord was een emoji met uitpuilende ogen.'

De hooggeplaatste hofmedewerkers in Groot-Brittannië waren minder te spreken over het reisje naar New York dan Meghan zelf. Ze wisten niet wat ze meemaakten toen de babyshower breed werd uitgemeten in de pers, inclusief schijnbaar zorgvuldig geregisseerde paparazzifoto's van de hertogin die met een grote zwarte zonnebril op haar hoofd van het hotel naar de auto liep – en dan was er nog de waslijst aan details van het feestje die in de Amerikaanse media verscheen.

'Je kunt wel stellen dat bepaalde individuen binnen het paleis niet erg blij waren met het enigszins weelderige karakter van de babyshower,' verklapte een senior medewerker. Men vond Meghan wel vaker te 'Hollywood', te uitbundig, vergeleken bij de gereserveerde stijl van het koninklijk huis. 'Ik denk dat een paar mensen die haar in de maanden daarvoor hadden gesteund nu teleurgesteld waren. Maar in die positie kun je het soms niet goed doen. Uiteindelijk was het gewoon een belangrijk moment in Meghans leven dat haar vriendinnen met haar wilden vieren.'

Meghan kreeg geen tijd om op de kritiek te reageren, want achtenveertig uur na haar terugkeer in Londen zat ze alweer met Harry in het vliegtuig, voor een bezoek aan Marokko op verzoek van de Britse regering. In haar laatste trimester barstte ze van de energie en de eerste dag van de reis ging ze er dan ook vol tegenaan. Ze klom in een helikopter waarmee ze over het Atlasgebergte zouden vliegen voor Education for All – een liefdadigheidsinstelling die zich inzet voor onderwijs voor meisjes op het platteland van Marokko – zette haar geluidswerende koptelefoon op, pakte Harry's hand vast en haalde diep adem terwijl de helikopter opsteeg. 'Ze heeft een onstuitbare energie,' zei Thomas Reilly, de Britse ambassadeur in Marokko, die de hertog en hertogin begeleidde tijdens hun driedaagse rondreis. 'Die vrouw die op 1400 meter hoogte rondvliegt in een helikopter, met een glimlach op haar gezicht, klaar om belangrijke kwesties aan te kaarten.'

Bij een van de kostscholen van de stichting, in het dorpje Asni, maakte Meghan indruk door een paar zenuwachtige leerlingen op hun gemak te stellen en zelfs een beetje Frans met ze te spreken. 'Geen enkel meisje in dit land mag buiten de boot vallen,' liet Meghan weten. 'Het is belangrijk dat alle meisjes toegang hebben tot hoger onderwijs.'

De onderwerpen die tijdens de reis op de agenda stonden, van gendergelijkheid en gelijke onderwijskansen tot sociaal ondernemerschap en vrouwenemancipatie, pasten precies in Meghans straatje. Prins Harry, op humanitair vlak al een gevestigde naam, liet Meghan vaak de leiding nemen tijdens hun negen afspraken in Marokko, af en toe in haar oor fluisterend of ze zich nog goed voelde.

Er was zelfs een optreden ter promotie van *Together: Our Community Cookbook* met een Marokkaanse chef-kok. Voor dat kookboek, met vijftig recepten van vrouwen die getroffen waren door de brand in de Grenfell Tower in 2017, had Meghan een voorwoord geschreven; het was vijf maanden eerder een paar uur na publicatie op nummer één binnengekomen bij Amazon. Het was een van Meghans grootste prestaties als lid van de koninklijke familie, maar het was allemaal begonnen met een privébezoekje aan een kleine buurtkeuken in West-Londen die hulp bood aan gezinnen die getroffen waren door de tragische brand waarbij tweeënzeventig mensen waren omgekomen en honderden anderen hun huis waren kwijtgeraakt.

Daar, bij het Al Manaar Muslim Cultural Heritage Centre, hielp Meghan een handje in de keuken als vrijwilliger, en het plan was dat het daarbij zou blijven. 'Ze wilde alleen maar helpen,' aldus Zahira Ghaswala, de coördinator van de keuken. 'Toen ze de eerste keer bij ons kwam, stak ze meteen haar handen uit haar mouwen – rijst wassen, chapati's bakken, eten opdienen.'

Bij het tweede bezoek bedacht Meghan een plan om geld in te zamelen voor de keuken, die destijds maar twee dagen per week kon draaien. 'Laten we een kookboek maken,' opperde ze. De vrouwen in de keuken vonden het een inspirerend idee en gingen samen met Meghan aan de slag. 'We hadden nooit gedacht dat het zo snel zou gaan!' zei Zahira. Meghan kende alle vrouwen bij de buurtkeuken bij naam, en als ze haar gezicht liet zien, wat regelmatig voorkwam, werd ze altijd met knuffels en kussen begroet. 'Ze is net familie,' vond Intlak Al Saiegh, de projectmanager. 'En kinderen zijn gek op haar. Ze nam ze altijd op schoot en kletste veel met ze.'

De liefde was wederzijds. 'Ik voelde me meteen betrokken bij de buurtkeuken: het is een plek waar vrouwen samen kunnen lachen, rouwen, huilen en koken,' schreef Meghan in het voorwoord van het kookboek. 'Als verschillende culturen onder één dak bij elkaar komen, wordt er ruimte gecreëerd voor basale, universele gevoelens zoals de behoefte om contact te maken en voor elkaar te zorgen door middel van eten, in goede en slechte tijden – en dat is iets waar iedereen zich toe kan verhouden.'

Bij een feestje ter ere van het boek op Kensington Palace kwam Doria onverwacht langs om een paar dagen met haar dochter en schoonzoon door te brengen. 'Hoi, ik ben de moeder van Meg,' zei Doria tegen de vrouwen uit de buurtkeuken die bij het evenement aanwezig waren. 'Ik heb veel over jullie gehoord... Wat leuk om jullie hier te zien.'

Nadat ze haar moeder had rondgeleid, hield Meghan nog een geïmproviseerd praatje. 'Ik was net naar Londen verhuisd, en ik werd zo warm onthaald door de vrouwen in die keuken,' zei ze. 'Hun warmte, hun vriendelijkheid, en alle culturen die in die kleine ruimte verenigd waren... Ik was trots dat ik in een stad woonde met zoveel diversiteit. Twaalf nationaliteiten in één groep vrouwen! Dat is echt bijzonder.' Doria was danig onder de indruk. 'De kracht van vrouwen,' zei ze. 'Wij ondernemen actie. Wij zijn nieuwsgierig. Wij zeggen ja, komen opdagen. Dit is erg inspirerend.'

Tegen de tijd dat Harry en Meghan door Marokko reisden, was *Together: Our Community Cookbook* een *New York Times*-bestseller – in de eerste zeven weken waren er 71.000 exemplaren verkocht. Tijdens een middagje koken met de Marokkaanse chef-kok Moha Fedal maakte het stel Marokkaanse pannenkoeken, een recept uit het kookboek, met het gehandicapte personeel van het speciaal ontworpen restaurant in de hoofdstad Rabat. 'Wat zullen ze trots zijn,' zei Meghan naar aanleiding van de Marokkaanse uitgave van het boek. 'Hun boodschap reikt ontzettend ver.'

Na de Marokkaanse reis ging Meghan het wat rustiger aan doen. Vliegen was er niet meer bij. Gezien de aanhoudende negatieve verhalen in de Britse pers was het niet per se makkelijk om tot rust te komen in Engeland. Meghan was nooit echt gewend geraakt aan alle media-aandacht, maar aan het eind van haar zwangerschap vond ze de onnodige kritiek helemaal slecht te pruimen. De positiekleding die ze aanhad, hoe ze haar buik vasthield – de tabloids raakten er niet over uitgepraat. Het was alsof ze niet eens op de juiste manier zwanger kon zijn. Tegen een vriendin beschreef ze de aanvallen als 'een executie door duizend messteken'.

Meghan bevond zich in een diep dal. In de aanloop naar de geboorte van haar eerste kind, sowieso een spannende tijd, voelde ze zich kwetsbaar en erg emotioneel. Harry deed zijn best om er voor zijn vrouw te zijn, maar verwachtte ook hulp van zijn familie. Niemand in de koninklijke familie nam echter het initiatief.

Aanvankelijk zou ze tijdens de laatste weken van haar zwangerschap nog een paar keer in het openbaar verschijnen – onder andere op 20 maart, bij een boomplantceremonie van Harry voor The Queen's Commonwealth Canopy, een initiatief voor bosbehoud – maar uiteindelijk voelde Meghan zich niet goed genoeg en werkte ze liever vanuit huis aan andere dingen.

Meghan werd nooit onder druk gezet om toch aan het werk te gaan, maar zoals een vriendin, die haar voor de grap 'Supermeg' noemde, het verwoordde: 'Het is niet makkelijk om haar stil te laten zitten.' Communicatiesecretaris Sara Latham kwam vaak langs op Frogmore Cottage, waar Meghan en Harry in de eerste week van april officieel hun intrek namen. In de media werd gemeld dat de renovatie een maand uitliep, maar in werkelijkheid verhuisde het stel slechts negen dagen later dan gepland – wat een hele prestatie was, gezien het feit dat de werkzaamheden in oktober 2018 waren begonnen.

Meghan voelde zich gesterkt door bezoekjes van goede vrienden, waaronder Daniel, die op 6 april bij Frogmore aankwam en vond dat Meghan 'ontzettend kalm overkwam en genoot van de laatste dagen met haar dikke buik.' Harry en Meghan kookten voor de make-upartiest, waarbij Harry het grootste deel van het werk opknapte. 'Er waren weinig zenuwen en zij en Harry leken gelukkig in hun nieuwe huisje,' aldus Daniel.

Op 16 april kwam Doria naar Frogmore om een handje te helpen in de aanloop naar 28 april, de uitgerekende datum. Tijdens haar vlucht vanuit LA kwam een passagier naar haar toe om te vragen of ze Meghans moeder was. 'Ik ben de trotse moeder!' antwoordde Doria, die direct na de landing op Heathrow naar de woning werd gebracht.

Het was fijn dat haar moeder er was, maar ook Harry deed zijn best –

hij zorgde ervoor dat ze lekker kon liggen of zitten en bracht haar snacks. Rauwe gesneden groenten met guacamole, geen junkfood. Niet omdat ze dat niet lekker vindt, maar omdat ze er gewoon geen zin in had.

Hoewel ze zich niet druk maakte over haar gewicht, zei Meghan wel tegen een vriendin dat ze zich 'een ballon' voelde toen ze haar uitgerekende datum gepasseerd was. Haar verlovingsring paste niet meer. In de eerste week van mei bleef ze vasthouden aan de aangepaste yogaoefeningen die ze elke ochtend had gedaan. En sinds de verhuizing naar Frogmore maakte ze elke dag lange wandelingen met haar twee honden.

Ook tijdens die laatste dagen bleef het stel bezoek ontvangen. Sara kwam geregeld langs, bijvoorbeeld op 3 mei, toen ze Meghan 'kalm en tevreden' vond overkomen. De volgende dag kwam Gayle King, in Windsor om een CBS-documentaire te maken over Harry en Meghans eerste huwelijksjaar, een uurtje op visite. Gayle was onder de indruk van de energie die de hertogin van Sussex nog uitstraalde.

Op 6 mei was Meghan haar uitgerekende datum meer dan een week gepasseerd. 'De langste acht dagen van haar leven!' liet een vriendin weten. 'Maar ze was de hele tijd geduldig en kalm, zei steeds: "De baby komt vanzelf." Dat was alles.'

20

Archie

Op de avond van zondag 5 mei klom Harry achter het stuur van de marineblauwe Range Rover, waar Meghan en Doria al op de achterbank zaten. Met een beveiliger naast zich en een heel team van veiligheidsmensen in een tweede auto begon de prins aan de vijfenveertig kilometer lange rit van Frogmore Cottage naar Portland Hospital in het centrum van Londen.

Aanvankelijk had Meghan thuis willen bevallen, maar tijdens haar derde trimester was ze van gedachten veranderd. Hier en daar werd beweerd dat de plannen op het laatste moment waren gewijzigd en Meghan 'ontredderd' was, maar volgens een bron was de thuisgeboorte al een tijdje geen optie meer. 'Ik weet dat er verhalen de ronde deden over een thuisgeboorte,' aldus de bron, 'maar Meghan wist al een paar maanden dat ze in het ziekenhuis zou bevallen.'

'Ze wilde de baby zo veilig mogelijk ter wereld brengen, dat was het enige wat haar interesseerde,' voegde de bron eraan toe. Hoe dichterbij de uitgerekende datum kwam, hoe nerveuzer ze werd, dus ik denk dat ze wel opgelucht was dat ze toch naar een ziekenhuis is gegaan.'

Een ander gerucht dat rondging, maar niet klopte, was dat Meghan wilde bevallen in de Lindo Wing. Dat was de plek waar Kate van haar drie kinderen was bevallen, Diana William en Harry had gekregen en prinses Anne haar Peter en Zara op de wereld had gezet. Meghan gaf echter de voorkeur aan een iets minder in het oog springend ziekenhuis dan St. Mary's Hospital.

In Portland Hospital – een ziekenhuis met een Amerikaanse eigenaar dat populair was bij celebrity's en Amerikaanse expats in Londen – waren Beatrice en Eugenie geboren. De zorg was er uitstekend en het gebouw had een ondergrondse ingang waar regelmatig zwarte SUV's werden gespot. Harry en Meghan, die het ziekenhuis ongezien in en uit reden, hadden niemand verteld waar de bevalling zou plaatsvinden, zelfs niet hun trouwe assistenten en beste vrienden.

De enigen die het wisten, waren Doria en Meghans medische team, met onder anderen haar verloskundige en gynaecoloog Penelope Law, een van de beste gynaecologen van het ziekenhuis én gravin (ze was getrouwd met de zevende graaf van Bradford). Desondanks stond ze erop dat haar patiënten haar 'dokter Penny' noemden. Hoewel Law erom bekendstaat dat ze relatief veel keizersneden uitvoert, is ze wel degelijk voorstander van een natuurlijke bevalling. Meghan heeft geen keizersnede gehad, maar het stel heeft verder geen details over de geboorte vrijgegeven. Volgens een bron heeft Meghan 'het advies opgevolgd' dat ze kreeg van de artsen, die haar de laatste paar dagen in Frogmore Cottage regelmatig hadden bezocht. Om vier voor half zes in de ochtend, op maandag zes mei, werd Archie Harrison Mountbatten-Windsor geboren, als zevende in de lijn van de troonopvolging. Hij woog zes pond en drie ons; de bevalling was zonder complicaties verlopen. Meghan was opgelucht dat het goed was gegaan en dat ze haar 'prachtige, lieve kleine jongen' voor het eerst in haar armen kon sluiten.

'Archie kwam alert ter wereld, met wijd opengesperde ogen,' aldus een vriendin. 'Meghan beschreef haar emoties toen ze Archie voor het eerst vasthield als "extase... totale gelukzaligheid en tevredenheid".' Een vertrouweling vulde aan: 'Je weet pas wat je te wachten staat als je het hebt meegemaakt.'

Meghan en Harry hadden bij de geboorte al een naam omdat ze al lang op de hoogte waren van het geslacht. Volgens een bron werd de knoop in de laatste week van de zwangerschap doorgehakt. Het stel wilde een traditionele, krachtige naam die ook zonder titel overeind zou blijven. Archie, dat zoiets betekent als kracht en moed, paste perfect. 'Ze hebben één hele nanoseconde lang overwogen om hem Archibald te noemen,' zei een goede kennis van het stel met een lachje. 'Het zou sowieso Archie worden.' (Mountbatten-Windsor is de achternaam die door alle mannelijke afstammelingen van koningin Elizabeth en prins Philip wordt gebruikt. Royals met titels gebruiken doorgaans geen achternaam.)

Harry en Meghan – die een dubbele nationaliteit voor Archie wilden aanvragen – besloten hun zoon geen titel te geven. Ze wilden hem opvoeden als gewone burger tot hij oud genoeg was om zelf te kiezen. Volgens een bron was het stel bezorgd over het moment dat prins Charles koning zou worden, want dan zouden Harry's kinderen automatisch de titel prins of prinses krijgen. Ze deelden die zorgen met Charles, die zei dat hij wel wilde overwegen om nieuwe patentbrieven – een wettelijk instrument in de vorm van een schriftelijk bevel, opgesteld door de heersende monarch – uit te vaardigen zodra hij koning was, om een einde te maken aan die conventie. 'Als je een titel hebt, maar geen belangrijke rol speelt in de koninklijke familie,' vertelde een senior medewerker destijds, 'dan heb je niet de lusten en wel de lasten.'

Harry begon familie en vrienden (waaronder Skippy, met wie hij weer meer contact had) te bellen en appen om ze te vertellen dat Archie geboren was. Hij begon bij koningin Elizabeth en prins Philip, die hun achtste achterkleinkind mochten verwelkomen. Daarna stuurde hij zijn vader en broer berichtjes met foto's van zijn zoontje, voor hij andere familieleden – waaronder Zara, de dochter van prinses Anne, en haar man, rugbylegende

Mike Tindall – op de hoogte stelde in de speciale appgroep voor neven en nichten van de koninklijke familie. Hij vertelde het ook aan Diana's familie – zijn tantes, Lady Sarah McCorquodale en Lady Jane Fellowes, en zijn oom, graaf Charles Spencer. En natuurlijk kreeg ook Tiggy, die hij al heel lang had willen vragen om peetmoeder van zijn zoon of dochter te worden, het heuglijke nieuws te horen.

Doria was degene die Thomas een bericht stuurde, op verzoek van Meghan. De kersverse moeder wilde niet dat hij het via de media te horen zou krijgen, al hoefde ze niet te weten of hij op haar moeders berichtje reageerde.

Als laatste waren de paleismedewerkers aan de beurt, waaronder Sara, die Harry om half tien 's ochtends op de hoogte stelde, toen ze op het punt stonden om terug naar Frogmore Cottage te rijden. Dat was snel, maar dokter Penny had haar toestemming gegeven en Meghan voelde zich goed genoeg om naar huis te gaan, waar ze goed in de gaten zou worden gehouden.

Al met al had Meghan na de geboorte van Archie niet lang in het ziekenhuis gelegen. In de berichtjes die ze naar vrienden stuurde, zei ze dat ze zich uitgelaten voelde, maar ook doodmoe en overweldigd. 'Het was een knijp-eens-in-mijn-armmoment,' liet ze aan een vriendin weten.

De nieuwe moeder vond het wonderlijk dat haar baby zo stil was. 'Hij heeft nauwelijks gehuild,' stuurde ze naar een vriendin. 'Hij is een engel.'

In een volgend bericht aan een goede vriendin schreef Meghan: 'Als mijn zoon half zo leuk is als jouw kinderen, ben ik dik tevreden.'

Harry wilde het nieuws zelf aan het volk meedelen. 'Harry wilde niet dat zijn kantoormedewerkers het aan de kranten zouden doorspelen; hij wilde de volledige controle houden over dit bijzondere moment,' aldus een bron dicht bij de prins. 'Hij wilde het in zijn eigen woorden vertellen, zonder verklaring, zonder officiële aankondiging... Gewoon Harry, open en eerlijk.' Sara trof de nodige voorbereidingen.

Met de stallen van Windsor Castle op de achtergrond, waar twee zwarte paarden hun hoofd uit de deur staken, stond Harry te grijnzen toen hij het nieuws openbaar maakte. 'Met grote vreugde kan ik jullie mededelen dat Meghan en ik sinds vanochtend vroeg de trotse ouders zijn van een gezonde jongen. Moeder en kind maken het geweldig. Het is de mooiste ervaring uit mijn leven. Hoe vrouwen het precies voor elkaar krijgen, weet ik niet, maar we zijn maar erg blij en dankbaar voor alle liefde en steun. Het voelt fantastisch.'

Harry praatte vol bewondering over zijn vrouw en kind, na de 'eerste geboorte' die hij ooit van dichtbij had meegemaakt. 'Dit kleine wezentje is schitterend. Ik ben dolgelukkig,' zei hij.

Twee dagen later maakte Archie zijn debuut op Windsor Castle tijdens een intiem mediamoment, met slechts twee fotografen, een journalist van een persbureau en drie videocamera's. De beelden zouden de hele wereld over gaan.

Toen Harry en Meghan onder het onophoudelijke geklik van de camera's St. George's Hall binnenliepen, waar ze bijna een jaar eerder hun huwelijksreceptie hadden gehouden, was Archie gewikkeld in een sjaal van G.H. Hurt & Son, zoals alle pasgeboren kindjes in de koninklijke familie. (Ook prins George, prinses Charlotte en prins Louis hadden het merk gedragen bij hun eerste optreden.)

Vergeleken bij de verlovingsfoto's waren de rollen omgedraaid. Dit keer was Harry degene die de peptalk hield. 'Je bent prachtig,' zei hij tegen Meghan. Ze droeg een trenchjurk van Wales Bonner, pumps van Manolo Blahnik en een van haar favoriete gouden met turquoise halskettingen van Jennifer Meyer. Ze had ook haar verlovingsring om, die ze in de laatste zeven weken van haar zwangerschap niet had kunnen dragen. Voor aankomst gaf ze toe dat ze kapot was, maar ook blij dat ze dit mooie moment met mensen konden delen.

Aanvankelijk wilde het gezin poseren op de trap achter Windsor Castle, net als op de huwelijksfoto die voor de receptie was genomen, maar vanwege de motregen trok het paleis het 'natweerscenario' uit de kast en werden Harry, Meghan en de baby binnen in St. George's Hall vastgelegd.

Sara en haar assistent Julie Burley, die vlak voor de aankomst van het koppel nog wat stofjes van het vuurrode kleed in het gebouw hadden geplukt, kondigden aan dat het groepje cameramensen tien seconden kreeg om foto's te maken, waarna er drie vooraf goedgekeurde vragen gesteld mochten worden. De hertog en hertogin leken het echter geen probleem te vinden om nog wat langer te blijven hangen.

'Ik heb de twee beste mannen ter wereld,' zei Meghan. 'Ik ben heel gelukkig.'

Op de vraag wat voor soort baby Archie was, antwoordde Meghan: 'Hij is ontzettend lief en erg rustig.'

'Geen idee van wie hij dat heeft,' grapte Harry.

De twee kersverse ouders waren open en eerlijk over hun gevoelens, maar niet over de naam van hun zoon. Ze hadden nog niet bekendgemaakt hoe Archie heette omdat ze Elizabeth eerst om goedkeuring wilden vragen. Niet vanwege het koninklijk protocol, maar omdat Harry veel respect had voor zijn oma.

Na de afspraak met de pers gingen Meghan, Harry en Archie meteen door naar Windsor Castle voor een ontmoeting met Archies overgrootmoeder. Prins Philip waren ze onderweg naar het mediamoment al tegen het lijf gelopen, maar dit zou ook zijn eerste echte ontmoeting met zijn achterkleinzoon worden.

Ook de trotse oma van Archie, Doria, was erbij. Later verscheen er een foto van het moment op sociale media, met alle vijf volwassenen rond Archie, het eerste biraciale achterkleinkind van de koningin. De foto – genomen door Chris Allerton, de persoonlijke fotograaf van het stel – was niet zomaar een kiekje. Het was voor het eerst dat de nieuwe inclusiviteit en diversiteit in de kern van de koninklijke familie op deze manier waren vastgelegd. 'Daar was ik ontzettend trots op,' zei Meghan tegen een vriend.

Doria bleef in de buurt om haar dochter te steunen. 'Doria zorgde voor Meghan terwijl Meghan voor Archie zorgde,' aldus een vriendin, die ook vertelde dat Doria eten kookte en andere huishoudelijke taken opknapte zodat Meghan zich volledig kon richten op de zorg voor haar zoontje, die ze ook borstvoeding gaf.

Ook Harry had 'zin om zijn handen uit zijn mouwen te steken', vertelde een vriend van het koppel. 'Meghan vindt het heel fijn dat hij zoveel wil doen. Hij heeft de meeste luiers verschoond, dat vindt hij een leuk "taakje", aangezien er al zoveel op Meghans schouders terechtkomt.'

Als vader leek Harry erg op William, die ook betrokken was bij alle aspecten van de opvoeding van zijn drie kinderen – hij bracht ze bijvoorbeeld naar school, haalde ze op en hielp ze met hun huiswerk. Hij en Kate waren moderne ouders die de taken gelijk verdeelden. William kookte net zo vaak als Kate.

Op die manier borduurde William voort op het werk van zijn moeder. Prinses Diana was een van de eerste royals die ervoor zorgden dat de keuken van hun appartement een plek was waar het gezin samenkwam – en dat in een tijd waarin de meeste leden van de koninklijke familie nooit een keuken vanbinnen zagen. Toen William en Kate het appartement op 1A overnamen, wilden ze dat de keuken het hart van de woning zou vormen. Niet alleen om praktische, maar ook om symbolische redenen. William wilde zijn kinderen een relatief normale kindertijd geven, net zoals zijn moeder voor hem had gewenst, ook al zou zijn zoon op een gegeven moment koning worden.

Harry leerde zijn eigen zoon pas net kennen. Het stel bleef zich erover verbazen dat hun baby'tje zo stil was. Meghan zei tegen een vriendin dat ze soms hoopte dat Archie een geluidje zou maken, zodat ze zeker zou weten dat het goed met hem ging. Archie had uiteraard zijn eigen kamer, maar sliep ook wel in een wiegje in de slaapkamer van Harry en Meghan.

Ondertussen werd Frogmore overstelpt door cadeaus. Het huis, vooral de keuken, stond vol met bloemen van over de hele wereld: de Clooneys, de Cordens en Jacinda Ardern, de premier van Nieuw-Zeeland, stuurden allemaal een boeket. Oprah had een bijzonder cadeau voor het stel in petto: een enorme verzameling kinderboeken, beplakt met speciaal gemaakte stickers met de tekst 'Archie's Book Club'.

Een van de verhalenboekjes op de plank van de kinderkamer was *The Giving Tree* van Shel Silverstein, een boek dat Doria vroeger aan Meghan had voorgelezen. De Mulroneys stuurden een moderne kinderwagen, waarmee Meghan en Archie elke dag een wandeling maakten over het terrein rond Frogmore, meestal samen met de honden, Guy en Pula.

Ondanks de strengere maatregelen op het gebied van cyberveiligheid lieten Harry en Meghan hun pasgeboren baby graag aan de wereld zien, zoals alle kersverse ouders. Op Moederdag – die voor Meghan begon met een ontbijtje op bed met haar moeder en Archie – plaatste Harry nog een foto van Archie op Instagram, deze keer van de babyvoetjes in de handen van zijn moeder.

De vergeet-me-nietjes, Diana's favoriete bloemen, op de achtergrond waren een bewust eerbetoon aan zijn overleden moeder. Sinds Harry vader was geworden, had hij, begrijpelijkerwijs, 'veel aan haar gedacht'.

21

@SussexRoyal

Op hun eerste trouwdag genoten Harry en Meghan samen met Doria van een traditionele zondagse lunch, haar laatste maaltijd voordat ze terug zou vliegen naar LA. Haar vijf weken op Frogmore waren voorbijgevlogen, maar het werk riep.

Meghan was dankbaar voor alle liefde en steun die ze tijdens de laatste weken van haar zwangerschap en de eerste weken van Archies leven van haar moeder had gekregen. Zoals een vriendin zei: 'Meg voelde zich als moeder meteen als een vis in het water, maar het heeft zeker geholpen dat Doria er was om af en toe nog wat advies te geven. Het is allemaal zo nieuw voor haar.' En het was natuurlijk belangrijk dat haar eigen familie er die eerste paar weken was om de allervroegste herinneringen aan de baby te kunnen delen.

Op 19 mei 2019 verraste Harry zijn vrouw voor hun trouwdag met een ring die hij had laten maken bij celebrity-juwelier Lorraine Schwartz, waar Meghan graag kwam. Als eerbetoon aan het jonge gezin had hij aan de onderkant van de zogenaamde 'eeuwigheidsring', met conflictvrije diamanten rondom, de geboortestenen van Meghan, Archie en Harry (respectievelijk peridoot, smaragd en saffier) laten vatten. 'Harry wilde er iets bijzonders van maken,' vertelde de juwelier. 'Hij is de aardigste man die je je kunt voorstellen. Zo romantisch, zo attent.' (Zozeer zelfs dat Harry er ook aan dacht om Lorraine te vragen Meghans verlovingsring aan te passen en te vatten in een nieuwe diamanten band.)

Het echtpaar had nooit gedacht dat hun eerste jaar zo snel voorbij zou gaan, en dat ze in zo'n korte tijd zoveel zouden bereiken. 'Het was hun droom om hun eerste trouwdag te vieren als ouders, maar ze wisten dat het in het leven soms anders loopt dan je hoopt,' zegt een bron die het stel goed kent. 'Ze voelen zich beiden enorm gezegend. Meghan dankt God elke dag dat Hij hen heeft gezegend met Archie.'

'Ze konden niet geloven dat ze opeens zo'n prachtige zoon hadden. Er was een moment dat ze elkaar aankeken met een blik van "Dit hebben wíj gedaan". Opeens waren ze een gezin.'

Tijdens hun eerste weken als jong gezin ontvingen Harry en Meghan vrienden van heinde en verre. Jessica en haar dochter Ivy maakten een moeder-dochteruitstapje naar Londen om Archie voor het eerst te zien. Ook Serena en Alexis kwamen een middagje langs met hun dochter Alexis Olympia. En Charlie van Straubenzee bezocht hen samen met zijn vrouw Daisy Jenks. Wie ook tijd met het echtpaar doorbrachten waren Ellen DeGeneres en haar vrouw Portia de Rossi, die in augustus een middag langskwamen. 'Een lief stel, en zo ongekunsteld,' zei Ellen later.

En er waren vele bezoekjes van familieleden, nabije en verre. William en Kate kwamen de nieuwe telg acht dagen na zijn geboorte bezoeken, zonder hun kinderen. Diana's beide zussen, Lady Sarah en Lady Jane, brachten cadeaus, evenals Harry's jongere nicht Celia McCorquodale en haar man George Woodhouse. En een 'opgetogen' prins Charles kwam zelfs twee keer, eenmaal alleen en eenmaal met Camilla.

Charles deed zijn best om Archie zo vaak te zien als zijn werkschema toeliet en kwam de eerste maand na de geboorte van zijn kleinzoon wel drie keer. Hoewel de band tussen Harry en zijn vader nu beter was dan ooit, maakte het drukke leven dat ze beiden leidden het moeilijk om geregeld tijd met elkaar door te brengen. Charles was er meer de man naar om alleen tijdens grote familiebijeenkomsten te verschijnen. 'Dit is geen familie die even bij elkaar langs wipt of een berichtje stuurt om te vragen hoe het gaat,' zei een bron. 'Er heerst een zekere formaliteit.'

Overgrootmoeder 'Gan-Gan' (zoals de koningin bekend staat bij de Sussex- en Cambridge-kinderen) zag Archie vaker. Dat ze veel tijd doorbracht op Windsor Castle (haar kasteelappartementen liggen maar zo'n anderhalve kilometer lopen van Frogmore Cottage) maakte dat ook een stuk makkelijker. Archie had ook al een paar keer bezoek ontvangen van Eugenie en Jack.

Hoewel Harry en Meghan aanvankelijk geen fulltime nanny in dienst wilden nemen, was Doria net teruggevlogen naar LA en dus besloten ze een nachtzuster aan te stellen om de baby aan een nachtritme te laten wennen en hier en daar bij te kunnen springen. Maar haar verblijf bij het echtpaar was van korte duur. Meghan en Harry zagen zich genoodzaakt de zuster wegens onverantwoordelijk en onprofessioneel gedrag al halverwege de tweede nacht naar huis te sturen.

De jonge ouders namen vervolgens een tweede nachtzuster in dienst die het uitstekend deed, maar door het incident met de eerste zuster durfden ze geen van beiden meer een hele nacht door te slapen zonder regelmatig even naar Archie te gaan kijken. Na een paar weken besloten ze de nachten daarom maar zelf te doen en het helemaal zonder zuster te stellen. In plaats daarvan namen ze een nanny in de arm voor doordeweekse dagen. Het kindermeisje maakte deel uit van Harry en Meghans Frogmore-personeel, dat bestond uit een assistent en een huishoudster, geen van beiden inwonend.

Harry en Meghan waren het erover eens dat ze geen huis vol personeel wilden. Harry had gezien hoe het er aan toe ging bij William thuis (de Cambridges hadden een inwonende huishoudster en een fulltime inwonende nanny) en wilde dat niet voor zijn eigen gezin. Meghan en hij vonden het een prettig idee om gewoon met hun drieën in huis te zijn als ze 's avonds naar bed gingen. Knus en op zichzelf.

's Ochtends zette Harry meestal zijn eigen koffie. Als ze aan de grote keukentafel overleg hadden met het personeel, was het vaak Meghan die een pot thee zette en er chocolaatjes of energieballetjes op een schaaltje naast zette om van te snoepen.

Meghan profiteerde de hele zomer van haar zwangerschapsverlof en verliet het huis alleen voor familie-uitjes of om bij een enkele belangrijke gelegenheid haar opwachting te maken. Tijdens de officiële verjaardagsceremonie van de koningin op 8 juli, *Trooping the Colour*, verscheen Meghan voor het eerst na haar bevalling in het openbaar. Harry stelde het zonder het in het VK gebruikelijke vaderschapsverlof van twee weken. In plaats daarvan bracht hij zijn werkrooster terug tot één of twee afspraken per week om al bestaande verplichtingen na te komen en te zorgen dat de publieke belangstelling voor zaken die hem en Meghan aan het hart gingen niet wegebde. Er was niet veel dat de jonge ouders bij hun zoon kon wegslepen. Harry realiseerde zich al bijna onmiddellijk hoe snel kinderen groeien en zei tegen zijn vrienden over Archie: 'Hij was zo klein toen we hem mee naar huis namen, maar hij is nu al groot!'

Het helpen van minder fortuinlijke jongeren werd nu een nog belangrijker onderdeel van het werk van het echtpaar. Op 9 mei vloog Harry naar Nederland om officieel het startsein te geven voor het aftellen tot de Invictus Games die precies een jaar daarna in Den Haag zouden plaatsvinden. Vijf dagen later was hij in Oxford om aandacht te vragen voor het werk in een kinderziekenhuis en om een bezoek te brengen aan het OXSRAD-complex voor mensen met een handicap dat zijn moeder in 1989 had geopend.

Op 24 mei vertrok Harry voor twee nachten naar Rome om deel te nemen aan de Sentebale ISPS Handa Polo Cup. Sentebale is een liefdadigheidsorganisatie die sinds de oprichting in 2006 onderwijs en medische en psychologische zorg biedt aan Zuid-Afrikaanse kinderen die te maken krijgen met de vooroordelen ten aanzien van aids en hiv. Ook gaat er geld naar clubs, kampen en programma's voor meer dan 4600 adolescenten die moeten leren leven met het virus, en vonden meer dan tweeduizend kinderen al onderdak in hun Mamohato Children's Centre in Lesotho.

Polowedstrijden waren voor William en Harry de manier bij uitstek om geld op te halen voor hun liefdadigheidsdoelen. Harry, een enthousiast polospeler, had zich al twee weken voorbereid op het evenement door regelmatig op zijn paard door Windsor Great Park te rijden. En de training wierp zijn vruchten af. Zijn team won met 9-6. De wedstrijd plus de avondreceptie in het St. Regis Hotel waar Harry twee nachten verbleef brachten ruim één miljoen dollar op.

Tijdens een besloten etentje die avond legde Harry uit wat hij met Sentebale hoopte te bereiken. 'Deze kinderen krijgen hulp en steun om te leren begrijpen dat hiv niet langer een doodvonnis is, dat ze niet alleen staan in deze strijd, en dat ze ook kunnen gedijen in plaats van louter overleven,' zei hij. 'In ons kamp krijgen deze jonge mensen niet alleen de geruststelling en het zelfvertrouwen die ze nodig hebben voor een leven met hiv, maar worden ze ook mondiger gemaakt, zodat ze over het virus durven praten en leeftijdgenoten kunnen stimuleren er beter over na te denken en besmetting te voorkomen.'

Voor de wedstrijd vertelde Harry's goede vriend, Sentebale-ambassadeur en poloteamgenoot Nacho Figueras dat Harry nu al ontroerd was door het vaderschap. 'Hij ziet er heel gelukkig uit,' zei Nacho. 'Hij was er klaar voor, en volgens mij vindt hij het fantastisch. Ik heb altijd al gedacht dat hij een leuke vader zou zijn want hij heeft veel affiniteit met kinderen.'

Harry, die de verantwoordelijkheid voor Archies nachtvoedingen had gedeeld, kon tijdens het evenement voor het eerst sinds de komst van zijn zoon een hele nacht doorslapen, iets wat Nacho tijdens het interview ook opmerkte. Maar het gesprek kreeg een hele andere wending toen een verslaggever tijdens het evenement opmerkte: 'Er zijn niet veel vaders die twee weken na een geboorte al naar het buitenland gaan. Wat vindt de moeder daar eigenlijk van?'

'Hoe durft die vent tegen een vader die van zijn kind houdt en maar vierentwintig uur van huis is om geld in te zamelen voor duizenden kwetsbare kinderen in Afrika, hoe durft die zoiets te zeggen?' fulmineerde Nacho een paar dagen later op CBS. De polospeler was niet de enige die zich opwond over de insinuatie. Harry's team binnen het paleis was woedend, aangezien Harry's inspanningen op het gebied van de aidscrisis niet alleen in het algemeen belang waren maar ook een eerbetoon waren aan zijn moeder.

'Na alles wat mijn moeder en vele anderen hebben gedaan om de aandacht te vestigen op deze epidemie hebben we eindelijk een omslagpunt bereikt,' zei Harry. 'We kunnen afmaken wat zij zijn begonnen en dit probleem voor eens en altijd oplossen, of we leunen zelfvoldaan achterover en geven het virus de kans vernederend terug te slaan, precies op het moment dat we het de baas aan het worden zijn.'

Voor Harry was deze missie heel persoonlijk – hij zette het werk voort dat zijn moeder, prinses Diana, nooit zelf heeft kunnen afmaken. 'Onze hoop is dat deze generatie de generatie zal zijn die een kentering in het stigma teweeg zal brengen,' vervolgde hij. 'Dit zal de generatie zijn die over safe seks zal praten. De generatie die met hiv geïnfecteerde mensen zal steunen. En de generatie die de verspreiding van hiv voorgoed zal stoppen.'

Welke kritiek Harry ook te verduren kreeg toen hij na de geboorte van zijn zoon in Rome polo was gaan spelen, het was niets vergeleken bij het verzet dat hij opriep door die zomer een paar reisjes met zijn gezin te maken. De problemen begonnen toen de zo milieubewuste prins in één maand tijd per privéjet naar drie verschillende bestemmingen vloog.

Zijn eerste stop was Google Camp – een driedaagse bijeenkomst in de laatste week van juli, gehouden in een exclusief resort op Sicilië, waar grote namen uit het bedrijfsleven, filantropen en sterren als Barack Obama en

Leonardo DiCaprio elkaar spraken over klimaatverandering. De techreus betaalde de volledige rekening, ook voor de reis van de deelnemers naar het resort en weer terug. Harry was oorspronkelijk van plan op één dag heen en weer te vliegen met een lijnvlucht, maar eenmaal op de bijeenkomst accepteerde hij een lift terug naar Londen met de privéjet van een andere deelnemer. Zo kon hij namelijk nog een dag langer blijven en zijn nog niet wereldkundig gemaakte plannen voor duurzaam toerisme bespreken.

Na Meghans achtendertigste verjaardag, op 4 augustus, vloog het jonge gezin vervolgens van Londen naar het Spaanse eiland Ibiza, waar ze verbleven in een luxe villa. Van Ibiza vlogen ze in het privévliegtuig van Elton John naar diens huis in Nice. De zanger had ze uitgenodigd om enkele dagen te komen logeren.

Er ontstond grote opschudding over de zogenaamde hypocrisie van de prins, die hoog opgaf van de waarde van milieubescherming maar tegelijkertijd rondvloog in brandstof slurpende privévliegtuigen. Om nog maar te zwijgen over het feit dat Harry en Meghan eerder die zomer besloten hadden niet met Archie naar de koningin in Balmoral te reizen omdat het kind nog te klein zou zijn voor de reis. Sommige media doken erop en noemden het een affront.

Elton John sprong onmiddellijk voor het paar in de bres en verklaarde zelf voor de vlucht en de CO_2-compensatie betaald te hebben (een praktijk waarbij passagiers kunnen investeren in projecten als zonnepanelen of duurzaam bosbeheer, zodat dezelfde hoeveelheid CO_2-uitstoot zou worden bespaard als er door hun privévlucht uitgestoten werd).

'Ik doe een beroep op de pers om de niet aflatende en ongegronde karaktermoord te staken die zij bijna dagelijks op dubieuze gronden fabriceren,' tweette de zanger.

Nu het gekrakeel een hoogtepunt bereikte en er nog een paar dagen te gaan waren tot de lancering van Travalyst, het initiatief voor duurzaam toerisme waar Harry een groot deel van het jaar aan had gewerkt, speet het hem dat hij niet had geluisterd naar Sara's raad. Ze had hem gewaarschuwd voor een mogelijke mediastorm als hij in een privévliegtuig terug zou vliegen van Google Camp, waar hij naartoe was gegaan voor een voorvertoning van Travalyst. De eerlijke prins was de eerste om toe te geven dat hij een fout had gemaakt.

Ondertussen had Buckingham Palace geen commentaar, wat Harry en Meghan alleen maar sterkte in hun wens om hun werkwijze te veranderen. De kern van hun probleem was de onmogelijkheid om voor zichzelf te spreken. In plaats daarvan waren ze afhankelijk van de grote, trage machine die het instituut van de monarchie nu eenmaal was. Zeker voor een onafhankelijke Amerikaanse vrouw als Meghan was dit frustrerend en daarom was ze ook zo blij met het Instagramaccount @SussexRoyal dat Harry en zij eerder dat voorjaar in de lucht hadden gebracht.

'Het lanceren van het account was een bevrijdende ervaring voor Meghan,' vertelde een medewerker. 'Dat ze geen eigen podium had waarop ze zich direct tot het grote publiek kon richten was een van de moeilijkste veranderingen voor haar, zeker omdat ze al zo lang actief was geweest op Instagram en met haar lifestyleblog. Met @SussexRoyal had ze eindelijk een plek waar ze voor zichzelf kon spreken.'

Het idee voor een eigen account kreeg gestalte rond de tijd dat ze bekendmaakten hun eigen kantoor te zullen krijgen onder auspiciën van Buckingham Palace. Maar Instagram was niets nieuws voor het paleis. William, Kate en Harry waren in 2015 @KensingtonRoyal begonnen. Toen Meghan met Harry trouwde, begon ze ook op het gezamenlijke account te posten. Zelfs de koningin had al eens iets op het platform gedeeld: ze verzond haar eerste post (een foto uit het koninklijk archief van het British Science Museum) in maart van dat jaar.

Voor de hertog en hertogin van Sussex was het socialemediaplatform meer dan een manier om een nieuwe generatie royaltywatchers te bereiken.

'De mensen kunnen het nieuws nu rechtstreeks van ons krijgen,' zei Meghan tijdens een van de eerste planningsbijeenkomsten met medewerkers, waarin verschillende kleuren de revue passeerden voordat zij en Harry uiteindelijk de perfecte tint blauw uitkozen voor hun socialemedia-huisstijl. In de begintijd was Meghan niet alleen verantwoordelijk voor de foto's, die áltijd een wit randje moesten hebben, maar ook voor een groot deel van de posts. Het was een van de dingen waar ze zich tijdens de laatste dagen van haar zwangerschap mee bezig hield.

David Watkins, de bedreven socialemediamanager van het paar die van Burberry was overgestapt naar de koninklijke hofhouding, ging regelmatig mee naar officiële bijeenkomsten om exclusief beeldmateriaal te schieten voor het paar, dat hun account informeel en toegankelijk wilde maken. David was aanbevolen door Isabel May, voormalig hoofd communicatie bij Burberry en een goede vriendin van Meghan in Engeland, sinds zij in 2017 door Markus aan elkaar waren voorgesteld. Isabel (of Izzy voor vrienden) was Meghans vertrouwelinge en ook een van Archies peettantes, en ze was een vaste gast op Frogmore Cottage. Ze was een van de weinige mensen in het VK aan wie Meghan 'alles' durfde toe te vertrouwen.

Als onderdeel van het nieuwe socialemedia-account werkten Harry en Meghan in de week voor hun eerste trouwdag samen met een paleismedewerker aan een diavoorstelling van nog nooit vertoonde achter-de-schermenfoto's van hun huwelijk. Het paar vond het heerlijk om terug te kijken naar de beelden van een jaar eerder en sommige videobeelden zagen ze zelfs voor het eerst sinds de grote dag weer terug.

Instagram vormde al snel een wezenlijk onderdeel van de nieuwe mediastrategie van de Sussexes. Ze braken het Guinness-wereldrecord door in vierentwintig uur tijd meer dan een miljoen volgers te vergaren en overtroefden daarmee zelfs de paus. Ze hadden er binnen een dag zelfs 2,1 miljoen. En ze hielden gelijke tred met het account van William en Kate, dat @KensingtonRoyal bleef heten.

‘Het heeft even geduurd maar nu zie ik Megs stempel terug in heel veel dingen,’ zei een vriendin. ‘Soms doen die posts op het account me denken aan haar *Tig*-dagen en dat vind ik heerlijk. Haar stem klinkt elke dag duidelijker.’

Hoewel Harry en Meghans Instagramaccount misschien een belangrijk instrument was om zeggenschap te krijgen over het verhaal dat ze wilden vertellen, was het ook een plek om een aantal dierbare herinneringen te delen, zoals hun ontmoeting met Jay-Z en Beyoncé tijdens de Europese première van *The Lion King* op 14 juli op Leicester Square in Londen. Dat Beyoncé Meghans hand vasthield en zei: ‘Jullie zijn fantastisch,’ maakte het feit dat ze dit drie uur durende uitstapje zorgvuldig om de voedingen heen had moeten plannen volkomen de moeite waard.

De première leverde nog een voorbeeld van verdraaide informatie over Harry en Meghan op doordat iemand video-opnames van de prins maakte tijdens een gesprekje dat hij op de rode loper met Bob Iger had.

Men hoorde hem bij wijze van grap tegen de toenmalige CEO van Disney zeggen: ‘Je weet dat ze ook voice-overs doet…’, doelend op Meghan, die de commentaarstem zou doen bij *Elephant*, een documentaire van Disneynature. Toen het filmpje in januari 2020 opdook, verdraaiden de tabloids het tot een verhaal over Harry en Meghan die zich bij een Hollywoodbaas ‘naar binnen praatten’. In werkelijkheid had Meghan al lang getekend voor het project dat ze in de herfst van 2019 opnam in ruil voor een donatie door Disney aan de non-profitorganisatie Elephants Without Borders.

Instagram was ook een manier om hun liefdadigheidswerk en beschermheerschappen onder de aandacht te brengen, zoals de Diana Awards’ National Youth Mentoring-top die Harry op 2 juli toesprak. ‘Rolmodel en mentor zijn kan helpen de wonden uit je eigen verleden te helen en een betere toekomst te creëren voor een ander,’ zei hij. ‘Op een persoonlijker niveau is het de macht om een levensloop te veranderen, om de poolster te zijn voor een jong iemand die moeite heeft zelf zijn richting te bepalen.'

Harry en Meghan namen graag zelf het heft in handen en tot op zekere hoogte lukte dat ook steeds beter. 'Harry en Meghan hadden graag zeggenschap over hun eigen narratief,' vertelde een bron, en daarom was het ook een grote teleurstelling voor hen toen ze erin toe moesten stemmen om met hun gezin hun intrek te nemen in Buckingham Palace in plaats van in Windsor hun eigen onafhankelijke hofhouding op te zetten, zoals ze wilden.

Harry, die zoveel wilde doen in de wereld, raakte gefrustreerd dat hij en Meghan vaak pas op de tweede plaats kwamen als het ging om initiatieven en prioriteiten van familieleden. Ze respecteerden de hiërarchie van het instituut, maar wanneer zij zich op een bepaald project wilden richten, vonden ze het moeilijk om steeds te horen te krijgen dat een vooraanstaander familielid, of dat nu prins William of prins Charles was, op hetzelfde moment een initiatief of rondreis aan te kondigen had – en dat zij dus maar even moesten wachten.

Naarmate hun populariteit steeg, kregen Harry en Meghan steeds meer moeite om te begrijpen waarom er binnen het paleis zo weinig rekening gehouden werd met hún belangen. Zij waren een belangrijke factor voor de toenemende aantrekkingskracht van het koningshuis. Volgens een artikel in *The New York Times*, dat had gekeken naar de onlinepopulariteit van de Sussexes en de Cambridges tussen november 2017 en januari 2020 'waren zoekopdrachten naar Harry en Meghan goed voor 83 procent van de nieuwsgierigheid die de wereld naar de twee echtparen had'.

Het paar probeerde deze frustraties binnenshuis te ventileren maar niet alleen leidden deze gesprekken nergens toe, details eruit werden meestal ook nog eens gelekt naar een van de Engelse kranten. In deze periode werkten er op het paleis maar een handjevol mensen die ze konden vertrouwen, onder wie Sara, communicatiemedewerker James Holt, communicatiesecretaresse Marnie Gaffney (die tijdens een huldiging in juni 2019 door de koningin benoemd was tot lid van de Royal Victorian Order, een eerbetoon wegens persoonlijke verdiensten voor de koningin of leden van het koninklijk huis) en hun naaste medewerkster, privésecretaresse Samantha Cohen. Buiten dit kernteam was geen enkele informatie veilig. Een vriend van het paar noemde de oude garde 'addergebroed'. Tegelijkertijd noemde een even zo gefrustreerde paleismedewerker het team rond Harry en Meghan 'het piepende derde wiel' van het paleis.

Dit waren de verstoorde verhoudingen toen Harry, Meghan en de eenentwintig weken oude Archie eind september naar Kaapstad vlogen voor een *royal tour* door vier landen in zuidelijk Afrika.

Bij aanvang van hun rondreis werden Harry en Meghan in het township Nyanga bij Kaapstad hartelijk onthaald door plaatselijke artiesten en kinderen die toegestroomd waren om te praten, te dansen en hen te omarmen. De sfeer stond mijlenver af van de negatieve verhalen die het paar die zomer bijna dagelijks hadden achtervolgd.

Er was geen rodeloperontvangst op het vliegveld, zoals vaak te zien is bij een officieel koninklijk bezoek. De tiendaagse rondreis was informeler en terloopser. Samen hadden ze besloten dat Meghan – die een garderobe van eenvoudige kledingstukken had meegenomen, uitgekozen op draagcomfort of al eerder gedragen tijdens officiële bijeenkomsten – haar verlovingsring in Engeland zou laten. Hun doel was niet om indruk te maken met hun koninklijke levenswijze maar om op wezenlijk niveau met de mensen in contact te treden.

'Mag ik alleen zeggen dat ik hier weliswaar sta met mijn echtgenoot en als lid van het koninklijk huis,' zei Meghan in haar toespraak tot het township Nyanga, 'maar dat ik hier persoonlijk bij jullie ben als moeder, echtgenote, vrouw, vrouw van kleur en als jullie zuster.'

De tour was ook een gelegenheid om Archie voor het eerst aan de wereld te tonen sinds hij op 6 juli in de privékapel van de koningin bij Windsor

Castle was gedoopt. Tijdens die ceremonie – waarbij tweeëntwintig gasten aanwezig waren, onder wie William en Kate, Charles en Camilla, Doria, de zusters van prinses Diana, Archies peetouders en een paar vriendinnen zoals Genevieve en Lindsay – droeg Archie hetzelfde doopkleed als George, Charlotte en Louis tijdens hun doop. Het kleed van Honiton-kant is een replica van een jurk die koningin Victoria liet maken voor haar oudste kind en die vervolgens 163 jaar lang door 62 koninklijke baby's – onder wie vijf vorsten – is gedragen. Archies doop was een volledig afgeschermde gebeurtenis, tot ergernis van sommige media die gewend waren toegang te hebben bij de aankomst van de gasten. Dagenlang spraken de hoofdcommentaren er schande van dat Archies doop 'brak met de traditie' en inging tegen de ongeschreven afspraak die de koninklijke familie heeft met de belastingbetaler, die de monarchie deels onderhoudt. 'Het publiek heeft het recht om Archie te zien,' beweerde een autoriteit in een ochtendtelevisieprogramma. Niet dat Meghan er wakker van lag. 'Dezelfde mensen die mij beschimpen willen nu dat ik mijn kind op een presenteerblaadje kom opdienen,' zei ze tegen een vriendin. 'Een kind dat door niemand beschermd wordt en geen titel heeft. Daar kan ik niet bij. Vertel dat maar aan welke moeder dan ook.'

Op dezelfde manier hield het paar de driehonderdtachtig journalisten die hun Afrikareis versloegen op afstand tijdens hun persoonlijke ontmoeting met aartsbisschop Desmond Tutu en kozen ze ervoor een zelfgemaakte foto te publiceren. De bijna vijf maanden oude Archie (of 'Bubba' en 'Arch', zoals zijn ouders hem vaak noemen) kirde en giechelde tot verrukking van de anglicaanse geestelijke.

Omwille van Archie had Meghan zich voor de duur van de rondreis samen met twee medewerkers gestationeerd in Zuid-Afrika en liet ze Harry in zijn eentje naar Malawi, Angola en Botswana reizen. In Angola besprak Harry het opruimen van landmijnen, werk waarvoor zijn moeder zich in 1997 had beijverd (en toen haar beroemde wandeling over een door de

Halo Trust opgeruimd Angolees mijnenveld had gemaakt om aandacht te vragen voor de benarde positie van burgers die ernstig gewond waren geraakt door mijnen). Diana's werk had impact – een jaar na haar dood werd een internationaal verdrag getekend om alle antipersoonsmijnen te verbieden en in 2013 beloofde Harry dat hij haar levenswerk zou voortzetten.

Wat Meghan te doen had moest tussen voedingen en slaapjes door. 'Het is een hele klus, maar elk moment is goud waard,' zei Meghan tegen een vriendin. Eerder die zomer was Archie al naar babyzwemmen gegaan (nadat zijn ouders op YouTube ongerust hadden gekeken of baby's onder water hun adem wel inhouden). En tijdens de reis bereikte hij nieuwe mijlpalen: toen ze de residentie van de ambassadeur in Kaapstad bezochten, kon hij het geluid van dieren nadoen.

Na een reis van achtduizend kilometer in vijf dagen (de langste tijd dat hij ooit van Archie gescheiden was geweest) keerde Harry terug naar zijn vrouw en zoon. Hoewel hij tijdens de reis nu en dan wat commentaar gaf voor de camera's, hield de prins de horde meereizende journalisten meestal op afstand. Hij was blij dat de reis een gunstige pers had gekregen, maar desondanks kostte het hem moeite vriendelijk te blijven tegen vertegenwoordigers van media die de voorbije tweeënhalf jaar naar zijn gevoel te veel negatieve, en soms onware verhalen over zijn vrouw en gezin hadden geschreven. Negen van de tien dagen van de reis hield Harry zijn gevoelens voor zich. Maar op 2 oktober kwam de waarheid aan het licht, toen hij, als donderslag bij heldere hemel, met een verklaring kwam die insloeg als een bom.

22

Half erin, half eruit

Op 2 oktober om 19.13 uur, twee dagen voor het einde van wat algemeen werd beschouwd als een zeer geslaagd bezoek van de hertog en hertogin Sussex aan zuidelijk Afrika, kwam bij de #SussexRoyalAfrica-WhatsApp-chatgroep een bericht binnen van hun communicatieteam. De groepsapp was aangemaakt voor medewerkers, zodat zij de ongeveer vijfentwintig geaccrediteerde verslaggevers gedurende de rondreis logistieke informatie konden verschaffen over zaken als bustijden en vluchtroutes.

'Goedenavond. Ter informatie,' luidde de vage boodschap die een link bevatte naar een website, sussexofficial.uk, waarvan geen enkele journalist wier werk het was de koninklijke familie te volgen ooit gehoord had – omdat hij alleen voor dat moment was gemaakt: een open brief van Harry vergezeld van een juridische aanklacht tegen de *Mail on Sunday*.

'Helaas is mijn vrouw een van de laatste slachtoffers geworden van een Engelse boulevardpers die zonder stil te staan bij de gevolgen kruistochten onderneemt tegen individuen – meedogenloze kruistochten die het afgelopen jaar, gedurende haar zwangerschap en tijdens de zorg voor onze pasgeboren zoon, zijn geëscaleerd,' stond in de brief.

'Deze niet-aflatende propaganda gaat ten koste van mensen, vooral wanneer hij doelbewust onwaar en kwaadaardig is, en hoewel wij ons lange tijd sterk hebben gehouden – zoals velen van u kunnen bevestigen – kan ik op geen enkele manier beschrijven hoe pijnlijk het is geweest. Want in het huidige digitale tijdperk worden verzinsels van de pers wereldwijd opgediend als de waarheid. In krantenberichten van de ene dag wordt de volgende dag niet langer de fish-and-chips verpakt.

Tot dusver zijn we niet in staat geweest de voortdurende verkeerde voorstelling van zaken recht te zetten – iets waarvan deze specifieke mediakanalen zich bewust zijn en waar zij dag na dag, soms uur na uur, misbruik van hebben gemaakt.

Dit is de reden dat wij juridische stappen nemen, een besluit waaraan maanden van voorbereiding vooraf zijn gegaan.'

De strijd was begonnen.

Bijgesloten was een aanklacht door Meghan wegens inbreuk op de privacy, misbruik van persoonlijke gegevens en schending van auteursrechten tegen de *Mail on Sunday* die een persoonlijke brief had gepubliceerd die ze in augustus 2018 aan haar vader had geschreven.

Hoewel Harry ze niet tegelijk aankondigde met het nieuws over Meghans proces, was hij ook rechtszaken begonnen tegen *The Sun* en *The Mirror* vanwege het tussen 2001 en 2015 onrechtmatig onderscheppen van zijn voicemailberichten. Van oudsher maakte het koninklijk huis gebruik van de diensten van advocatenkantoor Harbottle & Lewis, maar Harry en Meghan wilden hun juridische aangelegenheden gescheiden houden – en buiten het gezichtsveld van de bemoeizieke blikken in Buckingham Palace, waar ze het advies hadden gekregen geen juridische stappen te ondernemen – dus kozen ze Clintons voor hem en Schillings, een van de meest vooraanstaande Engelse advocatenkantoren gespecialiseerd in laster en mediagerelateerde zaken, voor haar.

De advocaten van de hertogin (onder wie David Sherborne, die ooit prinses Diana had bijgestaan) waren voorbereid en hadden een uitgebreide lijst met 'onjuiste' en 'absurde' verhalen opgesteld om een patroon van onwaarheden aan te geven. Er waren heel wat artikelen die onnauwkeurigheden vermeldden over de renovatie van Frogmore, zoals de aanleg van een tennisbaan en een yogastudio, £500.000 voor geluidsisolatie van het huis en nog eens £5000 voor een koperen badkuip. In de rechtbankstukken kaartten haar advocaten ook een verhaal aan waarin het Meghan werd verweten dat ze van avocado's hield: 'Het verband dat wordt gelegd tussen het feit dat eiseres graag avocado eet en voor een vriendin die op bezoek kwam avocado op toast heeft gemaakt en schending van mensenrechten, moord en milieu-aantasting is opnieuw zeer zwak en opzettelijk opruiend.'

Leden van het koninklijk huis die een proces beginnen tegen uitgevers was niets nieuws. In 1849 had prins Albert de 'law of confidence' ontworpen, na een rechtszaak tegen een Engelse drukker die ongeoorloofd kopieën had gemaakt van etsen die hij samen met koningin Victoria had vervaardigd. Prinses Diana gebruikte dat precedent in 1993 tegen de *Sunday Mirror* toen het blad foto's van haar in gympakje en legging had gepubliceerd en kreeg een schadevergoeding van ongeveer 1,5 miljoen pond. Zelfs de koningin heeft processen gevoerd. Ze klaagde in 1992 *The Sun* aan wegens het publiceren van een gelekte kopie van haar kersttoespraak.

Maar de aantijgingen van Harry en Meghan waren nieuw in de geschiedenis van het paleis. Althans in de manier waarop zij het aanpakten. Een aankondiging van dit kaliber werd meestal gedaan via de formele paleis-e-mail en vervolgens geplaatst op royal.uk, de officiële website van de koninklijke familie – zoals bijvoorbeeld toen William het Franse roddelblad *Closer* in 2012 aanklaagde wegens het publiceren van toplessfoto's van Kate. Maar deze nieuwe aanpak kon niet op steun rekenen van The Firm en het paar moest de zaken zelf zien op te lossen. Geen enkele journalist in Afrika verwachtte een scoop aan te treffen in een WhatsAppbericht.

Gezien het goede verloop van de Afrikareis waren ook de media verbaasd over het moment van de verklaring. Maar er was een reden voor de wat ongelukkige timing.

Op 1 oktober zou een aantal veranderingen plaatsvinden bij het hooggerechtshof in Londen, en dat zou betekend hebben dat hun zaak gehoord zou zijn door een strafkamer met rechters die geneigd waren aan de kant van de uitgevers te staan. Bronnen bevestigden dat de advocaten van Harry en Meghan eind september haast met de zaak gemaakt hebben in een poging de zaak te laten voorkomen voor een privacyvriendelijkere strafkamer. 'Ze waren allebei ongelofelijk nerveus,' zei een bron. 'Ze moesten een sterke start maken.'

Wat de reden voor de timing ook was, Harry was vastbesloten de pers bij het lezen van de verklaring een ongemakkelijk gevoel te bezorgen, ook de journalisten die hem in Afrika vergezelden. De prins zei dat hij het zat was het 'spelletje' te spelen waarbij leden van het koninklijk huis de bladen exclusieve nieuwtjes geven in ruil voor enige rust en privacy. Hij had ook genoeg van de hypocrisie van de media die Meghan de ene dag ophemelden en een dag later neersabelden.

'Uit de positieve verhalen die de afgelopen week in deze bladen zijn verschenen blijkt hoezeer deze specifieke journalisten, die de afgelopen negen maanden bijna dagelijks kwaad van haar hebben gesproken, met twee maten meten,' schreef Harry. 'Voor deze bladen is het een spelletje, een spelletje dat wij nooit hebben willen spelen. Ik ben te lang een stille getuige geweest van haar persoonlijk lijden. Zwijgen en niets doen zou indruisen tegen alles waar wij voor staan.'

Volgens een vriend wilde Harry zijn vrouw en gezin beschermen, maar had hij ook de ambitie om een tijdperk van rechtvaardige mediapraktijken in te luiden. Prinsen en prinsessen waren niet als enigen overgeleverd aan de genade van onoprechte media. In 2011 was Engeland opgeschrikt door een telefoonhackschandaal, toen bleek dat medewerkers van het boulevardblad *News of the World* en andere kranten van mediamagnaat Rupert Murdoch persoonlijke voicemails van beroemdheden, politici en slachtoffers van misdrijven afluisterden. Deze illegale methode van nieuwsgaring leidde tot de opheffing van het 168 jaar oude *News of the World* en een van de duurste onderzoeken en rechtszaken uit de geschiedenis van het Britse recht.

'Harry meent dat de populaire boulevardpers in het VK een giftig onderdeel van de Britse maatschappij vormt en dat dat aangepakt moet worden,' zei de vriend van de prins.

Ondanks het risico dat ze moest getuigen was Meghan vastbesloten de zaak tegen de *Mail on Sunday* voor te laten komen. Het kwam niet als een verrassing dat Thomas Markle later in de *Mail on Sunday* verklaarde dat hij bereid zou zijn tegen zijn eigen dochter te getuigen. Uit rechtbankstukken bleek later dat de krant van plan was zich te baseren op bewijzen van Thomas, die meende 'een zwaarwegend recht te hebben om zijn eigen versie te vertellen van wat er tussen hem en zijn dochter was gebeurd, inclusief de inhoud van de brief'.

Meghan herkende Thomas niet meer als de man die haar had grootgebracht. Hij ging zelfs zo ver om zes dagen met een filmploeg door te brengen voor een negentig minuten durende documentaire: *Thomas Markle: My Story*. 'Voor wat ik heb moeten doorstaan,' zei de vijfenzeventigjarige, 'zou ik beloond moeten worden.' Harry noch Meghan heeft het programma, waarin geprobeerd werd een portret te schetsen van een man die onrecht was aangedaan door de Sussexes, willen zien. 'In werkelijkheid is het zijn eigen gedrag waar hij slachtoffer van is,' zei een vriend van het paar.

Ook voor ze met de aanklachten kwamen, probeerden Harry en Meghan al verandering te brengen in de manier waarop ze met de pers omgingen. Ze hadden bewaar tegen de grote invloed die het *royal rota*-systeem (dat bepaalt welke media bij toerbeurt verslag mogen doen van een koninklijke gebeurtenis, op voorwaarde dat zij het vergaarde materiaal vervolgens delen met andere media) had op de berichtgeving over hen. 'Hier kan ik niet bij,' zei Meghan toen medewerkers haar lieten weten dat het ondanks haar nationaliteit niet mogelijk was om de Amerikaanse pers evenveel toegang te verlenen als de Britse krantenrota. Het systeem sloot ook burgers en internationale media buiten die geïnteresseerd waren in hun liefdadigheidswerk. Dat de rota exclusieve toegang werd gegund betekende ook dat het paar geacht werd persoonlijke foto's te delen met Britse kranten waarvan er vier tabloids waren, foto's die ze liever exclusief op hun eigen sociale media hadden geplaatst. Ze vonden het vervelend zo weinig over hun eigen persoonlijke *content* te zeggen te hebben.

'Ik heb er genoeg van dat mensen bijeenkomsten komen verslaan en vervolgens een hoop onzin schrijven over wat iemand aan had,' zei Harry tegen een vriend.

De enige manier om hier echt iets aan te veranderen, was als het paar hun evenementen zelf zou gaan betalen in plaats van een beroep te doen op de Sovereign Grant, de door overheid en belastingbetaler gevulde pot waaruit het koninklijk huis mede gefinancierd wordt. 'Natuurlijk, als geld geen rol speelde,' merkte Harry op. Het was een kansloze exercitie. Meghan en hij ontvingen geen salaris, maar als fulltime werkende leden van het koninklijk huis konden ze niet op persoonlijke titel geld verdienen.

Het paar was niet klaar voor de drastische stap om de monarchie te verlaten. In plaats daarvan besloten ze stilletjes waar mogelijk de leiding in handen te nemen, bijvoorbeeld door hun nieuwe Instagramaccount te gebruiken om de toegang tot standaardmediavoer als foto's van hun baby te beperken. Ze bedachten een manier om de royal rota zo nu en dan te omzeilen, door 'privébijeenkomsten' te houden die zich onderscheidden van publieke. Toen Meghan foto's van haar bezoek aan de Luminary Bakery in Londen, een bakkerij die werk en socialemediatraining verschafte aan minderbedeelde vrouwen, op Instagram zette en slechts met één ander mediakanaal deelde, waren de andere kranten woedend. Het was een kleine overwinning van het paar op 'het Kartel', zoals ze hen gekscherend waren gaan noemen.

De strijd aangaan met de machtigste mediaorganisatie ter wereld was niet zonder gevaar. 'Het is een doodsverlangen,' zei een hooggeplaatste medewerker in Buckingham Palace over Harry en Meghans oorlog met de tabloids. 'Je neemt het niet zomaar op tegen de Britse pers.' Harry had gehoopt enige steun voor zijn besluit te krijgen van zijn familie, maar de stilte was oorverdovend. Hoewel Charles het besluit van zijn zoon persoonlijk respecteerde, was de prins van Wales ook afhankelijk van de pers als hij ooit koning zou worden.

'Hoewel deze zet misschien niet de veiligste is, is het wel de juiste,' zei Harry in zijn oorspronkelijke verklaring waarin hij Meghans aanklacht aankondigde. 'Want mijn grootste angst is dat de geschiedenis zich herhaalt. Ik heb gezien wat er gebeurt als iemand van wie ik houd niet langer wordt gezien als mens, maar als object. Ik heb mijn moeder verloren en nu zie ik mijn vrouw ten onder gaan aan dezelfde krachten.'

Harry's emoties waren voor iedereen zichtbaar toen hij op 15 oktober, tijdens een toespraak bij de WellChild Awards zijn tranen moest verbijten. 'Toen mijn vrouw en ik hier vorig jaar waren, wisten we dat we ons eerste kind verwachtten – dat wist destijds nog niemand, maar wij wel,' zei hij tijdens de prijsuitreiking van de organisatie die kinderen en jongvolwassenen met buitengewone gezondheidsproblemen steunt. 'Ik weet nog dat ik tijdens de prijsuitreiking heel hard in Meghans hand kneep, en dat we allebei dachten hoe het zou zijn om straks een kind te hebben, en daarbij: dat we alles zouden doen om ons kind te beschermen en te helpen als het geboren zou worden met een uitdaging, of na verloop van tijd ziek zou worden.'

Harry boog zijn hoofd en moest een aantal seconden stoppen met spreken om zijn evenwicht te hervinden. Onder applaus uit de zaal vervolgde hij: 'En dat ik hier nu als vader voor u sta en u allen toespreek raakt mij op een manier die ik nooit begrepen kon hebben tot ik zelf een kind had.'

Harry wilde de wereld veiliger maken voor alle kinderen, ook die van hem zelf. Voor zijn zoon betekende dat opgroeien op veilige afstand van alle worstelingen waar de prins in zijn leven mee te maken had gehad.

De verklaring en de rechtszaken waren pas het begin van de campagne van het paar. Op 20 oktober stond de hele wereld met open mond toen de Engelse zender ITV een documentaire vertoonde over de rondreis in zuidelijk Afrika, waarin Harry en Meghan een aantal knuppels in het hoenderhok gooiden.

'Puur overleven is niet genoeg, toch? Dat is niet de bedoeling van het leven. Je moet ook kunnen gedijen, gelukkig zijn. Ik heb echt geprobeerd de Engelse *stiff upper lip* onder de knie te krijgen, maar ik heb het gevoel dat die innerlijk veel schade aanricht,' gaf Meghan in *An African Journey* toe. 'Ik heb nooit gedacht dat dit makkelijk zou zijn, maar wel dat het eerlijk zou zijn.'

Toen de presentator van de documentaire, ITV-nieuwslezer en vriend van het paar Tom Bradby aan Meghan vroeg of ze zich wel redde, antwoordde ze: 'Dank je wel dat je dat vraagt, er zijn niet veel mensen die gevraagd hebben hoe het met me ging.'

Paleismedewerkers vatten dit commentaar op als steek voor de familie, omdat die haar als nieuw lid van The Firm niet genoeg gesteund zouden hebben.

'En zouden we kunnen zeggen dat het antwoord "niet zo best" is?' vroeg Tom. 'Dat het heel zwaar was?'

'Ja,' antwoordde Meghan.

In het programma gaf Harry ook voor het eerst publiekelijk toe dat er inderdaad spanningen waren tussen hem en zijn broer, prins William. 'Het is onvermijdelijk dat er in deze rol, bij dit werk en bij deze familie die zo onder druk staat, dingen gebeuren,' zei hij. 'Maar luister, we zijn broers, we zullen altijd broers zijn. We bewandelen op dit moment een ander pad, zeker, maar ik zal er altijd voor hem zijn, net zoals hij er altijd voor mij zal zijn, dat weet ik. We zien elkaar niet zoveel als vroeger omdat we het zo druk hebben, maar ik houd zielsveel van hem en de meeste dingen gaan nergens over. Als broers heb je goede dagen en slechte dagen.'

De dag na de vertoning van de documentaire werden Williams gedachten onthuld door een hoveling. Een aantal mediakanalen, waaronder de BBC en *The Sun*, citeerden een medewerker van Kensington Palace die zei dat prins William zich 'zorgen maakte' over zijn broer. Hij had het gevoel dat het paar in een 'breekbare positie' verkeerde.

Een bron in de nabijheid van Harry zei later: 'Het zijn precies deze spelletjes waar het paar aan probeert te ontsnappen. In plaats van dat William contact met hen zoekt, laat iemand in zijn omgeving aan de pers weten wat William denkt over Harry's geestelijke gezondheid. Hij vond het heel ongelukkig om een mening zo in de openbaarheid te brengen.' Een vriend van de prins voegde daaraan toe: 'Volgens Harry hechten William en de mensen om hem heen te veel waarde aan media-aandacht.'

Voor de zeer emotionele Harry, die zijn vrouw en zoon ten koste van alles wilde beschermen, was de unieke positie van zijn familie een enorme last omdat die, zoals een bron het omschreef, 'niet de mogelijkheid heeft om als een gewone familie te functioneren.' Hoewel machinaties onderdeel zijn van elke familiedynamiek zijn ze voor William, Harry en de rest van de koninklijke familie van een hele andere orde.

'Bij elk gesprek, elke discussie, elk persoonlijk meningsverschil, waarover dan ook, is personeel betrokken,' zei de bron over de medewerkers die altijd boodschappen tussen de koninklijke huishoudens ontvangen en versturen. 'Dat creëert een heel merkwaardige omgeving waarin het mensen ontbreekt aan ruimte om zelf naar oplossingen te zoeken.'

Niemand kon ontkennen dat het paar emotioneel uitgeput was, of ze het nu over zichzelf hadden uitgeroepen of slachtoffer waren van een meedogenloze machine. 'Ze voelden zich onder druk staan,' zei een bron. 'Ze hadden het gevoel dat ze er alleen voor stonden.'

Met zo veel stress in hun leven was Archie hun enige bron van vreugde. Hij groeide 'met de snelheid van het licht' en tijdens de Afrikareis had hij al twee tandjes en kon hij kruipen. Hij vond het heerlijk als zijn ouders hem voorlazen, vooral uit het raadsel-en-rijmboek *Is Your Mama a Llama?* van Deborah Guarino. Zoals veel jonge ouders vond Meghan het leuk om hem mee te nemen naar klasjes, zoals de Happy Clappy-muziekles in Windsor waar ze in oktober zelf met Archie naartoe ging (haar beveiligers bleven buiten wachten). Alle moeders, en twee vaders, keken met grote ogen toe hoe de hertogin van Sussex met Archie bij hen in de kring kwam zitten, waarna Archie recht op de tamboerijn af kroop die hij volgens zijn moeder 'fantastisch' vond.

Archie was ook de reden dat ze iets wilden doen aan bepaalde, in hun woorden, 'negatieve krachten' in hun leven. Naarmate de herfst verstreek en de spanningen tussen hen en sommige afdelingen binnen het paleis toenamen, besloten Harry en Meghan dat ze even het land uit moesten. Kerstmis stond voor de deur, en de kerst doorbrengen op Sandringham, omgeven door leden van de koninklijke familie, klonk niet als vakantie.

Het paar besloot de tweede helft van november en heel december in Canada door te brengen. Ze overwogen naar de Verenigde Staten te gaan, maar meenden dat een Gemenebestland op dat moment passender was. Dat leden van het koninklijk huis de traditionele feestelijkheden in Sandringham oversloegen was niet zonder precedent. In 2012 en 2016 hadden William en Kate de kerstdagen samen met de familie Middleton gevierd in hun huis in Berkshire. In 2017 brachten Zara en Mike Tindall de feestdagen door bij zijn familie in Australië. En toch werden Meghan en Harry door de pers gefileerd toen ze die keuze ook maakten.

Uit het lood geslagen en gekwetst door de aanvallen van de tabloids en het gebrek aan steun van de koninklijke familie vetrokken Harry en Meghan naar het landhuis van 18 miljoen dollar op Vancouver Island dat hun vriend Ben Mulroney via muziekproducent David Foster voor hen had geregeld. Foster was goed bevriend met de rijke investeerder, die het landhuis wilde verkopen maar het zolang voor een prijs ver onder de marktwaarde aan het koninklijk paar wilde verhuren.

Mille Fleurs – het landgoed op Vancouver Island bij het plaatsje North Saanich, niet ver van Victoria in British Columbia – met twee privéstranden op ruim anderhalf hectare land, vormde een rustig toevluchtsoord voor het aangeslagen paar. Doria's bezoek tijdens de Thanksgiving-vakantie werd zeer gewaardeerd. (Ondanks berichten in de pers dat ze haar baan had opgegeven, had ze maar een paar dagen vakantie genomen om te komen logeren.)

De hele maand december brachten ze hun dagen voornamelijk rustig met hun drieën door. Ze maakten lange wandelingen met hun twee honden (die met het paar waren meegereisd). Hoewel ze een huishoudster en een nanny hadden, kookten ze bijna altijd zelf, waarbij ze veel gebruikmaakten van de pizzaoven in de keuken van het landhuis. Een enkele keer gingen Harry en Meghan samen eten in restaurant Deep Cove Chalet. Terwijl het bekend is dat veel van de rijkste inwoners van de streek zich daar per helikopter heen laten vliegen, kwamen Harry en Meghan te voet naar het vijfsterrenrestaurant. Maar verder verlieten ze het landgoed maar hoogst zelden.

Weg van de hovelingen en alles wat koninklijk was, konden ze zelf nadenken. Ze bespraken de ontwikkelingen die sinds hun huwelijk hadden plaatsgevonden en probeerden te bedenken hoe en of ze een situatie konden creëren die de toekomst beter zou maken. Die toekomst behelsde ook nog meer aandacht voor hun humanitaire werk.

'Ik heb geen behoefte aan zo'n filmmoment waarop we uit een auto stappen en naar honderd fotografen zwaaien voordat we een gebouw binnenlopen,' zei Harry tegen een vriend over een van de frustraties van zijn huidige rol. 'Het zou moeten gaan om het werk dat daar binnen wordt verricht. Laten we ons richten op wat er echt toe doet.'

Voor zijn vertrek uit het VK had Harry een aantal keer met zijn grootmoeder en vader plus een aantal belangrijke medewerkers gesproken over de dringende behoefte die hij en zijn vrouw voelden om iets te veranderen aan hun positie binnen de paleisconstructie. Hij voelde zich tegelijkertijd misbruikt door hun populariteit, achternagezeten door de pers vanwege de fascinatie van het publiek voor dit nieuwe slag koninklijk paar, en binnen de paleismuren gekleineerd omdat hij te gevoelig en openhartig zou zijn. Meghan en hij wilden de monarchie niet volledig de rug toe keren; ze wilden er alleen een gelukkige plek in vinden.

Eigenlijk hoopten ze een deel van hun tijd in het buitenland te gebruiken om de laatste hand te leggen aan de Sussex Royal Foundation die in 2020 gelanceerd moest worden, en die net als de Royal Foundation als parapluorganisatie zou dienen voor al hun liefdadigheidswerk. Dat behelsde ook het opzetten van een website, SussexRoyal.com, om de stichting te lanceren. Om hun plannen geheim te houden hadden ze een extern team in de arm genomen. Meghan werkte met Made by Article, de ontwerpers uit Toronto die haar inmiddels opgeheven lifestyleblog *The Tig* met veel succes hadden geproduceerd, en met een kleine groep bij Sunshine Sachs, haar oorspronkelijke pr-team voordat ze hertogin werd.

Ze trokken wat tijd uit voor bezoekjes van vrienden als actrice Janina Gavankar, al jaren een vriendin van Meghan, die Archie voor het eerst zag en een foto van hem en zijn ouders nam die uiteindelijk op de Sussex-kerstkaart terecht zou komen. Ook Isabel May kwam langs op Mille Fleurs en met haar draaide het gesprek vaak om vragen rond de toekomst van het paar, aangezien Harry en Meghan beiden vertrouwen hadden in de eerlijke mening van de pr-vrouw.

Naarmate de weken verstreken besefte het paar dat ze niet terug konden naar hoe het voor hun vertrek in Engeland geweest was. Hoe moeilijk het besluit ook was, ze waren tot een conclusie gekomen: Harry en Meghan zouden een stap terug doen als leden van het koninklijk huis – en geen aanspraak meer maken op financiële vergoedingen. Op eigen kracht genoeg geld verdienen om hun filantropische werk te financieren was een opgave, maar ook een opwindend vooruitzicht. Harry en Meghan waren gewend aan grote projecten en grote gevolgen; Harry had de eerste Invictus Games in nog geen jaar tijd op poten gezet, en Meghans projecten hadden allemaal records gebroken. Nu waren ze klaar om nog meer te doen, in hun eigen tempo. Door feitelijk afstand te nemen van hun huidige manier van werken zouden ze ook gedeeltelijk in Noord-Amerika kunnen wonen, ver weg van de Engelse roddelbladen en alle negativiteit binnen het instituut. Dat maakte de uitdaging de moeite waard.

Ondanks de ommezwaai wilden ze nog steeds aan hun verplichtingen voor de koningin blijven voldoen. Dat was iets waaraan ze geen einde wensten te maken – niet alleen vanwege Harry's liefde en respect voor zijn grootmoeder, maar ook omdat Meghan het gevoel had dat ze zoveel had opgegeven om haar leven in dienst te stellen van de monarchie. En als ze zich ergens aan had verplicht, liep ze niet weg. Bovendien, op haar drieënnegentigste had de koningin de steun van jongere familieleden nodig om haar nalatenschap levend te houden, en het paar wilde die vol trots blijven uitdragen door werk te verrichten voor de monarchie in het VK en het hele Gemenebest. Ze hoopten dat familieleden als prins Michael van Kent – die de koningin tijdens buitenlandse gelegenheden officieel had vertegenwoordigd en de afgelopen tien jaar duizenden koninklijke verplichtingen op zich had genomen, maar geen enkele vergoeding uit de schatkist kreeg zodat hij als directeur van zijn adviesbureau zijn eigen geld kon verdienen – een precedent had geschapen door privéwerk te combineren met koninklijke verplichtingen.

Ze wisten dat er hindernissen zouden zijn, zoals discussies over de beveiliging die op dit moment verschaft werd door de Metropolitan Police voor 'internationaal beschermde mensen'. Maar ze hadden er genoeg vertrouwen in, en al voor Kerstmis mailde Harry zijn grootmoeder en vader om te zeggen dat Meghan en hij hadden besloten hun wekwijze te veranderen – om een stap terug te doen en meer tijd in het buitenland door te brengen. Verder trad hij niet in details, bezorgd als hij was dat het nieuws via een medewerker naar buiten zou lekken. De rest, zei hij, zouden ze privé bespreken.

Nu beide familieleden op de hoogte waren, vroeg het paar aan Charles' privékantoor om voor vlak na hun terugkeer in Engeland op 6 januari een afspraak te plannen met de koningin, die tijdens de feestdagen op Sandringham verbleef. Hun reis naar Londen zou kort zijn, maar Harry was er zeker van dat hun nieuwe hoofdstuk gestalte zou hebben gekregen als ze aan het eind van de week weer terugkeerden naar Canada.

Harry's bezorgdheid over de lekken bleek terecht. Bijzonderheden uit de e-mail belandden al snel in handen van een tabloidverslaggever die rond de jaarwisseling begon te informeren naar de plannen van het paar om meer tijd in Canada door te brengen. Maar dat was de minste van zijn zorgen. Ondanks herhaald contact met zijn vaders kantoor lukte het niet een afspraak te regelen met de koningin. De vorstin, werd hem verteld, zou pas op 29 januari weer beschikbaar zijn. 'Hij had het gevoel klemgezet te worden,' vertelde een bron dicht bij de prins.

Toen hun Air Canada-vliegtuig 's ochtends vroeg landde op Heathrow Airport, nog steeds zonder dat ze een afspraak met Hare Majesteit hadden, speelden Harry en Meghan met de gedachte om rechtstreeks van het vliegveld naar de koningin te rijden. Maar ze wilden het zichzelf niet moeilijk maken (onaangekondigd langskomen zou haar tegen de haren instrijken), dus besloot het paar in plaats daarvan teamoverleg te houden in Frogmore Cottage. Met vaste medewerkster Sara en privésecretaresse Fiona Mcilwham tegenover zich onthulden Harry en Meghan voor het eerst de details van hun plannen aan het team. Of hun voortvarende aanpak de juiste was of niet, Harry en Meghan waren vastbeslotener dan ooit. 'Ze vonden dat ze het onderwerp het afgelopen jaar vaak genoeg met familieleden hadden besproken en ze waren het zat dat ze niet serieus genomen werden,' zei een bron die het paar goed kende. 'Iedereen heeft de kans gehad te helpen, maar niemand heeft dat gedaan.'

Er zijn tussen koninklijke hofhoudingen maar weinig zaken die geheim blijven, en het duurde na Harry's eerste e-mail niet lang of zijn grote plannen waren hét onderwerp van gesprek tussen de meeste medewerkers en familieleden. Omdat Harry zich zorgen maakte dat de situatie uit de hand zou lopen, nam hij contact op met zijn grootmoeder om zijn zorgen uit te leggen, en zij ging er uiteindelijk mee akkoord om een gezamenlijke verklaring op te stellen. Het paar aarzelde om de andere hofhoudingen erbij te betrekken, niet wetende of alle betrokkenen de beste bedoelingen zouden hebben, maar stemde ermee in dat de medewerkers elkaar de volgende dag zouden ontmoeten zodat hun neuzen dezelfde kant op zouden staan.

Nu er een duidelijk plan was, toverden Harry en Meghan de volgende dag hun mooiste glimlach tevoorschijn, praatten met hoogwaardigheidsbekleders en aten typische Canadese Nanaimo-bars tijdens een bijeenkomst met Janice Charette, hoge commissaris voor het VK in Canada. Maar toen ze haar en haar staf bedankten voor de warme ontvangst die ze tijdens hun verblijf in Canada hadden gekregen, waren ze beiden in stilte nerveus over wat er ging gebeuren. Ze hadden al een opzet gezien van wat Buckingham Palace van plan was te publiceren in een verklaring die na die van hen zou uitgaan, en het 'gebrek aan warmte' in de reactie was een duidelijk teken dat niet iedereen hun beslissing steunde.

Maar veel tijd om daarbij stil te staan was er niet, want al een paar uur nadat ze Canada House hadden verlaten verscheen op de website van *The Sun* een verhaal over hun plannen om in Canada te blijven. De details ontbraken, maar het was duidelijk dat iemand binnen het paleis met de krant had gesproken. Een koninklijke bron ontkende de beschuldiging in alle toonaarden en verweet het paar zelf gelekt te hebben 'uit frustratie over het verloop van de gesprekken in het paleis... Ze wilden een beslissing forceren, het openbreken.' Het paar ontkent deze aantijging.

Nu het nieuws bekend was en bijna elke grote mediaorganisatie ter wereld contact opnam met het Paleis voor commentaar, moest er snel een verklaring worden afgegeven. Op 8 januari greep het paar naar Instagram om het nieuws aan de wereld kenbaar te maken.

'Na vele maanden van reflectie en interne gesprekken hebben we ervoor gekozen om dit jaar een transitie te maken en een vooruitstrevende nieuwe rol binnen dit instituut te gaan vervullen. Het is onze bedoeling een stap terug te doen als 'senior' leden van het koninklijk huis en financieel onafhankelijk te worden, terwijl we Hare Majesteit de Koningin volledig zullen blijven steunen,' luidde de verklaring. 'Het is dankzij uw aanmoediging, met name de afgelopen paar jaar, dat we het gevoel hebben gereed te zijn voor deze nieuwe koers. We zijn nu van plan onze tijd te verdelen tussen het Verenigd Koninkrijk en Noord-Amerika, waarbij wij onze plichten voor de koningin, het Gemenebest en onze goede doelen zullen blijven vervullen.'

Naast hun aankondiging lanceerden ze hun website, SussexRoyal.com, die nu niet langer een platform was voor hun nieuwe stichting maar een gedetailleerde routekaart van het 'nieuwe werkmodel' dat ze hoopten te omarmen. De website schiep duidelijkheid over hun beslissing om financieel onafhankelijk te worden, een beslissing die ze niet alleen genomen hadden om meer vrijheid in hun werk te hebben, maar ook om de tabloids het recht te ontnemen inbreuk te maken op hun leven. Gemeenschapsgeld betekent dat je bezit bent van die gemeenschap.

De website kwam voor iedereen, ook voor hun communicatiemedewerkers, als een verrassing. Medewerkers en familieleden wisten dat het paar een stap terug wilde doen, maar dat de website de details van hun nieuwe half-erin-half-eruitmodel uiteenzette alsof het een uitgemaakte zaak was, bracht de koningin in een moeilijke positie.

De verwarde Buckingham Palace-medewerkers schoven hun oorspronkelijke verklaring terzijde en kwamen een kwartier na het perscommuniqué van Harry en Meghan met een kort persbericht: 'De gesprekken met de hertog en hertogin van Sussex bevinden zich in een vroeg stadium. We begrijpen hun verlangen naar een andere aanpak, maar dit zijn ingewikkelde zaken en afhandeling ervan zal tijd kosten.'

De medewerkers, onder wie de privésecretaris van de koningin, Edward Young, waren woedend. 'De privékantoren houden niet van dat soort gedrag,' zei een vooraanstaande hoveling. 'Het is zeer ongezond en ongewenst.'

Maar verontrustender was de reactie van de familie op de net gelanceerde website. 'Het verrassingselement, het overrompelen van de koningin, was voor de andere betrokkenen die allen met goed recht bedachtzaam te werk gaan zeer onthutsend,' zei een vooraanstaand lid van de hofhouding. Verschillende familieleden lieten weten dat zowel de koningin als prins Philip er 'stuk van waren'.

'De familie is zeer op zichzelf en zoiets in de openbaarheid brengen terwijl hun was gevraagd dat niet te doen, deed de koningin veel pijn,' vervolgde de bron. 'In de verklaring werd uiteengezet wat de Sussexes wilden, zonder eerst met Hare Majesteit overlegd te hebben – en zij is het hoofd van het instituut.'

Het Paleis haastte zich om uit te zoeken of alle vereisten in het manifest van het paar logistiek wel voldaan kon worden, ook aan 'een toekomstige financiële autonomie om extern werk te verrichten'. Dit was iets heel anders dan het idee om gewoon wat meer tijd in het buitenland door te brengen, zoals het plan oorspronkelijk gepresenteerd was. Er waren kwesties rond beveiliging en financiering en gevolgen voor de belasting en visa. Hoe konden ze binnen de marges van de wet eigen inkomsten genereren en toch de koningin vertegenwoordigen? 'Het was een waar hoofdpijndossier,' zei de getergde medewerker.

Zelfs een bron die dicht bij het paar stond, gaf toe dat Harry en Meghan weliswaar lang hadden nagedacht over deze drastische stap, maar dat ze ook 'ongeduldig en impulsief' konden zijn.

'Soms gaat het alle kanten op,' zei de bron. 'Hun reactie op een bepaald moment is beslist niet dezelfde als een maand of een paar weken later.'

De koningin was allesbehalve enthousiast. Ondanks haar verdriet bij de gedachte de Sussexes te verliezen als werkende leden van het koninklijk huis, begreep ze ook dat het paar niet anders kon dan volledig afstand nemen van het instituut. Niemand moet gedwongen worden iets te doen wat ze niet willen doen. Maar als Harry dacht dat ze na het bekendmaken van hun voorstel precies zouden krijgen wat ze wilden 'zat hij er enorm naast', zei een hooggeplaatste hoveling. 'De koningin had begrip voor de moeilijkheden waarmee ze werden geconfronteerd, maar níemand kan afwijken van de regels. Buckingham Palace kwam hierna met een verklaring waarin stond dat een oplossing voor het verzoek van Harry en Meghan 'binnen enkele dagen, niet binnen enkele weken' zou worden bereikt.

Na drie dagen van gesprekken tussen de koninklijke hofhoudingen en regeringsfunctionarissen, ook van de Canadese regering, verzocht de koningin Harry naar Sandringham te komen voor een gesprek met haar, Charles en William.

Tijdens de 'Sandringham-top', zoals de pers het noemde, zou het viertal voor eens en altijd bepalen hoe de toekomst eruit zou zien.

23

De familiebijeenkomst

Toen de Range Rover de oprit naar Sandringham House opreed, merkte Harry dat zijn zenuwen toenamen. Het landgoed, waar de koningin momenteel verbleef en waar zoveel kerstherinneringen waren gevormd, was nu het decor voor de belangrijkste ontmoeting van Harry's koninklijke leven.

Het was ook de moeilijkste. Tijdens zijn zoektocht naar een houdbare vorm voor het nieuwe leven dat Meghan en hij voorstonden was hij meer dan ooit op gespannen voet met zijn familie komen te staan. Het was geen gemakkelijke beslissing om zich uit te spreken tegen de eeuwenoude regels van de monarchie, maar voor Harry was dit de enige manier om de situatie 'voor zijn eigen kleine gezin op te lossen', zei een bron in de nabijheid van het paar. 'Dit verscheurt hem. Hij houdt van de koningin, maar zijn vrouw voelt zich gekrenkt en hij is dol op zijn zoon. Archie is Harry's hele leven. Hij is een fantastische vader.'

Meghan was niet aanwezig bij de bijeenkomst van 13 januari aangezien zij was teruggegaan naar Canada, waar Archie bij Jessica en zijn nanny was achtergebleven. Meegekomen waren wel zijn privésecretaresse, Fiona, en Samantha Cohen, of 'Sam' zoals Harry haar noemde. Hoewel Samantha het paleis na twintig jaar dienst in oktober had verlaten om directeur te worden van de Commonwealth Enterprise & Investment Council en medevoorzitter van de raad van bestuur van Cool Earth, bleef ze een vertrouwde stem binnen het instituut. Ze was tenslotte een van de naaste medewerkers van de koningin geweest en had het Sussex-kantoor gerund. Harry had haar steun hierbij nodig. Zij was een van de weinigen die alle betrokken partijen kende en hij had altijd kunnen vertrouwen op haar gedegen advies.

Gedrieën hadden ze die ochtend alle punten doorgenomen die Harry tijdens de bespreking naar voren wilde brengen en waarvan hij er een aantal zelfstandig zou afhandelen. Zijn eigen boontjes doppen tijdens het gesprek was Harry's wens geweest. Hij hoopte door het personeel na de eerste opmerkingen uit de kamer te verwijderen, te kunnen voorkomen dat er informatie zou lekken. Hoewel het voor The Firm een zakelijke aangelegenheid was, was het ook een persoonlijke kwestie die Harry binnenskamers wilde houden.

Het was weliswaar een familiebijeenkomst, maar Harry zat voor het eerst tegenover de koningin, Charles en William sinds hij en Meghan de wereld deelgenoot hadden gemaakt van al hun plannen. (Hoewel er algemeen vanuit werd gegaan dat prins Philip ook bij de bijeenkomst aanwezig zou zijn, vertrok hij kort voor het gesprek van start ging naar zijn boerenhoeve op het landgoed.)

In de dagen na de lancering van SussexRoyal.com was het ongenoegen van Buckingham Palace omgeslagen in de vastberadenheid om de situatie te herstellen door een geschikte constructie te bedenken en daarna zo snel mogelijk weer verder te gaan. Hoewel het hybride royaltymodel dat Harry en Meghan voorstonden een enorme uitdaging vormde die maar weinigen dachten te kunnen overwinnen, zei een bron: 'Het drama en de verdeeldheid richtten de meeste schade aan.'

Voorafgaand aan de bijeenkomst hadden medewerkers Harry verzekerd dat de koningin de Sussexes wilde helpen een oplossing te vinden, ook al kregen ze misschien niet álles wat ze wilden. Ondanks deze geruststelling wist Harry niet meer wie hij moest geloven. Maar hij putte troost uit het feit dat zijn grootmoeder gevoelig zou zijn voor zijn zorgen.

Charles, William en Harry voegden zich bij de koningin in de bibliotheek, een van de informelere ruimtes in het landhuis. De gezellige kamer was een voormalige kegelruimte die in 1910 was omgebouwd tot bibliotheek, een ingreep die koningin Alexandra (die Sandringham tot haar dood in 1925 haar thuis noemde) altijd had betreurd. Meghan stond stand-by in Vancouver, klaar om via een conferencecall aan de vergadering deel te nemen. Maar toen Harry aanbood haar te bellen, werd dat niet nodig geacht.

Toen de familieleden tot een overeenkomst probeerden te komen daalde wat een bron omschreef als een 'praktische, werkgerichte sfeer' neer in de kamer. Harry had het gevoel dat hij en Meghan al lang buitenspel stonden binnen het instituut en er geen wezenlijk onderdeel van de toekomst van uitmaakten. Je hoefde maar te kijken naar de familiefoto's die tijdens de kersttoespraak van de koningin naast haar op het bureau stonden. In de Groene Salon van Buckingham Palace, waar de koningin haar toespraak hield, konden de kijkers een glimp opvangen van William, Kate en hun kinderen, Charles en Camilla, prins Philip en een zwart-witafbeelding van de vader van de vorstin, koning George VI. Opvallend afwezig was een foto van Harry, Meghan en hun nieuwe baby Archie. Bronnen in het paleis benadrukten dat de foto's gekozen waren om de directe lijn van troonsopvolging weer te geven, maar voor Harry en Meghan was het het zoveelste teken dat zij hun eigen weg moesten gaan.

Charles verzekerde Harry dat hij en Meghan wel degelijk deel uitmaakten van de toekomst van de koninklijke familie, ondanks de roep om een 'afgeslankte monarchie' met minder voor het koningshuis werkende senior royals. Hoewel William vanwege zijn geboorterecht altijd belangrijker zou zijn binnen de hiërarchie van het instituut, was er in Charles' toekomstbeeld plaats voor zijn beide zoons.

William had de plannen van zijn broer aanvankelijk niet goed opgevat, maar Harry's lot lag eigenlijk in handen van de koningin, en zij was er zeer van doordrongen dat de uitkomst van deze bijeenkomst de norm zou vormen voor toekomstige generaties.

Uiteindelijk maakte ze duidelijk dat hun half-koninklijke visie niet zou werken. 'Het was onuitvoerbaar,' zei een bron binnen het paleis. 'Als Harry en Meghan nog half werkzaam zouden zijn voor het koningshuis had men moeten bijhouden wat ze op persoonlijke titel voor werkzaamheden verrichten, en had er een commissie moeten komen om evenementen en afspraken goed te keuren.'

Toen de bijeenkomst afgelopen was, stelde Harry onmiddellijk de Sussex-staf op de hoogte en appte Meghan. Later op de avond legde de koningin een buitengewoon openhartige en persoonlijke verklaring af. 'Mijn familie en ik staan volledig achter de wens van Harry en Meghan om als jong gezin een nieuw leven te beginnen,' luidde de verklaring. 'Hoewel we liever hadden gezien dat ze fulltime leden van de koninklijke familie waren gebleven, respecteren en begrijpen we hun wens om als gezin een onafhankelijker leven te leiden en ondertussen een gewaardeerd deel van mijn familie te blijven.'

In de officiële mededeling werd ook aangekondigd dat Harry en Meghan gedurende de komende overgangsperiode, waarin het paar zowel in Canada als het VK zou wonen, niet langer afhankelijk wilden zijn van overheidsgeld.

'Dit zijn complexe zaken die mijn familie moet oplossen, en er moet nog wat werk verricht worden,' zei de koningin, 'maar ik heb aangedrongen op een definitieve beslissing in de komende dagen.'

'Nog wat werk' was een understatement. Harry werd de volgende dagen opgeslokt door intensieve vergaderingen en conferencecalls met topmedewerkers van alle drie de koninklijke huishoudens, Buckingham Palace, Clarence House en Kensington Palace, onder leiding van de privésecretaris van Charles, Clive Alderton. William liet de zaak graag aan de staf over. De *Sunday Times* citeerde de hertog van Cambridge, die tegen een vriend had gezegd: 'Ik heb mijn hele leven mijn arm om mijn broer geslagen en dat kan nu niet meer; we zijn gescheiden eenheden.'

Dat laatste gold ook voor Meghan en Kate. De relatie tussen de twee hertoginnen leek maar niet voorbij de afstandelijke beleefdheid te geraken waarmee ze elkaar sinds hun eerste ontmoeting bejegenden. Hun vriendelijke maar afstandelijke verhouding was duidelijk te zien toen ze de zomer ervoor samen bij de King Power Royal Charity Polo Day waren verschenen. Hoewel de liefhebbende moeders naast elkaar waren gefotografeerd met hun kinderen, leken ze nauwelijks een woord met elkaar te wisselen. Aan de andere kant klonken er op het laatst ook positieve geluiden: medewerkers suggereerden dat de twee vrouwen samen naar Wimbledon zouden gaan. Ze hadden beiden plannen om het tennistoernooi te bezoeken. Meghan wilde haar vriendin Serena Williams aanmoedigen in de finale van het damesenkelspel, en Kate is beschermvrouwe van de All England Lawn Tennis Club. Tijdens de wedstrijd, waar Kates zus Pippa ook bij aanwezig was, zaten de vrouwen lachend en kletsend samen in de Royal Box op het Center Court. Kate streek Meghan zelfs troostend over haar rug toen Serena verloor. 'Ze hadden het heel gezellig samen,' zei een bron in de buurt van de hertogin van Cambridge. 'De hele dag was heerlijk.'

De relatie tussen de twee vrouwen was slechts een uitloper van het echte probleem: het conflict tussen Harry en het instituut. De vergaderingen die week waren, in Harry's woorden, 'alsof hij voor een vuurpeloton stond'. 'Er klonken veel beschuldigingen over en weer en er werd gelekt,' zei een medewerker. 'Het was allemaal heel onfris.'

Toen Harry zei dat hij zich niet gesteund voelde door zijn familie, was dit wat hij bedoelde. Ze draafden even op tijdens de familiebijeenkomst op Sandringham, en vervolgens mocht hij verantwoording afleggen aan, en onderhandelen met hun medewerkers, en dat was precies wat hij niet wilde. 'Naar zijn mening waren er zo veel gelegenheden geweest waarbij het instituut en zijn familie hen hadden kunnen helpen, steunen en verdedigen, maar dat deden ze nooit,' aldus een bron.

Hovelingen beschouwden Harry's positie als volkomen onrealistisch. Zeggen dat ze geen geld wilden aannemen van de Sovereign Grant was makkelijk, daar ook naar leven was vers twee. 'De grootste ruzie ging over geld, want dat gaat het altijd,' zei een bron die op de hoogte was van de onderhandelingen. Een medewerker schamperde nog dat Meghan een cosmeticalijn kon beginnen.

Om iets preciezer te zijn hoopte het paar in hun levensonderhoud te voorzien door lezingen te houden, productiedeals en andere ondernemingen die maatschappelijk iets konden betekenen. Toch moesten er nog wat moeilijke berekeningen gemaakt worden. Als Harry en Meghan officieel werk zouden doen, zouden ze moeten uitzoeken hoeveel van hun uitgaven – zoals kantoorgerelateerde kosten en geld voor beveiliging of kleding – privé waren in plaats van aftrekbaar voor de belasting. 'Ze hebben het voor iedereen onmogelijk ingewikkeld gemaakt,' klaagde een doodvermoeide medewerker op de vijfde dag van het overleg.

Moeilijker dan ingewikkelde belastingconstructies waren de gekwetste gevoelens aan beide zijden. Zelfs bronnen rondom Harry en Meghan moesten toegeven dat de manier waarop het paar zich gedwongen zag de situatie aan te pakken (en vooral het feit dat ze de familie en hun team niets verteld hadden over hun website) 'veel kwaad bloed zette binnen de hofhouding en vooral binnen de familie'.

'Harry en Meghan zouden een gunstiger overeenkomst bereikt kunnen hebben om het leven te kunnen leiden dat ze wilden, als ze de zaken op een waardige, persoonlijke manier hadden aangepakt,' legde een vooraanstaande medewerker van Buckingham Palace uit. Een andere hoveling voegde daaraan toe: 'Ze hadden een te eenvoudige voorstelling van wat ze vroegen. Ze dachten dat ze Charles hun voorstel konden voorleggen, onderhandelen via e-mail, even in Londen verschijnen, de familie drie maanden de tijd geven en dan terugvliegen naar Canada.'

Maar Harry en Meghan hadden het gevoel dat ze al veel te lang neerbuigend waren behandeld door familie en medewerkers. Mensen hadden hen niet serieus genomen toen ze hun grieven kenbaar maakten, en niet verwacht dat het paar werkelijk iets drastisch zou ondernemen. De explosieve reactie was een direct gevolg van hun groeiende ongeduld. Als de familie en leden van de verschillende hofhoudingen hun verzoek serieuzer hadden genomen, zou het niet zo ver zijn gekomen.

'Hoe dan ook,' zei de bron, 'zien de hovelingen Meghan als de kwade genius, en sommige familieleden ook.'

De media speculeerden dat Meghan achter de beslissing van het paar stond om een stap terug te doen, maar weinigen wisten hoeveel ze opofferde om die tot een succes te maken. Zoals Meghan in maart huilend aan een vriendin vertelde: 'Ik heb mijn hele leven voor deze familie opgegeven. Ik was bereid alles te doen wat maar nodig was. Maar hier zitten we nu. Het is heel verdrietig.'

Hoewel de Britse media de neiging hebben koninklijke echtgenotes de schuld te geven, wilde Harry zelf in dit geval wel degelijk ook meer afstand van alle publieke aandacht. Daarom voelde hij zich aangetrokken tot het leger, vermeed hij pracht en praal zo veel mogelijk en gaf hij zijn kind geen titel. Hij verlangde al heel lang naar een leven buiten het blikveld van de spiedende media. Meghan gaf hem gewoon de moed om die stap te zetten. Ze steunde hem hoe dan ook. 'Diep van binnen wilde Harry eruit,' zei een bron die het paar goed kent. 'In de grond heeft hij altijd moeite gehad met die wereld. Zij heeft de deur voor hem opengezet.'

Na de urenlange vergaderingen was Harry 's avonds uitgeput. In Canada deed Meghan haar best om zichzelf bezig te houden en stapte op 14 januari zelfs aan boord van een watervliegtuig om het Downtown Eastside Women's Centre in Vancouver te bezoeken, een opvangcentrum voor vrouwen en kinderen in een van de armste gebieden van Canada. Werk bleef uitermate belangrijk voor haar en ze wilde graag een aantal projecten voor vrouwen in de buurt van haar nieuwe huis leren kennen. Maar elke keer als de uitgeputte Harry haar vanuit Engeland een update stuurde, voelde ze zich vanbinnen machteloos. Ze probeerde hem een hart onder de riem te steken met foto's van Archie en een filmpje waarin hij voor het eerst van zijn leven sneeuw ziet.

Vijf lange dagen na de oorspronkelijke ontmoeting verklaarde de koningin dat er een plan tot stand was gekomen voor 'een constructieve en positieve weg waarop mijn kleinzoon en zijn gezin voort kunnen gaan' en dat in het voorjaar van 2020 van kracht zou worden. Hierop volgde een verklaring van Harry en Meghan. Beiden schetsten de voorwaarden van de overeenkomst, waarin stond dat het paar volledig afstand zou doen van de koninklijke plichten. Ze waren niet langer werkende leden van de koninklijke familie en mochten zich geen Koninklijke Hoogheid meer noemen of het woord 'koninklijk' bij hun toekomstige projecten gebruiken. Harry zou zijn militaire eretitels kwijtraken, evenals zijn rol van Commonwealth Youth Ambassador.

Harry en Meghan mochten wel hun persoonlijk beschermheer- en vrouwschappen houden. Hoewel ze de koningin niet langer formeel konden vertegenwoordigen, 'benadrukten ze dat ze in alles wat ze deden de waarden van Hare Majesteit zouden eerbiedigen'. Wat geldzaken betreft zouden Harry en Meghan geen toelage meer ontvangen voor koninklijke taken. Het echtpaar ging nog een stap verder en verklaarde: 'De hertog en hertogin van Sussex hebben de wens uitgesproken om de uitgaven uit de Sovereign Grant voor de renovatie van Frogmore Cottage, dat hun huis in het VK zal blijven, terug te betalen.'

Dat was £2,4 miljoen aan belastinggeld waar delen van het Britse publiek woedend over waren toen het bedrag werd bevestigd in het Sovereign Grant Report 2018-2019, dat in juli het jaar daarvoor was vrijgegeven. De voortdurende negatieve berichtgeving over hun renovaties waren niet bevorderlijk. Het voelde goed om dat achter zich te laten. Hun aanbod om het geld terug te betalen symboliseerde hoe graag Harry en Meghan de banden wilden verbreken. Prins Charles zei dat hij hen uit zijn eigen persoonlijke middelen zou bijstaan als ze dat nodig hadden. Hier sprak de zorgzame vader, niet de prins van Wales.

Maar de belangrijkste steunbetuiging kwam misschien wel van de koningin, die verklaarde: 'Ik erken de moeilijkheden die zij de afgelopen twee jaar hebben ervaren ten gevolge van het nauwlettende toezicht waaraan zij waren onderworpen en steun hun wens voor een onafhankelijker leven.'

Tijdens het hele drama en het verdriet van het paar had de koningin altijd geprobeerd te luisteren naar de behoeften van haar kleinzoon. Dat betekende veel voor Harry, omdat het aantoonde dat zij hem tijdens de top, waarop hij nogmaals zijn woede en frustratie had geuit over het feit dat niemand binnen het paleis ooit werkelijk had erkend wat hij en Meghan hadden doorstaan sinds hun relatie bekend werd, wel degelijk gehoord had.

Hoewel het bemoedigend was dat zijn grootmoeder zijn ervaringen erkende, was het feit dat hij afstand moest doen van de militaire eretitels die hem als senior royal waren toegekend een bijzonder demoraliserend aspect van de nieuwe overeenkomst. Als teruggetreden militair zou Harry nog altijd zijn medailles mogen dragen, maar niet langer het uniform van kapitein-generaal van de Royal Marines, ere-luchtmachtcommandant van de Royal Air Force Base Honington en ere-commodore-in-chief van de Royal Navy's Small Ships and Diving Operations. Aan die rollen was een einde gekomen. 'Dat was een bittere pil, en Meghan heeft met lede ogen aangezien hoe hij die slikte,' zei een bron rond het paar. 'Het was het onderdeel dat Harry het meest raakte.'

Harry toonde die emoties op 19 januari, een dag nadat de verklaringen waren uitgegeven, toen hij in Londen de aanwezigen bij een benefietdiner voor Sentebale toesprak. Hij was openhartig over zijn 'verdriet' over het aftreden als werkend lid van de koninklijke familie, een beslissing die hij en Meghan niet 'lichtvaardig' hadden genomen. Hij benadrukte ook dat hij niet 'wegliep' van zijn verplichtingen, ook niet ten aanzien van Sentebale, maar 'zou blijven werken om verbetering te bewerkstelligen voor eenieder die in een kwetsbare positie verkeert'.

'Het was een voorrecht om u te dienen en we zullen een dienstbaar leven blijven leiden. Ik zal altijd het grootste respect hebben voor mijn grootmoeder, mijn opperbevelhebber, en ik ben haar en de rest van mijn familie ongelofelijk dankbaar voor de steun die ze Meghan en mij de afgelopen maanden hebben betoond,' zei Harry in zijn toespraak, die ook werd gedeeld via het Instagramaccount van de Sussexes. 'Ik zal dezelfde man zijn die van zijn land houdt en die zijn leven wijdt aan het ondersteunen van de goede doelen, liefdadigheidsinstellingen en militaire gemeenschappen die voor mij zo belangrijk zijn. Samen hebt u mij geschoold in het leven.'

De laatste zin was een verwijzing naar wat zijn moeder in december 1993 had gezegd, een jaar nadat in het parlement was medegedeeld dat Diana en Charles uit elkaar gingen. Ook prinses Diana kondigde haar terugtrekking uit het openbare leven aan in een toespraak tijdens een liefdadigheidsevenement (voor Headway, een vereniging voor hersenletsel waarvan zij beschermvrouwe was).

'Ik kan in alle eerlijkheid zeggen dat een van mijn grootste genoegens de afgelopen twaalf jaar heeft bestaan uit omgang met mensen als u,' zei Diana. 'In die jaren heb ik vele duizenden geweldige en buitengewone mensen ontmoet, zowel hier als in de rest van de wereld. De verzorgden en de verzorgers. Aan het bredere publiek kan ik zeggen dat ik onder u veel vrienden heb gemaakt. Ik heb uw gedachten en dromen, uw teleurstellingen en uw geluk mogen delen. U hebt me ook een opleiding gegeven. Door me meer te leren over het leven en hoe je dat moet leiden dan boeken of leraren hadden kunnen doen.'

De overeenkomsten tussen de toespraken van moeder en zoon waren geen toeval. Voor hij zijn speech schreef, had Harry zijn geheugen opgefrist en bekeken wat zijn moeder destijds zei over haar besluit om afstand te nemen van een leven waarvan hij nu wist dat zij het had ervaren als een voorrecht, maar waarin zij zich door alle voorwaarden ook gevangen had gevoeld.

Op zijn zesendertigste, bijna dezelfde leeftijd als zijn moeder had toen ze stierf, had Harry dezelfde 'opleiding' genoten.

24

De weg naar vrijheid

Terwijl de uren tot 31 maart, hun laatste dag als officiële leden van het koninklijk huis, verstreken, vonden Harry en Meghan het nog even belangrijk als altijd om aan het werk te blijven. Verplichtingen die ze al voor hun aankondiging in januari waren aangegaan moesten nog worden nagekomen en allebei vonden ze het belangrijk om niemand in de steek te laten. Bovendien waren ze op hun best als ze het druk hadden.

Hoewel ze sinds de aankondiging het grootste deel van hun tijd in Canada hadden doorgebracht, stond er voor de Sussexes in het Verenigd Koninkrijk een laatste reeks officiële gelegenheden op het programma. Omdat de coronavirusuitbraak in China inmiddels ook een bedreiging vormde voor Europa vonden ze het geen van beiden veilig om Archie mee te brengen. Ze waren er ook geen voorstander van om hun baby onnodig mee te nemen op lange vluchten. Dus ze besloten dat Meghan zou achterblijven tot ze zich over een week bij Harry moest voegen.

Harry's terugkeer naar het VK op 25 februari drukte hem onmiddellijk met zijn neus op de feiten. Nadat hij geland was op Heathrow vervolgde Harry zijn reis naar Schotland met de trein, in gezelschap van een paar veiligheidsagenten die met hem mee waren gevlogen uit Canada. Aangekomen op Waverley Station in Edinburgh stond de prins onmiddellijk oog in oog met drie fotografen, die een tip hadden gekregen over zijn verblijfplaats. Harry trok een scheef gezicht bij het horen van de klikkende camera's. 'Kom op, jongens, wat heeft het voor zin?' vroeg hij toen een van de paparazzi hem vroeg te lachen. De prins klemde zijn tanden op elkaar en versnelde zijn tempo totdat hij de wachtende Range Rover bereikte. Het was precies het soort thuiskomst dat hij had verwacht.

Harry was in Edinburgh vanwege zijn initiatief voor duurzaam reizen, Travalyst, dat hij de afgelopen zomer had gelanceerd in samenwerking met zwaargewichten uit de industrie als Tripadvisor, Visa, Booking.com en Skyscanner. Hij wilde de volgende fase van het ambitieuze project inluiden tijdens een topoverleg, waar hij van plan was een nieuw online scoresysteem te onthullen waarmee reizigers niet alleen konden zien hoe milieuvriendelijk hun reis was, maar ook hoe ze een positieve bijdrage konden leveren aan de gemeenschappen die ze bezochten. Harry was geïnspireerd door zijn vele reizen naar Botswana. Vooral, vertelde hij de auteurs van dit boek, doordat hij merkte dat zijn ervaring als toerist elke keer dat hij naar het land terugkeerde mooier werd, maar dat er in de gemeenschap die die ervaring mogelijk maakte niets veranderde. 'Ik stond er versteld van hoe weinig geld er terechtkwam bij de plaatselijke bevolking,' zei hij. 'Er zijn grote bedrijven die profiteren van het toerisme, maar voor de mensen die in zo'n gebied wonen gaat dat vaak niet op. Het geld van toerisme moet op een rechtvaardige manier terugvloeien naar de gemeenschappen waar mensen naartoe reizen.'

De volgende dag betrad Harry vol zelfvertrouwen het podium om te spreken voor honderd vertegenwoordigers van de toeristen- en reisindustrie in Schotland. Weg waren de paleismedewerkers en de gebruikelijke horde geaccrediteerde fotografen die buiten stonden te wachten tot ze hem bij binnenkomst konden fotograferen. Aan zijn zijde stonden slechts twee medewerkers – voormalig communicatiemedewerker van de Royal Foundation James Holt, die op persoonlijke titel met Harry bleef samenwerken, en Heather Wong, zijn voormalige adjunct-privésecretaresse, die nu met hem aan zijn Travalyst-project werkte. 'Het is goed om weer gefocust te zijn op het werk,' zei hij. 'Dat is wat telt.'

(Later in maart zag Harry nog een gebied waar Travalyst zich als reactie op de coronapandemie op kon richten. Nu de hele wereld níet reisde, legde hij tijdens een bijeenkomst uit, zou er een fundamentele verschuiving plaatsvinden in de manier waarop mensen in de toekomst zouden gaan reizen. Hij hoopte dat het initiatief – nu een non-profitorganisatie die onafhankelijk was van de monarchie – wereldwijd herstel zou bevorderen en de mensen wanneer ze weer zouden gaan reizen een handvat kon bieden bij het ondersteunen van de gemeenschappen die dat het hardst nodig hebben. 'Dit is een kans om het tij ten goede te keren,' zei hij.)

Schotland was een succes en maakte ook duidelijk dat Harry ondanks alles wat hij was kwijtgeraakt nog steeds veel te bieden had. Zijn eigen nalatenschap kreeg vorm, buiten de koninklijke familie om. Maar bij terugkomst in Frogmore Cottage in Windsor voelde Harry niet dezelfde warmte als hij er tijdens zijn eerste maanden met Meghan en Archie had ervaren. Hoewel het huis nog vol stond met hun spullen, was het er leeg en koud. Het weelderige terrein rond het huis verkeerde nog in winterslaap en de lente leek nog lang op zich te laten wachten. Zoals hij tegen een vriend zei: 'Er is zoveel veranderd sinds we hier voor het laatst waren.'

Hoewel Harry's tijd in het VK grotendeels opging aan vergaderingen met paleismedewerkers teneinde de laatste details vast te leggen, maakte hij ook tijd vrij voor familie. Hij had zijn broer nog nauwelijks gesproken sinds hun laatste ontmoeting op Sandringham, maar Harry had wel getelefoneerd met zijn vader, wiens privésecretaris Clive Alderton toezicht hield op de laatste elementen van Harry en Meghans transitie. De grens tussen familie en instituut was vager dan ooit, maar toen de koningin Harry op 1 maart uitnodigde om te komen lunchen was het volkomen duidelijk wie welke rol speelde. Zijn laatste ontmoeting met

Hare Majesteit was formeel van aard geweest, maar nu zouden ze gewoon samen genieten van een zondagse lunch. 'Geen titels,' zei een medewerker. 'Gewoon oma en kleinzoon.'

In de eetkamer van de koningin in het appartement van Windsor Castle voelde het net als vroeger. In de jaren dat Harry zich regelmatig eenzaam voelde, had hij zich vaak verheugd op een bezoek aan zijn grootmoeder, of het nu voor een kop thee was of om samen te eten. Ondanks de merkwaardige dynamiek binnen zijn familie, die velen buiten de koninklijke bubbel moeilijk kunnen begrijpen, zou hij altijd van zijn grootmoeder blijven houden. Voor delen van de instelling en op bepaalde punten zelfs voor sommige familieleden had hij het respect verloren, maar de koningin was nog steeds een van de belangrijkste vrouwen in zijn leven. Terwijl ze zich tegoed deden aan een warme lunch, verzekerde de koningin Harry dat ze hem altijd zou blijven steunen, wat hij ook besloot te doen. Hoewel Harry eerder dat jaar al een proefperiode van twaalf maanden was beloofd, maakte ze ook duidelijk dat Meghan en hij altijd welkom zouden blijven, mochten ze hun rol weer op zich willen nemen.

'Het is heel duidelijk gezegd dat ze op elk moment, als ze er klaar voor zijn, weer terug mogen komen,' zei een bron die betrokken was geweest bij de onderhandelingen.

Twee dagen later werd Harry herenigd met Meghan. (Archie was achtergebleven op Vancouver Island, met de nanny en Jessica, die weer uit Toronto waren komen vliegen om te helpen.) Die middag nam het stel hun vijftienkoppige Buckingham Palace-team mee uit lunchen in het Londense Goring Hotel, waar de koningin graag kwam dineren en waar misschien wel de beste beef Wellington van de stad werd geserveerd. Het was een van de laatste keren dat ze met alle privémedewerkers en communicatiemedewerkers in één ruimte zouden zijn. Hoe dankbaar het paar ook was voor alle steun die ze van het toegewijde team hadden gekregen, verhuizen naar het buitenland en afstand doen van de Sovereign Grant betekende dat ze niet met dezelfde mensen verder konden. Harry en Meghan spraken om beurten hun dankbaarheid uit voor hun diensten, vooral tijdens wat Meghan 'tijden van beproeving' noemde.

De avond daarop stond in het teken van hun aanwezigheid bij de Endeavour Fund Awards, die op magnifieke wijze in herinnering bracht hoe goed zij de aandacht van de wereld op zich wisten te vestigen. Eerder die dag had Daniel Martin (die tijdens het plannen van al haar looks voor de week grappend had gezegd: 'Maak er een spectaculair afscheid van!') haar make-up gedaan en George Northwood haar haar.

De bijeenkomst was ter ere van gewonde of zieke militairen en veteranen die sport en avontuurlijke uitdagingen gebruiken als deel van hun herstel- en revalidatieproces. Beelden van het stralende paar dat onder een paraplu kwam aanlopen gingen de hele wereld over. De glinsterende regendruppels op de foto's waren puur toeval, maar hun zelfverzekerde tred op weg naar het Mansion House en Meghans blauwe midi-jurk van Victoria Beckham waren zorgvuldig gepland. Hoewel buiten alle ogen op hen gericht waren, ging het tijdens de ceremonie binnen wel degelijk om de veteranen, die op hun beurt allemaal vol lof waren over de hertog – of kapitein Wales, zoals hij binnen de veteranengemeenschap werd genoemd. Trouw als hij was aan zijn missie om militairen te steunen had Harry beloofd de gemeenschap ook tijdens zijn nieuwe niet-koninklijke leven in het VK en Noord-Amerika te blijven helpen. De eerste taak? Het werk van het Endeavour Fund combineren met dat van de Invictus Games, instellingen die hij beide had helpen oprichten. 'Hij voelt zich enorm betrokken bij deze doelen,' zei een vriend. 'Dat hij bij deze stap zijn eretitels heeft verloren verandert niets aan zijn rotsvaste geloof in de zaak.'

Harry's levenslange inzet voor het leger was de reden waarom het Mountbatten-muziekfestival drie dagen later een bijzonder moeilijk moment was; hij zou zijn uniform van kapitein-generaal van de Royal Marines voor het allerlaatst dragen. Tijdens een gesprekje achter de schermen bij aankomst zei Harry tegen generaal-majoor Matthew Holmes: 'Ik vind het verschrikkelijk dat ik me moet terugtrekken.'

'Het was zo onnodig,' zei Meghan later tegen een vriendin over het besluit om Harry zijn militaire ererangen te ontnemen. 'En niet alleen hem wordt iets ontnomen, ook de hele militaire veteranengemeenschap. Je kunt zien hoeveel hij voor hen betekent. Dus waarom? De macht [van het instituut] is helaas groter dan ik.'

Hoewel de avond een aangrijpend eerbetoon was aan de Britse strijdkrachten, werd het ook een moment om de geliefde prins te bedanken voor zijn inzet voor de militaire gemeenschap. Harry en Meghan kregen een staande ovatie toen ze in de Royal Albert Hall de koninklijke loge in stapten, een onderdeel dat meestal bewaard wordt tot het eind van een optreden. Luisterend naar de hartstochtelijke afscheidsgroet en de onmiskenbare genegenheid pakten Harry en Meghan elkaars hand vast en deden hun best hun tranen te bedwingen.

De daaropvolgende dagen bestonden voor het paar uit een combinatie van privébijeenkomsten en openbare optredens. Tot blijdschap van de kinderen verscheen Meghan op een school in Oost-Londen om er tijdens een bijeenkomst ter gelegenheid van Internationale Vrouwendag te praten over de rol die mannen spelen bij empowerment van vrouwen. En Harry's bezoek aan de Abbey Road Studios, waar Jon Bon Jovi zijn lied 'Unbroken' samen met het Invictus Games-koor opnieuw opnam om geld in te zamelen voor de Invictus Foundation, was leuk en zinvol.

Natuurlijk waren er ook de traditionelere koninklijke verplichtingen. Zo opende Harry samen met Formule 1-kampioen Lewis Hamilton een interactief motorsportmuseum. ('Er gaat niets boven het officieel openen van een gebouw dat al heel erg open is,' grapte de hertog, aangezien het museum zijn deuren al in oktober 2019 had geopend.

Op 8 maart wilde Harry een eredienst bijwonen voor een koninklijke marinier die dertien jaar eerder in Afghanistan was omgekomen. Daarbij zou ook de koningin aanwezig zijn, die Meghan sinds hun wereldschokkende verklaring niet meer had gezien. Samen met Harry reed ze van Frogmore Cottage naar de Royal Chapel of All Saints in Windsor Great Park. De koningin was warm en vriendelijk tegen Meghan en behandelde haar als kleindochter in plaats van als overloopster. De dienst was voor Ben Reddy, die op zijn tweeëntwintigste was omgekomen toen zijn compagnie van 42 commando's op 6 maart 2007 onder vuur was genomen door opstandelingen in de onrustige provincie Helmand. Tijdens de bijeenkomst, waar Harry zijn blauwe Royal Marines Corps-das droeg, werd ter nagedachtenis aan Reddy een plaquette onthuld. Ben was niet alleen een medelid van de strijdkrachten geweest. Zijn vader had ook jarenlang als tuinman voor dc koningin gewerkt.

Voor Meghan was de laatste persoonlijke ontmoeting de volgende dag het moeilijkst om mee om te gaan: een bijeenkomst met de tweeëntwintig studenten die een beurs kregen van de Association of Commonwealth Universities. Meghan had het beschermvrouwschap van de ACU in 2019 overgenomen van de koningin. En ze beloofde dat de organisatie ook nadat ze officieel was teruggetreden een prioriteit zou blijven, zeker omdat ze vicevoorzitter was van de Queen's Commonwealth Trust en zelf voormalig beursstudente.

De bijeenkomst vond plaats in zaal 1844 van Buckingham Palace, misschien wel een van de belangrijkste ruimtes van de 775 kamers van de koninklijke residentie. Het is een zaal rijk aan geschiedenis, waar de koningin en de koninklijke familie vaak hun meest vooraanstaande gasten ontvangen, van de Obama's tot de Chinese president Xi Jinping en Angelina Jolie. Hier wordt ook de jaarlijkse kersttoespraak van de koningin opgenomen.

Hoewel het een moeilijke dag was, zorgde Meghan ervoor alle studenten haar volle aandacht te schenken. Secretaris-generaal van de ACU Joanna Newman keek vanaf de zijlijn trots toe. Ze had de hertogin tijdens de vele ACU-bijeenkomsten goed leren kennen en was blij dat hun samenwerking in de toekomst kon worden voortgezet, want ze begreep Meghans kracht. 'De krantenkoppen gingen niet over wat onze beschermvrouwe droeg, of over het tijdstip waarop het officiële gedeelte begon of eindigde en of er tussendoor thee werd gedronken,' zei Joanna. 'Ze gingen over wat we doen en waarom de ACU bestaat. Ze is een ware voorvechtster geweest van het werk dat universiteiten verrichten.'

Na de bijeenkomst was het tijd om door te rijden naar de Commonwealth Service in Westminster Abbey. Dat was het moment waarop Harry stilletjes de deur van zaal 1844 binnen glipte om gedag te zeggen en de realiteit – en de emoties – eindelijk binnen kwamen. Meghan draaide zich om en nam afscheid van de laatst overgebleven mensen in de zaal, onder wie een auteur van dit boek.

Nu de staatsiezaal op een paar bekende gezichten na leeg was, konden de tranen die de hertogin had ingehouden vrijelijk stromen. Ze omhelsde enkele van de toegewijde teamleden wier niet-aflatende inspanningen – om het werk van het paar te promoten, baanbrekende projecten te lanceren en de crises te lijf te gaan die de roddelbladen bijna dagelijks veroorzaakten – abrupt tot een einde kwamen. 'Ik kan niet geloven dat dit het dan was,' zei ze terwijl ze een van de jonge medewerksters omhelsde met wie ze een goede band had gekregen. Hoewel team Sussex een veel kleinere onderneming was dan de geavanceerdere kantoren in Clarence House en Kensington Palace waren ze in het jaar sinds de oprichting bijna familie geworden.

Aan het einde van de bijeenkomst liep Harry naar Meghan toe en omarmde haar even, waarna ze zich snel moest omkleden voor de Commonwealth Service. 'Voorlopig de laatste hoed, jongens!' zei Meghan lachend nadat ze haar tranen had afgeveegd.

De korte autorit naar Westminster Abbey bracht Harry en Meghan naar hun laatste programmaonderdeel als koninklijk paar. Maar als ze ooit bevestiging nodig hadden gehad dat een stap terug doen uit het instituut de juiste beslissing was, vormden de machinaties die voorafgingen aan de kerkdienst een nuttig geheugensteuntje. De afgelopen jaren hadden ze deel uitgemaakt van de stoet van senior royals die samen met de koningin de kerk binnen liepen, maar nu kwamen ze tot de ontdekking dat de plannen voor dit jaar gewijzigd waren. De beslissing was zonder overleg genomen en ze waren pas op de hoogte gesteld toen de tweeduizend liturgieboekjes voor de gasten, waarin hun namen nadrukkelijk ontbraken, al waren gedrukt. Dit jaar zouden alleen de hertog en hertogin van Cambridge, de prins van Wales en de hertogin van Cornwall samen met de vorstin door de kerk lopen. Het voelde als opzet. 'Harry was meer dan teleurgesteld,' zei een vriend. 'Hij heeft er nog iets van gezegd, maar de schade was al aangericht.'

In een poging de zaken glad te strijken stemden de Cambridges ermee in om tegelijk met de Sussexes, prins Edward en Sophie, gravin van Wessex, plaats te nemen. Maar als schijn niet bedroog waren de Cambridges allerminst blij met dit besluit. Terwijl Harry en Meghan William en Kate met een glimlach begroetten, kwam er van de Cambridges weinig reactie. Het was voor het eerst sinds januari dat de twee stellen elkaar zagen. 'Harry,' knikte William en negeerde Meghan. De daaropvolgende minuten, tot de komst van de koningin, bleven William en Kate met hun rug naar het paar zitten en draaiden zich alleen om voor een babbeltje met Edward en Sophie, die achter hen naast de Sussexes zaten. Hoewel Meghan oogcontact met Kate probeerde te maken zag de hertogin haar nauwelijks zitten.

De twee echtparen hadden elkaar na de geboorte van Archie weliswaar een beetje gevonden, maar de verhoudingen bekoelden weer toen de familie in januari moest overleggen over de nieuwe rol die Meghan en Harry wilden spelen. William, legde een bron binnen Kensington Palace uit, had er nog steeds moeite mee dat persoonlijke familieaangelegenheden door het stel in de openbaarheid waren gebracht. 'Het is geen boosheid,' zei de bron. 'Het is gekwetstheid.'

'Het had hét openbare moment moeten zijn waarop de koninklijke familie het paar had omarmd om hun steun te laten blijken,' zei een bron dicht bij Harry en Meghan. 'Ze hebben er bewust voor gekozen om hen niet mee te laten lopen in de stoet en hen niet hartelijk te ontvangen. Het was zeer onaangenaam.' Een woordvoerder van Buckingham Palace deed de wijziging af als onbelangrijk, met de mededeling dat er geen 'vast protocol' voor de dienst bestond.

Na de kerkdienst vloog Meghan terug naar Canada – ze had de eerst mogelijke vlucht geboekt om terug te kunnen zijn bij Archie. 'Meg wilde gewoon naar huis,' zei een vriendin en voegde daaraan toe dat de hertogin emotioneel geknakt en uitgeput was. 'Op dat moment kon ze zich niet voorstellen ooit nog een voet in welke koninklijke wereld dan ook te willen zetten.'

Harry bleef nog drie dagen in het VK om de laatste vergaderingen bij te wonen over hun afstand van koninklijke taken en om te overleggen met zijn nieuwe team, waartoe ook James en Heather behoorden. Maar hij had geen contact meer met zijn broer of schoonzus. 'Het kost tijd om die relatie te herstellen,' zei een vriend van Harry. 'Ze hebben een andere kijk op de zaak. De gebeurtenissen van de afgelopen jaren hebben ze naar hun gevoel ieder vanuit een andere invalshoek beleefd. William moet vrede zien te vinden met het feit dat zijn broer het instituut verlaat. Ze zijn allebei teleurgesteld in elkaar, maar zoals Harry zelf zei, de band die ze als broers hebben is uiteindelijk sterker dan wat dan ook.'

Eenmaal terug op Vancouver Island had het paar het gevoel dat ze eindelijk adem konden halen. Aanvankelijk hadden ze gemeend verklaringen te moeten opstellen voor 1 april, de dag nadat ze officieel waren teruggetreden als senior royals, 'maar toen beseften ze dat ze behoefte hadden om het even wat langzamer aan te doen,' zei een vriend. 'Ze gaven zichzelf de ruimte en voelden zich meteen gelukkiger en meer ontspannen.' Op dat moment was samen zijn met Archie belangrijker dan in allerijl een nieuw leven uitstippelen. Hoewel Harry aan vrienden toegaf dat hij de last van de afgelopen maanden nog steeds op zijn schouders voelde, was het goed om in Canada te zijn, weg van alle rumoer.

Terwijl ze zich onderdompelden in de weelderige omgeving van Mille Fleurs – met de frisse lentelucht die na alle hectiek van de laatste dagen in Londen de volmaakte verlichting bracht – realiseerden Harry en Meghan zich dat ze het van dag tot dag moesten aanpakken. Maar hoe graag ze ook in hun idyllische huurhuis wilden blijven, de druk van de coronaviruspandemie die de wereld nu in zijn greep had en geluiden over grenzen die een aantal maanden dicht zouden gaan dwongen hen hun plannen voor een verhuizing naar Californië nu al uit te voeren. Al sinds hun plan om afstand te nemen van het VK had het paar overwogen naar de VS te verhuizen en daarom hadden ze in hun verklaringen over de toekomst ook altijd zorgvuldig gesproken over 'Noord-Amerika', zodat ze op een geschikt moment zouden kunnen verhuizen.

Nu de grenzen binnenkort dicht zouden gaan, besloten Harry en Meghan al eerder naar Californië te verhuizen. Als ze in de nabije toekomst niet zouden kunnen reizen, voelde het beter om alvast in hun uiteindelijke thuisbasis – en dichter bij Doria – te zijn.

Met zoveel te regelen moesten ze zich thuis aan een strak schema houden. 's Ochtends brachten ze tijd door met Archie en vervolgens meldden ze zich bij de staf in het VK, waartoe ook James en Heather behoorden. Ochtendbriefings om 10.00 uur via videobellen behoorden tot het vaste repertoire (ze zagen graag met wie ze spraken). Mensen moesten altijd lachen als een nieuwsgierige Archie soms een cameorolletje kwam spelen en tijdens het bellen zijn hoofd voor de webcam stak. Het nieuwste lid van het team was Catherine St-Laurent, stafchef en algemeen directeur van hun non-profitorganisatie. Ze was geboren in Montreal, had gewerkt in Brussel en Londen, was enkele jaren hoofd communicatie geweest voor de Bill & Melinda Gates Foundation en had de basis gelegd voor Melinda's eigen investeringsbedrijf Pivotal Ventures. 'Ik ben blij en vereerd dat ik een rol mag spelen bij het realiseren van hun dromen nu ze aan deze reis beginnen van leren, luisteren en een inspiratie vormen voor ons allen,' zei ze.

Een andere betrouwbare kracht in hun nieuwe werkwereld was Meghans goede vriendin en Sunshine Sachs-partner Keleigh Thomas Morgan, die de voormalige actrice totdat ze met de prins trouwde twee jaar had vertegenwoordigd. Ze stond binnen de pr-wereld hoog aangeschreven en was vooral bekend vanwege haar werk bij de lancering van de Times Up-beweging in 2018 en haar vertegenwoordiging van Jennifer Lopez, maar ze had ook op de achtergrond meegeholpen bij de promotie van Meghans uitgave van de *British Vogue* en Harry's eco-reisproject Travalyst.

Britse tabloids hadden geprobeerd het pr-bureau in diskrediet te brengen met de bewering dat het eerder Michael Jackson en Harvey Weinstein had vertegenwoordigd, maar dat bleek een valse beschuldiging. Bij het in New York gevestigde bedrijf werken juist veel publiciteitsagenten met een politieke en mensenrechtenachtergrond. 'Daarom voelde het paar zich tot hen aangetrokken,' zei een bron rond de Sussexes.

Terwijl de coronaviruspandemie wereldwijd om zich heen sloeg reisden Harry en Meghan, die de meeste van hun bezittingen vooruit hadden gestuurd, op 14 maart privé naar Los Angeles. Ze betrokken een grote villa in mediterrane stijl in een gated community die populair was bij mensen uit de entertainmentindustrie. Het was niet permanent (ze wilden allebei graag iets kleiners vinden, misschien dichter bij zee), maar voorlopig voldeed het. Nu ze langzaam wenden aan hun nieuwe leven, en Archie het zwembad bij het huis ontdekte, had het paar voor het eerst de tijd om te reflecteren op wat ze hadden meegemaakt en waar het nu heen zou gaan.

Hoe spannend dit nieuwe hoofdstuk ook was, Harry en Meghan maakten zich geen illusies over de moeilijkheden die hen nog te wachten stonden, zowel op persoonlijk als op mondiaal niveau. Die twee niveaus kwamen op de middag van 24 maart samen toen ze een telefoontje van het paleis ontvingen: Charles was positief getest op het coronavirus en moest in quarantaine. Het was nieuws waar Harry al bang voor was geweest. Zijn vader, die toen 71 jaar was en dus meer risico liep op complicaties door het virus, had tot een paar weken terug nog openbare bijeenkomsten bezocht. Hoewel artsen de prins van Wales beschreven als 'opgewekt' en zijn symptomen als mild was het voor Harry reden tot ongerustheid. Hij belde onmiddellijk met Charles in Birkhall, zijn Schotse huis waar hij nu in quarantaine was. Harry informeerde regelmatig bij zijn vader hoe het ging totdat hij uit quarantaine was en herstelde – net als Camilla, die zich uit voorzorg had afgezonderd. En voordat de koningin haar televisietoespraak over het virus zou houden, belde Harry ook haar om zijn grootmoeder succes te wensen.

Er mocht dan een pandemie over de wereld razen, de roddelbladen gaven hun jacht op Harry en Meghan niet op. Er was nog steeds sprake van een rechtszaak tegen drie Britse tabloids – een proces waarin zich nog altijd dramatische ontwikkelingen voordoen – toen *The Sun* op 10 maart onthulde dat Harry het slachtoffer was geworden van Russische bedriegers die zich aan de telefoon voordeden als Greta Thunberg en haar vader. Tijdens twee telefoontjes die in december en januari waren afgeluisterd sprak Harry openlijk over de spanningen tussen hem en zijn familie. 'Van de meeste familieleden zijn we volledig gescheiden,' zei hij. Toen hem werd gevraagd naar de vriendschap van prins Andrew met Jeffrey Epstein antwoordde hij: 'Daar heb ik heel weinig over te zeggen.' (Het paar heeft altijd vermeden over de kwestie te praten en deed er liever het zwijgen toe.) Met zijn mening over president Donald Trump was hij echter minder terughoudend. 'Alleen al het feit dat hij de kolenindustrie ruim baan wil geven is zo groot in Amerika [sic] dat hij bloed aan zijn handen heeft.' Hoewel de inhoud van het gesprek niets was waarover hij niet open zou zijn als hij de kans kreeg, vond de prins het vernederend om zo om de tuin geleid te worden en hij was woedend toen hij ontdekte dat de tabloid flink had betaald voor exclusieve toegang tot de tapes.

Misschien was het gelekte telefoontje de reden dat Trump, die zoals bekend lange tenen heeft, zijn mening over het paar niet verhulde toen hij zich mengde in het debat over de vraag wie hun beveiliging moet betalen nu ze royals-af waren. Het onderwerp was breed uitgemeten in de Britse kranten en een groot deel van het Britse publiek was boos dat het paar mogelijk nog steeds door de belastingbetaler gefinancierd zou worden, zelfs als het ging om hun persoonlijke veiligheid. 'Ik ben een goede vriend en bewonderaar van de koningin,' tweette Trump op 29 maart. 'Maar nu ze uit Canada zijn vertrokken en in de vs zijn komen wonen, zullen de Verenigde Staten niet betalen voor hun beveiliging. Zij moeten betalen!'

Meghan reageerde op de tweet van de president door haar wenkbrauwen op te trekken. Harry en zij hadden de Amerikaanse overheid nooit om steun gevraagd en waren altijd van plan geweest de kosten voor hun beveiliging na 30 maart zelf te betalen. Ze vuurden snel terug met een eigen verklaring. 'Er zijn regelingen getroffen voor privaat gefinancierde beveiliging,' zei een woordvoerder. De ruimte om zich te verweren tegen foutieve berichtgeving was bevrijdend en iets waar ze beiden enthousiast van werden.

Vrijheid. Dat was een woord dat gold voor vele facetten van hun nieuwe leven, zowel persoonlijk als professioneel. Als echtpaar dat de wereld hoopte te verbeteren wilden ze deelnemen aan projecten waarin ze hun krachten konden bundelen. Toen ze plannen maakten voor het opzetten van een liefdadigheidsorganisatie hadden ze altijd geweten dat Amerika daarbij centraal zou staan. Daar was het liefdadigheidslandschap nog groter en ze zouden er bovendien niet beschuldigd worden van concurrentie met leden van het Engelse vorstenhuis. Toen ze in april 2019 afstand namen van Kensington Palace was het paar aanvankelijk van plan geweest de Sussex Royal Foundation op te zetten, een bijna exacte kopie van de Royal

Foundation. 'Ze voelden de druk om onmiddellijk hun eigen bedrijf op te zetten,' aldus een bron die bekend was met de plannen. 'Maar hoe meer mensen ze de daaropvolgende maanden spraken, medewerkers van de Obama- en Gates-foundations bijvoorbeeld, hoe meer ze begonnen in te zien wat hen dreef – en hoe meer ze inzagen dat ze niet al hun tijd wilden steken in het werven van fondsen terwijl andere organisaties dat al met veel succes deden.' Eind november 2019 begonnen ze hun werk aan de stichting af te ronden en aan het begin van het nieuwe jaar hadden ze al een frisse start gemaakt met een non-profitorganisatie waar ze jarenlang mee voort zouden kunnen.

De naam voor hun non-profitorganisatie hadden ze al in gedachten sinds ze getrouwd waren: Archewell. 'Vóór SussexRoyal was er het idee van 'archè' – het Griekse woord dat 'bron van actie' betekent,' legde het paar uit. 'We hebben dit concept verbonden met de liefdadigheidsorganisatie die we op een dag wilden beginnen.' Het woord diende ook nog ter inspiratie voor iets anders: de naam van hun zoon.

Hoewel ze misschien geen royals in functie meer zijn, zullen Harry en Meghan hun oorspronkelijke principes en idealen nooit opgeven. Harry zal zich altijd blijven inzetten voor het milieu, en veteranen en mensen met hiv en psychische problemen blijven steunen. Meghans aandacht blijft gericht op empowerment van meisjes en vrouwen overal ter wereld. 'Ze willen iets goeds verrichten dat modern is en relevant voor een nieuwe generatie,' zei de bron. 'Werk dat niet een herhaling is van wat andere mensen al doen, werk dat de tand des tijds doorstaat.' En ze zijn bereid daar tijd voor uit te trekken. Hoewel ze allebei toegeven soms wat impulsief te zijn, zullen ze de komende periode vooral luisteren, en ze zullen Archewell pas lanceren 'wanneer de tijd er rijp voor is'.

Harry en Meghan, nieuwsgierig en open voor nieuwe ideeën als ze waren, wilden zich verdiepen in technologische innovatie. Dat is ook de reden dat ze in januari een privébezoek brachten aan Palo Alto en in alle stilte deelnamen aan een brainstormsessie met professoren van de Graduate School of Business en het Centre for Social Innovation aan de Stanford University. Ze lieten zich adviseren door leiders op allerlei terreinen, onder wie Barack en Michelle Obama, die hun team aan een netwerk hielpen en nieuwe mensen aanbevalen met wie ze zouden kunnen samenwerken. Maar bovenal wil het paar doorgaan met wat ze altijd al voorstonden: anderen kracht geven. 'Te benadrukken, koesteren en zorgen dat mensen hun plek vinden in de wereld en de gemeenschap waar ze deel van uitmaken,' zei een bron die Meghan goed kent.

Op 30 maart verschafte Buckingham Palace de pers de laatste details over de toekomst van het paar na hun overstap. Het was de laatste taak voor Sara Latham, die had geholpen het Sussex-kantoor af te sluiten en daarna was begonnen aan een nieuwe baan als adviseur bij het privékantoor van de koningin, dat ze zou adviseren omtrent bijzondere projecten. Het was ook een kans om informatie naar nieuwe mediacontacten te sturen. Met ingang van 1 april zouden Harry en Meghan officieel onafhankelijk zijn.

Een paar ogenblikken later kregen Harry en Meghan het laatste woord en zetten ze voor het laatst een bericht op hun @SussexRoyal-account. Ze hadden het account graag behouden maar de hofhouding wees hen erop dat het gold als een koninklijk account en dat ze opnieuw moesten beginnen. Met de huidige mondiale crisis in hun achterhoofd zei het paar: 'Nu we allen op zoek zijn naar de rol die we moeten spelen tijdens deze wereldwijde transitie en verschuivende gewoonten proberen ook wij ons te richten op dit nieuwe hoofdstuk en te begrijpen hoe wij het best een bijdrage kunnen leveren. Hoewel u ons hier misschien niet meer zult zien, gaat het werk door. Wij danken deze gemeenschap voor de steun, de inspiratie en de gedeelde overtuiging goed te moeten doen in de wereld. Wij kijken ernaar uit snel weer contact te hebben. U was fantastisch!'

AANTEKENING VAN DE AUTEURS

Dit boek speelt zich af tussen 2016 en 2020 en is gebaseerd op meer dan twee jaar verslaggeving. De gebeurtenissen die op deze pagina's worden beschreven putten uit honderden uren aan gesprekken en interviews met meer dan honderd bronnen, en daarnaast uit de tijd die wij zelf hebben doorgebracht in gezelschap van de hertog en hertogin van Sussex, en uit observaties van en gesprekken met hen tijdens al hun officiële en minder officiële koninklijke verplichtingen. We hebben hen vergezeld op een groot aantal binnenlandse trips en buitenlandse reizen. Gedurende de rapportage hebben we vele delen van de wereld gezien, zoals Australië, Nieuw-Zeeland, Fiji, Tonga, verschillende landen in Afrika, Frankrijk, Canada, New York en Los Angeles. We hebben gesproken met goede vrienden van Harry en Meghan, koninklijke medewerkers en paleispersoneel (huidig en voormalig), de liefdadigheidsinstellingen en organisaties waarmee ze langdurige relaties hebben opgebouwd en, in enkele gevallen, met het paar zelf.

In veel gevallen hebben we bronnen anonimiteit verleend opdat zij ons in alle vrijheid citaten konden verschaffen zonder dat hun naam bekend werd (hetzij vanwege de gevoeligheid van hun functie, hetzij om carrières te beschermen). Veel mensen hebben ook 'on-background' met ons gesproken, wat betekent dat de informatie die zij verschaften gebruikt kon worden als richtlijn, maar niet letterlijk aangehaald mocht worden. In enkele gevallen waren de gesprekken volledig vertrouwelijk.

Van sommige gebeurtenissen in dit boek zijn wij persoonlijk getuige geweest, in andere gevallen hebben we vertrouwd op de consistentie van de beschrijvingen door bronnen met wie wij mochten praten en in wie wij vertrouwen hadden gekregen. Gesprekken die worden weergegeven in het boek zijn rechtstreeks afkomstig uit verhalen van verschillende bronnen, wier verhalen overeenkwamen. Dit zijn versies van de gebeurtenissen waarvan wij allebei geloven dat ze waar zijn.

Als twee objectieve onderzoeksjournalisten, werkend in een tijdperk van snel nieuws en clickbaitrapportage, zijn wij louter afgegaan op controleerbare feiten en alle informatie in dit boek heeft ten minste twee bronnen. In gevallen waarin bronnen van tegenovergestelde partijen het oneens waren over de gang van zaken hebben we beide standpunten naar voren gebracht.

Het doel van dit boek was om de echte Harry en Meghan te beschrijven, een paar dat vaak onjuist is afgeschilderd en slachtoffer is geworden van mensen met andere belangen. Onze missie is ingegeven door de wens om de waarheid te vertellen achter de misleidende verhalen die voetstoots als waar worden aangenomen, puur vanwege het aantal keren dat ze herhaald worden. Dankzij de medewerking van de bronnen in dit boek hebben we kenbaar kunnen maken wat naar onze mening het definitieve verhaal is van de hertog en hertogin van Sussex. Iedereen die geholpen heeft dit boek en hun verhaal tot leven te brengen zijn we eeuwig dankbaar.

DANKBETUIGING

(door Omid)

Hoe kan ik ook maar beginnen zonder de fantastische mensen bij Dey Street en HarperCollins te bedanken die dit boek mogelijk hebben gemaakt, zeker in zulke moeilijke tijden. Peter Kispert, Ben Steinberg, Heidi Richter, Kendra Newton, Kelly Rudolph, Ploy Siripant (fantastische omslag!), Andrea Molitor, Pam Barricklow, Carolyn Bodkin, Andy LeCount, Christine Edwards – ik ben een bevoorrecht man dat ik zo'n getalenteerd team heb gehad onder de krachtige redactionele leiding van Carrie Thornton. Carrie, het is een genoegen geweest om van je te leren. En natuurlijk zou dit allemaal niet mogelijk zijn geweest zonder Liate Stehlik.

Albert Lee, na al die jaren ben ik heel blij dat we nog altijd samenwerken. Dank je wel dat je er altijd bent met precies het juiste advies en dat je me door elke uitdaging loodst. Die 'specials' waren nog maar het begin! Zander Kim en David Weiner van UTA – veel dank voor al jullie hulp. Rebecca Paley, dank je wel dat je me mijn stem hebt helpen vinden. Ik heb zoveel van je geleerd en verheug me erop je te trakteren op thee met *crumpets*! En Reena Ratan, dank voor je steun en fantastische fotoresearch.

Carolyn, we hebben het echt afgekregen! Zo blij dat we *Finding Freedom* samen hebben kunnen maken.

Aan alle mensen die hebben bijgedragen aan dit boek, of het nu was door even tijd vrij te maken voor een gesprek of om mijn vijftigste 'sorry, nog één laatste vraag'-e-mail te beantwoorden, wat is het een avontuur geweest! Ik zou jullie graag allemaal persoonlijk willen bedanken, maar om ieders anonimiteit te waarborgen moet ik volstaan met de opmerking dat deze verhalen alleen dankzij jullie hulp tot leven zijn gebracht. Ik kan alleen maar hopen dat ik jullie ooit een even zo grote dienst kan bewijzen.

Aan al mijn collega's die zo ongelofelijk fideel zijn geweest toen ik dit project aanging met andere collega's die ik tot mijn geluk ook had. Aan de geweldige mensen bij ABC News, Good Morning America en ABC Audio, bedankt dat jullie het zo leuk hebben gemaakt om naar mijn werk te gaan – ik beloof dat ik Yoshi altijd mee zal blijven nemen. Aan mijn Harper's Bazaar-familie: zo trots om met jullie samengewerkt te hebben – dank dat jullie me verstandig lieten omgaan met de memes. En aan iedereen die mijn werk leest, of erop klikt, ernaar luistert of ernaar kijkt: dank voor de steun. Jullie zijn al die lange uren de moeite waard.

En ik moet natuurlijk mijn fantastische vrienden bedanken voor hun geduld en begrip op momenten dat ik tijdens het schrijven van deze bladzijden van de ene emotie in de andere tuimelde. Jullie zullen het fijn vinden om te horen dat jullie me niet meer hoeven aanhoren over 'het boek'! En ten slotte aan mijn prachtige familie: dank jullie voor al jullie steun en vertrouwen in mij. Ik houd zielsveel van jullie.

DANKBETUIGING

(door Carolyn)

Ik ben enorm veel dank verschuldigd aan Liate Stehlik van Harper Collins en aan Carrie Thornton van Dey Street voor hun geloof in dit project. En voor jullie inzicht, adviezen en leiderschap bij het samenstellen van zo'n fantastische groep medewerkers. Carrie, wat hebben we geboft met jou als getalenteerde en ervaren redactrice.

Albert Lee, van het prille begin tot het einde aan toe was je een niet-aflatende steun, je enthousiasme en kennis van de boekenwereld was van onschatbare waarde. Dank ook Rebecca Paley voor je creativiteit en passie om dit boek tot leven te brengen. Niets van dit alles zou mogelijk zijn geweest zonder het ongelofelijke redactieteam van HarperCollins en Dey Street Books, met Andrea Molitor, Peter Kispert, Heidi Richter, Kendra Newton, Kelly Rudolph, Ploy Siripant, Pam Barricklow, Andy LeCount, Christine Edwards, Beth Silfin, Arthur Heard en Carolyn Bodkin. David Wiener, Steve Sadicario en Zander Kim van UTA, ik ben jullie heel dankbaar. Heel veel dank ook aan de vele mensen die 'on background' met ons wilden praten en zo royaal tijd voor ons hebben gemaakt, soms herhaaldelijk als ik terugkwam met nog een vraag of nog een verzoek om opheldering, zodat ik een waarachtig beeld van Harry en Meghans leven kon schetsen.

Brenda Rodriguez, dank je voor het vertrouwen dat je in me had. Peter Hunt, Laura Day, Michael Hager, Mark Miller, Miguel Marquez, Michelle Dodd, Julie Bick, John Green, Santina Leuci, Alexa Miranda, Marc Eisenberg, ik ben een bevoorrecht mens om jullie in mijn leven te hebben.

Omid, ik ben heel dankbaar dat we iets waardevols hebben kunnen maken dat voor ons beiden zoveel betekent.

Phyllis McGrady, ik kan me niet voorstellen dat dit alles tot stand zou zijn gekomen als je me achttien jaar geleden niet op die ongelofelijke reis naar Londen had gestuurd. Je bent een geweldige mentor geweest en ik waardeer je vriendschap enorm. Mark Robertson, je blijft me verbazen. Bedankt voor je vriendelijkheid en steun.

Anne Morris Salinas, hoe hoog de struikelblokken ook waren, je was een steun en toeverlaat. Zonder jou zou ik nooit het vertrouwen gehad hebben om dit project aan te gaan. David en Victoria Wright, dank dat jullie er altijd waren en dat jullie mijn leven hebben verrijkt met die drie kleine meisjes. Moomer, Phinna en Deanna, jullie maken het allemaal de moeite waard. Karen Trosset, ik kan je nooit genoeg bedanken voor je niet-aflatende steun en vriendschap door dik en dun. Anne Ferguson Foster, ik zal nooit genoeg woorden hebben om mijn dankbaarheid te tonen voor de overweldigende hartelijkheid die jij en Dave het afgelopen jaar hebben betoond.